내 인생의
논어
그 사람
공자

내 인생의 논어, 그 사람 공자

지은이 이덕일
사진   권태균

1판 1쇄 발행 2012년 4월 10일
1판 11쇄 발행 2018년 1월 17일

발행처 도서출판 옥당 발행인 신은영

등록번호 제396-2008-000013호 등록일자 2008년 1월 18일
주소 경기도 고양시 일산동구 장항동 742-1 한라밀라트 B동 215호
전화 (02)722-6826 팩스 (031)911-6486

홈페이지 www.okdangbooks.com
이메일 coolsey@okdangbooks.com

값은 표지에 있습니다.
ISBN 978-89-93952-40-7 03900

저작권자 © 2013, 이덕일·권태균
이 책의 저작권은 저자에게 있습니다. 저자와 출판사의 허락 없이
내용의 일부 또는 전부를 복제·전재·발췌할 수 없습니다.

이 도서의 국립중앙도서관 출판시 도서목록(CIP)은 e-CIP홈페이지(http://www.nl.go.kr/ecip)와
국가자료공동목록시스템(http://www.nl.go.kr/kolisnet)에서 이용하실 수 있습니다.
(CIP제어번호:CIP2012001412)

조선시대 홍문관은 옥 같이 귀한 사람과 글이 있는 곳이라 하여 옥당玉堂이라 불렸습니다.
도서출판 옥당은 옥 같은 글로 세상에 이로운 책을 만들고자 합니다.

내 인생의
논어
그 사람
공자

이덕일 지음

옥당

일러두기

1. 이 책에 인용한 《논어》 구절에 독음과 토吐를 달아, 독자가 원문을 되풀이해 읽고 음미하며 《논어》를 더 깊이 이해할 수 있게 도왔다.
2. 본문에 인용한 《논어》 구절과 부록에 실은 《논어》 원문에 붙은 우리말 토吐는 조선 시대에 편찬한 《논어집주論語集註》와 이재호 선생님의 《논어정의論語正義》의 토를 현대적으로 되살려 사용했다.

책머리에

성공한 책 《논어》, 실패한 인생 공자

❦ 인간 공자 vs 만들어진 공자

공자는 사실상 두 사람이다. 한 명은 역사상 실존했던 인간 공자이고 다른 한 명은 역사 속에서 만들어진 이미지의 공자, 즉 성인聖人 공자이다. 우리가 알고 있는 공자는 역사상 실존했던 공자라기보다는 이미지의 공자다. 이 책은 물론 역사상 실존했던 공자의 모습을 복원하는 데 중점을 뒀다. 그렇다고 실상과 다른 공자의 허구적 이미지를 벗기는 데 초점을 두지도 않았다. 《사기史記》, 《춘추좌전春秋左傳》, 《공자가어孔子家語》 같은 관련 자료를 두루 섭렵해 공자의 삶의 궤적을 추적하면서 《논어論語》에서 공자가 한 말을 현대적으로 되새기는 데 목적을 두었다. 한마디로 공자의 말과 삶에 현재적 역사성을 부여하려는 시도이다.

짐작하겠지만 만들어진 공자의 이미지는 실제 모습과는 크게 다르다. 공자는 아마도 실패로 끝난 인생이 죽어서 가장 화려하게 부활한 전형적인 모습일 것이다. 공자는 자신의 사상 때문에 생전에 쓰이지 못했으나 역설적으로 그 사상 때문에 죽은 후 부활할 수 있었다.

살아생전 공자는 주周나라 시절로 돌아가자고 줄기차게 주장함으로써 패자가 되는 것이 목표였던 제후들의 외면을 받았다. 진秦나라 때만 해도 공자의 사상을 불온하게 여겨 분서갱유焚書坑儒까지 했다. 그러나 그다음 왕조인 한漢나라 때 주 왕실을 떠받들자는 공자의 사상이 한漢 왕실을 높이는 사상으로 전용되면서 관학官學으로 부활했다. 한나라의 동중서董仲舒(서기 전 179~서기 전 104)는 '춘추대일통春秋大一統'을 주창하면서 '백가百家(제자백가) 파출罷黜'과 유가儒家의 유일사상화를 진행했다. 그러면서 인간 공자는 성인 공자로 대체되기 시작했다.

그 후 만주족의 금나라에 중원을 빼앗기고 양쯔 강 이남으로 쫓겨온 남송南宋(1127~1279)의 주희朱熹 같은 주자학자에 의해 공자의 이미지는 한漢민족과 사대부를 옹호하는 계급 사상가로 굳어졌다. 공자에 대한 부정적 인식은 주자학자들이 공자를 한족 사대부의 계급적 이해를 대변한 인물로 곡해한 것이 결정적이었다.

게다가 조선 후기 주자학자는 대외적으로 사대주의, 대내적으로 양반 사대부의 계급적 이익을 합리화하는 데 공자를 악용했다. 공자는 조선 후기 주자학 유일사상 체제의 성인이자 유교라는 종교의 신이 되었다. 그렇게 공자는 실제 모습과는 달리 사대부 지배체제를 유지하는 이데올로기로 변질되었다.

광야의 인생을 살다

조선 후기 주자학자의 해석대로라면 공자는 그의 고국 노魯나라 궁궐 깊숙한 곳에 자리 잡고 나라를 이끄는 왕사王師여야 했다. 그러나 공자는 궁중이 아니라 광야, 즉 거리의 인생을 살았다. 필자가 공자에 천착하는 이유나 《논어》에 천착하는 이유도 그가 광야의 인생을 살았기 때문이다. 공자가 살던 당시의 현실 지배체제는 그와 그의 사상을 용납하지 않았다. 《사기》에는 공자가 제자 자로子路에게 자신이 처한 현실을 《시경》에 빗대어 "외뿔소도 아니고 호랑이도 아닌데 저 넓은 들을 헤매나" 하고 한탄하는 대목이 나온다. 공자는 이때 "나의 도道가 잘못되었나? 내 어쩌다가 이렇게 되었는가?"라고도 덧붙였다. 현실에서 버림받은 공자는 광야를 헤맬 수밖에 없었다. 공자는 광야의 얼로 백성이 고통받는 현실을 질타했다. 주나라로 돌아가자는 주장은 전쟁이 일상화된 춘추시대의 혼란을 끝내자는 외침이었다.

그러나 조선의 많은 주자학자는 공자가 헤맸던 광야를 버리고 사대부가士大夫家의 사랑채에 들어앉아 백성의 고혈을 짰다. 그들이 공자의 삶이나 말과는 전혀 다른 삶을 살았던 본질적 모순이 여기에 있다. 공자보다 후대의 사람인 예수가 산상수훈山上垂訓에서 "애통해 하는 자는 복이 있나니 그들이 위로를 받을 것"이라고 말했지만 공자는 살아생전 아무런 위로도 받지 못했다.

《사기》는 공자가 "천하에 도가 없어진 지 오래되었다. 아무도 나를 존숭하지 않는다"라고 말했다고 전한다. 이 말은 사실상 공자의 유언이었다. 이런 공자가 지금까지 살아남은 이유는 자명하다. 문화대혁명 시절 그토록 비난의 대상이 되었음에도 지금 다시 부활하는 이유도 마찬가지다. 공자는 현실 지배체제에서 버림받았던 광야의 인물이면서 끊임없이 잘못된 현실을 개선하려고 노력했던 지식인이기 때문이다. 현실에서 버림받았던 지식인이기에 사후에 역사적 인물로 부활했다. 그는 자신이 사후에 부활할 것이라고 전혀 예상하지 못했다. 천하 주유를 끝내고 노나라로 돌아온 공자는 자신의 이름이 세상에서 사라질 것을 염려했다.

《논어》〈위령공〉 편은 공자가 "군자는 생애가 다하도록 이름이 알려지지 않는 것을 걱정한다"라고 말했다고 전한다. 《사기》〈공자세가〉는 이 말 뒤에 "나의 도가 행해지지 않으니 내 무엇으로 후세에 드러나 보이겠는가?"라면서 《춘추春秋》를 지었다고 덧붙인다. 공자는 《춘추》를 지은 후 "후세에 구丘(공자)를 알아주는 사람이 있다면 《춘추》 때문일 것이고, 구를 비난하는 자가 있다면 역시 《춘추》 때문일 것이다"라고 말했다. 그러나 공자는 《춘추》가 아니라 제자들이 기록한 《논어》 때문에 기억되고 있다.

❦ 《논어》 때문에 기억되다

공자와 《논어》는 일찍이 우리에게 전파되었다. 기록을 보면 고구려 소수림왕 2년(372) 대학大學을 세우기 이전에 공자와 《논어》가 전해진 것은 분명하다. 당나라 역사서인 《구당서舊唐書》가 "(고구려는) 거리마다 큰 집을 지어 경당扃堂"이라 부르며 그곳에서 오경五經과 《사기》, 《한서漢書》 등을 배운다고 했으니 공자와 《논어》가 고구려 사회에 크게 유행했음은 의심할 여지가 없다. 또한《일본서기日本書紀》, 《고사기古事記》같은 일본 고대 역사서는 일본에 논어를 전해준 인물이 아직기阿直岐나 왕인王仁 같은 백제인이라고 전하고 있다. 우리나라는 이처럼 공자와《논어》를 일찍 받아들이고, 조선 후기에는 신격화까지 했지만 정작 공자가 고민했던 정체성에 대한 자각은 거의 없었다.

공자가 자신의 인생에서 가장 큰 혼란을 느꼈던 부분은 아마도 은殷나라 유민의 후예라는 사실이었을 것이다. 서이西夷 계통의 주나라에 멸망한 동이東夷 계통 은나라의 후예로서 주나라를 따르자고 말하기는 쉽지 않았다. 공자는 주나라 수도인 낙읍(현재의 뤄양〔洛陽〕 서쪽 부근)을 답사하고 나서야 비로소 "주나라는 이대二代(하·은나라)를 본보기로 삼았으니, 찬란하도다 그 문화여! 나는 주나라를 따르겠노라"라고 말했다. 이때 은나라를 멸망시킨 주나라와 자기의식 속에서 화해했다. 비로소 주나라를 은나라의 계승자로 받아들인 것이다. 그 이후 제나라로 망명한 노 소공을 따라갔다가 은나라 순舜임금의 소악韶樂을 듣고는 석 달 동안 고기 맛을 잃을 정도로 충격을 받았다. 은나라 문물이 주나라보다 월등했음을 확인한 것이었다.

공자처럼 산둥〔山東〕반도 출신이었던 맹자孟子가《맹자》〈이루離婁〉편에서 '은나라 순임금은 동이족'이라고 말한 것도 마찬가지 맥락이었다. 공자가《논어》〈팔일八佾〉편에서 주 무왕의 무악武樂보다 순임금의 소악을 높게 평가한 것이나 〈자한子罕〉편에서 동이를 뜻하는 구이九夷 땅에 가서 살고 싶다고 말한 것은 은나라 문명에 대한 동경을 깔고 한 말이었다. 그렇게 공자는 은나라를 계승한 주나라로 돌아가

자고 주장했지만 세상은 대답이 없었고, 당시로써는 길었던 그의 칠십삼 년 생애도 다할 때가 되었다.

《사기》〈공자세가孔子世家〉는 공자가 "천하에 도가 없어진 지 오래되었구나. 아무도 나를 존숭하지 않는다"라고 말한 다음 꿈 이야기를 했다고 전한다.

> 하나라 사람은 동쪽 계단에 빈소를 차렸고, 주나라 사람은 서쪽 계단에 빈소를 차렸고, 은나라 사람은 양쪽 기둥 사이에 빈소를 차렸다. 지난밤에 나는 꿈에서 양쪽의 기둥 사이에 앉아 제사를 받았다. 나는 은나라 사람에서 비롯되었다. _《사기》〈공자세가〉

공자는 이 꿈을 꾼 칠 일 후인 노 애공 16년(서기 전 479) 4월 기축일에 일흔셋의 나이로 세상을 떠났다. "나는 은나라 사람에서 비롯되었다", 즉 '나는 은나라 사람의 후예'라는 것이 《사기》〈공자세가〉에 전하는 공자의 마지막 말이다. 은나라 후예 공자는 형해形骸만 남은 주 왕실의 제후국 노魯나라에서 태어나 주나라로 돌아가자고 주창하다가 결국 은나라 사람으로 세상을 떠났다.

❦ 천하에 통용되는 인간의 길을 제시하다

이런 정체성의 혼란을 딛고 공자는 천하에 통용되는 원칙을 제시했다. 인간은 출신이나 계급으로 나뉘지 않는다. 도道에 나아간 경지에 따라 군자와 소인으로 나뉜다. 자신을 닦는 수기修己와 천하 평화를 위해서 노력하는 치인治人이 결합된 인물이 군자다. 끊임없이 인격을 완성하기 위해 노력하는 군자가 천하 평화 실현을 위해 나서야 한다. 자기 혼자만이 아니라 다른 사람과 더불어 잘사는 길, 안으로는 인격 완성에 힘쓰고 밖으로는 천하의 평화를 갈구하는 것이 21세기 군자의 길이다. 바로 이 지점에서 공자는 2,500년의 세월을 뛰어넘어 양극화로 고통받는 21세기에 다시 살아난다.

천하 평화는 어떻게 이룩할 수 있는가? 《논어》〈자로子路〉편에서 제자 염유는 "백성이 많으면 그다음에는 무엇을 해야 합니까?"라고 묻는다. 공자는 "부유하게 해야 한다(富之)"라고 간단하게 답했다. 그다음이 "가르쳐야 한다(敎之)"라는 것이다. 식食이 먼저고 교敎가 다음이다. 식위민천食爲民天! 백성은 밥을 하늘로 삼는다. 선민選民의식으로 섣불리 가르치려 들지 마라. 노나라 실권자인 계강자가 "무도한 자를 죽여서 도를 증진하는 것이 어떻습니까?"라고 묻자 공자는 "그대가 착하고자 하면 백성도 착해지리다"라고 답했다. 한마디로 '너나 잘하라'다. "군자의 덕은 바람이요, 소인의 덕은 풀이다." 윗사람이 잘하면 아랫사람은 저절로 따라온다. 그렇게 공자는 백성에게는 더없이 따뜻한 눈길을 주면서 지배층에는 한없이 가혹한 잣대를 들이댔다. 그러니 공자가 살아생전 어찌 쓰일 수 있었으랴? 지금은 과연 얼마나 다른가? 지금은 공자 같은 인물이 쓰일 수 있는 사회인가? 아니 쓰이고 있는 사회인가? 공자는 우리 각자에게, 그리고 우리 사회에 이런 질문을 던지고 있는지도 모른다.

2012년 봄이 오는 길목에서
천고遷固 이덕일 기記

차례

| 책머리에 | 성공한 책 《논어》, 실패한 인생 공자 | 5 |

1부 학인學人의 길

1장 학문의 즐거움

학이시습學而時習 _ 학문은 해서 어디에 쓰겠는가? … 20

십오지학十五志學 _ 인생 역전의 길, 학문 … 26

우도불우빈憂道不憂貧 _ 가난을 걱정하지 말고 도를 행하라 … 32

불여호학不如好學 _ 학문을 즐겨라 … 40
  ▶ 책 읽은 횟수를 기록한 김득신

사해형제四海兄弟 _ 세상 사람이 모두 나의 형제이다 … 49
  ▶ 이덕무와 박제가

안빈낙도安貧樂道 _ 학문하는 사람이 어찌 가난을 두려워하랴? … 54
  ▶ 원교 이광사의 안빈낙도

지지위지知之爲知 _ 모르는 것은 모른다고 하라 … 58

2장 배움과 가르침

인불양사 仁不讓師 _ 스승과도 다툰다 …… 64
  📖 송시열에 맞선 백호 윤휴

극기복례 克己復禮 _ 사양하는 마음을 잃어버린 사회에 …… 70

속수지례 束脩之禮 _ 공자대학의 반값 등록금 …… 76

유교무류 有教無類 _ 사람은 누구나 평등하다 …… 79
  📖 정약용의 귀천

절문근사 切問近思 _ 묻는 것이 학문의 시작이다 …… 86
  📖 우리 교육을 망친 두 원흉
  📖 송시열 중심의 주자학 유일사상 체제
  📖 대한제국 말기의 사립학교령

구진유퇴 求進由退 _ 2,500년 전의 맞춤식 교육법 …… 97

2부 정인政人의 길

3장 1기, 제나라 망명기

군자정 君子政 _ 자신을 닦음으로써 백성을 편안하게 한다 … 102

대덕불유한 大德不踰閑 _ 큰 덕이 법도를 넘지 않으면 … 106
　▨ 김종서의 삼년상

신이후간 信而後諫 _ 신뢰를 얻은 후에 간하라 … 112

오종주 吾從周 _ 나는 주나라를 따를 것이다 … 114
　▨ 수양대군의 섭정

가정맹호 苛政猛虎 _ 가혹한 정치는 범보다 무섭다 … 127
　▨ 정약용의 '애절양'

군군신신 君君臣臣 _ 임금은 임금답고 신하는 신하다워야 … 132

4장 2기, 노나라에서 정치를 하다

시위대동 是謂大同 _ 공자가 꿈꾼 나라 … 139
　▨ 정조와 군약신강

오장사의 吾將仕矣 _ 내가 네 밑에서 정치할 수 없는 까닭 … 151

노무습유 路無拾遺 _ 길가에 떨어진 물건도 줍지 마라 … 159
　▨ 조척과 곡비

도덕제례 道德齊禮 _ 모든 잘못은 지배층에 있다 … 164
　▨ 공자가 말한 다섯 가지 대악

무신불립 無信不立 _ 백성의 믿음이 없으면 설 수 없다 … 174

필야사호 必也射乎 _ 문무를 겸해야 진짜 군자다 177
- 칼 찬 선비 조식

장타삼도 將墮三都 _ 삼손씨를 무너뜨려라 188

공자퇴행 孔子遂行 _ 자의 반 타의 반 망명길 199
- 중종에게 버림받은 조광조

5장 3기, 14년간의 천하 주유

수무부가 手無斧柯 _ 내 손에 도낏자루 없으니 떠날 밖에 210

솔피광야 率彼曠野 _ 광야를 떠도는 혼 216
- 신라 말 최고의 지식인 최치원

회하감사 回何敢死 _ 어찌 감히 스승보다 먼저 죽겠습니까? 221

세한연후 歲寒然後 _ 겨울이 오면 224
- 추사 김정희와 원교 이광사

아대가자 我待賈者 _ 나를 사갈 사람이 없는가? 228
- 조선 개창의 설계자 정도전

군자고궁 君子固窮 _ 군자는 굶어도 거문고를 탄다 245
- 세상에서 쓰이지 못할 책을 쓰는 사람, 선비 유수원

민무소조수족 民無所措手足 _ 백성이 어찌 살겠는가? 256

상가지구 喪家之狗 _ 공자는 상갓집의 개다 258

3부 공자의 꿈

6장 은둔자들과 함께하다

지불가위 知不可爲 _ 안 될 것을 알면서도 왜 해야 하는가? 264
- 안 될 것을 알면서도 하는 사람, 이익

부지육미 不知肉味 _ 음악에 미쳐 고기 맛을 잃다 274

귀여귀여 歸與歸與 _ 고향으로 돌아가야겠다! 282
- 은자 정도전

7장 공자가 꿈꾼 정치

인정 仁政

자경구독 自經溝瀆 _ 최고의 의는 백성을 구하는 것 291

덕정 德政

덕불고 德不孤 _ 원수를 덕으로 갚지 마라 298

선양정치 禪讓政治

천하삼양 天下三讓 _ 권력을 자식에게 물려주지 마라 301

4부 자연인 공자

8장 학인으로 돌아오다

발분망식發憤忘食 _ 밥도 잊고 공부하다　310
인부지불온人不知不慍 _ 남이 나를 알아주지 않아도　315
지아자천知我者天 _ 세상은 왜 악인이 성공하는가?　319

◆ 고전을 정리하다

사무사思無邪 _《시경》에는 생각의 간사함이 없다　321
　정약용의 시론
술이부작述而不作 _ 그대로 전할 뿐 지어내지 않는다　330
　이긍익의 역사서 서술방식
난신적자구亂臣賊子懼 _ 죽음보다 두려운 것은 역사가의 붓이다　338

◆ 역사를 배우는 이유

왕이지래往而知來 _ 역사는 미래학이다　346

9장 공자의 일상

오불도행吾不徒行 _ 내가 어찌 걸어 다니랴?　354
구장단우몌袂長短右袂 _ 패션도 실용성을 따져라　359
고주시포불식沽酒市脯不食 _ 원산지가 불분명한 것은 먹지 마라　362
사관불면死冠不免 _ 선비는 죽을 때도 갓끈을 고쳐 맨다　369
여시은인予始殷人 _ 공자의 유언, 나는 은나라 사람이다　375

부록　《논어》 원문　383

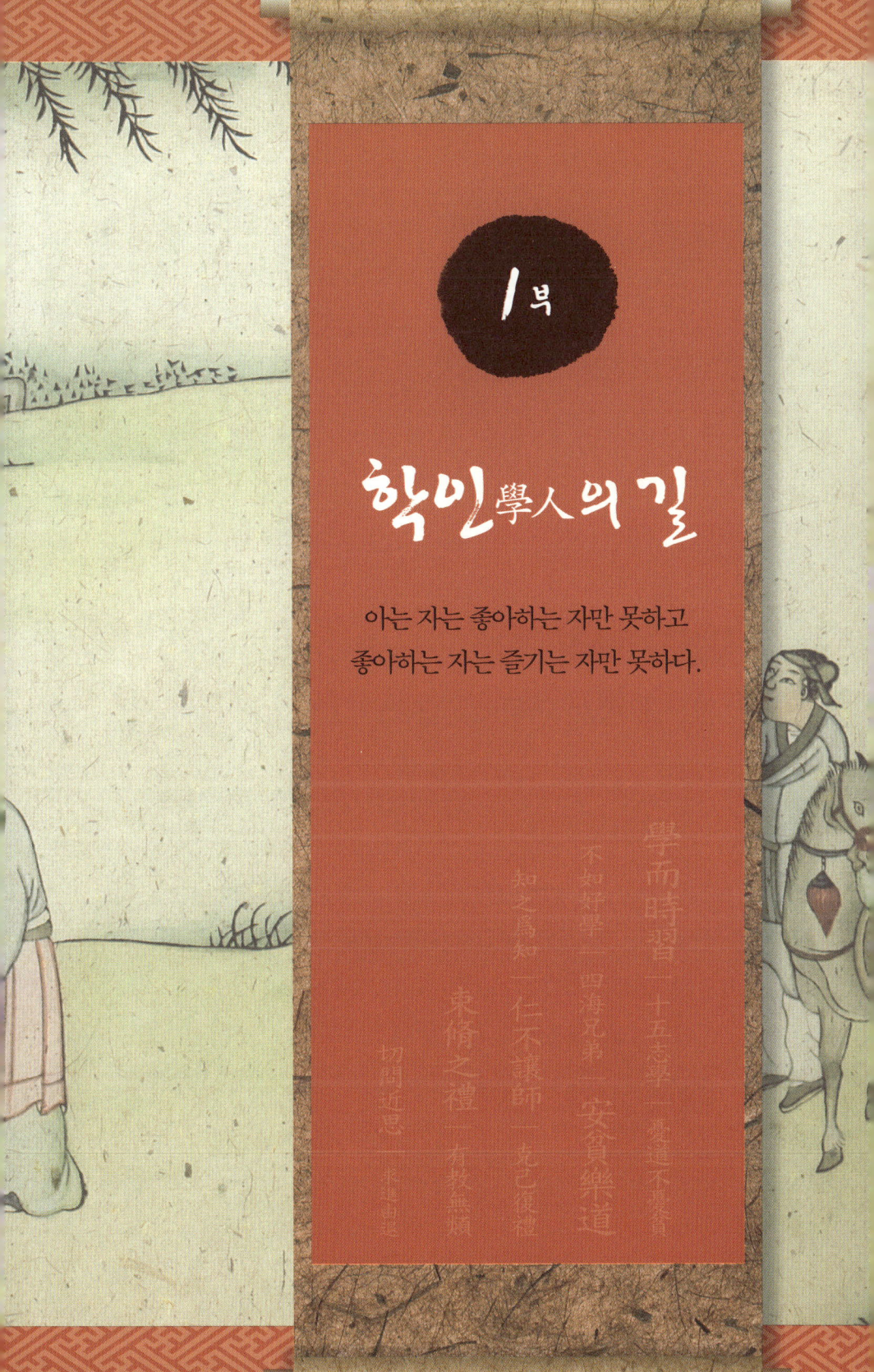

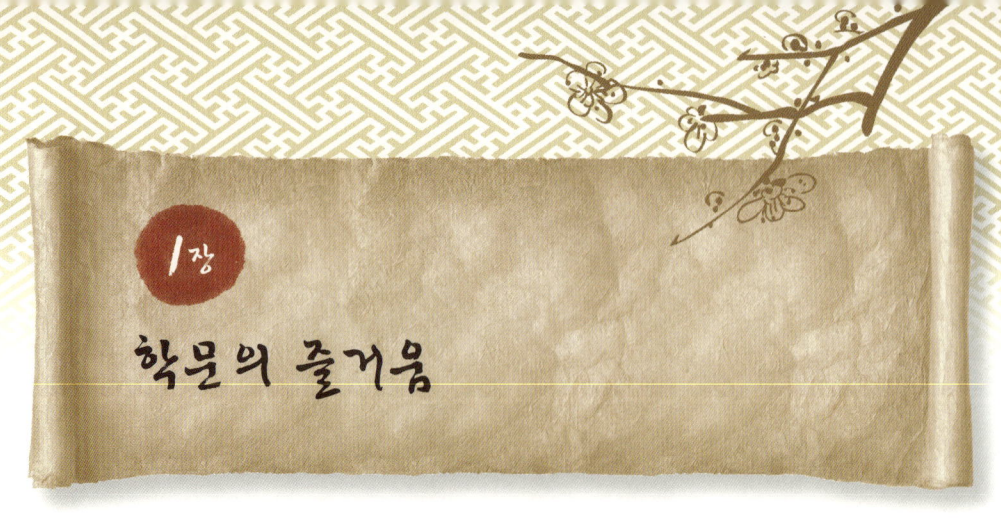

1장 학문의 즐거움

학이시습 | 學而時習

학문은 해서 어디에 쓰겠는가?

어떤 책이든 첫 구절이 가장 중요하다. 자칭 국보國寶라는 자존심이 강했던 무애无涯 양주동梁柱東은 '면학勉學의 서書'라는 글에서 "열 살 전후에 논어를 처음 보고, 그 첫머리에 나오는 '학이시습지 불역열호學而時習之 不亦說乎' 운운이 대성현大聖賢 글의 모두冒頭로 너무나 평범한데 놀랐다"라고 토로했다. "이런 말씀이면 공자孔子 아닌 소·중학생도 넉넉히 말함직"했다는 것이다. 양주동은 그 후 배우고 익히고 남을 이삼십 년 가르치다 보니 "다시금 평범한 그 말이 진리"라는 사실을 "몸에 저리게" 깨달았다고 회고했다. 양주동 선생의 말대로 《논어論語》 첫 구절은 지극히 평범하고 소박하다.

공자 가라사대 "배우고 때로 익히면 또한 기쁘지 아니한가?"_〈학이〉

子曰, 學而時習之면 不亦說乎아? _〈學而〉
자왈 학이시습지   불역열호

    내가 이 구절을 처음 접한 것은 국어 교과서에 실린 양주동 선생의 '면학의 서'를 통해서였을 것이다. 무애는 "대성현의 글의 모두로 너무나 평범한데 놀랐다"라고 토로했지만 나는 '배우고 때로 익히면 또한 기쁘지 아니한가?'라는 구절에 거부감을 느꼈다고 토로해야겠다. 교과서 내용을 외우는 것이 공부의 전부였던 유신 시대, 때로는 군대인지 학교인지 구분되지 않던 무지막지한 폭력을 수반한 '학學'이 어찌 기쁠 수 있었겠는가? 현재 강제적 폭력을 수반했던 교육시스템은 상당 부분 완화되었지만 암기 위주라는 구태에서는 크게 벗어나지 못했다. 후술하겠지만 그 역사적 뿌리가 있기 때문이다. 나는 암기 위주의 공부에서 벗어나 내 시각으로 사물을 바라보는 '학'을 시작하면서 비로소 공부가 재미있어지기 시작했다.

    여기에서 공자가 말하는 '학'은 무엇을 뜻하는가?

    먼저 우리 선조는 《논어》 첫 구절의 '학'을 어떻게 인식했는지부터 알아보자. 조선의 사대부는 남송의 주희朱熹(주자)가 《논어》에 주석을 단 《논어집주論語集註》를 교과서로 삼았다. 과거에 급제하려면 무조건 외워야 하는 책이었다. 주희의 해석은 한 학자의 해석이란 객관적 사실을 넘어서 유일한 해석으로 떠받들어졌고, 때로는 《논어》 자체보다 주석이 더 중요하게 취급되었다. 본말本末이 전도되는 것은 일이 잘못되어 간다는 증거다. 주희의 경전에 다른 토를 달면 사문난적斯文亂賊으로 몰렸고, 실제로 "천하의 이치를 어찌 주자 혼자 알고 나는 모른다는 말이냐?"라고 주희 사상의 상대화를 주창했던 백호白湖 윤휴尹鑴 같은 이는 사형당했다.

주희는《논어집주》에서 "학이란 본받는 것을 말한다(學之爲言, 效也)"라고 규정지었다. "사람의 본성은 대개 착하지만 깨닫는〔覺〕데는 선후가 있으므로, 후에 깨달은 자는 반드시 먼저 깨달은 자의 행위를 본받아야 한다"는 것이다. 이는 성리학性理學의 주요 논지인 '먼저 깨닫고 난 후에 실천하라'는 선지후행先知後行을 말하는 것이다. 먼저 알려면 깊게 공부해야 한다. 성리학에서는 그런 공부 방법이 사물의 이치를 깊게 궁구하는 격물치지格物致知라고 주장한다. 격물치지와 선지후행은 성리학, 즉 주자학의 주요 학문 방법이었다. 그런데 격물치지를 하려면 깊은 공부가 필요할 수밖에 없다. 결국 공부에 전념할 수 있는 경제적 기반을 갖춘 사대부만이 이 경지에 도달할 수 있게 된다. 성리학이 사대부의 시각에서 사물을 바라보는 세계관인 까닭 중 하나가 여기에 있다.

'학이 본받는 것을 뜻한다'는 주희의 해석에 의문을 가졌던 이가 조선 후기 정조正祖였다. 정조는 신하들과 자주 경연經筵을 열어 학문과 정사를 토론했다. 부친(사도세자)을 뒤주 속에 가두어 죽인 노론 벽파와도 함께 정치해야 했던 정조에게 경연은 정국을 끌어나가는 주요 도구 가운데 하나였다. 경연에서 오고 간 정조와 신하들의 대화를 묶은 책이《경사강의經史講義》인데, 강의라는 제목이 붙었다는 것은 정조가 경연에서 스승의 역할을 했음을 시사한다. 정조는 '학'에 대해 "학이라는 한 글자에는 지知와 행行이 모두 들어 있다"라고 말했다. 주희가 말한 학의 개념은 먼저 깨달은 자를 본받는 '효效(본받아 배우다)'이고, 먼저 배우고 나중에 실천하는 선지후행이다. 그런데 정조는 '지와 행'이 모두 그 안에 있다는 지행합일知行合一을 말하고 있는 것이다.

지행합일은 명나라 왕수인王守仁, 즉 왕양명王陽明이 완성한 양명학陽明學의 주요 이론이다. 성리학은 먼저 알고 난 후에 행동하라는 선지후행을 주장하지만 양명학은 앎과 실천이 동시에 이루어질 수 있다는 지행합일을 주장한다. 앎과 동시에 실천할 수 있다는 철학적 근거는 인간에게 '양지良知'가 있다는 것이다. 인간에게는 착한 본성이 내재해 있는데, 그 착한 본성을 아는 것이 양지다. 그 착한 본성이 지시하는 대로 행동하면 되기에 앎과 실천이 하나라는 것이다. 사물의 궁극적 이치에 도달하려고 공부를 많이 하지 않아도 인간 내면에 있는 착한 본성이 지시하는 대로 행동하면 된다는 것이 지행합일이다. 중요한 것은 양지나 지행합일은 양반 사대부 계급만 할 수 있는 것이 아니라는 점이다. 사대부 이외의 계급도 실천할 수 있었다. 공자도 말보다 실천을 먼저 하는 사람이 군자라고 말한 적이 있다.

자공이 군자에 대해서 묻자, 공자 가라사대 "먼저 그 말을 행하고 나중에 (말이) 뒤따라야 한다." 〈위정〉

子貢이 問君子한대 子曰, 先行其言이요 而後從之니라. 〈爲政〉
자공   문군자   자왈 선행기언   이후종지

여기에서 공자의 '말'이 정확히 지식을 뜻하는 것은 아니다. 말보다는 행동을 앞세우라는 평범한 말이지만 어쨌든 공자가 행동을 말보다 뒤에 놓지 않았다는 사실은 명백하다.

다산茶山 정약용丁若鏞은 《논어고금주論語古今註》라는 방대한 논어 주석서를 남겼다. 주희의 《논어집주》보다 훨씬 방대하고 체계적이다. 정약용은 《논어》 첫 구절의 '학'자에 대해 "학은 가르침을 받는 것이고, 습習은 수업받은 것을 익히는 것이다(學, 受教也. 習, 肄業也)"라고 평이하게 설명했다.

그런데 모두 스무 편에 달하는 《논어》 첫 편의 제목이 〈학이學而〉라면, 공자의 제자들이 《논어》를 편찬할 때 스승의 첫 말을 '학이시습지'라는 평범한 말로 잡았다면, 여기 담긴 뜻은 좀 남달라야 하지 않을까? 나는 《논어》를 볼 때마다 이런 의문이 생겼다. '무엇'을 배워야 하는지가 명백해야 하지 않을까? 주희의 풀이도 일리는 있지만 크게 공감 가지는 않았다. 그러다가 몇 해 전 대만에 갔다가 산 왕윈우[王雲五] 주편主編의 《논어금주금석論語今註今譯》을 보고 고개가 주억거려졌다.

"여기에서 말하는 '학' 자는 수기修己의 도리를 배우는 것과 제세濟世, 이인利人의 지식을 배우는 것을 뜻한다."

여기에서는 학을 두 가지 개념으로 나누어 설명한다. 하나는 안으로 자신의 몸을 닦는 수기의 도리를 배우는 것이고, 다른 하나는 밖으로 세상을 구제하고 사람을 이롭게 하는 '제세이인濟世利人'의 지식을 배우는 것이다. 유학자가 평생 추구해야 할 학이 이 한마디에 담겨 있었다.

홀로 있을 때는 학문을 닦는 선비의 수신관修身觀과 때가 되면 나가서 도를 펼치는 선비의 출사관出仕觀이 이 한 글자에 응축된 것이다. 수신의 도와 출사의 도는 하나이다. 수신제가치국평천하修身齊家治國

平天下! 예나 지금이나 권력 주변이 시끄러운 이유는 수신은 물론 제가에도 실패한 사람들이 세상에 나와 치국과 평천하를 외치기 때문이다.

그런데 상당한 경지까지 수신한 것으로 여겨지는 인물들도 출사만 하면 망가지는 것은 무슨 까닭일까? 수신한 선비가 출사한다고 해서 기존의 사회 구조, 정치 구조가 저절로 바뀌지는 않기 때문이다. 그래서 현대의 선비는 내적으로는 수기하고 외적으로는 세상을 구제하고 사람을 이롭게 하는 치평治平의 지식을 함께 습득해야 한다.

공자가 태어난 취푸(曲阜)에 모셔진 공자상

조선 후기에 성리학이 양반 사대부의 계급적 이해를 대변하는 수구적 이데올로기로 변질되었지만 성리학이 처음부터 수구적 이념뿐이었던 것은 아니다. 성리학은 원래 '나의 본성(性)이 곧 우주의 이치(理)'라는 성리性理를 깨닫는 것이 주요 학문 목표였다. 나의 본성과 우주의 이치를 동시에 깨달아야 참 선비가 될 수 있었다. 유학의 창시자인 공자와 그 계승자인 맹자孟子와 묵자墨子의 학문과 삶이 보여주듯이 유학은 현실에 안주하는 학문이 아니고 지배계급의 이익에 복무하는 학문도 아니었다. 자신은 물론 국왕에게도 끊임없이 자신을 닦는 수신을 요구하고 잘못된 세상을 바로잡아 백성의 삶을 풍요롭게 해야 한다고 주장했던 제세이인의 학문이었다. 지금도 마찬가지다. 유학을 공부하는 사람은 현대의 선비를 지향해야 한다. 현대의 선비도 끝없는 자기 수양과 제세이인의 지식을 습득하기 위해 노력해야 한다. 전 우주, 전 지구, 전 공동체의 사회구조 문제에 대해 성찰해야 한다.

약자를 뜯어먹고 사는 사회구조, 이것이 지금 우리 사회의 가장 큰 문제인 사회 양극화의 단적인 모습이다. 이는 새로운 자본주의, 곧 신자유주의 자본주의와 금융 자본주의의 폐해가 고스란히 하층민에게 전가되면서 나타난 현상이다. 이런 잘못된 구조를 직시하는 것이 학이고, 이런 그릇된 사회구조를 바꾸기 위해서 노력하는 것이 배움을 실천하는 것이다. 이런 사람이 현대의 선비다. 자신을 닦는 수신과 타인을 위하는 위인爲人. 공자의 제자들이 "배우고 때로 익히면 또한 기쁘지 아니한가?"라는 구절을 가장 앞에 배치한 의도일 것이다. 수기이인修己利人이 유학에서 말하는 학의 시작이자 끝이다.

십오지학 | 十五志學

인생 역전의 길, 학문

공자의 인생은 두 마디로 정리하면 학인學人의 길이자 정인政人의 길이었다. 결과적으로 정인으로는 실패하고 학인으로는 성공했다. 학인 공자는 《논어》〈위정爲政〉 편에서 "나는 열다섯 살에 학문에 뜻을 두었다(吾十有五而志于學)"라고 회고하고 있다. 뒤이어 유명한 구절이 연이어 등장한다.

> 서른 살에 자립했고, 마흔 살에 불혹했고, 쉰 살에 하늘의 명을 알았고, 예순 살에 귀가 순하여졌고, 일흔 살에 내 마음이 바라는 대로 해도 법도에 어긋나지 않았다. _〈위정〉
> 三十而立하고 四十而不惑하고 五十而知天命하고 六十而耳順하고
> 삼십이립   사십이불혹   오십이지천명   육십이이순
> 七十而從心所欲하되 不踰矩호라. _〈爲政〉
> 칠십이종심소욕   불유구

지금도 이립而立, 불혹不惑, 지천명知天命, 이순耳順 등으로 나이를 칭하는 것은 공자의 영향력이 얼마나 큰지를 잘 말해준다. 나이에 관한 공자의 회고를 들어보면 공감 가는 대목도 있지만 그렇지 않은 대목도 있다. 공자의 회고는 자신의 특별한 인생 경험을 담은 것이기 때문에 다른 사람에게 그대로 적용할 수는 없다. "예순 살에 귀가 순하여졌고" 등은 고개가 끄덕여지지만 그렇지 않은 부분도 있다. 그중에서도 "열다섯 살에 학문에 뜻을 두었다"라는 대목은 선뜻 이해하기 어렵다. 열다섯 살에 학문에 뜻을 두는 일은 그때나 지금이나 드물기 때문이다.

이 말을 이해하기 위해서는 공자의 어린 시절을 추적해보아야 한다. 한漢 무제武帝 때 인물인 사마천司馬遷(서기 전 145 혹은 135~서기 전 86)은 《논어》를 비롯한 공자의 여러 기록을 토대로 《사기》〈공자세가

| 공자 초상

孔子世家)를 썼다. 공자의 일생에 관한 가장 기본적인 기록이지만 그리 정확하거나 세밀하게 서술했다고 볼 수는 없다. 공자가 출생한 해에 대해서 《사기》는 노魯 양공襄公 22년(서기 전 551년)이라고 전하지만 《공양전公羊傳》 같은 다른 기록들은 양공 21년(서기 전 552년)이라고 1년 이른 것으로 기록하고 있다.

《사기》〈공자세가〉는 "공구孔丘가 태어나고 아버지 공숙량흘孔叔梁

紇이 사망했다"라고 전해 공자의 초년이 불행했음을 알려준다. 사마천보다 300여 년 후대의 인물인 왕숙王肅이 편찬한《공자가어孔子家語》도 공자에 대해서 많은 정보를 제공하는데, 이 책은 공자가 세 살 때 부친이 사망했다고 전한다. 유복자遺腹子나 마찬가지였다.

《사기》〈공자세가〉는 공자의 부친이 사망하자 방산防山이란 곳에 묻었다고 전한다.《괄지지括地志》를 보면 방산은 공자의 고향인 곡부현曲阜縣에서 동쪽으로 이십오 리 떨어진 곳이다. 그런데 어머니 안씨顏氏는 공자에게 부친의 묘소를 가르쳐주지 않았다. 어머니 안씨는 왜 아들에게 부친의 묘소를 가르쳐주지 않았을까? 그 이유의 일단을 "부친과 모친이 야합野合해서 공자를 낳았다"라는《사기》〈공자세가〉의 기록이 말해주는지도 모른다. 야합이 허가받지 않은 혼인이라는 시각도 있지만,《사기》 주석서 중의 하나인《사기색은史記索隱》은 공자의 모친 안징재顏徵在가 어렸을 때 나이 많은 숙량흘과 혼인했기 때문에 예의를 제대로 갖추지 못해서 야합이란 표현을 쓴 것이라고 설명한다.《공자가어》는 공자의 부친 숙량흘이 이때 이미 시씨施氏를 부인으로 맞아 딸 아홉을 낳았다고 말하고 있다. 공자의 모친 안씨는 숙량흘의 후처인 셈이다.《논어》〈공야장公冶長〉편을 보면 공자는 형도 있었다.

> 공자께서 남용南容에 대해 이르시되 "나라에 도가 있으면 폐해지지 않고, 나라에 도가 없어도 형륙刑戮은 면할 것이다"라고 하시고, 그 형의 자식을 처로 삼게 하셨다. _〈공야장〉
>
> 子謂南容하시되 邦有道면 不廢하며 邦無道면 免於刑戮이라 하시고
> 자위남용   방유도   불폐   방무도   면어형륙

以其兄之子로 **妻之**하시다. 〈公冶長〉
이 기 형 지 자   처 지

공자가 형의 딸이 시집갈 자리를 결정한 것을 보면 형은 이때 이미 세상을 떠난 것으로 추측된다. 전처 시씨가 아들을 낳지 못했다 하더라도 안씨는 후처였기 때문에 공자의 신분에 대해서 이런저런 말이 많았던 것이다.

공자의 모친 안징재는 불과 열여덟의 젊은 나이에 남편 공숙량흘을 잃었다. 젊은 과부가 어린 자식들을 데리고 살아가기는 그때나 지금이나 만만치 않아서 고생이 많았다. 《사기》〈공자세가〉는 "공자가 어려서 놀이를 하는데 항상 조두俎豆를 펼쳐놓고 예禮의 모습을 갖추었다"라고 전한다. 공자는 왜 조두를 가지고 놀았을까?

비록 후처 소생이었지만 공자에게 부친의 혈통은 중요했다. 공자는 춘추시대에 평화를 가져올 수 있는 철학의 하나로 예를 제시했는데 이 철학에서 부친의 혈통은 중요한 요인이었다. '예禮'라는 한자의 부수 '示' 자는 갑골문에서 귀신을 뜻하고, '豊' 자는 옥을 담은 제기를 뜻한다. 즉 예라는 글자가 신에게 제사지내는 의식에서 나왔다는 사실을 짐작할 수 있다. 공자가 어려서 펼쳐놓았다는 조두도 제기祭器를 뜻한다.

주나라의 정치체제는 왕이 직접 다스리는 주나라와 주나라로부터 분봉分封 받은 여러 제후들인 공公이 다스리는 제후국으로 나뉘어 있었다. 또한 각 제후국의 고급 관료인 경대부卿大夫와 하급 관료인 사士가 지배층인 국인國人이었고, 대다수는 피지배층인 민民으로 구성되어 있었다. 당시 제사는 사 이상의 지배층에서 행하던 의식이었는데,

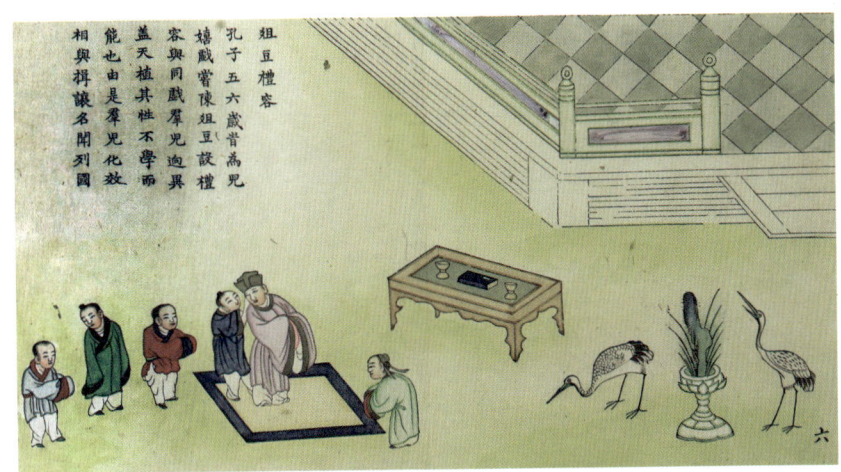

《공부자성적도孔夫子聖蹟圖》 중 조두예용도俎豆禮容圖. 제기를 차려놓고 예절을 익히다.
한국학중앙연구원 장서각 소장

세 살 때 아버지를 잃은 공자는 어려서부터 제사 놀이를 했다. 비록 홀어머니 밑에서 사는 가난한 현실이지만 자신의 혈통은 사라는 자부심을 가지고 있었던 것이다.

그러나 어머니는 부친의 묘소를 끝내 가르쳐주지 않고 세상을 떠났다. 공자는 어머니를 부친과 합장하려고 했지만 부친의 묘가 어디에 있는지 알 수 없었다. 그러나 공자는 부친의 묘소 찾는 일을 포기하지 않았다. 공자는 노나라 도성 안 구도衢道에 있는 오보지구五父之衢에 어머니의 빈소를 차렸다. 도성 한가운데 빈소를 차렸으니 소문이 떠들썩하게 났을 것이다. 이 사실이 입에서 입으로 전해졌다. 공자에 대한 동정론이 일었을 것이다. 《사기》〈공자세가〉는 같은 고향 추郰 사람 만보輓父의 어머니가 공자 부친의 묘가 있는 방산의 위치를 가르쳐주었다고 전한다. 이렇게 해서 공자는 부모를 합장할 수 있었다. 후세 학자

중에는 이 기사에 의심을 품은 사람도 있다. 그러나 어려서부터 제기를 가지고 놀았다는 공자라면 충분히 가능한 일이었을 것이다.

우도불우빈 | 憂道不憂貧
가난을 걱정하지 말고 도를 행하라

부모를 합장하여 자존심 문제를 해결했지만 문제가 끝난 것은 아니었다. 양친을 다 잃은 공자는 생계 문제에 직면했다. 공자는 성장기에 생존하기 위해 많은 고생을 했고, 이때 여러 직업을 전전했다. 《논어》〈자한子罕〉편에는 공자가 어린 시절의 고생을 회고한 말이 실려 있다. 태재太宰(재상) 벼슬을 한 사람이 자공子貢에게 "공자는 성자聖者이십니까? 어찌 그리 능한 것이 많으십니까?"라고 묻자, 자공은 "본래 하늘이 내신 성인으로서 능한 것이 많으십니다"라고 답했다. 스승에 대한 극도의 자부심에서 나온 말이다. 하지만 이 말을 들은 공자의 반응은 뜻밖이었다.

> 나는 어렸을 때 미천했기 때문에 비천한 일을 할 줄 아는 것이 많다. _〈자한〉
> 吾少也賤이라 故多能鄙事. _〈子罕〉
> 오소야천   고다능비사

어려서부터 제기를 가지고 놀기를 좋아했던 소년은 생계를 위해서 비천한 일(鄙事)에 종사해야 했다. 《논어》는 일종의 수수께끼집이다. 서로 모순된 이야기가 적지 않기에 어떤 상황에서 어떤 말을 했는지 추적해야 한다. 또한 여러 이야기를 잘 조합해서 공자의 전체상을 찾아내야 한다. 공자는 이 말 뒤에 "군자가 할 수 있는 것이 많아야 하는가? 그렇지 않다(君子多乎哉아? 不多也니라)"라고 덧붙인다.

공자는 가난한 홀어머니 밑에서 먹고살기 위해 비천한 직업을 전전해야 했지만 그럴수록 지배층의 의식인 예에 집착했다. 바로 이 무렵 공자는 학문에 뜻을 두었다. 학문은 비천한 직업에 종사하던 공자에게 지배층으로 올라갈 수 있는 사다리였을 것이다. 공자는 머릿속으로는 지배계급의 의식인 예를 이상으로 삼으면서 현실에서는 비천한 직업을 전전했다. 평생에 걸쳐 공자를 따라다닌 이상과 현실의 괴리, 혹은 부조화는 이때 이미 시작되었던 것이다.

공자가 아직 상복을 입고 있을 때 큰 상처를 받는 사건이 발생했다. 노나라의 실권자였던 대부 계씨季氏가 사士를 위해 잔치를 베푼다는 말을 들었다. 공자는 자신이 사라고 생각했으므로 잔치에 참석하러 갔다. 그러나 계씨의 가신인 양호陽虎가 쫓아냈다.

"계씨가 사를 위해 연 잔치이지 감히 그대의 잔치가 아니다."

공자는 자신을 사로 생각했지만 양호는 인정하지 않았다. 제 발로 잔치에 찾아갔다가 쫓겨난 공자의 심정이 어떠했을까? 이후 공자는 계씨와 양호에 대해서는 저주에 가까운 반응을 보인다. 《논어》〈선진先進〉편에 이런 이야기가 있다. 공자가 예순여덟 살이던 서기 전 484년 계손씨가 세제稅制를 고치는데 제자 염유冉有가 이를 도와주고 있었다. 그러자 공자는 이렇게 성토했다.

계씨가 주공보다 부유했는데도 구(염유)가 그를 위해 세금을 더 걷어 더 부유하게 했다. 공자 가라사대 "우리 무리가 아니니 너희가 북을 울려 공격하는 것이 옳다." 〈선진〉

李氏富於周公이어늘 而求也爲之聚斂而附益之한대 子曰, 非吾徒
계 씨 부 어 주 공   이 구 야 위 지 취 렴 이 부 익 지   자 왈   비 오 도
也로서니 小子아 鳴鼓而攻之可也니라. 〈先進〉
야   소 자   명 고 이 공 지 가 야

공자는 〈선진〉 편에서 자신의 제자 중 "정사에는 염유와 자로(政事, 冉有 季路)"라고 했을 정도로 염유의 정치력을 높이 평가했다. 그러나 이때는 계씨를 돕는 염유를 공격해야 할 대상이라고까지 성토하고 있다. 물론 이 사건이 어린 시절 계씨 집안에서 베푼 잔치에 참석하려다 좌절된 경험 때문만은 아닐 것이다. 일개 경대부에 불과한 계손씨의 부富가 국가의 부 못지않은데도 염유가 계씨를 더 부유하게 만들어주려고 하자 분노가 폭발했던 것이다.

공자는 빈천한 일에 종사하면서도 지배층의 의식인 예를 추구했다. 공자가 이상적 인간형으로 삼았던 군자가 신분이나 재산이 아니라 도를 추구하는 사람이었던 것은 이런 경험에서 나왔을 것이다. 미천한 일에 종사하더라도 도를 추구하면 군자였고, 아무리 신분이 귀하고 재산이 많아도 인욕人慾을 추구하면 소인이었다.

공자 가라사대 "군자는 도를 도모하지 먹을 것을 도모하지 않는다. 밭을 갈아도 굶주림이 그 가운데 있고, 학문해도 봉록이 그 가운데 있으니 군자는 도를 걱정하지 가난을 걱정하지 않는다." 〈위령공〉

子曰, 君子는 謀道요 不謀食하나니 耕也에 餒在其中矣요 學也에
자 왈   군 자   모 도   불 모 식   경 야   뇌 재 기 중 의   학 야

> 祿在其中矣니 君子는 憂道요 不憂貧이니라. _〈衛靈公〉
> 녹재기중의   군자   우도   불우빈

공자는 비록 미천한 일을 하고 있지만 밥만 추구하지는 않았다. 밥은 도로 나아가기 위한 생존수단이지 그 자체가 목적은 아니었다. 그래서 공자는 미천한 일을 하면서도 학문에 뜻을 두었고 어머니의 장례 때 보여준 것처럼 예를 추구했다. 《사기》〈공자세가〉에는 공자가 열일곱 살 때 노나라 대부 맹희자孟僖子가 병이 들자 자신의 후계자 의자懿子에게 유언하면서 공자에 대해 언급하는 대목이 나온다. 맹희자는 "공구는 성인의 후예"라고 말하면서 나이가 어린데도 예를 좋아한다고(年少好禮) 칭찬하며 자신이 죽으면 찾아가 스승으로 대하라고 유언했다. 어린 공자를 맹희자가 어떻게 알 수 있었겠느냐면서 이 기록의 진실성에 의문을 제기하는 학자도 있다. 하지만 어린 시절부터 제기를 가지고 놀던 공자의 행위는 그만큼 남달랐다.

《공자가어》는 공자가 열아홉 살 때 송宋나라 병관幷官씨의 딸과 혼인했는데, 한 해 뒤에 아들을 낳자 노나라 소공昭公이 사람을 시켜 잉어(鯉魚)를 선물로 보내주었다고 전한다. 공자는 이 선물에 크게 기뻐서 아들의 이름을 리鯉, 즉 잉어라고 짓고 물고기 중의 으뜸이라는 뜻의 백어伯魚라는 자字까지 지어주었다. 공자 성장기의 이런 일화는 혼란스럽기까지 하다. 양호가 사士가 아니라며 쫓아낸 청년이 아들을 낳았을 때 소공은 왜 잉어를 선물로 보냈을까? 《사기》〈공자세가〉는 "공자는 가난하고 또 천했다"라고 하면서 그의 청년 시절에 대해서 이렇게 설명한다.

《공부자성적도》 중 리자백어도鯉字伯魚圖. 아들의 이름을 리, 자를 백어로 짓다. 한국학중앙연구원 장서각 소장

공자는 가난하고 천했다. 자라서 일찍이 계씨季氏의 사史(창고지기)가 되어서 저울질을 하는데 공평했다. 일찍이 사직리司職吏가 되어서는 가축을 번식시켰다. 이로 말미암아 사공司空이 되었다. 《사기》〈공자세가〉

孔子貧且賤. 及長, 嘗爲季氏史, 料量平, 嘗爲司職吏而畜蕃息. 由是爲司空. 《史記》〈孔子世家〉

공자의 첫 직업은 대부 계씨의 창고지기였다. 또 가축 기르는 일도 했다. 염유가 계씨의 가재家財를 불려준다는 이유로 토벌해도 좋다고까지 말했으나 정작 공자도 한때는 계씨의 창고를 지키고 가축을 길렀다. 이런 공자에게 노 소공은 왜 잉어를 출산 선물로 보냈을까?

《사기》 등의 기록에 따르면 지금은 몰락했지만 오랜 뿌리가 있는 가문 출신이었기 때문이다. 공자는 송나라 군주 미자(宋微子)의 후예

다. 송나라 미자는 은殷나라 왕 을乙의 큰아들이었는데, 모친이 정후正后가 아니었기 때문에 이복동생인 주왕紂王이 왕위를 물려받았다. 주왕은 연못을 술로 채우고 고기를 나무마다 매달아 놓고 즐긴다고 하여 '주지육림酒池肉林'이라는 말이 생길 정도로 방탕했다. 미자微子가 여러 차례 간언했지만 받아들여지지 않았고, 미자는 은나라를 떠나 봉지封地인 미微 땅으로 돌아갔다. 서기 전 1046년 은나라 주왕은 신하였던 주周의 무왕武王에게 목야牧野 전투에서 패해 자살했고 은나라가 멸망하자 미자는 주 무왕에게 투항했다.

《사기》〈송미자세가宋微子世家〉를 보면, 미자는 이때 제기를 들고 몸을 묶은 채 왼손으로는 양을 끌고 오른손으로는 띠(茅)를 잡고 은나라 종사를 유지하게 해달라고 무릎 꿇고 빌었다. 무왕은 미자를 석방하고 그 지위를 회복시켜주었으며, 주왕의 아들 무경武庚을 은나라 도읍인 은허殷墟(지금의 허난 성 안양현)에 봉해서 은나라 종사를 잇게 해주었다.

서기 전 1043년경 무왕이 죽고 성왕成王이 즉위했는데 나이가 어려서 무왕의 동생 주공周公 단旦이 섭정했다. 은 주왕의 아들인 무경은 이때가 은나라를 부활시킬 기회라 여기고 주공에게 불만을 품은 무왕의 형제들인 관숙管叔, 채숙蔡叔, 곽숙霍叔과 함께 군사를 일으켰다. 이것이 은나라 유민과 무왕의 형제들이 일으킨 '삼감의 난(三監之亂)'인데, 주공은 삼 년 만에 이를 진압했다. 주공은 무경을 죽이고 은나라 영역을 위나라와 송나라로 나누었는데, 위나라는 지금의 허난 성 치현(淇縣)이 도읍이고, 송나라는 허난 성 상구현商丘縣이 도읍이었다. 주공은 위나라는 막냇동생 강숙康叔을 봉해서 은나라 유민을 통제하게 하고, 송나라는 미자를 봉해서 은나라의 전통을 계승하게 했다. 《사기》를 좇으면 공자는 미자의 후예가 되는데, 공자는 《논어》 18편 〈미자微子〉에서 자신의 선조에 대해서 이렇게 말한다.

> 미자는 떠나버렸고, 기자는 종이 되었고, 비간은 간쟁하다가 죽었다.
> 공자 가라사대 "은나라에는 세 명의 어진 사람이 있었다."_〈미자〉
> 微子는 去之하고 箕子는 爲之奴하고 比干은 諫而死하니라. 孔子曰,
> 　미　자　거　지　　　기　자　　위　지　노　　　비　간　간　이　사　　　　공　자　왈
> 殷有三仁焉하니라. _〈微子〉
> 은　유　삼　인　언

여기에서 은나라에는 세 명의 어진 사람이 있었다는 '은유삼인殷有三仁' 또는 어진 세 사람이란 뜻의 '삼인三仁'이란 성어가 생겼다.

송나라를 세워 제후가 된 미자의 후손에 송 양공襄公이 있는데, 양공의 아들 불보하弗父何의 후손이 공보가孔父嘉다. 공보가는 《사기》〈송미자세가〉에 이름이 처음 등장하는데 그가 공孔씨 성을 처음 쓴 공자의 조상이다. 공보가에게는 아름다운 부인이 있었다. 그리고 그 때문에 비극적 운명을 맞게 된다. 송 상공殤公 9년(서기 전 711) 송의 태재太宰 화독華督은 길에서 우연히 대사마大司馬 공보가의 아름다운 부인을 보고 눈이 멀었다. 어떤 대가를 치르더라도 이 부인을 가로채기로 한 화독은 이듬해 공보가는 누명을 씌워 죽이고, 군주인 상공까지 죽인 후 부인을 가로챘다. 손에 군주의 피를 묻혀가면서까지 공보가의 부인을 빼앗았지만 그녀는 궁중으로 가는 도중 허리띠로 목을 매어 자결했다. 이로써 공보가의 집안과 화독 집안은 원수가 되는데 공보가의 집안은 이후에도 화독 집안의 상대가 되지 못했다. 할 수 없이

공보가의 증손자가 화독 집안을 피해 노나라로 이주했는데, 그가 바로 공자의 증조부 공방숙孔防叔이다.

《사기》의 이런 기록대로라면 공자는 은나라 왕족의 후예이자 송나라 제후의 후예다. 후대 학자 중에는 공자의 혈통을 왕가와 귀족으로 만들기 위해 조작했다고 보는 이도 있다. 지금으로부터 2,500년 전의 사실이기에 어느 것이 진실인지 정확하게 알 수는 없지만 사마천이 굳이 공자의 혈통 조작에 나서야 했을 개연성을 찾기는 쉽지 않다.

은나라 주왕에게 간하다가 떠난 미자, 아름다운 부인 때문에 비극적 운명을 맞은 공보가, 노나라로 망명한 공방숙, 미천한 공자가 아이를 낳았을 때 잉어를 선물한 노 소공. 이런 모든 사례를 조작이라고 말하면 할 말 없다. 그러나 공자 스스로 미천했다고 한 마당에 사마천이 굳이 공자의 혈통을 조작했다고 보기도 어렵다. 그보다는 이런 사건들이 공자의 의식세계에 미친 영향을 탐구하는 것이 더 필요할 것이다.

공자는 은나라 사람의 후예라는 자긍심을 갖고 있었다. 은殷은 수도이고 원래 국호는 상商인데 상나라 사람의 후예를 뜻하는 상인商人이란 말이 은나라 멸망 후 비천한 사람을 뜻하는 말로 쓰인 것처럼 은인殷人의 후예라는 사실은 그리 자랑스러운 것이 아니었다. 그러나 공자는 은인의 후예임을 감추지 않았다. 대신 은과 주 두 나라를 모두 긍정했다. 자신의 뿌리인 은나라와 은나라를 멸망시킨 주나라를 모두 긍정하는 역사관은 그의 조상인 미자로부터 생겨난 것인지도 모른다.

어릴 때부터 제기를 가지고 놀았던 공자. 어린 공자는 어떻게 이런 사실을 알게 되었을까? 단정할 수는 없지만 그것이 학문이었는지도 모른다. 그는 무엇보다 역사와 고전에 밝았다. 비록 현실은 비천한 직업에 종사하는 몸이지만 자신의 뿌리는 그렇지 않다는 자긍심으로 공자는 그 시절을 견디었으리라. 이때 그를 구원한 것이 아마 학문이 아니었을까?

불여호학 | 不如好學

학문을 즐겨라

앞서 말했듯이 공자는 학인이자 정인이었다. 공자가 《논어》에서 인人을 지칭할 때는 지배층을 뜻하고, 민民은 피지배층을 뜻하는 경우가 많다. 그러나 공자는 사람을 군자와 소인으로 나누었다. 피지배층을 뜻하는 소민小民이 아니라 지배층을 뜻하는 소인小人으로 호칭한 것은 의도적이다. 공자는 지배층과 피지배층이 아니라 도道에 이른 경지를 기준으로 군자와 소인을 나누었다. 군자가 되기 위해서는 학문을 해야 했다. 그러나 학문만이 유일한 길은 아니었다.

자하가 말하기를 "어진 이를 어질게 대할 때 안색을 바꾸며, 부모를 섬길 때 능히 그 힘을 다하고, 임금을 섬길 때 능히 그 몸을 다하고, 벗과 더불어 사귈 때 그 말에 신의가 있다면 비록 학문을 안 했어도 나는 능

히 학문했다고 할 것이다."_〈학이〉

子夏曰, 賢賢하여 易色하며 事父母에 能竭其力하며 事君에 能致
자하왈 현현 역색 사부모 능갈기력 사군 능치
其身하며, 與朋友交에 言而有信이면, 雖曰未學이라도 吾必謂之學
기신 여붕우교 언이유신 수왈미학 오필위지학
矣라라. _〈學而〉
의

학문을 했는가 안 했는가, 즉 머릿속에 지식이 들어 있는가 그렇지 않은가보다 더 중요한 것은 행위였다. 공자는 교언영색巧言令色 하는 사람을 가장 싫어했다. 〈학이〉 편에서 공자는 "말을 교묘하게 잘하면서 낯빛을 좋게 꾸미는 사람은 인仁한 이가 드물다(巧言令色, 鮮矣仁)"라고 비판했다. 말을 교묘하게 잘하는 사람은 물론 지식인이다. 대부분 사기꾼, 즉 경제범죄자는 지식인이다. 사기꾼일수록 낯빛을 좋게 꾸미고 말을 교묘하게 한다. 그래야 상대방이 넘어가기 때문이다. 《논어》에 교언영색을 비난하는 말이 세 번이나 나오는 데서도 공자가 교언영색 하는 지식인을 얼마나 싫어했는지 알 수 있다. 〈공야장〉 편에서 공자는 "말을 교묘하게 잘하고 낯빛을 좋게 꾸미면서 지나치게 공손하게 대하는 것을 좌구명左丘明이 부끄럽게 여겼는데, 나도 부끄럽게 여긴다(巧言令色足恭을 左丘明이 恥之러니 丘亦恥之하노라)"라고 말했다. 좌구명은 공자가 쓴 역사서 《춘추春秋》에 전傳을 덧붙인 《춘추좌전春秋左傳》의 저자이다.

〈양화陽貨〉 편에서도 "말을 교묘하게 잘하면서 낯빛을 좋게 꾸미는 사람은 인仁한 이가 드물다"라고 반복했다. 이 말이 반복해서 나오는 것은 여러 제자가 교언영색을 비판하는 공자의 말을 들었다는 뜻이다. 이 앞 구절이 "옛날 어리석은 사람은 정직하기라도 했는데 지금 어리석은 사람은 남을 속일 뿐이다(古之愚也直 今之愚也詐而已矣)"라는 것이다. 공자는 교언영색 하는 지식인을 어리석다고 봤다. 정도正道가 아닌 사도邪道를 걷는 지식인은 어리석다. 공자는 그렇게 봤다. 공자의 말은 학문하려면 제대로 하라는 것이다.

학인은 학문을 괴롭게 여기는 사람은 도달할 수 없는 경지다. 학인은 학문을 좋아하는 사람만이 도달할 수 있는 경지다. 〈공야장〉 편에서 공자는 이렇게 말한다.

공자 가라사대 "열 집이 사는 마을에도 충忠과 신信으로는 구丘(공자) 같은 사람이 있겠지만 내가 배움을 좋아하는 것만은 못할 것이다." _〈공야장〉
子曰, 十室之邑에 必有忠信如丘者焉이어니와 不如丘之好學也니라. _〈公冶長〉

공자는 여기에서 호학好學이란 말을 썼다. 배움을 좋아하는 것, 즉 호학은 공부에 통달한 사람만이 도달할 수 있는 경지다. 학문 길에 처음 들어서면 누구나 어렵고 괴롭기 마련이다. 차라리 들어가지 않으면 모르겠지만 일단 한 발 들여놓으면 한 치 앞을 분간할 수 없는 어두운 굴속에서 헤매게 된다. 그러나 배우고 때로 익히면 어느 순간 문리文理가 트인다. 그런 사람이 조선 중·후기의 시인 백곡柏谷 김득신金得臣(1604~1684)이다.

책 읽은 횟수를 기록한 김득신

김득신은 자신이 책을 읽은 횟수를 기록한 《독수기讀數記》를 남겼는데, 《사기》〈백이열전伯夷列傳〉은 무려 1억 1만 3,000번 읽었다고 썼다. 당시의 1억은 10만을 가리키니 11만 3,000번 읽었다는 뜻이다. 김득신은 서재 이름도 억만 번 읽은 집이란 뜻에서 억만재億萬齋라고 지었다. 백이伯夷는 주나라 무왕의 은나라 정벌을 끝까지 반대하고 수양산에 들어가 굶어 죽었던 은나라 고죽국의 백이·숙제를 뜻하는데 공자도 크게 높였던 인물이기에 뒤에 설명할 기회가 있을 것이다.

그런데 〈백이열전〉을 11만 3,000번 읽으려면 어느 정도의 시간이 걸릴까? 이런 의문을 가졌던 인물이 다산 정약용이었다. 정약용도 김득신 못지않은 독서가여서 호승심好勝心이 생겼는지도 모른다. 〈백이열전〉은 그리 길지 않은 글이기에 정약용은 독서를 잘하는 선비라면 하루에 100번은 읽을 수 있다고 보았다. 하루에 100번씩 읽으면 1년에 3만 6,000번 읽을 수 있으니 3년이면 10만 8,000번을 읽을 수 있다. 그러나 이는 다른 책도 보지 않고 다른 일도 하지 않고 〈백이열전〉만 보았을 때 가능한 시간이었다. 그래서 정약용은 김득신이 다른 일은 몰라도 부모님을 모시는 일에는 시간을 썼을 것이라 보고, 이 시간을 빼면 아무리 빨라도 4년은 걸려야 11만 3,000번 읽을 수 있다고 보았다. 그러나 김득신은 《독수기》에 〈백이열전〉뿐만 아니라 다른 책도 수없이 읽었다고 기록하고 있다. 사서四書(논어·맹자·중용·대학)는 물론이고 한나라의 역사서인 《한서漢書》 같은 책도 많게는 6, 7만 번 적게는 수천 번 읽었다고 기록했다.

김득신이 책을 읽은 횟수를 기록한 《독수기》

    필자는 여기에서 궁금해진다. 김득신이 과연 호학의 선비인지. 그는 열심히 공부했지만 과거운은 없었다. 그래서 웬만한 학자라면 이십 대에 통과하는 진사進士 시험도 서른아홉 때인 인조 20년(1642)에야 붙었다. 대과大科에도 거듭 떨어졌으나 포기하지 않고 쉰아홉 때까지 매달려 현종 3년(1662)에 드디어 급제했다.

    이후의 행적을 보면 나는 김득신을 호학의 선비라고 생각한다. 급제 후 병조좌랑 등의 벼슬이 내려졌으나 모두 사양했고 예조좌랑 같은 벼슬을 역임했으나 곧 그만두고 고향으로 내려와 학문, 그중에서도 시작詩作에 열중했기 때문이다. 나중에는 시인으로 이름을 날려 임금이 그의 '용산시龍山詩'를 병풍에 쓰라고 명하기도 했다. 김득신에게 과거는 일종의 오기였던 것이 아닐까? 끝내 급제에 실패하고 벼슬을 포기하는 것과 급제하고 나서 포기하는 것은 종류가 다르다. 김득신은 수많은 독서와 과거급제까지 이룬 후 자신이 좋아하는 시에 마지막 일생을 걸었다. 그래서 그는 호학의 선비다.

김득신이 나중에 좋은 시인이 될 수 있었던 이유가 수많은 독서에 있었다고 나는 생각한다. 괴로운 독서의 과정을 견디다 보면 독서가 즐거운 시간이 온다. 어두운 벽을 더듬어 계속 앞으로 나가면 멀리서 한 줄기 빛이 보이기 시작한다. 비로소 호학의 문턱에 접어든 것이다. 그러다 갑자기 앞이 확 트이면서 빛이 쏟아진다. 그런 희열을 느껴본 사람만이 학인이 된다. 뉴턴이 만유인력을 발견했을 때나, 아인슈타인이 상대성원리를 깨달았을 때 그랬을 것이라고 나는 믿는다. 이 수준이 되면 학문이 즐거운 경지, 즉 호학에 다다르게 된다. 그러나 여기에서 끝이 아니다. 공자는 호학보다 더 높은 경지가 있다는 사실을 알게 되었다. 바로 학문을 즐기는 낙학樂學의 경지다. 좋아하는 것보

| 취묵당醉默堂. 백곡 김득신이 만년에 세운 독서재讀書齋이다. 충북 괴산군 괴산읍 능촌리 소재

다 더 높은 경지는 즐기는 경지다. 공자는 자신의 일을 즐기는 사람이 가장 도의 경지가 높다는 사실을 알고 있었다. 그는 〈옹야雍也〉 편에 이런 말을 남긴다.

공자 가라사대 "아는 자는 좋아하는 자만 못하고, 좋아하는 자는 즐기는 자만 못하다." _〈옹야〉

子曰, 知之者는 不如好之者요 好之者는 不如樂之者니라. _〈雍也〉
자왈 지지자   불여호지자   호지자   불여락지자

2,500년 전에 낙樂의 경지를 발견했다는 사실이 놀랍다. 우리 사회가 좋아하는 일을 하면서 사는 것이 진정한 '행복'이란 사실을 깨닫기 시작한 것은 최근의 일이다.

정조는 지지知之와 호지好之를 나눈 것은 이해할 수 있는데, '좋아한다'는 호지好之와 '즐긴다'는 낙지樂之가 서로 나뉠 수 있는 것인지는 의문을 가졌다. 그래서 정조는 경연에서 이렇게 질문했다.

"지지는 격치格致에 속하고 호지는 성의誠意에 속하니 이는 지와 행을 나눈 것으로서 '아는 것이 좋아하는 것만 못하다'고 한 것은 참으로 옳다. 그런데 낙지樂之는 호지의 공功이 효과를 본 것이고, 의성意誠에 속한 것뿐인데, 또한 '낙지만 못하다'라고 해서 마치 별도로 한 층의 계급이 있는 것처럼 한 것은 무슨 까닭인가?"

정조의 질문은 지지는 단지 아는 것에 그치지만 호지는 행동으로 이어진다는 것이다. 그래서 지와 행을 나누는 것은 이해가 되는데, 왜 호지와 낙지가 나뉘어야 하는가에 대해 의문을 품은 것이었다. 정조의

질문에 성종인成種仁이 답했다.

"지와 행은 원래 지지와 호지에서 나뉘지만, 덕德을 이루는 것은 실로 낙지에 있습니다."《경사강의》《논어》

글쎄, 고개가 갸우뚱거려진다. 공자의 말을 너무 어렵게 분석하다 보면 공자도 모르는 해설이 등장한다. 과거 국어 교과서에 실렸던 한용운의 시 '알 수 없어요'는 해설이 몇 배 더 어려웠다. 호지에서는 덕을 이룰 수 없고, 낙지에서만 이룰 수 있다는 것인지 알 수 없다.《논어》에는 공자가 한 말이라고 믿기 어려운 구절이 적지 않다. 다음 구절도 공자를 신격화한 후대 유학자를 당황하게 했던 구절 중 하나이다.

공자 가라사대 "부富를 구할 수 있다면 비록 채찍을 잡는 사람이라도 나 역시 하겠지만, 만일 구할 수 없다면 내가 좋아하는 것을 따르겠다."_〈술이〉

子曰, 富而可求也면 雖執鞭之士라도 吾亦爲之어니와 如不可求면
자왈 부이가구야   수집편지사   오역위지   여불가구
從吾所好하리라. _〈述而〉
종오소호

이 구절에 대해 주희는《논어집주》에서 소씨蘇氏의 말을 인용해 "성인께서는 일찍이 부를 구하는 데 뜻을 두지 않았으니 어찌 그것이 가능한지 불가능한지 알았겠는가?"라고 반문했다. 공자는 부에 뜻을 두지 않았는데 어떻게 부자가 될 수 없다는 사실을 알 수 있었겠느냐는 뜻이다. 그러나 어릴 때 미천해서 비천한 일에 종사했던 공자가 왜 부자가 될 생각을 하지 않았겠는가?

유학이 관학官學이 되면서 공자는 완전무결한 성인聖人이어야 했기 때문에 공자가 부자가 되기를 바란 적이 있어서는 안 되었다. 그러나 공자가 분명히 "부를 구할 수 있다면 비록 채찍을 잡는 사람이라도 나 역시 하겠다"라고 말한 것을 없었던 일로 되돌릴 수는 없다. 공자는 솔직했다. 공자의 위대함은 그 솔직함에서 왔다. 공자는 자신의 한계를 느끼면서도 그 한계를 넘기 위해 끊임없이 노력했다. 그렇게 도에 나아갔다. 그는 부자가 될 수 있다면 남의 마차를 모는 채찍이라도 잡겠지만 그렇게 해도 부자가 될 수 없으니 좋아하는 일을 하겠다고 말했다. 좋아하는 일이란 물론 학문이다.

《논어집주》에서 인용한 양씨楊氏의 설명은 이보다 인간적이다. 양씨는 "군자가 부귀를 싫어해서 구하지 않는 것이 아니라 그것은 하늘에 달린 것이어서 구할 길이 없기 때문이다"라고 해설했다. '큰 부자는 하늘이 낸다'는 속담이 그냥 나온 것이 아니다. 실제로 공자는 '부귀는 하늘에 달렸다'는 부귀재천富貴在天이라는 말을 한 적이 있다. 〈안연顏淵〉편의 일이다. 사마우司馬牛가 공자의 제자 자하子夏에게 "사람은 다 형제가 있는데 나만 혼자 없다(人皆有兄弟어늘 我獨亡*로다. *亡(무): 없다)"라고 근심하자, 자하는 "상(자하)은 들은 것이 있다(商聞之矣)"라면서 "죽고 사는 것에는 하늘의 명이 있고 부와 귀는 하늘에 달렸다(死生有命이요 富貴在天이라)"라고 말했다. '들은 것이 있다'는 말은 물론 스승인 공자에게 들었다는 뜻이다. 그래서 《논어》에 실은 것이다. 공자는 젊은 시절 한때 부를 추구할까 생각했던 적이 있다. 그리고 행동으로 옮겼는지는 모르지만 하늘은 공자에게 부를 허용하지 않았다. 그래서 공자는 부귀재천이라고 말했다.

사해형제 | 四海兄弟

세상 사람이 모두 나의 형제이다

형제가 없다고 걱정하는 사마우에게 자하는 깨달음의 말을 전해준다.

군자가 공경하여 실수가 없고, 사람과 더불어 공손하고 예의가 있으면 사해四海 사람이 모두 형제인데, 군자가 어찌 형제가 없는 것을 걱정하겠는가? _〈안연〉

君子敬而無失하며 與人恭而有禮면 四海之內가 皆兄弟也니 君子何患乎無兄弟也리오? _〈顔淵〉
군자경이무실   여인공이유례   사해지내   개형제야   군자환호무형제야

사해동포가 모두 형제라는 박애주의博愛主義 사상이 응축된 말이다. 천하 사람을 모두 형제로 만드는 법, 그것이 바로 경敬과 예禮였다. 하늘을 공경하고 사람을 예로 대하는 것이 사해동포를 모두 형제로 만드는 길이다. 남을 짓밟고라도 혼자만 잘 먹고 잘 살려는 사람은 하늘도 무시하고, 예의도 없는 짐승이 된다. 사람은 경과 예를 가지고 더불어 살아야 한다. 그러면 천하 사람이 모두 형제가 된다.

공자는 하늘이 자신에게 부귀를 내리지 않았다는 사실을 알고 있었다. 하늘이 자신에게 내린 것은 학문하는 능력이었다. 그러나 학문의 길, 대충 학사·석사·박사 따고 대학교수 하는 것은 모르겠지만 진짜 학문의 길, 호학의 길, 낙도樂道는 그때나 지금이나 어려운 길이다. 학문을 깊게 하면 비록 부귀가 눈앞에 있어도 올바르게 얻지 않았으

면 취할 수 없기 때문이다. 공자는 〈이인里仁〉 편에 이런 말을 남겼다.

공자 가라사대 "부富와 귀貴는 사람이 바라는 것이지만 그 도로써 얻은 것이 아니면 처하지 않으며, 가난과 천한 것은 사람이 싫어하는 것이지만 그 도로 얻은 것이 아니라도 버리지 말아야 한다."_〈이인〉

子曰, 富與貴는 是人之所欲也나 不以其道得之어든 不處也하며
자왈 부여귀   시인지소욕야   불이기도득지   불처야
貧與賤은 是人之所惡也나 不以其道得之라도 不去也니라. _〈里仁〉
빈여천   시인지소오야   불이기도득지   불거야

공자의 말은 쉽지만 오묘한 맛이 있다. 몇 번을 되풀이 읽고 생각해봐야 그 뜻이 다가온다. 예나 지금이나 우아한 방법으로 부귀를 얻기는 쉽지 않다. 학자는 도道에 어긋나는 방법으로 부와 귀를 얻으려 해서는 안 된다는 것이다. '도리에 어긋난다'라는 말은 진정한 학자나 정치가에게는 강력한 제어력을 갖는다. 눈앞에 이익이 있어도 과연 도리에 맞는가를 먼저 생각해야 한다. 그래서 도리에 맞지 않으면 과감하게 버려야 한다. 그럴 수 있으려면 가난하고 천한 것과 친해져야 한다. 그래서 가난하고 천한 것, 즉 빈貧과 천賤은 도를 추구하는 사람이라면 늘 가깝게 지낼 각오가 되어 있어야 한다. 일종의 반어법이다. 빈과 천은 추구하는 것이 아니라 도에 뜻을 두면 가까워질 수밖에 없는 것이다.

이덕무와 박제가

조선 후기 학자 이덕무李德懋(1741~1793)의 자호自號는 청장관青莊館

인데, 청장青莊은 눈앞의 먹이만 먹고 사는 해오라기다. 이덕무의 부친은 종실宗室(임금의 친족) 이성호李聖浩였지만 이덕무는 서자로 태어났다. 서자가 청장이란 자호를 썼으니 곤궁할 것은 불문가지였다. 이덕무는 스스로 지은 짤막한 자서전인《간서치전看書痴傳》에서 "집안 사람들은 그의 웃음을 보면 그가 기서奇書를 구한 줄 알았다"라고 말했다. 며칠씩 굶기를 밥 먹듯이 하면서도 책을 구하면 웃었다니 가난과 천함을 버리지 않는 경지에 다다랐다고 볼 수 있다. 당시 또 한 명의 서자 지식인이었던 유득공柳得恭도 배고프긴 마찬가지였다. 두 불우한 서자 지식인은 서로 교분이 깊었는데 유득공의 문집인《고운당필기古芸堂筆記》에 배고픔에 대한 두 사람의 일화가 나온다.

이덕무가 붓을 던지고 한숨을 쉬며 "서울에는 깨진 쟁반·솥뚜껑, 찢어진 망건 등을 말끔히 고쳐 생계를 꾸리는 온갖 수선공이 있는데 우리도 앉아서 굶어 죽기를 기다리지 말고, 필운대와 삼청동 사이를 오가며 잘못된 시(破詩)를 고치라고 하면 어찌 술과 안주를 얻을 수 없겠는가?"라면서 크게 웃었다는 일화다. 진한 페이소스가 묻어 나오는 웃음이다.

그러나 이 두 사람과 또 다른 서자 지식인 박제가朴齊家·서리수徐理修를 정조가 재위 3년(1779)에 규장각奎章閣 검서관檢書官으로 특채하면서 최소한 배고픔에서는 벗어나게 되었다. 이들 서자 지식인은 실학의 중상학파重商學派에 속했다. 이용후생학파利用厚生學派라고 불리는 중상학파의 주장은 단적으로 말해 발달한 청나라의 문물을 배우자는 것이었다.

조선 후기의 시대 흐름과는 반대로 신분제를 강화하고 주자학을

청나라 화가 나양봉이 그린
초정 박제가 초상과 《북학의》

유일사상으로 만들었던 집권 노론이 모든 사회 변화를 거부하고 망한 명나라를 계속 섬겨야 한다는 허위뿐인 명분론을 주창하고 있을 때 실력은 있되 양반 카르텔에 속하지 않았기에 배고팠던 서자 지식인들이 청나라를 배우자고 주창하고 나섰던 것이다.

공자가 무조건 학자는 배고파야 한다고 주장하는 것은 아니다. 이 문제에서도 공자의 기준은 도였다. 공자는 《논어》〈태백泰伯〉편에서 "나라에 도가 있는데 가난하고 천함은 수치이며, 나라에 도가 없는데도 부유하고 귀함은 수치이니라(邦有道에 貧且賤焉이 恥也며 邦無道에 富且貴焉이 恥也니라)"라고 말했다. 나라에 도가 있으면 선비도 가난하고 천하지 않을 것이다. 그러나 도가 없는 나라에서 부유하고 귀하다면 그 자체가 선비의 수치다. 그런데 언제 나라에 도가 있었던가? 대부분 세상은 항상 소인배의 차지였다. 대부분 나라에는 아주 짧은 시기를 제외하고는 도가 없었다. 그래서 가난하고 천한 것은 선비, 곧 학자의 운명일 수밖에 없다. 도를 추구하는 사람은 빈과 천을 버려서는 안 된다.

공자 가라사대 "군자가 먹는데 배부름을 구하지 않고, 거주하는데 편안함을 구하지 않고, 일에 민첩하고 말을 삼가면서 도 있는데 나아가

자신을 바로잡으면 배우기를 좋아한다고 말할 수 있다." 〈학이〉

子曰, 君子食無求飽하고 居無求安하며 敏於事而慎於言이요 就有
자왈 군자식무구포   거무구안   민어사이신어언   취유
道而正焉이면 可謂好學也已니라. 〈學而〉
도이정언   가위호학야이

"먹는데 배부름을 구하지 않고, 거주하는데 편안함을 구하지 않"아야 학문을 좋아한다고 할 수 있다는 것이다. 학문의 길은 악식악숙惡食惡宿의 길이다. 악의악식惡衣惡食은 도가 폐해진 시대를 살아가는 선비의 운명이었다. 공자가 여러 제자 중에서 특히 안회顔回를 높이 평가한 것은 그가 악의악식을 마다치 않았기 때문이었다.

공자 가라사대 "선비로서 도에 뜻을 두고도 낡은 옷과 거친 밥을 부끄럽게 여기는 자와는 더불어 도를 논의할 수 없다." 〈이인〉

子曰, 士志於道而恥惡衣惡食者는 未足與議也니라. 〈里仁〉
자왈 사지어도이치악의악식자   미족여의야

공자 시대도 지금과 마찬가지로 대부분 사람은 부와 귀를 추구했다. 그러나 공자가 경험했듯이 돈은 추구한다고 누구나 가질 수 있는 것이 아니다. 그런데도 사람들은 돈을 추구한다. 돈을 추구하는 것은 짝사랑일 경우가 대부분이다. 잡으려고 다가가면 도망간다. '돈 나는 모퉁이 죽는 모퉁이'라는 속담이 그래서 나왔다. 돈을 벌려면 체면을 버리는 것은 말할 것도 없고 때로는 목숨까지 걸어야 한다. "돈이 돈을 번다"라고 예나 지금이나 돈 버는 사람은 따로 있다. 보통 사람은 등 따스하고 배부르면 그만이다. 학문에 뜻을 둔 사람은 부와 귀가 아니라 빈과 천을 가까이할 결심을 해야 한다.

안빈낙도 | 安貧樂道

학문하는 사람이 어찌 가난을 두려워하랴?

공자가 제시한 길은 당시로써도 특이한 길이었다. 그래서 학문을 좋아하는 공자학단에 대해 호기심을 가진 사람이 많았다. 《논어》에는 사람들이 공자에게 "제자 중에 누가 학문을 좋아합니까?"라고 묻는 대목이 두 번 나온다. 노나라 군주 애공哀公도 그중 한 명이었다.

애공이 공자에게 "제자 중에 누가 학문을 좋아합니까?"라고 물었다. 공자가 대하여 가라사대 "안회라는 사람이 있는데, 학문을 좋아하며, 노여움을 옮기지 않으며, 허물을 두 번 하지 않았는데, 불행하게도 명이 짧아서 죽었습니다. 이제는 없으니 학문을 좋아하는 사람에 대해서 듣지 못했습니다." 〈옹야〉

哀公이 問弟子孰爲好學이니잇고? 孔子對曰, 有顔回者好學하여 不遷怒하며 不貳過하더니 不幸短命死矣라. 今也則亡하니 未聞好學者也니이다. 〈雍也〉

공자에게 안회는 제자 이상의 의미가 있었다. 공자보다 서른 살이 적지만 공자는 제자가 아니라 동지로 대했다. 천하 주유를 끝내고 노나라로 돌아온 후 안회가 먼저 세상을 뜨자 공자는 "하늘이 나를 버리는구나(天喪予)"라고 비통해했는데, 그 이유가 이 대답에 있다. 〈선진〉 편에서 계강자季康子가 같은 질문을 했을 때도 공자는 "안회라는 사람이 있어서 학문을 좋아했는데, 불행하게도 명이 짧아서 죽었고, 지금은 없습니다(有顔回者好學하더니 不幸短命死矣라 今也則亡하니라)"라고 답했다. 공자가 안회를 그렇게 높였던 이유가 있다.

'노여움을 옮기지 않으며, 허물을 두 번 하지 않는다'라는 말은 단순하지만 깊은 뜻이 있다. 우선 노여움을 남에게 옮기지 않는다는 것은 사람을 수단으로 보지 말라는 뜻이다. 애꿎은 사람에게 화풀이하지 말라는 함의가 그 속에 있다. 또한 허물을 두 번 하지 않는다는 말에는 성인의 길이 담겨 있다. 인간은 누구나 실수를 한다. 중요한 것은 같은 실수를 반복하지 않는 것이다. 후회한 다음에 다시 그런 행위를 반복한다면 앞의 후회는 거짓이거나 불충분한 반성이 된다. 진정으로 후회한다면 같은 잘못을 반복하지 않는다. 그러면 성인이 될 수 있다. 안회는 가난을 숙명으로 여겼다. 학문할 기본자세가 갖춰진 것이다. 그리고 가난 속에서 도를 즐겼다. 〈옹야〉 편에서 공자는 안회를 이렇게 평가한다.

> 공자 가라사대 "어질도다, 안회여, 한 대그릇의 밥을 먹고, 한 표주박의 물을 마시면서 누추한 거리에 사는 것을 사람은 견디지 못하는데 안회는 그 즐거움을 고치지 않으니, 어질도다 안회여."〈옹야〉
>
> 子曰, 賢哉라 回也여! 一簞食와 一瓢飮으로 在陋巷을 人不堪其憂로되 回也는 不改其樂하니 賢哉라 回也여!〈雍也〉
> 자왈 현재 회야 일단사 일표음 재루항 인불감기우 회야 불개기락 현재 회야

여기에서 안빈낙도安貧樂道라는 유명한 사자성어가 나왔다. '가난을 편안히 여기면서 도를 즐긴다'는 뜻이다. 가난함을 견디면서 도를

추구하는 인빈추도忍貧追道가 아니라 가난을 편안히 여기면서 도를 즐기는 것이다. 그러니 그 도의 경지가 높은 것이다.

원교 이광사의 안빈낙도

우리 역사에서 안회 같은 유형의 인물은 원교圓嶠 이광사李匡師다. 이광사는 조선의 주자학자들이 이단으로 몰았던 조선 후기 양명학의 비조鼻祖 격인 하곡霞谷 정제두鄭齊斗의 제자였다. 이광사 역시 양명학자이자 추사 김정희 못지않은 서예가였다. 하지만 이광사는 영조 31년(1755)에 발생한 나주벽서 사건에 연루되어 두만강가로 유배갔다. 그가 체포되어 옥에 갇히자 절망한 부인은 자결했다. 북변北邊 끝 유배지에 있는 이광사에게 아들 이영익李令翊이 편지를 보냈다. 어머니는 자결하고 아버지는 오지로 유배 간 절망적 상황을 견디기 위해 아들은 사방 벽에 자신을 경계하는 글을 써 놓고 마음을 다스린다고 토로했다. 그중 '참을 인忍' 자가 있었다. 이광사는 '아들에게 주는 편지(寄示慶兒)'에서 이렇게 타일렀다.

"그 가운데 인忍 자를 나는 좋아하지 않는다. 나는 늘 인忍은 미덕美德이 아니라고 말해왔다."

이광사는 "인이라는 것은 물을 막는 것과 같아서 마침내는 터지고 마는데, 터질 때는 그 세가 더욱 사나울 것이다(忍如防水, 終必決, 決其勢必益悍)"라고 덧붙였다. 참는 것은 아름다운 덕이 아니라는 것이다. 참는 것은 언젠가는 터지기 마련인데 참았던 것이 한번 터지면 걷잡을 수 없다는 것이다. 참는 대신 즐기는 경지로 끌어올리라는 충고였다.

이광사가 처한 상황은 안회보다 더 열악했다. 숱한 고문을 당하고 부인까지 자살한 가운데 유배형에 처해졌다. 안회는 스승에게 뜻을 펼칠 기회가 오면 자신도 조정에 나갈 것이라는 희망이라도 있었지만 이광사에게는 그런 희망조차 사치였다. 나주벽서 사건에 관련된 대부분의 소론少論을 사형시킨 영조가 이광사를 살려준 것만 해도 기적이었다. 아마도 그가 종성宗姓(전주 이씨)이기 때문일 것이다. 이런

원교 이광사 초상

절망적 상황에서 이광사는 인忍의 경지를 넘어서라고 주문했다. 그 경지가 바로 낙도樂道다. 공자가 말하는 학문의 최고 경지다.

도를 즐기는 것, 가난을 편안히 여기는 것, 이것이 당대 최고의 지식인 공자가 사람들에게 권장하는 도의 길이자 인간의 길이었다. 공자의 철학은 이런 가운데 나왔다. 도를 즐기는 높은 경지에 있었지만 잘못된 세상에 대한 분노가 있었다. 잘못된 세상을 바꾸고 싶은 생각이 있었지만 현실은 공자에게 그런 역할을 맡기지 않았다. 공자 역시 자신의 도를 굽혀가면서 현실세계로 들어가 봐야 아무런 소용이 없다는 사실을 알고 있었다.

공자 가라사대 "거친 밥을 먹고 물을 마시며 팔을 구부려 베개로 삼고

자더라도 즐거움이 또한 그 안에 있는 것이니 의롭지 않은 부와 귀는 내게 뜬구름과 같다." _〈술이〉

子曰, 飯疏食飮水하고 曲肱而枕之라도 樂亦在其中矣니 不義而
자 왈 반소사음수   곡굉이침지   낙역재기중의   불의이
富且貴는 於我에 如浮雲이라. 〈述而〉
부차귀   어아   여부운

의롭지 못한 부와 귀는 자신과 상관없는 뜬구름이었다. 낙도樂道의 경지가 아니라면 이런 말은 위선이거나 패배자의 자기변명에 지나지 않는다. 하지만 공자는 '도를 좋아하는' 호도好道의 경지를 낙도의 경지로 끌어올린 인물이었다. 그만큼 인간의 길은 공자에 의해 가파르게 높아졌다.

지지위지 | 知之爲知

모르는 것은 모른다고 하라

공자는 자신의 뜻을 세상에 펼치지 못하고 불우하게 일생을 마쳤다. 공자가 세상을 떠난 지 300여 년 후인 서기 전 2세기경 한漢 무제武帝 때 재상이었던 동중서董仲舒(서기 전 179경~104경)에 의해 유학은 비로소 관학의 자리를 차지하게 된다. 동중서는《춘추》의 의리로 천하를 통일하자는 '춘추대일통春秋大一統'과 유학자 이외의 모든 학자를 조정에서 쫓아내자는 '파출백가罷黜百家'를 주창했다. 앞선 진시황

때 유학은 분서갱유焚書坑儒의 주 대상이었다. 진시황과 법가法家의 정치가 이사李斯가 볼 때 유가들은 이상을 기준으로 현실을 비판하는 시국불만자에 불과했다. 그러나 한나라 때 유학은 드디어 정통의 자리를 차지했다. 그 후 12세기경 북송의 정호程顥(1032~1085)·정이程頤(1033~1107) 형제와 남송의 주희(1130~1200)가 고대 유학을 성리학으로 다시 정리하면서 공자의 사상은 절대 진리가 되었다. 그러면서 공자가 말한 '지知'가 대단히 복잡해졌다. 그러나 공자의 육성은 그리 복잡하지 않았다. 소박한 가운데 깊은 뜻이 담겨 있을 뿐이었다.

> 공자 가라사대 "유야! 네게 안다는 것이 무엇인지 가르쳐주겠다. 아는 것을 안다고 하고, 모르는 것을 모른다고 하는 것. 이것이 바로 아는 것이다."_〈위정〉
>
> 子曰, 由야! 誨女知之乎인저 知之爲知之요 不知爲不知가 是知也
> 자 왈 유   회여지지호   지지위지지   부지위부지   시지야
> 니라. _〈爲政〉

중국 후한 때 허신許慎(58년경~147년경)이 편찬한 《설문해지說文解字》는 "회誨는 환하게 가르쳐주는 것이다(誨, 曉敎也)"라고 설명하고 있다. "네게 안다는 것이 무엇인지 환하게 가르쳐주겠다"라고 하면서 공자가 한 설명은 '아는 것을 안다고 하고, 모르는 것을 모른다고 하는 것'이 앎이라는 것이다. 공자의 가르침에는 군더더기가 없다. 공자의 말은 단순하지만 힘이 있다. 열다섯 살에 학문에 뜻을 둔 공자. 그는 평생 모르는 것을 알기 위해 노력했다. 평생 배움을 추구한 공자의 삶의 자세를 전해주는 말이 〈술이述而〉편에 실려 있다.

공자 가라사대 "내게 (수명을) 몇 년 만 더해서 오십에 역易을 배울 수 있다면 큰 허물은 없을 수 있을 것이다." _〈술이〉

子曰, 加我數年하여 五十以學易이면 可以無大過矣리라. _〈述而〉
자왈   가아수년   오십이학역   가이무대과의

이 구절의 '오십五十'을 두고 논란이 많았다. 먼저 《사기》〈공자세가〉에 일흔서넛까지 살았던 공자 만년의 일로 소개되면서 과연 오십에 이런 말을 했느냐가 논란이 되었다. 또한 〈공자세가〉는 '더할 가加' 자를 '빌릴 가假' 자로 기록했다. 〈공자세가〉에 따르면 "공자가 만년에 역易을 즐겼고…, '나의 수명을 몇 년간만 빌릴 수 있다면 나는 역을 빛나고 빛나게 하리라(假我數年, 若是, 我於易則彬彬矣)'라고 말했다"라는 것이다. 수명을 몇 년 '더하다'나 '빌리다'는 비슷한 의미이므로 상관없지만 오십이란 나이가 문제였다. 주희는 《논어집주》에서 자신의 스승이자 장인인 유면지劉勉之의 말을 인용해 오십이란 나이에 문제를 제기했다.

"일찍이 다른 책을 보니 加는 假였고 오십五十은 졸卒이었다. 加와 假는 소리가 서로 비슷해 잘못 읽은 것이고, 졸卒과 오십五十은 글자가 서로 비슷해 잘못 나눈 것이다."

정약용은 《논어고금주》에서 加 자는 《사기》에 따라 假 자로 고치는 것이 옳다면서도 오십五十이 졸卒 자를 잘못 쓴 것이라는 주희의 새로운 해석에는 동의하지 않았다. 정약용은 "왜 역易이라고 하는가? 이치를 궁구하고 천성을 다해 명命에 이르는 것이다(《주역(역경易經)》 〈설괘전說卦傳〉에 나오는 말이다)"라면서 "나이 오십이면 하늘의 명을 안다고 했으니 (오십은) 명을 아는 나이이다"라고 덧붙였다. 공자가 "오십

살에 하늘의 명을 알았다(五十而知天命)"라고 오십을 지천명의 나이라고 했으니 졸卒이 아니라 오십五十이 맞는다는 것이다.

쉰 살도 장수로 칠 수 있던 시대이기에 정약용의 분석도 그르다고 볼 수는 없다. 공자가 마흔 후반에 오래 살지 못할 것 같은 감정을 느꼈을 수도 있다. 더 확실한 사료가 나오지 않는 이상 공자가 만년에 이 말을 했는지 사십 대 후반에 했는지를 두고 따지는 것은 무의미하다. 오십도 적지 않은 나이라고 정리하고 넘어가는 수밖에 없다.

열다섯 살에 학문에 뜻을 두고 끊임없이 모르는 것을 알기 위해 노력했던 공자는 하늘이 몇 년의 수명만 더 허락한다면 역易을 공부하고 싶다고 말했다. 공자가 만세의 스승이 될 수 있었던 힘은 바로 끊임없이 공부하는 자세에서 나왔다. 학문은 완성할 수 없는 것이다. 다만 완성을 향해서 한발 한발 끊임없이 나아가는 것이다.

나는 언제 학문에 뜻을 두었을까? 고교 졸업 30주년 기념으로 담임선생님들을 초청한 모임에 갔더니 한 친구가 30년 전의 나를 '창가에 앉아서 조용히 책을 보던 아이'로 회상했다. 문제는 그 책이 교과서나 참고서가 아니었다는 점이다. 함석헌 선생의 《다시 태어나도 이 길을》 같은 책이었다. 한완상 교수의 《민중과 지식인》도 봤던 기억이 난다. 이런 책을 읽으라고 권해주었던 대학생 형이 있는 것도 아니었다. 함석헌 선생이 일제강점기 때 "왜 역사학자가 되었을까?"를 고민하면서 눈물의 선지자 예레미야를 언급한 대목을 보며 역사학자가 되고 싶다고 생각했던 기억이 난다. "슬프다. 이 성이 본래는 거민居民이 많더니 이제는 어찌 그리 적막寂寞히 앉았는고"라고 시작하던 '예레미야 애가哀歌'가 가슴에 와 닿았던 이유였다.

한완상 교수가 《민중과 지식인》에서 민중을 즉자적 민중과 대자적 민중으로 나눴던 것이 생각난다. 수동적으로 사는 민중은 즉자적 민중이고 능동적으로 사는 민중은 대자적 민중이라는 취지의 말이었던 것 같다. 대자적 민중이 되어야겠다고 생각했지만 그 방법을 알 수는 없었다. 지금 생각하면 '유신만이 살길'이라는 전체주의 구호가 횡행했던 그 시절, 관학 이외의 다른 길을 찾고자 했던 작은 몸부림, 그것이 내겐 학문의 시작이 아니었는가 싶다. 주머니에 단돈 십만 원도 없이 대학원 진학을 결심했던 심정도 고교 시절 창가에서 다른 책을 보던 그 마음과 같았다는 사실을 최근에야 깨달았다. 그렇게 나는 학문의 길에 접어들었다.

학문이란 하루도 쉬어서는 안 된다는 교훈을 남긴 사람은 뜻밖에도(?) 안중근 의사다. 안 의사가 경술년(1910) 3월 사형당하기 한 달 전에 뤼순(旅順) 감옥에서 남긴 유묵이 '일일부독서 구중생형극(一日不讀書 口中生荊棘)', '하루라도 책을 읽지 않으면 입안에 가시가 돋는다'는 뜻이다. 안중근은 평화로운 세상에 태어났으면 교육자가 되었을지도 모를 사람이다. 황해도 진남포에 삼흥학교三興學校를 설립하고, 남포에서는 돈의학교敦義學校를 경영했다. 뤼순 감옥에 갇힌 안중근을 지바 도시치(千葉十七)를 비롯한 일본인 간수들이 존경한 것은 일본의 무사와는 다른 선비 무사였기 때문이다. 안중근은 본질적으로 무武가 아니라 문文의 사람이었다. 시대가 그를 무의 사람으로 만들었던 것이다.

하루라도 책을 읽지 않으면 입에 가시가 돋는 삶이 학자의 삶이다. 필자는 가끔 한가람 역사문화연구소의 고문으로 모시고 있는 원로 역사학자 이재호 선생님을 찾아뵌다. 그때마다 구순이 넘으신 선생

순국하기 전 동생 정근, 공근에게 유언하는 안중근의 모습과 그의 유묵

님께서는 "한 십 년만 젊었어도 천고遷固(필자)를 도와서 일을 좀 할 수 있을 텐데 아쉽다"라고 말씀하신다. 일한다는 것은 글을 쓰시겠다는 말씀이다. 거동이 불편하신 선생님이지만 하루도 책을 놓지 않는다고 사모님은 말씀하신다. 나는 나이 때문에 공부하기 늦었다고 말하는 사람들에게 이 이야기를 들려준다. 학인의 길은 하루라도 책을 읽지 않으면 입에 가시가 돋을까 염려하는 길이자, 하늘이 내게 몇 년의 수명을 더 준다면 역易을 공부하고 싶다고 염원하는 길이자, 구순 넘어 거동은 불편해도 십 년만 젊었으면 글을 쓰고 싶다고 한탄하는 길이다. 그 속에 즐거움이 있는 길이다.

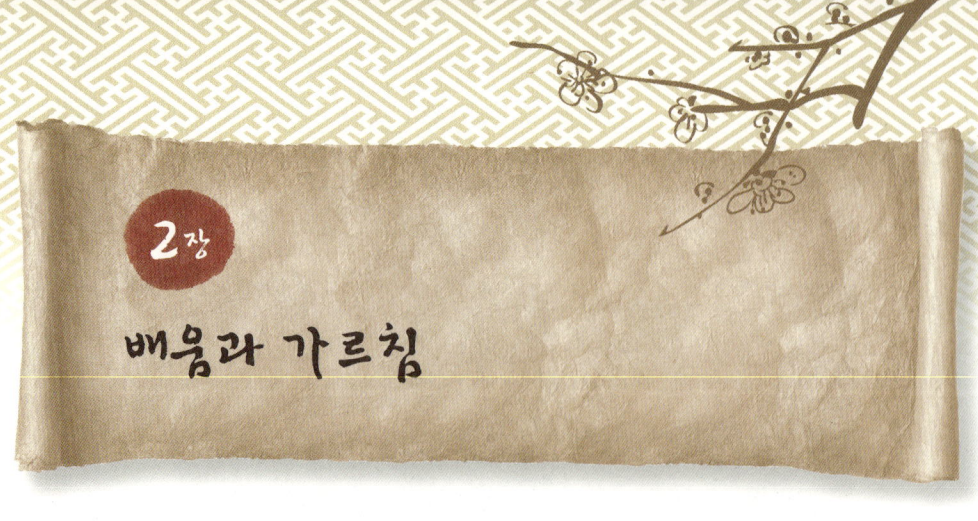

2장 배움과 가르침

인불양사 | 仁不讓師

스승과도 다툰다

필자는 공자와 그 제자들의 모임을 '공자학단孔子學團'이라고 부른다. 공자학단은 특이한 집단이었다. 먼저 학문집단이었다. 스승 공자를 정점으로 한 제자들의 집단이다. 공자는 제자들에게 강한 카리스마를 갖고 있었다. 그러나 현재의 한국과 일본 학자처럼 일방통행식 관계는 아니었다.

공자 가라사대 "인에 대해서는 스승에게도 양보하지 않는다." _〈위령공〉

子曰, 當仁하여는 不讓於師니라. _〈衛靈公〉
자왈 당인 불양어사

인에 대해서는 스승에게도 양보하지 않고 다툰다는 뜻이다. 인에 대한 공부나 실천에는 스승과 제자의 구별이 없다는 뜻이다. 공자가 이런 말을 할 수 있었던 것은 그 자신도 스승의 말을 무조건 수긍하는 제자를 좋아하지 않았기 때문이다.

공자 가라사대 "내가 안회와 더불어 이야기하는데 종일토록 내 말을 어기지 않아서 어리석은 것 같았지만 물러간 뒤에 그 사私(생활)를 살펴보니 또한 분발하여 족하니 안회는 어리석지 않구나." _〈위정〉

子曰. 吾與回言에 終日不違하니 如愚나 退而省其私한대 亦足以
자왈 오여회언   종일불위   여우   퇴이성기사   역족이
發하니 回也不愚로다. _〈爲政〉
발   회야불우

공자는 스승의 가르침에 이의를 제기하지 않고 무조건 옳다고 하는 사람을 어리석다고 생각했다. 공자학단에는 스승의 잘못도 거리낌 없이 비판할 수 있는 언론의 자유가 있었다. 이 점이 중요한 특징이다. 자로는 여러 차례 스승에게 쓴소리를 마다치 않은 제자였다. 〈옹야〉 편은 공자가 수많은 추문의 주인공으로 유명한 미녀 남자南子를 만나자 "자로가 좋아하지 않았다"라고 기록하고 있다. 공자의 천하 주유를 서술할 때 더 자세하게 설명하겠지만, 공자가 위衛나라의 왕비이자 절세 미녀로 숱한 스캔들을 뿌렸던 남자를 만나자 자로가 공자의 면전에서 불쾌한 기색으로 쓴소리를 했다.

공자께서 남자를 만나자 자로가 좋아하지 않으니 공자께서 맹세하여 가라사대 "내가 만일 잘못했다면 하늘이 싫어하실 것이다! 하늘이 싫

어하실 것이다!"_〈옹야〉

子見南子하신대 **子路不說**이어늘 **夫子矢之曰, 予所否者**인댄 **天厭**
자견남자   자로불열   부자시지왈   여소부자   천염
之시고! **天厭之**시리라! _〈雍也〉
지   천염지

공자가 "하늘이 싫어하실 것이다!"라는 말을 반복한 것은 자로의 쓴소리가 그만큼 뼈아팠다는 방증이다. 《논어》〈자한〉편은 "공자는 이익과 천명과 인에 대해서는 드물게 말씀하셨다(子는 罕言利與命與仁 이러시다)"로 시작한다. 그만큼 하늘의 명에 대해서는 말을 아끼던 공자가 두 번씩이나 '하늘이 싫어하실 것이다'라고 변명했다. 자신의 뜻을 몰라주는 제자에게 공자는 하늘까지 끌어들여 변명했지만 자로를 견책하지는 않았다. 견책은커녕 공자는 자로를 정치에 뛰어난 수제자로 분류했다.

공자학단에는 공자도 잘못하면 비판받는 것이 당연하다는 분위기가 형성되어 있었다. '내가 하면 로맨스, 남이 하면 불륜'이라는 이중 잣대는 설 자리가 없었다. 안회가 공자의 모든 말과 행위를 수긍하는 제자였다면, 자로는 눈에 거슬리는 것이 있으면 거침없이 말하는 제자였다. 《논어》에는 자로가 여러 차례 공자를 비판하는 대목이 나온다. 공자도 절대화된 신상神像이 아니라 상대화된 인간으로 대했다는 뜻이다.

송시열에 맞선 백호 윤휴

조선 후기 백호 윤휴는 주희가 주석한 《중용中庸》에 문제가 있다고

생각해 고쳐서 해설했다. 송시열이 찾아가서 "《중용》의 주註가 틀렸다고 생각하느냐?"라고 따져 묻자 윤휴는 "천하의 이치를 어찌 주자 혼자 알고 나는 모른다는 말이냐?" 하고 반박했다. 그러자 송시열은 윤휴를 강하게 공박했다.

"하늘이 공자에 이어 주자를 낳은 것은 진실로 만세의 도통道統을 위한 것이다. 주자 이후에는 밝혀지지 않은 이치가 하나도 없고 드러나지 않은 글이 하나도 없는데, 윤휴가 감히 자기 견해를 스스로 세워 방자하게 가슴속 생각을 말한다(《송자대전宋子大全》 '연보', 숭정崇禎 26년)."

윤휴가 송시열에게 맞선 것은 '나도 주희만큼은 안다'는 자부심이 아니었다. 또한 개인적인 감정싸움도 아니었다. 당시 사회를 바라보는 두 세계관의 충돌이었다. 불과 사십여 년 사이에 국토가 쑥대밭이 되는 전쟁을 세 차례나 겪은 나라, 임진·정묘·병자호란을 잇달아 겪은 조선의 무능한 지배체제에 민심이반은 심각해질 대로 심각해진 상태였다. 이런 위기를 극복하는 방법론을 놓고 두 정파가 대립한다.

윤휴 초상

송시열 중심의 서인(노론)은 주자학을 절대주의 사상으로 떠받들면서 신분제를 강화하자고 주장했다. 그렇게 양반 사대부의 계급적 이익을 계속 유지해나가자는 것이었다. 반면 윤휴 중심의 남인은 주자학도

상대주의 사상으로 여기면서 신분제를 해체 내지는 완화해 일반 백성의 처지를 개선해주어야 한다고 주장했다. 절대주의 체제를 지향했던 송시열과 상대주의 체제를 지향했던 윤휴가 맞부딪친 결과 "천하의 이치를 어찌 주자 혼자 알고 나는 모른다는 말이냐?"라는 윤휴의 유명한 항변이 나온 것이다.

결국 윤휴가 사형당한 후 조선에서 그 누구도 주희의 학설을 반박하지 못하게 되었다. 주희의 말은 신성불가침으로 떠받들어졌다. 그만큼 학문은 퇴보했다. 여기에 더해 부모는 생신 때도 찾아뵙지 못하지만 스승 생신은 반드시 챙겨야 했던 일본 제국주의 학자들과 그 후예들이 한국의 인문학계를 상당 부분 지배하게 되면서 스승의 학설은 아직도 신성불가침의 영역으로 남아 있다.

공자학단은 달랐다. 공자는 제자가 실수를 지적하면 선선히 잘못을 인정했다. 〈술이〉 편에 나오는 일화다.

> 진陳나라 사패가 "소공昭公이 예를 압니까?"라고 묻자, 공자가 "예를 압니다"라고 대답했다. 공자가 물러나자 사패가 읍하고 무마기에게 나아가 말했다.
> "나는 군자는 당黨을 짓지 않는다고 들었는데, 군자도 당을 짓습니까? 이 임금이 오나라에 장가들었는데 같은 성씨이기 때문에 오맹자吳孟子라 불렀는데, 이 임금이 예를 알면 누가 예를 모르겠습니까?"
> 무마기가 이 말을 알리자, 공자 가라사대 "나는 행운이구나. 진실로 허물이 있으면 사람들이 반드시 아는구나!"_〈술이〉

陳司敗問 昭公이 知禮乎잇가? 孔子曰, 知禮니라. 孔子退하신대 揖
진 사 패 문   소 공   지 례 호   공 자 왈   지 례   공 자 퇴   읍

巫馬期而進之하여 曰, 吾聞君子는 不黨이라 하니 君子도 亦黨乎아? 君
무 마 기 이 진 지   왈 오 문 군 자   부당   군 자 역 당 호 군
이 取於吳하니 爲同姓이므로 謂之吳孟子라 하니 君而知禮면 孰不知
   취 어 오   위 동 성   위 지 오 맹 자   군 이 지 례   숙 부 지
禮리오? 巫馬期以告한대 子曰, 丘也幸이로다 苟有過어든 人必知之
례   무 마 기 이 고   자 왈 구 야 행   구 유 과   인 필 지 지
로다! _〈述而〉

이 일화는 설명이 필요하다. 사패司敗는 관직명으로 진 사패는 진나라 대부이다. 소공昭公은 공자의 고국인 노나라 임금이다. 노나라는 주공周公의 자손이고 오吳나라는 태백泰伯의 자손으로 모두 주周나라 태왕太王의 후예이다. 그래서 노나라와 오나라의 성은 모두 희姬씨인 동성同姓이었다. 동성은 서로 혼인하지 않는 것이 예이므로 노 소공은 오나라의 왕녀와 혼인할 수 없었다. 정약용은 《논어고금주》에서 이 구절을 해석하면서 "《곡례曲禮》를 보라. 또 《대전大傳》에는 '동성은 서로 혼인하지 않는 것이 주나라의 도리이다'(見曲禮. 又大傳云同姓不昏, 周道也)"라고 설명했다. 노나라나 오나라는 모두 주나라에 분봉받은 제후국이므로 주나라의 예를 따라야 했다.

그런데 노나라 소공이 이런 예를 어기고 오나라 왕녀에게 장가갔다. 그래서 진 사패가 노 소공이 예를 아느냐고 물은 것인데 노나라 출신인 공자가 "예를 압니다"라고 대답하자 공자의 제자인 무마기에게 "군자도 당을 짓습니까?" 하고 따진 것이다. 여기에서 당이란 치우친 것(偏)을 뜻한다. 곧 군자도 공평하지 못하고 사적인 친소 관계나 사익에 치우쳐 편을 드느냐고 따져 물은 것이다. 오나라 왕실의 성씨가 희姬이므로 친정의 성을 따서 노 소공의 부인을 오맹희吳孟姬라고 써야 했지만 동성끼리 결혼한 것을 감추기 위해서 오맹자吳孟子라

2장 | 배움과 가르침 69

고 썼는데 어찌 노 소공이 예를 안다는 말이냐고 항의한 것이다. 그러자 공자는 선뜻 잘못을 사과했다.

"군자도 당을 짓습니까?", 즉 '군자도 치우치는가?'라는 질문은 뼈아픈 것이었다. 공자는 항상 하늘의 뜻을 설파하는 사람이었다. 그런 공자에게 하늘이 언제 편을 지어서 편애하더냐고 묻는 격이었다. 그러나 공자는 변명하지 않았다. 진 사패가 제자 무마기를 통해 항의하자 솔직하게 "나는 행운이구나. 진실로 허물이 있으면 사람들이 반드시 아는구나!"라고 잘못을 인정했다. 군더더기가 없었다. 쉬운 일 같지만 쉬운 일이 아니라는 사실을 인생의 신산스러움을 조금이라도 겪어본 사람은 안다. 평생에 걸쳐 예를 설파했던 공자였기에 더욱 뼈아팠다. 이것이 얼마나 뼈아픈 지적이었는지는 《논어》〈안연〉편 첫머리에 잘 드러나 있다.

극기복례 | 克己復禮

사양하는 마음을 잃어버린 사회에

안연, 즉 안회는 공자의 제자이자 동지였다. 〈안연〉 편 첫 구절은 안회가 인仁에 대해서 묻자 공자가 극기복례克己復禮, 즉 "자기를 이기고 예에 돌아가는 것이 인"이라고 대답하는 유명한 장면으로 시작한다.

안연이 인에 대해서 묻자, 공자 가라사대 "자기를 이기고 예에 돌아가는 것이 인을 (실천)하는 것이니, 하루라도 자기를 극복하고 예로 돌아가면 천하가 다 인으로 돌아갈 것이다. 인을 하는 것이 자기에게 달렸지 남에게 달렸겠는가?"_〈안연〉

顏淵이 問仁한대 子曰, 克己復禮爲仁이니 一日克己復禮면 天下
안 연   문인   자왈 극기복례위인   일일극기복례   천하
歸仁焉하리라. 爲仁이 由己니 而由人乎哉리오? _〈顏淵〉
귀인언   위인   유기   이유인호재

자기를 이기고 예로 돌아가는 극기복례가 인의 실천이라는 언명이다. 예는 곧 자신이 하고 싶은 것을 참는 것이다. 이런 명언을 남긴 공자가 고국인 노나라 소공을 편애한다는 지적을 받자 깨끗하게 시인했다. 말은 쉽지만 실천은 어렵다.

맹자는 《맹자》〈공손추 상公孫丑上〉에서 "측은하게 여기는 마음이 인의 실마리이고, 악을 미워하는 마음이 의의 실마리이고, 사양하는 마음이 예의 실마리이고, 옳고 그름을 가리는 마음이 지혜의 실마리이다(惻隱之心, 仁之端也. 羞惡之心, 義之端也. 辭讓之心, 禮之端也. 是非之心, 智之端也)"라고 말했다.

이것이 유가儒家에서 인간 성선설의 근거로 삼는 사단四端이다. 사단에서 예는 사양하는 마음이란 뜻이다. 할아버지 밥상에 맛좋은 생선구이가 올랐을 때 어머니가 군침 흘리는 어린 자식에게 손댈 생각하지 말라고 눈치 주는 것이 곧 예다. 할아버지가 손자에게 양보하는 것은 예이자 자慈다. 할아버지의 예와 어머니의 예가 충돌했을 때 손자가 사양하는 것이 효孝다. 그러나 어린 손자는 할아버지의 권유에 못 이기는 척 생선에 젓가락을 댄다. 어머니의 눈치를 모르는 체 입맛

맹자 초상과 《맹자》

따라 생선의 살을 헤집지만 마음 한구석이 편치 않다. 식사 후 어머니가 아들을 훈계하며 때로는 때리기까지 한다. 어린 자식에게 생선구이를 먹이고 싶은 마음은 어머니가 가장 강하다. 그러나 맛있는 음식은 할아버지에게 올리는 것이 예임을 안다. 그래서 어머니는 자식을 꾸짖고 다음부터는 그러지 말라고 가르친다. 어머니의 행위가 자기를 이기고 예로 돌아가 인을 실천한 것이다.

어머니는 이렇게 말과 행동으로 어린 자식에게 '자기를 이기고 예로 돌아가라'고 가르쳤다. 현대사회의 많은 문제는 이런 가정교육이 사라진 데 있다. 부모는 뒷전이고 자식이 우선이다. 이런 교육을 받은 자식은 커서 자신의 부모를 천대하게 되어 있다. 그때 후회해도 이미 때는 늦었다. 그것이 세상의 이치다. 자신이 먼저 부모에게 효를 실천하는 모습을 보이면 자식이 자신에게 효를 실천하게 되어 있다.

어려서 가정에서 예를 배우면 커서 세상에 나와도 예를 어기지 않게 된다. 공무원이나 기업 임원이 되어도 민원인이나 하도급업체 관계자의 뇌물을 받을 수가 없다. 밥상에 오른 생선을 사양하는 예를 배웠는데 어찌 뇌물을 받겠는가? 지금 우리 사회의 많은 문제가 예의 실종에 있다. 요즘 부모들은 효도라는 예는 잊어버리고 자식 사랑이라는 짐승적 편애만 알기에 가정도 시끄럽고 학교도 시끄럽고 사회도 시끄럽다.

"자기를 이기고 예로 돌아가는 것이 인을 (실천)하는 것"이라는 스승의 가르침을 들은 안회는 청문기목講問其目, 즉 "그 자세한 항목에 대해서 묻습니다"라고 보다 자세한 가르침을 요청한다. 그래서 안회는 훌륭한 제자이자 학자이다. 모르는 것은 반드시 묻고 실천하기 때문이다. 공자는 대답한다.

공자 가라사대 "예가 아니거든 보지도 말고, 예가 아니거든 듣지도 말고, 예가 아니거든 말하지도 말고, 예가 아니거든 움직이지 마라." 안연이 말하기를 "회回(안회)가 비록 민첩하지 못하지만 청컨대 이 말씀을 받들겠습니다." _〈안연〉

子曰. 非禮勿視하며 非禮勿聽하며 非禮勿言하며 非禮勿動이니라.
자왈   비례물시   비례물청   비례물언   비례물동
顏淵曰. 回雖不敏이나 請事斯語矣리이다. _〈顏淵〉
안연왈 회수불민   청사사어의

　이런 장면이 《논어》의 아름다운 대목이다. 스승과 제자 사이에 이런 대화를 나눈 기억이 있는가? 더구나 공자가 살던 시대는 전쟁이 일상화된 야수의 시대였다. 전쟁의 시대는 인간 심성의 가장 밑바닥에 있는 어두운 면을 아무렇지도 않게 끄집어낸다. 공자로 하여금 "하늘이 싫어하실 것이다!"라고 변명하게 만들었던 남자라는 여인. 송나라 왕녀였던 남자는 위 영공에게 시집온 후에도 송나라에 있을 때 사귀었던 송조朱朝라는 미남 애인을 위나라로 불러들였다. 추문이 잇따르자 이를 창피하게 여긴 태자 괴외蒯聵가 어머니를 죽이려고 모의하던 시대였다. 이런 야수의 시대에 '예가 아니면 보지도, 듣지도, 말하지도, 움직이지도 마라'라고 가르쳤다. 가난한 제자 안회는 "비록 민첩하지 못하지만 청컨대 이 말씀을 받들겠습니다"라고 다짐했다. 야수의 시대에 예를 지키려면 배고플 수밖에 없었다. 그래서 공자가 안회의 안빈낙도를 높이 평가했던 것이다.
　예는 왜 붕괴하는가? 예의 붕괴는 항상 지배층부터 시작된다. 지배

층이 예를 모르고 사욕만 챙기면 피지배층은 그대로 따라간다. 이럴 때마다 공자의 해법은 지배층이 먼저 실천하라는 노블레스 오블리주이다.

자로가 정사에 대해 물으니, 공자 가라사대 "먼저 하고 수고해야 한다." (말씀을) 더해줄 것을 청하니, "게으르지 않아야 한다." _〈자로〉

子路問政한대 子曰, 先之 勞之니라. 請益한대 曰, 無倦이니라. _〈子路〉
자 로 문 정   자 왈 선 지 노 지   청 익   왈 무 권

공자는 지배층을 대할 때 혹독했다. 지배층이 먼저 해야 하는 것은 조정에 일찍 출근해 일을 열심히 하는 정도가 아니다. 공자는 전쟁이 나면 가장 먼저 나가서 앞서 싸우다 죽음도 불사하는 자세를 요구했다. 이것이 자기 몸을 닦는 수기다. 자기 몸을 닦고 나서야 치세治世·치평治平, 즉 이인利人에 나설 수 있다. 수기가 안 된 인간이 이기利己를 생각하지 이인利人을 생각할 리 없다. 공자가 고위 벼슬아치를 비롯해 정치하려는 사람들에게 면박에 가까운 말을 하는 근본 이유가 여기에 있다.

(공자 가라사대) "나(丘)는 나라와 가문을 가진 자는 적은 것을 걱정하지 않고 고르지 않은 것을 걱정하며, 가난한 것을 걱정하지 않고 편안하지 못한 것을 걱정한다고 들었으니, 무릇 고르면 가난하지 않고, 화和하면 부족함이 없고, 편안하면 위태로움이 없다." _〈계씨〉

丘也 聞有國有家者는 不患寡而患不均하며 不患貧而患不安이라
구 야 문유국유가자   불 환 과 이 환 불 균   불 환 빈 이 환 불 안
하니 蓋均이면 無貧이요 和면 無寡요 安이면 無傾이니라. _〈季氏〉
      개 균   무 빈   화   무 과   안   무 경

2장 | 배움과 가르침   75

적은 것을 걱정하지 말고 고르지 못한 것을 걱정하라! 가난한 것을 걱정하지 말고 편안하지 못한 것을 걱정하라! 고르면 가난하지 않다! 가난하기 때문에 사회문제가 발생하는 것이 아니라 고르지 못하기 때문에 발생한다. 고르지 못한 것은 지배층의 탐욕 때문이다. 지배층이 가난한 자의 것까지 빼앗기 때문이다. 지배층이 가난한 백성과 자기 것을 나누면 사회는 편안해진다. 그러면 백성도 가난하지 않게 된다. 노블레스 오블리주는 다른 것이 아니다. 자기를 이기고 예로 돌아가는 극기복례, 이것을 실천하는 것이 인이고 노블레스 오블리주다.

공자가 말한 학은 머릿속 지식만을 뜻하는 것이 아니었다. 지식이 구체적 실천으로 드러나야 학이 이루어지는 것이다. 인의예지仁義禮智는 따로따로 독립된 것 같지만 서로 긴밀하게 연결되어 있다.

속수지례 | 束脩之禮

공자대학의 반값 등록금

공자는 인류 역사상 가장 일찍 사학私學을 시작한 사람이다. 필자가 처음 《논어》를 접했을 때 의외였던 구절이 있었다. 수업료에 관한 구절이었다.

공자 가라사대 "속수束脩를 행한 자 이상은 내가 일찍이 가르치지 않

은 적이 없다."〈술이〉

子曰, 自行束脩以上은 吾未嘗無誨焉이로다. 〈述而〉
자왈 자행속수이상 오미상무회언

수脩는 육포이고 속束은 한 두름을 뜻하니 속수束脩는 육포 열 조각이란 뜻이다. 여기에서 '속수지례束脩之禮'라는 사자성어가 생겼다. 일정한 예물禮物을 가지고 와서 배움을 청하는 예법이란 뜻이다. 송나라 유학자 형병邢昺은 속수는 예물로써 아주 박한 것이라면서 후한 것은 옥玉이나 비단 등이라고 보았다. 그래서 속수 '이상以上'이라는 말을 썼다고 해석했다.

정약용은 《논어고금주》에서 이 구절을 가지고 공자가 혹시 재물을 탐한 것이 아닐까 생각할 수 있지만 그렇지 않다고 말했다. 정약용은 "제자가 어진 스승에게 배움을 청해서 생삼사일生三事一의 의리를 맺으면서 어찌 예물이 없을 수 있는가(以弟子而請學于賢師, 以結生三事一之義者, 安得無贄)"라고 말한다. 생삼生三이란 부父, 사師, 군君, 즉 아버지, 스승, 임금을 뜻하는데, 사일事一이란 이 세 분을 하나같이 섬긴다는 뜻이다. 조선 후기 학자 윤기尹愭(1741~1826)의 《무명자집無名子集》에는 〈부사군父師君〉이란 책문이 있다. 여기에 "아버지는 낳아주시고, 스승은 가르쳐주시고, 임금은 먹여주신다"라고 기록하고 있듯이 원래 순서는 부사군父師君이었다. 그러나 어느 순간 군·사·부로 바뀌어 임금이 아버지 앞으로 왔다. 효충孝忠이 충효忠孝로 바뀐 것과 마찬가지다. 경전 용어는 순서가 중요하다. 그 철학이 담겨 있기 때문이다. 가정에서 먼저 부모에게 효도하고 나중에 공직에 나와서 임금에게 충성하라는 뜻이 부사군에는 담겨 있다. 부모에게 효도하지 못하는 사람이 임금에게 충성할 수 없다는 논리다. 부모에게 효도하는 마음과 임금에게 충성하는 마음이 같다는 일관성의 논리가 효충과 부사군에 있다.

공자가 언제부터 스승의 길로 나섰는지는 분명하지 않다. 프랑스의 피에르 도댕Pierre Do-Dinh은 《공자》라는 책에서 공자가 스물두 살 때인 서기 전 530년 노나라에서 제자들을 가르치기 시작했다고 주장했지만 뚜렷한 근거를 제시하지는 못했다. 중국과 대만의 연구자는 대략 이립而立, 즉 서른 전후부터 제자들을 가르쳤을 것으로 분석하고 있지만 정확한 시점은 특정하지 못한다.

공자의 교수법이 훌륭했다는 점은 대를 이은 제자들이 나왔다는 점에서도 알 수 있다. 공자의 초기 제자였던 안로顔路는 공자가 가장 사랑했던 안회의 부친이었다. 증점曾點 역시 공자의 제자 증삼曾參의 부친이었다. 그만큼 흡입력이 뛰어났다. 《사기》〈공자세가〉는 "공자로부터 시·서·예·악詩書禮樂을 배운 제자가 무릇 3,000명에 달한다"라면서 "그중 육례六藝에 능통한 자는 72인"이라고 전하고 있다. 3,000이라는 숫자에 이의를 제기하는 학자도 있지만 한 번씩 거쳐 간 제자들까지 합치면 그렇게 되지 말란 법도 없다. 중국 최초의 사학이었던 공자대학은 그만큼 큰 인기를 끌었다.

공자대학에서는 시·서·예·악만 가르친 것이 아니라 현실 정치에 적용할 수 있는 학문도 가르쳤기 때문이다. 인문학과 예술만 가르친 것이 아니라 정치학과 행정학, 경영학도 가르쳤다. 전쟁이 일상화된 춘추시대의 군주들은 인재가 많이 필요했고, 공자학단은 이런 인재를 배출했다. 정작 공자 자신은 잠깐의 벼슬살이를 제외하면 큰 벼슬을 하지 못했지만 제자 중에는 관직에 진출한 사람이 많았다. 공자가 전국적인 명성을 얻게 된 계기도 여기저기 관직에 진출한 제자들 때문이었다. 또한 공자대학은 지배계급만을 위한 학교가 아니었다. 공자는 《논어》에서 지배층인 인人과 피지배층인 민民을 구분했지만 지배계급의 자제만 제자로 받아들이지는 않았다. 자로도 피지배계급 출신이었다. 춘추시대는 신분도 중요했지만 비록 평민이라도 능력만 있으면 관직에 진출할 수 있었다. 이런 점에서 난세는 피지배계급에 좋은 기회가 된다. 신분을 가리지 않는 공자대학이 인기를 끌 수밖에 없었던 이유가 여기에 있었다.

유교무류 | 有教無類

사람은 누구나 평등하다

남송의 주희는 사람을 계급으로 나누어 바라보는 철학을 갖고 있었지만 노나라 출신 공자는 그렇지 않았다. 주희의 주자학, 즉 성리학은 사대부 계급의 관점에서 세상을 바라본 철학이다. 사대부의 계급적 이익을 공맹孔孟의 이름으로 합리화한 것이 주자학이다. 그러나 공자는 사람을 계급으로 구분 지은 적이 없다. 《논어》〈위령공衛靈公〉편에 나오는 다음 구절은 신분제에 대한 공자의 생각을 알 수 있게 해준다.

| 주자 초상

공자 가라사대 "가르치는 데는 계급이 없다." _〈위령공〉_

子曰, 有敎면 無類니라. _〈衛靈公〉_
자왈 유교 무류

이 구절은 고대 유학을 사대부의 계급적 이익을 위한 학문으로 전락시켰던 성리학자들을 불편하게 했다. 공자가 '가르치는 데는 류類, 즉 계급이 없다'고 분명히 말했기 때문이다. 그래서 주희는 《논어집주》에서 '류' 자를 모호하게 해석했다.

사람의 본성은 다 착하지만 그 류에 선한 자와 악한 자가 다른 것은 기질과 습관이 오염되었기 때문이다. 그래서 군자는 가르칠 때는 사람이 다 착함으로 돌아오는 것이 가능하므로 그 류의 악함을 다시 의논해서는 안 된다. _《논어집주》_

人性皆善, 而其類有善惡之殊者, 氣習之染也. 故君子有敎, 則人皆可以復於善, 而不當復論其類之惡矣. 《論語集註》

주희는 류의 실체를 정의하지 않은 채 선한 자와 악한 자라는 식으로 모호하게 분류했다. 공자의 원뜻대로 해석하면 사대부 계급이 세상을 지배해야 한다는 성리학의 기본 전제가 무너지기 때문이다.

정약용의 귀천

그래서 이 해석에 불만을 품은 정약용은《논어고금주》에서 이 구절을 보다 분명하게 설명했다.

> 류에는 두 가지가 있다. 하나는 족류族類니 모든 벼슬아치[百官]와 만백성[萬民]으로 나뉘어 귀하고 천하다는 구별이 있다. 하나는 종류種類니 구주九州(중국)와 사이四夷(이민족)로서 (중국과) 멀고 가까운 것으로 구별한다. 가르침이 있다면 대부분 대도大道로 돌아간다. 이것이 무류無類다. … 하늘이 중심[夷]을 줄 때 귀천을 두지 않았으며 멀고 가까운 것도 없었으니 가르침이 있으면 모두 같았다. 이것이 무류다. 《논어고금주》
>
> 類有二. 一曰族類, 百官萬民. 以貴賤別也. 一曰種類, 九州四夷. 以遐邇別也. 有敎則皆可以歸於大道. 是無類也. … 天之降夷, 無有貴賤, 無有遠邇, 有敎則皆同, 是無類也. 《論語古今註》

정약용은 류를 두 종류로 나누었다. 하나는 벼슬아치와 일반 백성을 뜻하는 계급 분류이다. 또 하나는 중국민족과 다른 민족을 나누는 민족 분류다. 정약용은 하늘이 사람을 내릴 때는 귀천의 구별을 두지 않았다는 공자의 원뜻에 동의했다. 일본 에도시대 이토 진사이[伊藤仁斎(1627~1705)]도 마찬가지였다. 그 역시 정약용처럼 주희를 뛰어넘어 공자와 맹자의 본뜻을 찾기 위해 노력한 학자로서《논어고의論語古義》,《맹자고의孟子古義》등을 저술했다. 정약용은 사대부 계급으로서 '인간은 계급이 없다'는 인식에 도달했지만 이토 진사이는 무사 계급의 지배를 받는 상인商人(조닌) 계급이었기에 이 구절이 더욱 가슴으로 다가왔다.

정약용은 성호星湖 이익李瀷을 사숙私淑하면서 주자학을 뛰어넘어 고대 유학으로 직접 들어가는 학문 방법을 배웠다. 이토 진사이도 마찬가지로 주자학이 아니라 공자, 맹자가 직접 저술한 고대 유학 사상을 중시했다. 그래서 그는 《대학大學》은 공자의 직접 저술이 아니라는 이유로 배제하고 《논어》와 《맹자》를 깊게 연구했는데, 이런 이토 진사이의 학문을 고의학古義學이라 부른다. 특이한 점은 다산 정약용이 '일본론日本論'이란 글에서 고학 선생古學先生 이등씨伊藤氏의 글을 보고 "일본은 근심이 없다"라고 말한 것처럼 이토 진사이의 학문 세계를 알고 있었다는 점이다.

주자학을 무조건 신봉하던 조선의 주류 유학자들은 일본의 유학 수준을 우습게 봤다. 하지만 정약용 같은 몇몇 학자를 제외하면 교조주의에 사로잡힌 조선의 많은 주자학자는 현실 세계의 모순을 고민했던 일본 학자들보다 수준이 한참 떨어졌다. 주희의 해석만 외우던 조선의 주자학자들에게 무슨 학문 수준이나 발전이 있었겠는가? 이 당시 학문은 하곡 정제두처럼 제 발로 강화도로 들어간 사람이나 성호 이익처럼 폐고廢錮된 집안 출신으로 스스로 농사지으며 학문했던 사람, 정약용이나 이광사처럼 유배되었던 사람, 서자 출신인 이덕무나 유득공, 박제가처럼 세상에서 소외된 사람 들에 의해 명맥을 유지했고 사상의 꽃을 피웠다. 공자의 처지나 이들의 처지나 크게 다를 것이 없었다는 점을 보면 학문적 업적은 불우한 처지에 놓인 사람에게 주는 하늘의 선물인지도 모른다.

공자는 또 〈양화〉 편에서 "성품은 서로 가깝지만 익히는 데 따라서 멀어진다(性相近也, 習相遠也)"라고 말했다. 성품은 서로 가깝게 태어나지만, 즉 사람은 태어날 때 귀천의 구별이 없지만 어떻게 공부하느냐에 따라 차이가 생긴다는 뜻이다.

그만큼 공자는 공부를 중시했다. 정약용도 마찬가지다. 정약용은 "가르치는 데는 계급이 없다"라는 구절에 대해 "도를 닦는 것을 가르침이라고 이른다(修道之謂敎)"라고 말했다. 공자에게 사람은 어떤 집안에서 태어났느냐가 아니라 어떤 공부를 통해 어느 정도 도에 나아갔는가가 중요했다. 그래서 공자는 학문의 정도로 사람을 구분한다.

| 다산 정약용 초상

공자 가라사대 "나면서부터 아는 자는 상上이요, 배워서 아는 자는 그다음이요, 통하지 않는데도 배우는 자가 또 그다음이니, 통하지 않는데도 배우지 않는 백성이 있다면 이것이 하下니라." _〈계씨〉

孔子曰, 生而知之者는 上也요 學而知之者는 次也요 困而學之는
공자왈   생이지지자   상야   학이지지자   차야   곤이학지
又其次也니 困而不學民이 斯爲下矣니라. _〈季氏〉
우기차야   곤이불학민   사위하의

나면서부터 알면 좋겠지만 그렇지 못하더라도 꾸준한 노력을 통해 도로 나아가야 한다는 뜻이다. 정약용은 이 구절에 대해 "지자는 도를 아는 자다(知者知道也)"라고 말했다. 나면서부터 도를 아는 자가 성인聖人이고, 배워서 아는 자는 현인賢人이다. 공자도 나면서부터 안 사람은 아니었다. 공자는 자신도 후천적 노력으로 지금의 경지에 도달했다고 말했다.

공자 가라사대 "나는 나면서부터 아는 자가 아니라 옛것을 좋아하여 민첩하게 구하는 자이다."_〈술이〉

子曰, 我非生而知之者라 好古敏以求之者也니라. _〈述而〉
자 왈   아 비 생 이 지 지 자   호 고 민 이 구 지 자 야

공자는 그 자신의 분류법에 따르면 2단계에 속한 인물이다. 그만큼 노력의 소중함을 알았던 인물이자 평생 알고자 노력했던 학인이었다. 우리 사회는 평생 공부 시스템이 부족하다. 아직도 예비·학력고사·수능 점수를 무기 삼아 평생을 놀고먹으려는 무늬만 학자도 적지 않다. 하루라도 책을 읽지 않으면 입안에 가시가 돋는 학문도상에서 십 대 시절의 시험 점수를 가지고 행세하려니 밑천이 딸리기 마련이다. 그러니 비슷한 부류끼리 모여서 카르텔을 만들어 벽을 치고 생명연장을 도모한다. 십 대 시절의 시험 점수로 계급을 만든다. 공자가 살아 있었다면 '무학유류無學有類'라고 비판했을 것이다. 공부 않는 무리끼리 카르텔을 형성해 계급을 만든다는 뜻이다. 카르텔의 특징은 배타적이다. 학문 발전을 위해서 상호 경쟁하자는 것이 아니라 열심히 공부하는 사람들이 들어오는 것을 막거나 끌어내리기 위한 모

임이기 때문이다. 그러니 학문에 발전이 없다. 공자는 그렇지 않았다. 끊임없이 노력했다.

공자 가라사대 "산을 만드는 것에 비유하면 흙 한 삼태기가 부족해서 이루지 못하고 그치는 것도 내가 그치는 것이며, 땅을 고르는 것에 비유하면 비록 흙 한 삼태기를 부어서 나아가는 것도 내가 가는 것이다."
_〈자한〉

子曰. 譬如爲山에 未成一簣하여 止도 吾止也며 譬如平地에 雖覆
자왈   비여위산   미성일궤   지 오지야   비여평지   수복
一簣나 進도 吾往也니라. 〈子罕〉
일궤   진   오왕야

학문은 흙 한 삼태기를 날라 부어서 산을 만드는 과정이다. 위 구절과 함께 공자와 비슷한 시기에 살았던 도가道家 계열의 인물 열어구列禦寇의 《열자列子》〈탕문湯問〉 편에 나오는 '우공이산愚公移山'이란 사자성어가 학자의 좌우명이 되어야 한다. 한 삼태기, 한 삼태기 흙을 날라 산을 옮기려는 인물이 우공愚公이다. 그는 말리는 친구 지수智叟에게 나는 비록 늙었지만 자식도 있고 손자도 있으니 언젠가는 평평하게 될 날이 올 것이라고 답한다. 동시대의 사람이다 보니 공자가 열어구의 이 이야기를 듣고 흙 한 삼태기를 부어 산을 만든다는 이야기를 했는지도 모른다. 학문은 그렇게 평생 추구하는 것이다. 공자는 그렇게 살았다.

절문근사 | 切問近思

묻는 것이 학문의 시작이다

공자에게 학문은 모르는 것에 대한 질문으로 시작한다. 학문이란 말 자체가 묻는 것(問)을 배우는 것(學)이다. '아는 것을 안다고 하고, 모르는 것을 모른다고 하는 것(知之爲知之요, 不知爲不知니라)'이 앎이다. 이것이 공부의 시작이다. 공부는 자신이 아는 것이 무엇이고 모르는 것이 무엇인지를 아는 데서 시작한다. 당연히 모르는 것을 알기 위해 노력해야 한다. 모르는 것을 알기 위해서는 질문을 잘해야 한다. 질문은 먼저 자신에게 해야 하고, 그다음에 책을 통해서 하고, 그러고도 미진한 부분이 있으면 비로소 스승에게 묻는 것이다.

자하가 말하기를 "널리 배우고 그 뜻을 독실하게 하며, 절실하게 묻고 가까운 것부터 생각한다면 인은 그 가운데 있을 것이다." _〈자장〉

子夏曰, 博學而篤志하며 切問而近思하면 仁在其中矣니라. _〈子張〉
자하왈 박학이독지   절문이근사   인재기중의

절실하게 묻고 가까운 것부터 생각하는 것이 공자의 학습법이다. 공자가 뛰어난 스승인 점은 학생의 자발성을 강조했다는 데 있다. 역사상 모든 위대한 스승은 학생에게 무조건 외우라고 하지 않았다. 학생의 자발성을 이끌어내 스스로 답을 찾게 하는 것이 최고의 교수법이라 여겼다. 이런 교육법의 시조가 공자다.

공자 가라사대 "힘쓰지 않으면 열어주지 않으며, 표현하려 애쓰지 않으면 밝혀주지 않으며, 한 모퉁이를 들어 (가르쳐)주었는데 세 모퉁이로 답하지 못하면 다시 말해주지 않는다."_〈술이〉

子曰, 不憤이어든 不啓하며 不悱어든 不發하되 擧一隅에 不以三隅
자왈   불분   불계   불비   불발   거일우   불이삼우
反이어든 則不復也니라. 〈述而〉
반   즉불부야

힘쓰지 않으면 열어주지 않는다! 먼저 알려고 애써야 한다는 뜻이다. 그만큼 동기를 중요하게 생각했다. 먼저 알려고 힘쓰며 무엇인가 표현하려 애써야 한다. 공자는 답을 다 가르쳐주지 않았다. 하나를 가르쳐주고 나머지 셋은 스스로 찾게 하였다. 하나를 가르쳐주었는데 나머지를 찾으려고 애쓰지 않고 다 가르쳐달라고 요구하면 더 가르쳐주지 않는다. 가르쳐준 것을 외우기만 하는 학생은 발전이 없다. 학문이란 궁극적으로 자신의 세계관을 확보하는 과정인데, 외우기만 해서는 자기 시각을 가질 수 없기 때문이다. 스스로 질문하고 답을 찾으려고 노력하는 것이 중요하다. 그러기 위해서는 먼저 의문을 품어야 한다.

공자 가라사대 "'어떻게 하지? 어떻게 하지?'라고 말하지 않는 자는 나도 어떻게 할 수가 없다."_〈위령공〉

子曰, 不曰如之何如之何者는 吾末如之何也已矣니라. 〈衛靈公〉
자왈 불왈여지하여지하자   오말여지하야이의

스승 공자가 가장 중요시한 것은 학생 스스로 먼저 "어떻게 하지?" 하고 안타까워하는 마음을 가지는 것이었다. 그래야 스스로 답을 찾

으려고 노력하게 되기 때문이다. "한 모퉁이를 들어 주었는데, 세 모퉁이로 답하지 못하면 다시 말해주지 않는다"라는 말처럼 공자는 일부만 가르쳐주고 나머지는 스스로 찾게 했다. 공자보다 약 1세기 뒤의 그리스 철학자 소크라테스가 문답을 통해서 학생을 가르쳤던 방법이 산파법産婆法인데, 공자는 소크라테스보다 한 세기 먼저 이런 교육 방법을 사용한 것이다.

우리 교육을 망친 두 원흉

현재 우리 사회의 교육은 정반대다. 학생이 스스로 답을 찾게 하지 않고 무조건 외우게 하는 주입식注入式 교육을 한다. 삼수변(氵=水)의 '주注' 자는 물을 댄다는 뜻이다. 지금 우리 사회는 칠성판에 묶어놓고 강제로 물을 들이부으면서 이것이 교육이라고 강변한다. 강제로 물을 들이마셔야 하는 양심수처럼 학생은 뜻도 모르고 외워야 한다. 괴로울 수밖에 없다. 그야말로 어린 영혼에 대한 물고문이자 사육飼育에 불과하다.

교역 규모로 따지면 세계 10위권 안에 들지만 세계 100위 안에 드는 대학이 하나도 없는 근본적 원인이 여기에 있다. 한국 교육은 '좋은 질문'을 하는 방법을 가르치지 않는다. 기껏 한다는 질문이 "선생님, 이 문제 답이 뭡니까?" 정도다. 모든 학문이 그렇지만 특히 인문학은 질문으로 시작한다. 인문학은 나와 세상에 관한 의문으로 시작해서 나와 세상에 대한 답변 모색으로 끝나는 학문이다. 한국의 인문학에는 이것이 부족하다. '나'라는 주관主觀과 '세상'이라는 객관客觀

에 대한 근본적 물음을 찾기 어렵다. 다른 모든 학문도 결국은 '인간과 세상'이란 명제에서 벗어날 수 없으므로 인문학이 먼저 근원적인 질문을 하고 답변을 모색해야 한다.

그러나 한국 인문학이 '좋은 질문'을 못하니 다른 학문도 발전이 정체된다. 한국 사회, 한국 대학의 근본적 문제가 여기에 있다. 한국 사회에서 교육이나 학문은 모르는 답, 모르는 길을 찾아가는 과정이 아니라 이미 있는 답을 외우거나 이미 나 있는 좁은 길을 남을 밀쳐내며 달려가는 과정이다. 길 자체를 넓히거나 여러 개 만들 생각은 하지 않는다. 한국 교육시스템에서 길은 외길 사다리다. 그런데 사다리를 여러 개 놓아서 함께 올라갈 생각은 하지 않고 청춘은 원래 아픈 것이니까 참으라고 호도하고, 남보다 먼저 사다리를 올라가 남이 올라오지 못하게 걷어차라고 이야기한다. 인간에 대한 기본적 예의가 없다.

송시열 중심의 주자학 유일사상 체제

이런 획일적이고 반문명적인 교육시스템은 두 단계 역사적 과정을 거쳐 한국의 유일한 교육방식이 되었다. 첫 단계는 300년 전 송시열이 중심이 되어 만든 주자학 유일사상 체제다. 주희가 한 사람의 학자가 아니라 만세의 도통道統으로 추앙되면서 그의 해석만이 유일한 유학이 되었다. 이렇게 된 데는 양명학을 채 읽어보지도 않고 주자학에 맞서는 이단으로 배척한 퇴계 이황의 책임도 크다. "천하의 이치를 어찌 주자 혼자 알고 나는 모른단 말이냐"라고 항변했던 윤휴는 사형당했다. "나라에서 유학자를 쓰기 싫으면 그만이지 죽일 것은 무엇이냐?"라는 윤휴의 유언을 대부분 유학자가 못 들은 체했다. 이후 주자학과 다른 관점에서 세상을 바라보는 학문은 이단이 되었다.

"따지지 말고 외워라."

이 말이 조선 후기부터 지난 300여 년간 우리 선조를 지배했고 지금은 우리를 지배하고 있다. '주희의 해석을 무조건 외우면 과거에 급제할 수 있고 벼슬자리에 나갈 수 있다'는 조선의 교훈은 지금 '교과서의 내용을 따지지 말고 무조건 외우면 좋은 대학에 가고 출세할 수 있다'로 자구만 바뀌었다.

조선 후기 노론 사대부들은 윤휴를 사형시킨 후 주희를 조선의 신으로 만들고, 주희가 신성시한 공자도 신으로 만들었지만 공자는 신이 되기를 원하지 않았다. 공자를 신으로 만들려는 시도야말로 반공자反孔子 철학의 절정이다. 공자는 신에 대해서 이렇게 말했다.

> 공자가 병에 걸렸는데 자로가 기도하기를 청하자, 공자께서 "그런 예禮가 있느냐?"라고 물으셨다. 자로가 "있습니다. 죽은 이를 조문하는 글(誄)에 '위로 천신天神에 기도하고 아래로 지기地祇(토지신)에 기도한다'는 말이 있습니다"라고 대답했다. 공자 가라사대 "(그렇다면) 나는 기도한 지 오래다." 〈술이〉
> 子疾病이시어늘 子路請禱한대 子曰, 有諸아? 子路對曰, 有之하니 誄에 曰, 禱爾于上下神祇라 하니이다. 子曰, 丘之禱久矣니라. 〈述而〉

공자는 신이 아니라 신을 공경하는 사람이 되고자 했다. 그래서 늘 위로는 하늘의 천신과 아래로는 토지신 지기에게 기도했다. 이런 공자가 자신을 신격화하려는 움직임을 알았다면 기절초풍하면서 '내 탓이로소이다'라고 가슴을 쳤을 것이다. 《논어》 세 번째 편이 〈팔일八佾〉이다. 노나라의 실권자 계씨가 뜰에서 팔일무八佾舞를 추게 하자 공자는 "이런 짓을 차마 할 수 있다면 무슨 짓인들 차마 할 수 없겠는가?(八佾로 舞於庭하니 是可忍也면 孰不可忍也리오?)"라고 비판했다.

《논어》 주석자 마융馬融에 따르면 팔일무는 종횡縱橫으로 여덟 사람씩 모두 예순네 명이 추는 춤으로 천자가 즐기는 춤이다. 제후는 종횡으로 여섯 사람씩 모두 서른여섯 명이 추는 육일무六佾舞를, 경대부는 종횡으로 네 사람씩 모두 열여섯 명이 추는 사일무四佾舞를, 사士는 종횡으로 두 사람씩 네 사람이 추는 이일무二佾舞를 즐길 수 있었다. 그런데 사일무를 즐겨야 할 경대부 계씨가 팔일무를 추게 하자 공자가 "이런 짓을 차마 할 수 있다면 무슨 짓인들 차마 할 수 없겠는가?"라고 비판한 것이다. 하물며 하늘을 범했다면 말할 나위가 있겠는가? 그런 말을 듣는 자체를 자신의 수양 부족으로 한탄했을 것이다.

공자 가라사대 "그렇지 않다. 하늘에 죄를 얻으면 빌 곳이 없다." 〈팔일〉

子曰, 不然하다 獲罪於天이면 無所禱也니라. 〈八佾〉
자왈 불연 획죄어천 무소도야

조선 후기 주자학자들은 주희와 공자를 신으로 떠받들었다. 자신과 세계에 대한 인식체계인 유학은 유교儒敎라는 종교로 변질되었다. 종교로 변질된 유교는 다른 사상을 이단으로 몰아 죽이는 마녀사냥에 나섰다. 윤휴와 이가환, 정약종 등을 사형시키고 정약전·정약용

형제를 비롯해 수많은 학자를 마녀로 몰아 죽이거나 유배 보냈다.

신이 아닌 사람을 신으로 떠받드는 데는 반드시 정치적 목적이 있다. 북한에서 "수령님은 영원히 우리와 함께 계시다" 따위의 구호로 김일성을 신으로 떠받드는 것은 김일성 혈통을 중심으로 한 지배체제를 영구히 유지하려는 속셈이다. 마찬가지로 조선 후기 주자학자들이 주희와 공자를 무오류無誤謬의 신으로 떠받든 것도 집권 노론의 영구집권을 위한 정치적 술책이었다.

공자가 살아서 자신과 주희를 신으로 떠받드는 것을 봤으면 '하늘에 죄를 짓는 것'이라고 펄쩍 뛰었을 것이다. 하늘에 죄를 지으면 빌 곳이 없으므로 반드시 벌을 받아야 한다. 그러나 문제는 공자 때나 지금이나 사필귀정事必歸正이 제때 이루어지지 않는다는 점에 있다. 공자 때는 하늘의 주벌을 받아야 할 계씨의 권력이 계속되었다. 현재 우리 사회도 주희를 무오류의 신으로 떠받들고 일제에 나라를 팔아먹은 노론 후예들이 상당한 학문권력을 아직도 가지고 있다. 획죄어천 獲罪於天이어도 무요도야無要禱也라! "하늘에 죄를 지었어도 빌 필요가 없다." 공자가 살아나서 우리 사회를 보면 자신의 말을 이렇게 바꿀지도 모른다.

공자 가라사대 "사람의 삶은 곧아야 하는데 속이고도 살아가는 것은 요행히 면하는 것이다."_〈옹야〉
子曰, 人之生也는 直하니 罔之生也는 幸而免이니라. _〈雍也〉
자 왈 인지생야 직 망지생야 행이면

사람의 삶은 곧아야 한다. 그런데 반대로 남을 속이고 살아가는 사람도 있다. 이런 사람들은 벌을 받아야 하는데 공자 때도 현실은 그렇지 않았다. 그래서 공자가 만들어낸 이론이 이것은 정도가 아니라 벌을 요행히 면한 것이라는 논리였다. 말은 맞는 것 같지만 요행히 면한 자의 숫자가 너무 많아서 요행이 아니라 일반화가 된다는 것이 문제였다. 바로 이런 것이 공자의 고민이었다. 눈물의 선지자 예레미야도 마찬가지였다. 그는 "여호와여 내가 주와 쟁변爭辯할 때 주는 의로우십니다. 그러나 내가 주께 질문 드리는데 악한 자의 길이 형통하며 패역한 자가 다 안락함은 무슨 연고입니까?"라고 따져 물었다. 악한 자의 길이 형통한 경우가 많아서 공자는 "의롭지 않은 부와 귀는 내게 뜬구름과 같다(不義而富且貴는 於我에 如浮雲이라)"라고 말하는 것이다. 어느 길이 과연 참 인간의 길인지 따져보자고 말하는 것이다. 참 인간의 길을 찾는 것, 이것이 공자의 학문세계였고, 스승 공자가 제자들에게 제시한 인생길이었다.

대한제국 말기의 사립학교령

우리 사회의 교육이 '따지지 말고 외워라'가 된 두 번째 단계는 대한제국 말기 조선통감부에서 시작된다. 초대 조선통감 이토 히로부미(伊藤博文)는 1908년 사립학교령私立學校令을 반포하였고, 초대 총독 데라우치 마사다케(寺內正毅)는 1911년 조선교육령을 반포했다. 망국 후 자결한 지사 황현黃玹은 《매천야록梅泉野錄》에서 "이때 사립학교가 각 군에 설립되었는데 교과서를 모두 우리나라 사람이 저술했으므로 나라가 망한 것을 분통하게 여겨 모두 비슷한 내용을 서술하였

| 매천 황현 초상

다. … 일본인은 그것을 싫어하여 이재곤(학무 대신)에게 그런 글을 쓴 사람을 제재하도록 칙령을 내렸다"라고 사립학교령 반포 배경을 전하고 있다.

이토가 반포한 사립학교령은 크게 두 가지로 나눌 수 있다. 하나는 사립학교를 설립하거나 운영하려는 사람과 교원에 대한 통제다. 사립학교령 제8조는 "다음에 해당하는 자는 사립학교의 설립자, 교장 및 교원이 되지 못한다"라고 규정했다. '금옥禁獄 이상의 형에 처했던 자', '징계처분을 받고 면관免官된 자 중에 1년이 지나지 않은 자', '교원 허가장을 환수당하고 2년이 지나지 않은 자', '성행性行이 불량하다고 인정되는 자'들이었다. 이토 히로부미가 볼 때 '성행이 불량하다고 인정되는 자'는 물론 반일 사상가이다. 일제의 식민통치에 부정적인 사상을 가진 사람은 교육현장에서 모두 배제하겠다는 의도였다.

또 하나는 사립학교의 시설 기준을 크게 강화한 것이다. 막대한 자본이 없는 사람은 교육 사업에 나설 수 없게 만들었다. 대한제국 때 대부분 우국지사는 교육자였다. 안중근은 진남포에 삼흥학교를 설립했고, 유림儒林이었던 심산 김창숙金昌淑은 경상도 성주에 성명학교星明學校를, 석주 이상룡李相龍은 안동에 협동학교協東學校를 설립했다. 당시 우국지사의 학교 설립은 일일이 셀 수도 없다. 때로는 건물을 짓기도 하고 때로는 자신의 사랑방을 학교로 고쳐 교육했다. 이토 히로부미는 바로 이런 교육을 막기 위해 사립학교령을 반포한 것이다. 그 결과 우국지사들은 교육현장에서 강제로 퇴출당하였고, 막대한 시설을 갖추지 못한 사학들도 퇴출당하였다. 기존에 설립된 사학도 모두 재인가를 받아 종교재단 소속을 제외하고는 조금이라도 반일 사상이 있으면 모두 퇴출당했다.

한국을 강점한 이듬해인 1911년 8월 23일 조선 총독 데라우치 마사다케

| 석주 이상룡

는 조선교육령을 반포하는데, 제2조가 "교육에 관한 칙어의 취지에 기초한 충량忠良한 신민을 육성하는 것을 본의本意로 한다"라는 것이었다. 대일본제국에 '충성하는 양순(忠良)'한 신민을 기르는 것이 교육의 목적이 되었다. 일제는 대한제국을 점령하고 망국에 공을 세운 양반 사대부 일흔여섯 명을 귀족으로 임명해 막대한 은사금을 주었다. 그 대다수가 조선 후기 주희를 신으로 떠받들었던 노론 소속이었다. 이들은 당연히 일제의 식민통치에 적극적으로 협조했고, 해방 이후에도 살아남아 한국의 교육계와 학문계의 상당 부분을 장악했다. 이들에게 자신과 세계의 근본 문제, 자신과 세계의 관계를 묻는 말은 금기 대상이 될 수밖에 없었다.

공자 가라사대 "… 의를 보고도 실천하지 않는 것은 용기가 없는 것이다."_〈위정〉

2장 | 배움과 가르침   95

> 子曰, … 見義不爲는 無勇也니라. _〈爲政〉
> 자 왈   견 의 불 위   무 용 야

조금만 근본적인 질문을 던지면 자신들이 지배하는 현행 시스템에 대한 문제 제기로 이어질 것이기 때문이다. 그러니 '따지지 말고 외워라'를 교육의 유일한 수단으로 채택했다. 옳고 그름을 따지면 신념이 생기게 된다. 정의가 무엇인지 고민하게 되고, 정의를 실천하려고 결심하게 된다. 그런 신념을 지니지 못하게 막는 가장 좋은 방법은 질문 자체를 봉쇄하는 것이다.

> 공자 가라사대 "삼군의 장수는 빼앗을 수 있지만 필부의 뜻은 빼앗을 수 없다." _〈자한〉
>
> 子曰, 三軍은 可奪帥也어니와 匹夫는 不可奪志也니라. _〈子罕〉
> 자 왈 삼 군   가 탈 수 야   필 부   불 가 탈 지 야

정의에 대한 신념을 지닌 필부가 생기면 식민통치에 곤란하다. 총독부의 시책에 따르는 충량한 신민臣民만을 양성해야 한다. 이런 신민에게는 반대급부를 준다. 이렇게 경성제국대학을 정점으로 삼는 '따지지 말고 외워라'라는 교육시스템이 만들어졌다. 이런 시스템이 해방 후에도 해체되지 않고 일정 부분 그대로 유지되어 온 현상이 현재진행형인 교육 문제의 본질이다.

구진유퇴 | 求進由退

2,500년 전의 맞춤식 교육법

공자는 2,500여 년 전에 이미 학생의 특성에 맞는 맞춤형 교육을 시행했다.

자로가 "들으면 곧 실행해야 합니까?"라고 물으니, 공자께서 "부형이 계시니 어찌 들으면 곧 실행할 수 있겠는가?"라고 말씀하셨다. 염유가 "들으면 곧 실행해야 합니까?"라고 물으니, 공자께서 "들으면 곧 실행해야 한다"라고 말씀하셨다. 공서화가 "유(자로)가 '들으면 곧 실행해야 합니까?'라고 물으니 공자께서 '부형이 계시다'라고 하셨는데, 구(염유)가 '들으면 곧 실행해야 합니까?'라고 물으니 공자께서 '들으면 곧 실행해야 한다'고 하시니 저는 의혹이 생겨서 감히 묻습니다"라고 말하니, 공자께서 가라사대 "구는 물러나므로 나아가게 한 것이고 유는 남보다 앞서니 물러나게 한 것이다." 〈선진〉

子路問, 聞斯行諸잇가? 子曰, 有父兄이 在하니 如之何其聞斯行之리오? 冉有問, 聞斯行諸잇가? 子曰, 聞斯行之니라. 公西華曰, 由也問, 聞斯行諸하니 子曰, 有父兄在라 하시고 求也問 聞斯行諸하니 子曰, 聞斯行之라 하시니 赤也惑하여 敢問하나이다. 子曰, 求也는 退라 故로 進之하고 由也는 兼人이라 故로 退之니라. 〈先進〉

자로는 성격이 급했다. 공자가 위 영공의 부인 남자를 만났을 때를 비롯해서 여러 번 쓴소리를 한 것도 급한 성격 때문이었다. 자로는 또한 정의감이 강했다. 그래서 공자는 자로의 성격에 대해 여러 번 우려했다. 《논어》〈선진〉 편에서 공자는 "중유仲由(자로) 같은 사람은 제명에 죽지 못할 듯하다(若由也는 不得其死然이로다)"라는 예언을 남겼다. 후술하겠지만 자로는 공자의 예견대로 위나라의 왕위 계승 다툼에 연루되었다가 타살되고 만다. 피할 수 있는 죽음을 피하지 않았다. 자로는 자로답게 죽었다. 성격도 그만큼 무서운 인간의 특질이다. 공자는 그런 특질을 간파하고 학생의 개인적 특성에 따라 맞춤형 교육을 했다. 자로는 남보다 앞서 나가는 성격이므로 한발 뒤로 빼게 하고 주저하는 성격의 염유는 한발 앞으로 나아가게 했다. 우리나라 교육 방식은 공자의 교육 방식과는 정반대다. 학생 개개인의 특성은 무시한 채 일방적 잣대로 주입한다. 그러므로 스승과 제자가 뚜렷이 나뉜다. 공자는 그렇지 않았다. 평생 배움을 추구한 공자는 스승과 제자의 구분이 무의미하다는 사실을 잘 알고 있었다. 스승과 제자를 따로 가리지 않았다. 세상 모든 사람이 스승이었다.

공자 가라사대 "세 사람이 갈 때는 반드시 내 스승이 있으니 그 착한 사람을 가려서 좇고, 그 착하지 못한 사람을 (보면 내 행위를) 고칠 것이다."〈술이〉

子曰, 三人行에 必有我師焉하니 擇其善者而從之요 其不善者而
자 왈   삼 인 행   필 유 아 사 언   택 기 선 자 이 종 지   기 불 선 자 이
改之니라. 〈述而〉
개 지

세상 살다 보면 반면교사가 아주 훌륭한 스승이라는 사실을 깨달

게 된다. '저분처럼 되어야겠다'는 역할 모델도 중요하지만 '저 사람처럼 돼서는 안 되겠다'는 반면교사도 중요하다. 역할 모델에게서는 따라야 할 것을 배우고 반면교사에게서는 따라서는 안 될 것을 배운다. 그러나 현실은 악화惡貨가 양화良貨를 구축하는 그리샴의 법칙이 더 잘 통하는 세상이다. 자신도 모르는 사이에 반면교사를 닮기 쉽다. 반면교사가 성공한 경우가 많기 때문이다.

공자는 〈양화〉 편에서 "다만 상지上知와 하우下愚는 변하지 않을 것이다(唯上知與下愚는 不移니라)"라는 말을 남겼다. 상지와 하우, 곧 태어나면서부터 아는 자와 가장 어리석은 자는 변하지 않는다는 뜻이다. 그러나 공자 자신도 나면서부터 안 사람은 아니었다. 젊어서 비천한 일에 종사했던 공자가 스승이 될 수 있었던 것은 끊임없이 노력했기 때문이다. 한 삼태기의 흙을 부어 산을 만드는 작업이 학문이라는 것을 공자는 말만이 아니라 실천으로도 보여준 스승이었다.

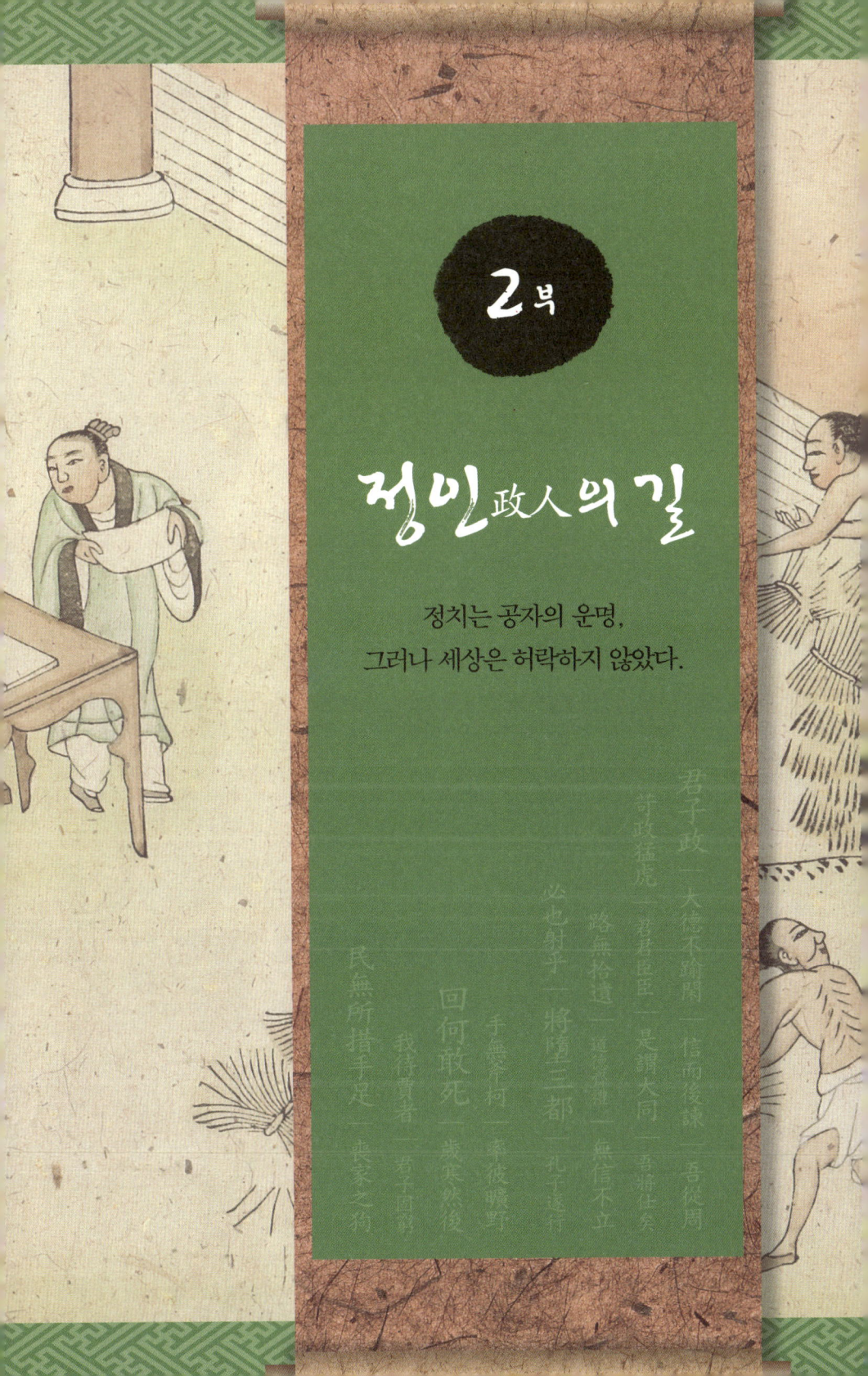

3장
1기, 제나라 망명기

군자정 | 君子政

자신을 닦음으로써 백성을 편안하게 한다

공자는 정치가를 꿈꿨다. 잘못된 현실을 비평하는 지식인이 아니라 세상을 바꾸는 정치인이 되고 싶었다. 그러나 그때나 지금이나 현실 정치에 공자 같은 사람이 설 자리는 없었다. 제자 자공이 볼 때 공자는 정치에 적합한 인물이었다. 그래서 당시 정치인들에 대한 공자의 생각을 물었다.

(자공이) "지금 정치에 종사하는 사람들은 어떻습니까?"라고 묻자, 공자 가라사대 "아! 한 말이나 한 말 두 되들이 사람을 어찌 계산할 수 있겠는가?" _〈자로〉

曰, 今之從政者는 何如하니잇가? 子曰, 噫라! 斗筲之人을 何足算也
왈 금지종정자 하여 자왈 희 두소지인 하족산야
리오? _〈子路〉

두斗는 한 말들이 죽기竹器, 소筲는 한 말 두 되들이 죽기를 뜻한다. 여기에서 기량器量이 작은 사람을 뜻하는 '두소지인斗筲之人', 아주 작은 재주를 뜻하는 '두소지재斗筲之才'라는 사자성어가 나왔다. 두소지인은 물론 소인이다. 공자는 정치는 소인이 아니라 군자가 해야 한다고 생각했다. 그래서 정치를 하려면 먼저 군자가 되어야 한다고 말했다. 공자가 생각할 때 정치를 할 수 있는 군자란 어떤 사람을 뜻하는가?

공자 가라사대 "군자는 두루 통하지만 편벽되지 않고 소인은 편벽되지만 두루 통하지 않는다."_〈위정〉

子曰, 君子는 周而不比하고 小人은 比而不周니라. _〈爲政〉
자왈 군자 주이불비 소인 비이부주

군자는 먼저 그릇이 크다. 천하의 모든 문제를 다 담을 수 있을 만큼. 그러나 모든 것을 무작정 받아들이는 그릇이 아니다. 공자가 〈위정〉 편에서 "군자는 (한 가지) 그릇이 될 수 없다(子曰, 君子는 不器니라)"라고 말한 이유가 여기에 있다. 군자는 지켜야 할 원칙과 나아갈 방향이 뚜렷한 그릇이다. 공자가 "군자는 화합하지만 뇌동하지 않고 소인은 뇌동하지만 화합하지 못한다(君子는 和而不同하고 小人은 同而不和니라_〈子路〉)"라고 말한 것이 이를 말해준다. 군자는 남과 잘 지내지만 줏대 없이 따라가지는 않는다. 자신이 나아갈 방향이 어디인지를 정확히 알기 때문이다. 그렇기에 세상에 쉽게 물들지 않는다.

공자는 군자가 세상을 다스리는 군자정君子政을 꿈꿨다. 여기서 중요한 것은 공자가 말한 군자와 소인의 분류가 계급이나 신분에 의한 분류가 아니라는 점이다. 군주와 소인은 타고난 신분이 아니라 그가 도달한 도의 경지에 따라서 결정된다. 이런 공자의 군주·소인관을 계급에 의한 분류로 변질시킨 사람들이 주자학자들이다.

공자 가라사대 "군자는 윗일에 통달하고 소인은 아랫일에 통달한다." _〈헌문〉
子曰, 君子는 上達하고 小人은 下達이니라. _〈憲問〉
자왈 군자 상달 소인 하달

군자는 윗일에 통달한 사람이다. 그런데 윗일이 무엇인가가 문제다. 이 구절의 상달上達과 하달下達에 대해서 의견이 분분했던 것은 당연했다. 중국 고대 양梁나라 황간皇侃은 "상달자는 인의仁義에 통달한 자이고, 하달자는 재리財利에 통달한 자"로 해석했다. 이 정도면 무난한 해석이다. 군주인 상달자는 가치를 추구하고 소인인 하달자는 사익을 추구한다고 볼 수 있기 때문이다. 공자가 〈이인〉 편에서 "군자는 덕을 생각하고 소인은 땅을 생각한다(君子는 懷德하고 小人은 懷土한다)"라고 말한 것도 이를 뒷받침한다. 소인은 땅, 즉 재물을 추구하는 존재이다. 여기에는 예나 지금이나 한 치의 틀림이 없다. 공자는 "군자는 의에 밝고 소인은 이익에 밝다(君子는 喩於義하고 小人은 喩於利니라_〈이인〉)"라는 말도 남겼다.

그런데 일본의 주자학자 다자이 슌다이〔太宰春臺(1680~1747)〕가 상달과 하달을 계급적으로 해석하자 정약용이 반박했다. 정약용은 다자이 슌다이가 저술한 《논어고훈외전論語古訓外傳》 등을 읽고, 자신의

《논어고금주》에 슌다이의 견해를 인용할 때는 순왈純曰, 즉 '순이 말했다'라고 썼다. 슌다이(春臺)는 그의 호이고 이름이 순純이기 때문이다. 나가노 기겐(中野撝謙(1667~1720))에게 주자학을 배운 슌다이는 상달한 군자를 사대부라 하고 하달한 소인은 서민庶民이라고 계급적으로 해석했다.

하지만 정약용은 군자와 소인은 그 시작에 있어서는 털끝만 한 차이밖에 없지만 군자는 매일 덕으로 나아가서 가장 높은 경지에 이르는 반면 소인은 날로 퇴보해서 가장 아래에 달한다고 해석했다. 군자와 소인은 계급의 차이가 아니라 도에 도달한 경지에 따라서 나뉜다는 것이다. 이처럼 정약용은 《논어》를 계급적으로 해석하는 것을 반대했다. 주자학자들이 공자의 사상을 사대부 계급의 이익을 위한 학문으로 변질시켰지만 이는 공자의 본뜻에 위배된다고 본 것이다.

> 공자 가라사대 "군자는 작은 일은 몰라도 큰일은 맡아 할 수 있다. 소인은 큰일은 맡아 하지 못하지만 작은 일은 알 수 있다." _〈위령공〉
>
> 子曰, 君子는 不可小知, 而可大受也요 小人은 不可大受, 而可小知也니라. _〈衛靈公〉

공자는 시종 군자는 큰일을 하는 사람이라고 말한다. 큰일은 사회가 나아가야 할 방향을 제시하는 일이다. 이때 제시하는 방향이 현실을 무시한 채 이상만 높다면 서생의 공허한 메아리로 끝나게 된다. 그래서 사회가 나아가야 할 방향을 제시하려면 역사적 통찰력을 가지고 있어야 한다.

대덕불유한 | 大德不踰閑

큰 덕이 법도를 넘지 않으면

역사적 통찰력은 이상과 현실의 조화에서 나온다. 그래서 공자의 제자 자하는 이런 말을 남겼다.

자하가 말하기를 "큰 덕이 법(閑)을 넘지 않으면 작은 덕은 출입해도 괜찮다." _〈자장〉

子夏曰, 大德이 不踰閑이면 小德은 出入이라도 可也니라. _〈子張〉
자하왈 대덕 불유한   소덕   출입   가야

이 말은 논란이 적지 않았다. 큰 덕이 법을 넘지 않으면 작은 규칙은 위배해도 괜찮다는 뜻으로 해석할 수 있었기 때문이다. 그러나 이 말은 정도正道와 권도權道의 차이를 설명한 것일 뿐이다. 정도는 경도經道 또는 상도常道라고도 말하는데 모두 원칙을 뜻하고, 권도는 임시방편을 뜻한다. 큰 정도를 지키는 가운데 상황에 따라 임시방편으로 대응하는 것은 괜찮다는 뜻이다. 자하가 이런 말을 남길 수 있었던 것은 공자가 직접 때에 따라 권도를 써도 좋다고 말했기 때문이다.

《예기禮記》〈증자문曾子問〉편에 따르면 자하가 "부모의 삼년상을 당해서 졸곡을 마치면 병역을 기피하지 않는 것이 예입니까?(三年之喪 卒哭 金革之事無辟也者 禮與)"라고 물었다. 삼년상을 마치지 않고 졸곡卒哭(삼우제 때 지내는 제사)만 마치고 전쟁에 나가는 것이 예에 합당하느냐고 물은 것이다. 공자는 "내가 노담에게 들으니 옛날 노공 백금이

그렇게 한 일이 있다고 했다(吾聞諸老聃曰 昔者魯公伯禽 有爲爲之也)"라고 답했다. 노공은 주공의 아들로 노나라에 봉해진 백금伯禽을 뜻하는데, 주공의 졸곡만 마친 후에 서융西戎이 봉기하자 군대를 출동시킨 일이 있다고 말한 것이다. 후한後漢 때의 유학자 정현鄭玄은 "'유위有爲'는 난리를 평정해서 나라를 구한 것을 말한다"라고 해석했다. 나라가 위기에 닥치면 삼년상만 고집하지 말고 전쟁에 나가야 한다는 뜻이다. 삼년상을 마치지 않고 벼슬길에 나서는 것을 기복출사起復出仕 또는 기복起復이라고 한다.

김종서의 삼년상

세종 17년(1435) 10월 12일 함길도에서 육진六鎭을 개척하고 있던 김종서金宗瑞의 어머니가 세상을 떠났다. 《세종실록世宗實錄》 17년 10월 12일 자는, "함길도 도절제사 김종서의 어머니가 졸卒하니, 명하여 역마驛馬를 불러 분상奔喪하게 하고, 또 관곽棺槨과 부물賻物을 내려주었다"라고 기록하고 있다. 실록에 일개 관찰사 어머니의 죽음이 기록되는 것은 드문 일이었다. 그만큼 김종서의 북방강역 개척이 중요했다는 뜻이다. 김종서는 원래 무신이 아니라 유학을 공부한 유신儒臣이라서 모친의 묘소 곁에 여막廬幕을 짓고 3년 동안 시묘할 계획이었다. 그러나 세종은 불과 한 달 후 "함길도 도절제사 김종서는 어머니를 장사 지낸 후에 돌아와 임소任所에 가게 하라" 하고 기복출사를 명했다. 김종서는 세종 18년(1436) 1월 21일, "신이 생각하기에 자식이 부모상에 3년의 상복을 입는 것은 현명한 사람이나 어리석은 사람이

충청남도 공주시 장기면 대교리에 있는 김종서의 묘

나 모두 지켜야 하는 것"이라면서 3년 여묘살이를 하겠다는 상소를 올렸다. 삼년상은 공자가 강조한 것이었다.

재아宰我가 "삼년상의 기간이 너무 깁니다. … 1년이면 좋을 것입니다"라고 묻자, 공자께서 "쌀밥을 먹고 비단옷을 입는 것이 네게 편안하냐?"라고 물으셨다. (재아가) "편안합니다"라고 답했다. 공자께서 "네가 편하면 그렇게 하라. 무릇 군자는 상을 치를 때는 먹어도 달지 않고 음악을 들어도 즐겁지 않고 거처해도 편안하지 않은 것이다. 그래서 하지 않는 것인데 지금 네가 편하면 그렇게 하라"라고 말씀하셨다.
재아가 나가자 공자 가라사대 "재아는 어질지 못하구나! 자식은 나서 3년 이후에 부모의 품에서 벗어나므로 무릇 삼년상은 천하에 두루 통하는 상례인데, 재아는 3년의 사랑이 그의 부모에게 있었는가?" 〈양화〉

宰我問, 三年之喪이 期已久矣로소이다. … 期可已矣로소이다. 子曰,
食夫稻하며 衣夫錦이 於女에 安乎잇가? 曰, 安, 女가 安則爲之하라!
夫君子之居喪에 食旨不甘하고 聞樂不樂하며 居處不安이라. 故로
不爲也하나니 今女安則爲之하라! 宰我出커늘 子曰, 予之不仁也여!
子生三年然後에 免於父母之懷하나니 夫三年之喪은 天下之通喪
也니 予也有三年之愛於其父母乎아? _〈陽貨〉

김종서는 세종에게 기복출사하면 "국가에 이익이 없을 뿐만 아니라, 도리어 효도로써 다스리는 정치에 누가 될 것"이라면서 삼년상을 마치게 해달라고 간청했다. 세종은 김종서의 상소에 '우리나라에도 기복출사시킨 전례가 있다'면서 "내 뜻이 이미 결정되었으니 다시 상소를 올리더라도 나는 따르지 않을 것이다"라고 거절했다. 왕명을 어길 수 없어서 기복출사한 김종서는 소상小祥(사망 1년 후에 치르는 상례), 대상大祥(2년 후에 치르는 상례), 담제禫祭(대상 후 3개월째 치르는 상례) 때마다 참석하게 해달라는 청을 올렸으나 세종은 모두 거절했다. 여진족이 침입하려는 조짐이 있고 경원에 성을 쌓는 일이 급하기 때문에 자리를 비울 수가 없다는 이유였다.

"경은 임금이 명령하는 일을 하고 형은 상사祥事와 담사를 행하는 것이 옳지 않겠는가?"

세종과 김종서의 일화가 정도와 권도가 현실에 어떻게 적용되는지를 잘 말해주는 사례이다.

공자는 노공 백금의 예를 들고 나서 "그런데 지금 삼년상을 당하고

도 이익을 좇아 전쟁에 나가는 자는 예인지 모르겠다"라고 덧붙였다. 아무 때나 권도를 쓸 수는 없다는 뜻이다.

공자 가라사대 "군자는 섬기기는 쉬워도 기쁘게 하기는 어려우니 도로써 기쁘게 하지 않으면 기뻐하지 않으며 사람을 부릴 때는 그 그릇에 따라서 한다. 소인은 섬기기는 어려워도 기쁘게 하기는 쉬우니 비록 도로써 하지 않아도 기뻐하며 사람을 부릴 때는 (모든 것을) 갖추기를 구한다."_〈자로〉

子曰, 君子는 易事而難說也니 說之不以道면 不說也요 及其使
자왈 군자   이사이난열야   열지부이도   불열야 급기사
人也하얀 器之니라. 小人은 難事而易說也니 說之雖不以道라도 說
인야   기지   소인   난사이이열야   열지수불이도   열
也요 及其使人也하얀 求備焉이니라. _〈子路〉
야   급기사인야   구비언

군자는 도에 합당해야 기뻐한다. 소인은 그 반대다. 그럼 군자가 다스리는 군자정의 최종 경지는 어떤 것일까? 이것을 궁금하게 여긴 제자가 자로였다. 그래서 자로는 군자에 대해서 물었고 공자는 "자기를 닦음으로써 (하늘을) 공경하는 것이다(脩己以敬)"라고 답했다. 너무 평범한 말인 것 같기에 자로는 "이와 같을 뿐입니까?" 하고 다시 물었고 공자는 다시 대답했다.

(공자께서) "자기를 닦음으로써 남을 편안하게 한다"라고 답하셨다. "이와 같을 뿐입니까?"라고 묻자, 공자 가라사대 "자기를 닦음으로써 백성을 편안하게 하는 것이다. 자기를 닦음으로써 백성을 편안하게 하는 것은 요순堯舜도 오히려 어렵게 여기셨다!"_〈헌문〉

> 曰, 脩己以安人이니라. 曰, 如斯而已乎잇가? 曰, 脩己以安百姓이니
> 脩己以安百姓은 堯舜도 其猶病諸시니라! _〈憲問〉

군자정의 최종 경지가 수기이안백성脩己以安百姓이었다. '자기를 닦음으로써 백성을 편안하게 한다'는 뜻이다. 공자의 최종 과녁은 일관되게 사회를 향하고 있었다. 이 점이 은자隱者와 달랐다. 백성을 편안하게 하려면 먼저 자신을 닦아야 한다! 지금 우리 사회에서 리더가되기를 원하는 사람들, 즉 현대의 선비를 지향하는 모든 사람이 새겨야 할 말이 아닐 수 없다. 먼저 끊임없이 자신을 닦고 그렇게 닦은 세계관과 실천 능력으로 민중을 편안하게 해야 한다. 그럼 수기修己와 안인安人은 어떻게 이룩할 수 있는가?

> 공자 가라사대 "군자는 의를 바탕으로 삼고 예로써 행하며 겸손하게 말하고 믿음으로써 그것을 이루니 그것이 군자다!" _〈위령공〉
> 子曰, 君子는 義以爲質이요 禮以行之하며 孫以出之하며 信以成之하나니 君子哉라! _〈衛靈公〉

먼저 의義를 바탕으로 삼아야 한다. 군자의 길은 항상 의로 통한다. 그렇다고 해서 나는 의를 추구하는 사람이라고 거만 떨어서는 안 된다. 선민의식을 갖는 순간 그 의는 이미 백성이 아니라 자신의 사욕 추구 수단으로 변질된다. 그래서 말을 겸손하게 하고 믿음으로써 그 의를 이루어야 한다. 어떻게 믿음을 얻을 수 있는가?

신이후간 | 信而後諫
신뢰를 얻은 후에 간하라

먼저 돈 문제를 초월해야 한다. 공자는 "군자는 먹는 데 배부름을 구하지 않는다(君子食無求飽_〈학이〉)"라고 말했다. 돈을 앞세우면 군자가 아니라 소인이다.

말은 쉽지만 나이 팔십에도 초월하기 어려운 것이 돈 문제다. 하지만 돈을 추구하는 순간 선비로서 생명은 끝난다. 그래서 공자는 "선비가 편안하게 거주할 것을 생각하면 선비가 되기에 부족하다(士而懷居면 不足以爲士矣니라_〈헌문〉)"라고 단언한다. 돈 문제를 초월한 선비여야 윗사람과 아랫사람의 신임을 동시에 얻을 수 있다.

자하가 말하기를 "군자는 믿음을 얻은 이후에 그 백성에게 일을 시킬 수 있으니 믿음이 없으면 자기를 괴롭게 한다고 여긴다. 믿음을 얻은 이후에 간諫할 것이니 믿음이 없으면 자기를 비방한다고 여긴다."〈자장〉

子夏曰, 君子는 信而後에 勞其民이니 未信則以爲厲己也니라. 信而後에 諫이니 未信則以爲謗己也니라. 〈子張〉

군자가 일을 할 때 가장 중요한 것은 신뢰를 얻는 것이다. 아랫사람의 신뢰도 받고 윗사람의 신뢰도 받아야 한다. 신뢰가 있으면 윗사람은 간쟁을 충언으로 여기고 백성은 마음속으로 복종한다. 공자학단의 자하는 "모든 공인은 가게에 있으면서 그 일을 이루고 군자는 학문으로써 그 도에 이른다(子夏曰, 百工이 居肆하여 以成其事하고 君子는 學以致其道니라_〈자장〉)"라고 말했다. 여러 공인은 각기 그 가게나 작업장에서 자신의 일을 하고 군자는 학문으로써 큰 도를 추구한다는 뜻이다. 큰 도란 무엇인가? 앞서 말했듯이 역사적 방향성을 제시하고 실천하는 일이다. 지금으로 말하면 금융 자본주의 체제의 문제점을 인식하고 그 대안을 제시하는 일이며, 그 실천을 통해 사회 양극화를 해소하는 일이다. 그러나 그 길은 쉽지 않은 길이다.

공자 가라사대 "군자의 도가 셋이 있는데 나는 능히 하지 못한다. 인자仁者는 근심이 없고, 지자知者는 미혹되지 않고, 용자勇者는 두려움이 없다."_〈헌문〉

子曰, 君子道者三에 我無能焉하니 仁者는 不憂하고 知者는 不惑하고 勇者는 不懼니라._〈憲問〉

미혹되지 않고 두려움이 없는 군자만이 역사가 보여준 길을 서슴없이 갈 수 있다. 말만 앞서는 자들이 갈 수 있는 길이 아니다. 같은 〈헌문〉 편에 "군자는 그 말이 그 행동보다 지나치는 것을 부끄러워한다(君子는 恥其言而過其行이니라)"라는 말이 있다. 말보다 실천을 앞세우는 것이 군자다. 또한 큰일은 알면서도 신중하게 해야 하는 것이 군자다.

공자가 태묘에 들어가서 매사를 묻자, 어떤 사람이 "누가 추인鄹人이 예를 안다고 했는가? 태묘에 들어가서 매사를 묻는구나!"라고 말했다. 공자가 이 말을 듣고 가라사대 "그것이 예다."_〈팔일〉

子入大廟하여 每事를 問하시니 或曰, 孰謂鄹人之子를 知禮乎아?
자입대묘   매사 문   혹왈 숙위추인지자   지례호
入大廟하여 每事를 問이온여. 子聞之하시고 曰, 是禮也니라. _〈八佾〉
입대묘   매사 문   자문지   왈 시례야

태묘는 주공묘周公廟를 뜻한다. 공자는 주공을 모시는 사당에 가서 매사를 물었다. 그러자 누군가 "누가 추인이 예를 안다고 했는가?"라고 비웃었다. 추鄹는 공자의 부친 숙량흘이 그 읍의 대부大夫였다고 전해지는 노나라 읍의 이름이다. 공자의 대답은 명쾌하다.

"그것이 예다."

섣불리 아는 척하지 마라. 큰일은 알아도 묻고 또 묻고, 생각하고 또 생각하라. 작은 일은 실수할 수 있지만 큰일은 실수해서는 안 된다. 주공의 사당에 참배하는 일은 하늘과 소통하는 일이다. 백성을 편안케 하는 안인安人도 하늘과 소통하는 일이다. 그것이 군자정의 최종 목표다.

오종주 | 吾從周

나는 주나라를 따를 것이다

금의환향錦衣還鄕이란 말이 있다. 비단옷을 입고 고향으로 돌아온다는 뜻이다. 그만큼 사람에게 고향은 중요한 의미가 있다. 공자도 마찬가지로 고국 노나라에서 정치적 포부를 펼치고 싶었다. 노 소공은

《공부자성적도》 중 직사위리도職司委吏圖. 곡식창고의 회계 관직을 맡다. 한국학중앙연구원 장서각 소장

공자가 첫애를 낳자 잉어를 선물로 보내주었고, 여기에 감격한 공자는 아이 이름을 리鯉(잉어)라고 지어주었지만 여기까지였다. 소공은 공자를 등용할 권한이 없었고 공자는 노나라의 실권자인 계씨의 창고를 관리하는 위리委吏로 생계를 도모해야 했다. 맹자는 《맹자》〈만장 하萬章 下〉에서 공자의 이런 생활에 대해 이렇게 말했다.

> 공자께서 일찍이 위리가 되셨을 때는 "회계를 잘 맞출 뿐이다"라고 말씀하셨고, 승전乘田이 되셨을 때는 "소와 양이 잘 자라도록 했을 뿐이다"라고 말씀하셨다. _《맹자》〈만장 하〉

孔子嘗爲委吏矣, 曰, 會計當而已矣. 嘗爲乘田矣, 曰, 牛羊茁*壯長而已矣.
_《孟子》〈萬章 下〉

*茁(촬): (동물이) 자라다

위리나 승전은 관직이라고 보기에도 애매한 자리였다. 노 소공은 명목뿐이었고 노나라 국정은 삼환三桓이라고도 불렸던 '삼손씨三孫氏'가 장악하고 있었다. 삼환은 계손씨季孫氏, 맹손씨孟孫氏, 숙손씨叔孫氏를 뜻하는데, 세 집안의 뿌리는 공자 생시보다 100년도 훨씬 전인 노 환공桓公(서기 전 731~694)의 아들 노 장공莊公(서기 전 693~662) 때까지 소급된다. 노 환공은 네 아들이 있었는데, 장자인 장공이 뒤를 이어 제후가 되고 세 동생이 장공의 경대부卿大夫가 된 것이 시초였다. 첫째 동생 경보慶父의 후예가 맹손씨가 되고, 둘째 동생 숙아叔牙의 후예가 숙손씨가 되고, 막내 계우季友의 후예가 계손씨가 되었다. 노 희공僖公(서기 전 659~627) 때 삼손씨는 노나라의 국정을 장악하게 되는데 막내인 계손씨의 세력이 가장 강했다. 노 선공宣公(서기 전 608~591)이 삼손씨를 제거하려고 시도한 적도 있었으나 실패했고 공자가 살았던 소공昭公(서기 전 541~510) 때까지 삼손씨가 계속 권력을 잡고 있었다. 인조반정 이후 군약신강君弱臣强 사회였던 조선과 비슷했다. 인조반정을 주도한 서인과 그 주류인 노론에 속해 있지 않으면 정치적 미래가 없었던 것과 마찬가지로 삼손씨가 국정을 장악한 상황에서 공자에게 정치적 미래는 없었다.

공자가 학문에 몰두한 것은 이런 시대를 견디기 위한 처신이었다. 공자는 학문은 미래를 위한 준비라는 사실을 이미 터득하고 있었다. 공자가 역사에 남긴 업적 중에 가장 큰 것이 학문을 신분 상승의 도구로 만든 것인지도 모른다. 가난한 집안의 자식이 신분 상승할 수 있는 유력한 방법이 학문이란 사실을 가장 일찍 간파한 인물이 공자였다. 그렇게 공자는 공부에 몰두했고 점차 학자로 소문났다.《사기》

〈공자세가〉는 공자가 서른 살 때인 노 소공 20년(서기 전 522) 제齊나라 경공景公이 가신 안영晏嬰과 함께 노나라를 찾아왔을 때 공자를 만나 질문했다고 전한다.

"옛날 진秦 목공穆公은 나라가 작았을 뿐만 아니라 벽지에 있었는데도, 어떻게 패자霸者가 되었습니까?"

제 경공의 물음은 춘추시대 군주들이 가장 알고 싶었던 국가발전 전략을 물은 것이었다. 제 경공이 이런 질문을 한 것은 공자가 이런 전략을 갖고 있을 것으로 믿었기 때문이다. 이때 제 경공이 과연 무명에 가까운 공자를 만났는가에 대해 의문을 품는 시각도 있지만 사마천이 굳이 만나지도 않은 제 경공을 만났다고 꾸몄을 이유도 없다. 공자는 경공에게 이렇게 답변했다.

"진나라는 비록 국토는 작았으나 그 뜻은 웅대했습니다. 나라는 벽지에 있었지만 행동이 알맞고 발랐습니다. 몸소 다섯 양피 가죽을 주어 백리해百里奚를 등용해 대부로 삼았습니다. 잡혀 있는 사람(백리해)도 3일 동안 말해보고 취했으니 왕(천자)이라도 될 수 있었는데, 패자가 된 것은 작은 것이었습니다."

공자 대답의 요체는 인재 등용이었다. 인재를 등용했기 때문에 진 목공이 패자가 될 수 있었다는 것이다. 진 목공은 초나라에 잡혀 있던 우虞나라 출신의 백리해를 구하기 위해 양가죽 다섯 장을 초나라에 예물로 바쳤다. 그래서 백리해를 오고대부五羖大夫라고도 하는데, 고羖는 검은 암양을 뜻한다. 출신 배경을 따지지 않고 인재를 등용한 것이 진 목공을 패자로 만들었다는 것이었다. 《사기》〈공자세가〉는 이 말에 제 경공이 기뻐했다고 전한다. 공자가 말하는 성공한 정치의 요체는 인재 등용이다.

공자 가라사대 "곧도다! 사어史魚여! 나라에 도가 있을 때도 화살처럼 곧았으며, 나라에 도가 없을 때도 화살처럼 곧았도다. 군자구나! 거백옥蘧伯玉이여! 나라에 도가 있으면 벼슬하고 나라에 도가 없으면 거두어 속을 감출 수 있었도다." _〈위령공〉

子曰, 直哉라! 史魚여! 邦有道에 如矢하며 邦無道에 如矢로다. 君子哉라! 蘧伯玉이여! 邦有道에 則仕하고 邦無道에 則可卷而懷之로다.
_〈衛靈公〉

공자가 높이 평가한 사어史魚와 거백옥蘧伯玉은 모두 위衛나라 대부였다. 《공자가어》〈곤서困誓〉편을 보면 공자가 이들을 칭찬한 좀 더 자세한 전말이 나온다. 위나라 대부 사어는 거백옥이 현명한 것을 알고 위 영공靈公에게 그를 등용하고 불초한 미자하彌子瑕를 내쫓으라고 여러 번 간했으나 영공이 듣지 않았다. 그러던 중 병이 들어 죽게 된 사어가 아들에게 유언했다.

"내가 위나라 조정에 있으면서 거백옥을 진출시키지 못하고 미자하를 퇴출하지 못했다. 이것은 내가 신하로서 군주를 바르게 하지 못한 것이다. 살아서 군주를 바르게 하지 못했으니 죽어서 성례成禮할 수 없다. 내가 죽으면 너는 내 시신을 창문 아래 두는 것으로 내 장례를 마쳐라."

아들은 그대로 따랐다. 사어가 그렇게 한 것은 계산이 있었다. 자신이 죽으면 위 영공이 조문하러 올 것을 계산한 것이다. 과연 영공이 조문하러 와서 시신이 창문 아래 있자 괴이하게 여겨 아들에게 물었다. 아들의 말을 들은 영공은 놀랄 수밖에 없었다.

> 영공이 몹시 놀라 얼굴빛을 잃으면서 "이것은 과인의 잘못이다"라고 말하고 빈소를 객위客位(손님의 자리)에 두라 명하고 거백옥을 진출시켜 임용하고 미자하를 퇴출하여 멀리 보냈다. 공자가 이를 듣고 말했다. "옛날에 간하는 자 여럿 있었지만 죽으면 그만이었다. 사어처럼 죽어서 시신으로 간하는 자는 있지 않았다. 충성으로 그 군주를 감동시켰으니 어찌 곧다고 이르지 않겠는가?"《공자가어》〈곤서〉
>
> (靈)公愕然失容曰, 是寡人之過也. 於是命之殯於客位, 進蘧伯玉而用之, 退彌子瑕而遠之. 孔子聞之曰, 古之列諫之者, 死則已矣, 未有若史魚死而屍諫, 忠感其君者也, 不可謂直乎.《孔子家語》〈困誓〉

공자의 이 말에서 시신이 되어서도 간한다는 '시간屍諫'이란 성어가 나왔다. '신후지간身後之諫'이라고도 한다. 공자가 인재 등용을 얼마나 소중히 여겼는지 말해주는 사례다. 백리해를 등용한 것이 진 목공이 패자가 된 핵심 이유였다는 공자의 말에 기뻐했던 제 경공. 공자가 이때 제 경공이 자신을 등용하려고 할 것을 예상하고 이런 사례를 든 것인지는 알 수 없다. 다만 공자의 기본적인 정치철학이 이때 이미 어느 정도 형성되어 있었음은 알 수 있다. 공자의 정치사상은 한마디로 주나라로 돌아가자는 것이다.

주나라는 은나라를 멸망시킨 후 봉건제封建制를 실시했다. 봉封이란 주 왕실로부터 하사받은 영역의 경계를 뜻하고 건建은 그 영역에 나라를 세우는 것을 뜻한다. 주왕周王, 곧 천자는 자신이 직접 다스리는 직할지 외의 주요 지역에 자신의 친족과 공신을 제후로 보냈다. 제후를 통해 그 영토와 백성을 다스리는 간접 지배 방식이었다. 주왕과 제후 사이에는 종법宗法을 매개로 지배·복종 관계가 형성되었다. 그러나 세월이 지나자 혈연관계가 약화되면서 종실宗室이란 개념이 희미해지고, 주 왕실이 약화되면서 제후들은 사실상 독립 왕국의 임금이 되었다.

이들이 서로 패자가 되기 위해 전쟁을 일삼으면서 천하가 혼란스러워졌다. 공자는 이런 제후들이 다시 주 왕실을 천자로 섬기는 종법 관계로 돌아가는 것이 전란을 끝내고 평화를 가져올 수 있는 방안이라고 여겼다. 공자가 주나라로 돌아가자고 한 것은 바로 이런 정치체제로 돌아가 천하의 평화를 되찾자는 주장이었다.

그러나 현실은 공자의 주장과는 동떨어져 흘러갔다. 심지어 공자가 젊었을 때 종주국인 주나라에서도 왕위 계승 문제로 내전이 발생했다. 공자 나이 서른두 살 때(서기 전 520) 주 경왕景王이 세상을 떠났다. 아들 맹孟이 즉위했으니 그가 도왕悼王이다. 그러나 경왕의 다른 왕자 조朝가 반발해 경왕의 가족 및 옛 관료들과 군사를 일으켜 도왕을 살해하고 왕이 되었다. 그러자 강국 진晉나라가 나서서 경왕의 다른 왕자 개匃를 추대했으니 그가 주 경왕敬王이다. 주 왕실의 내분에 제후들이 개입하는 상황이었다. 주 왕실이 천자로서 중심을 잡기는커녕 왕위 계승까지 제후국들에 의해 좌우되는 형편이었다. 그런데 공자는 어떻게 이런 주나라로 돌아가자는 생각을 갖게 되었을까? 아마도 공자가 뤄양(洛陽)을 답사한 것이 결정적 계기가 되었을 것이다.

《사기》〈공자세가〉에는 공자가 열일곱 살 때 노나라 대부 맹리자가 병에 걸려 죽으면서 후계자인 아들 맹의자에게 유언한 내용이 나온다. 공구孔丘(공자)는 성인의 후예인데, 어린 나이에도 예禮를 아니까 자신이 죽으면 찾아가서 스승으로 섬기라고 유언했다는 것이다. 맹리자는 삼손씨의 하나인 맹손씨의 8대 종주로서 시호가 희僖이므로 사후에는 맹희자孟僖子라고 불렸다. 《춘추좌전》도 공자가 열일곱 살 때인 노 소공 7년(서기 전 535)의 일로 기록하고 있다. 사마천이 《춘추좌전》을 보고 기록한 것으로 보인다. 그런데 비천한 일에 종사하던 열일곱 살짜리 공구를 맹리자가 그렇게 높이 평가했는가는 의문이다. 무엇보다 맹리자가 사망한 때는 공자가 열일곱 살 때가 아니라 서른네 살 때인 소공 24년(서기 전 518)이다. 맹리자의 말과 사망 시점이 정확한 선후 사실에 대한 확인 없이 뒤섞이면서 혼란이 생겼다는 뜻이다. 이 일화가 왜 중요하냐면 공자에게 뤄양 답사의 기회를 주었기 때문이다. 주나라는 서주西周(서기 전 11세기~서기 전 771)와 공자가 살던 동주東周(서기 전 770~서기 전 256, 춘추시대)로 나뉜다. 서주의 수도는 주 무왕이 도읍했던 호경鎬京(현재의 서안 부근)이었고, 동주의 수도는 낙읍洛邑으로서 지금의 뤄양이다.

《사기》〈공자세가〉는 맹리자가 죽자 맹의자와 그 동생 남궁경숙南宮敬叔이 공자를 찾아와 예를 배웠다고 전한다. 이때 남궁경숙이 노 소공에게 "공자와 함께 주나라에 가고 싶다"라고 청했다. 주나라에 가고 싶다는 것은 주 도읍 낙읍에 가고 싶다는 뜻이었다. 왜 남궁경숙이 공자와 함께 낙읍에 가고 싶다고 했는지는 알 수 없다. 그러나 그 덕분에 공자는 꿈에 그리던 낙읍을 답사하게 되었다. 노 소공이 유력

| 주 무왕 초상

| 주 문왕 초상

한 대부 가문의 요청에 응해 말 두 마리가 끄는 수레 한 대와 심부름 할 동자 한 명까지 제공한 덕분에 공자는 안락하게 낙읍을 방문할 수 있었다.

이미 퇴락한 주 왕실의 수도 낙읍에서 공자는 무엇을 보았을까? 낙읍을 방문하고 남긴 공자의 감탄사는 뜻밖에도 '찬란하게 빛나는구나!'라는 감탄사 "욱욱호문郁郁乎文"이었다.

> 공자 가라사대 "주나라는 이대二代(하·은나라)를 본보기로 삼았으니, 찬란하도다 그 문화여! 나는 주나라를 따르겠노라."_〈팔일〉
> 子曰, 周監於二代하니 郁郁乎文哉라! 吾從周하리라. _〈八佾〉
> 자왈 주감어이대 욱욱호문재 오종주

공자의 "나는 주나라를 따르겠노라"라는 말에는 전제가 있었다. 은나라 탕왕湯王은 폭군이라는 하나라 걸왕桀王을 멸망시켰고, 주 무왕武王은 역시 폭군이라는 은나라 주왕紂王을 멸망시켰지만, 이 두 나라를 거부하지 않고 그 문물을 계승했다는 것이다. 공자는 동양 사회에 전통 계승을 중시하는 사상을 제시했다. 정권이 바뀔 때마다 과거 청산에 나서지만 청산해야 할 것과 계승해야 할 것에 대한 원칙도 없는 우리 사회가 생각해보아야 할 대목이다.

공자가 주나라가 하 · 은을 계승했다고 본 데는 이유가 있었다. 주나라는 은나라를 멸망시킨 후 은나라 유민의 격렬한 반발에 직면했다. 하 걸왕과 은 주왕이 폭군이기에 무너뜨렸다는 역성혁명의 논리도 승자가 만든 명분일 가능성이 크다. 승자에 의한 역사는 역사 서술의 한 숙명이다. 그래서 역사가의 가장 기본적인 자질은 사료비판인 것이다.

공자는 주 무왕의 동생인 주공周公을 성인으로 떠받들었지만, 주 무왕이 죽은 후 나이 어린 성왕을 즉위시키고 주공이 섭정하자 큰 반발이 일어났다. 은나라 주왕紂王의 왕자 무경武庚과 주 무왕의 또 다른 동생 관숙 · 채숙 · 곽숙이 함께 '삼감의 난'을 일으켰다. 여기서 삼감은 세 귀족을 뜻한다. 은나라 왕자 무경이 봉기한 것은 이해가 가지만, 주 무왕의 동생들까지 가담한 것은 쉽게 이해하기 어렵다. 봉기가 일어난 지역은 은나라 수도 은허로서 지금의 허난 성 안양安陽 부근인데, 주공이 낙읍에서 동정東征에 나설 수밖에 없었다. 주공은 '삼감의 난'을 진압한 후 은나라 유민을 회유하기 위해 통합책을 썼다.

공자가 주공을 높게 평가한 데는 주공이 조카 성왕을 내쫓고 즉위하리라는 예상을 뒤엎고 끝내 성왕을 보필한 것이 결정적으로 작용했다. 마음먹으면 즉위할 수 있는데도 왕위를 포기하는 것은 보통 일이 아니다. 공자는 왕위를 남에게 물려주는 선양禪讓을 높였던 연장 선상에서 왕위에 오르려는 욕심을 억제하고 끝내 어린 조카를 보필했던 주공을 높였던 것이다.

수양대군의 섭정

조선 역사에서 주공이 등장한 것은 단종 때 수양대군과 관련해서이다. 수양대군은 단종 1년(1453) 10월 이른바 계유정난을 일으켜 단종을 보필하던 황보인·김종서 등을 제거하고 정권을 장악했다. 이때 수양대군도 주공처럼 섭정했는데 조카의 왕위를 빼앗으리라는 소문이 무성했다. 단종은 재위 2년(1454) 수양에게, "숙부는 과인寡人을 도와 널리 서정庶政을 보필하고… 희공姬公으로 하여금 주나라에서 있었던 아름다운 이름을 독점하지 말게 하라"는 교지를 내렸다. 희공이 바로 주공인데, 조카의 왕위를 빼앗을 것이라는 소문과 달리 끝까지 조카를 보좌한 주공처럼 자신의 왕위를 빼앗지 말아달라는 애원이었다.

단종은 이외에도 여러 차례

단종상. 태백시 소도동 쇠길제당 소재

수양을 주공에 비유하는 글을 내렸으나 수양은 애당초 주공이 될 생각이 없었다. 그런 생각이 있었다면 계유정난을 일으키지도 않았을 것이다. 그래서 상왕 단종 복위기도 사건, 즉 사육신 사건 때 사육신이 "나으리가 걸핏하면 주공을 지칭했는데 주공도 조카의 왕위를 빼앗은 일이 있었소?"라고 항의했다는 기록이 나오는 것이다.

공자가 주공을 높인 다른 이유는 은나라의 문물을 계승했다는 것이다. 주공은 삼감의 난 같은 일이 재발하는 걸 막는 데는 무력 진압만이 능사가 아니라는 사실을 인지했다. 그래서 은나라 유민의 마음을 잡는 통합책을 내놓았다. 그 핵심이 은나라의 전통과 문화를 계승하는 것이었다.

주공이 은나라 후예가 많이 살고 있는 공자의 고향 산둥 성에 장남 백금을 보내 노공魯公으로 삼은 것도 은나라 후예 유화책이었다. 이때 노공 백금은 주공을 제사하는 종묘뿐만 아니라 토지신과 곡물신을 제사하는 사직社稷도 세웠다. 사직은 은나라 후예도 수긍할 수 있는 보편적인 제사 대상이었다. 이렇게 주공은 은나라 유민을 통합하는 정책을 썼고 그 결과 은나라 후예인 공자가 주나라를 은나라 문명의 파괴자로 보지 않고 하나라와 은나라의 계승자로 보게 된 것이다.

공자가 낙읍에서 본 주 왕실의 궁궐에 대한 내용이 《시경詩經》에 나온다. 《시경》〈소아小雅〉편의 사간斯干을 노래한 시가 그것인데 사간이 바로 주나라 왕궁을 뜻한다.

맑은 시냇물 흘러내리는 / 그윽한 남산이로다 / 대숲 무성한 듯 / 소나

무숲 무성한 듯 / 형과 아우들 / 서로 화목하네 / 서로 꾀할 것도 없네.
선조의 유업 이어 / 고대광실 지었네 / 서쪽과 남쪽이 그 문이로다 /
이곳에 살고 이곳에 깃들이며 / 웃으면서 이야기 나누네.
흙판을 차곡차곡 쌓네 / 흙 치는 소리가 울려 퍼지네 / 비바람 막고 /
새와 쥐도 제거하네 / 군자가 사는 높고 큰 집이여. _《시경》〈소아〉

秩秩斯干, 幽幽南山, 如竹苞矣, 如松茂矣, 兄及弟矣, 式相好矣, 無相猶矣.
似續妣祖, 築室百堵, 西南其戶, 爰居爰處, 爰笑爰語.
約之閣閣, 椓之橐橐, 風雨攸除, 鳥鼠攸去, 君子攸芋. _《詩經》〈小雅〉

공자가 방문했을 때 주나라 왕실의 권위는 무너졌어도 옛 왕궁의 웅장한 흔적은 그대로 남아 있었을지도 모른다. 공자는 웅장한 왕궁의 퇴락한 모습에서 옛 영화를 볼 수 있는 사안史眼(역사의 눈)을 가진 인물이었다. 공자는 뤄양 방문에서 주나라가 은나라 문물을 계승했다고 확신하고 '주나라로 돌아가자'라는 사상을 확립할 수 있었던 것이다. 《사기》〈공자세가〉는 이때 공자가 노자老子를 만났다고 전한다. 이 만남도 그 진위를 두고 훗날 숱한 설왕설래가 많았다. 〈공자세가〉는 사례하고 떠나는 공자에게 노자가 송별하면서 이렇게 말했다고 전한다.

"내가 듣기에 부귀한 사람은 사람을 보낼 때 재물로써 하지만 인자 仁者는 사람을 보낼 때 말로써 한다고 했소. 나는 부귀한 사람이 될 능력이 없고, 어진 사람仁人의 이름을 도둑질해서 그대를 보내는 말을 하겠소. 총명하고 깊은 곳을 보는 사람은 죽음과 가까이 있는데, 남을 의논하기를 좋아하기 때문이오. 넓게 말하고 광대한 데 관여하는 자는 그 몸이 위태로운데, 남의 나쁜 점을 말하기 때문이오. 사람의 자식 된 자는 자기가 있어서는 안 되고, 사람의 신하된 자도 자기가 있어서는 안 되오."

이 말을 들은 공자는 아무 대답을 하지 않다가 나중에 남궁경숙에게 이렇게 말했다.

"새는 잘 날고, 물고기는 헤엄을 잘 치고, 짐승은 잘 달린다. … 노자는 용과 같은 사람이었다."

| 노자 초상

가정맹호 苛政猛虎

가혹한 정치는 범보다 무섭다

《사기》〈공자세가〉는 공자가 주나라에서 돌아오자 제자들이 점점 늘어났다고 전한다. 그런데 그 직후 노나라 국정이 소용돌이에 휘말리게 된다. 노 소공의 제나라 망명과 공자의 후속 망명이었다. 《춘추좌전》은 공자가 직접 쓴 경經(경문)과 좌구명이 해설한 전傳(전문)으로 나뉘어 있는데, 《춘추좌전》 노 소공 25년(서기 전 517)조 경문經文은 "9

월 기해일己亥日에 소공이 제나라로 달아나 양주에 머물렀다. 제나라 제후인 후작이 야정野井에서 공을 위로했다(九月. 巳月己亥, 公孫于齊, 次于陽州. 齊侯唁公于野井)"라고 짤막하게 전한다. 좌구명은 이 경문을 해설한 전문傳文에서 보다 자세하고도 흥미로운 이야기를 전한다.

소공이 망명하게 된 대사건의 발단은 사소한 것이었다. 계씨, 즉 계손씨 닭과 후郈씨 닭이 닭싸움을 하는데 서로 변칙적인 방법을 쓴 것이 시작이었다. 계씨가 자기 닭의 털에 겨자를 발라서 쪼기 어렵게 만들자 후씨는 쇠붙이로 닭 발톱을 만들어 끼우는 것으로 대응했다.

노한 계씨(계평자)가 후씨 집을 공격하자 후씨는 물론 노나라 여러 대부가 계손씨에게 불편한 마음을 품게 되었다. 노 소공은 계씨를 제거할 호기라고 판단하고 후씨(후손郈孫)와 손잡고 계손씨를 공격했다. 소공과 후씨의 연합공격에 계손씨는 거의 무너지면서 소공의 계획이 성공할 뻔했으나 숙손씨가 개입하면서 상황이 반전된다. 숙손씨는 "계씨가 없다는 것은 곧 숙손씨도 없어진다는 것이다(無季氏, 是無叔孫氏也)"라면서 계손씨 측에 가담했다. 그래서 후손이 되레 살해당하고 노 소공은 제나라로 망명해야 했다. 군주가 신하에게 쫓겨 외국으로 망명해야 했던 것이다. 이때 공자도 소공을 따라서 제나라로 망명한다. 도망가는 군주를 좇아가는 것은 누구나 할 수 있는 일이 아니다. 공자의 충忠 개념은 이런 경험의 산물이다. 군주가 강성할 때만 충성하는 것이 아니라 위기에 빠졌을 때 더욱 충성을 바쳐야 한다는 것이 공자의 충이다. 제나라 망명길에 오른 공자는 태산을 지나면서 충격적인 장면을 목도하게 된다.

《공부자성적도》 중 태산문정도泰山問政圖. 태산에서 정치에 관해 묻다. 한국학중앙연구원 장서각 소장

공자가 태산 곁을 지나는데 한 부인이 무덤 앞에서 곡하면서 슬퍼했다. 공자가 식式의 예를 표하면서 자로를 보내 그 까닭을 물었다. 자로가 가서 "부인의 곡소리를 들으니 틀림없이 쌓인 근심이 있는 것 같습니다"라고 묻자 부인이 대답했다. "그렇습니다. 옛날 나의 시아버지께서 범에게 돌아가셨는데, 내 지아비도 또 범에게 죽었고, 지금 내 아들도 또 범에게 죽었습니다." 공자가 "왜 다른 곳으로 떠나지 않습니까?"라고 묻자, "여기는 가혹한 정치가 없습니다"라고 대답했다. 공자가 말했다. "제자들아 기억해두어라. 가혹한 정치는 범보다도 무섭다."《예기》〈단궁 하〉

孔子過泰山側, 有婦人哭於墓者而哀. 夫子式而聽之, 使子路問之曰, 子之哭也. 壹似重有憂者, 而曰然, 昔者吾舅死於虎, 吾夫又死焉. 今吾子又死焉. 夫子曰, 何爲不去也. 曰, 無苛政, 夫子曰, 小子識之, 苛政猛於虎也. _

《禮記》〈檀弓 下〉

여기에서 '가혹한 정치는 범보다 무섭다'는 '가정맹호苛政猛虎'라는 말이 나왔다. 정치가들이 뼛속 깊이 새겨야 할 사자성어다. 시아버지와 남편과 자식이 범에게 물려 죽었지만 그 나라를 떠나지 않는 부인. 이 나라는 범보다 무서운 가정苛政이 없기에 떠날 수 없다는 것이었다. 범에게 먹히는 것보다 무서운 것이 혹정酷政이다.

정약용의 '애절양'

나는 가정苛政을 생각하면 다산 정약용이 쓴 '애절양哀絶陽'이 생각난다. 노론 일당독재는 정조 의문사 후 노론 소수 가문이 지배하는 세도정치勢道政治로 더욱 거꾸로 간다. 노론 일당독재나 세도정치는 모두 시대의 요구와 흐름을 거부하고 소수 양반 벌열의 기득권을 강고히 하려던 시대 퇴행적 정치체제였다. 양반은 특권만 있고 의무는 없었다.

조선은 16세부터 60세까지의 남정男丁(성인 남성)이 1년에 두 필씩 군포軍布를 내는 군적수포제軍籍收布制를 실시했다. 1년에 두 필씩 군포를 내는 것이 병역의무를 수행하는 것이었다. 문제는 양반 사대부는 군포 납부 대상에서 제외되었다는 점이다. 여기에 재산을 축적한 양인良人이 돈으로 벼슬을 사는 공명첩空名帖이나 곡식을 바치고 양반이 되는 납속책納粟策을 이용해 양반으로 신분 상승하면서 가난한 백성만 군역의 의무를 져야 했다. 군포 납부자가 줄어들자 죽은 아버지의 것을 아들에게 씌우는 백골징포白骨徵布를 공공연히 실시했고, 그래도 부족하자 갓난아기 것을 아버지에게 씌우는 황구첨정黃口簽丁을 실시했다. 자신의 군포를 감당하기에도 벅찬 상민은 세 사람, 네 사람 것을 내야 했다. 견디다 못한 백성이 도망가면 가족에게 씌우는 족징族徵이 덮쳤고, 가족이 모두 도주하면 이웃에게 씌우는 인징隣徵이 덮쳤고, 이웃마저 도주하면 마을 전체에 씌우는 동징洞徵으로 고혈을 빨았다. 상민뿐만 아니라 양반 사대부도 군포를 납부하면 해결되는 문제였지만 양반은 "우리가 어떻게 상놈처럼 군포를 낼 수 있느냐"라면서 강하게 반발했다. 노론이나 세도정치가 시대 퇴행적인 정책을 고수하는 수구세력임에도 오랫동안 정권을 유지할 수 있었던 이유가 양반 사대부의 기득권을 대변한 데 있었다.

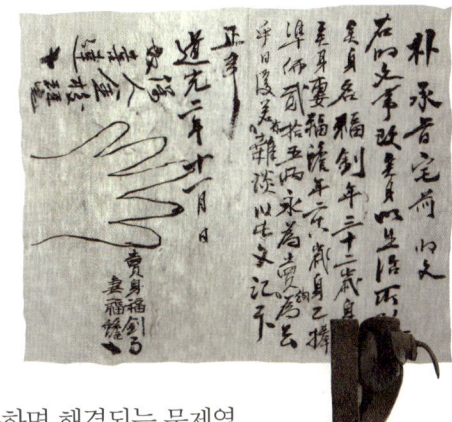

가난한 사람이 스스로를 노비로 판 노비자매문서奴婢自賣文書와 세금을 거두는 관리임을 인정하는 수세패.

강진에 유배 중인 순조 3년(1803) 다산 정약용은 끔찍한 소식을 들었다. 생후 3일된 아이가 군포를 내지 않았다는 이유로 아전에게 소를 빼앗긴 것이다. 하소연할 데 없었던 백성은 "이 물건 때문"이라며 자신의 음경을 잘랐고, 그 부인은 피투성이가 된 음경을 들고 관아에 와서 울부짖었다. 이 소식을 듣고 다산이 지은 시가 '애절양'이다.

> 시아버지 삼년상 이미 지났고 갓난아이 배냇물도 안 빠졌는데 / 삼대 이름이 모두 군적에 실렸네 … 부호들은 일년 내내 풍류나 즐기면서 / 낟알 한 톨 비단 한 치 바치는 일 없구나

3장 | 1기, 제나라 망명기

舅喪已縞兒未澡 / 三代名簽在軍保 / … 豪家終歲奏管弦 / 粒米寸帛無所捐

근래 들어 노론 후예 학자들이 이런 세도정치까지 미화하는 주장을 내놓고 있다. 편당심偏黨心이 극에 차면 자신이 이미 야수野獸가 되었다는 사실 자체를 모르게 된다.

맹자는《맹자》〈진심 하盡心 下〉에서 "춘추시대에는 의로운 전쟁이 없었다(春秋無義戰)"라고 말했는데, 공자가 가정맹호의 현장을 목도한 것이다. 공자가 춘추시대의 전쟁을 혐오하면서 평화를 희구하고, 군자정과 인정仁政을 강조한 것은 이런 경험에서 비롯된 것이다. 공자가 "나는 주나라를 따르겠노라"라고 말한 것도 단순히 주나라의 문화가 성대했기 때문만은 아니다. 여러 제후가 패도覇道를 추구하면서 일상화된 전란과 가정苛政을 평화체제인 왕도王道로 극복하자는 뜻이었다. 그 대안으로 왕도가 실현되었던 주나라로 돌아가자는 것이었다.

군군신신 | 君君臣臣

임금은 임금답고 신하는 신하다워야

공자가 제나라로 간 데는 과거 만났던 제 경공을 통해 정치적 뜻을 펼쳐보려는 속셈도 있었을 것이다. 공자의 예상대로 경공은 공자를 불러 정치가 무엇인지 묻는다. 이때 나온 공자의 그 유명한 말이 "임금은 임금답고…"라는 것이다.

제 경공이 공자에게 정치에 대해서 묻자, 공자께서 "임금은 임금답고, 신하는 신하다우며, 아버지는 아버지답고, 자식은 자식다운 것입니다"라고 답하셨다. 경공이 말했다. "좋도다. 진실로 임금이 임금답지 못하고, 신하가 신하답지 못하며, 아버지가 아버지답지 못하고, 자식이 자식답지 못하면 내가 비록 곡식이 있어도 먹을 수 있겠는가?"_〈안연〉

齊景公이 問政於孔子한대 孔子對曰, 君君, 臣臣, 父父, 子子니이다. 公曰, 善哉라! 信如君不君하며 臣不臣하며 父不父하며 子不子하면 雖有粟이나 吾得而食諸잇가? _〈顏淵〉

공자의 말은 어떤 상황에서 나왔는가가 중요하다. 현실과 무관한 진공 상태에서 지극히 당연한 '공자님 말씀'을 한 것이 아니기 때문이다. 고국의 군주 소공이 신하들에게 쫓겨서 망명 가 몸을 의탁한 나라의 국왕에게 한 말이었다. 진 목공이 패자가 된 이유를 물었을 때 공자가 '백리해 같은 인재를 등용했기 때문'이라고 대답하자 크게 기뻐했던 경공은 '임금은 임금답고'라는 공자의 대답에 또 깊은 인상을 받았다. 제나라라고 노나라보다 사정이 크게 나을 것도 없었다. 아직 표면화되지 않았을 뿐 훗날 제나라도 진陳씨가 군주를 죽이고 나라를 찬탈하는 사건이 발생한다. 그래서 제 경공은 공자를 쓰고 싶었다. 그는 공자에게 솔깃한 제안을 했다.

제 경공이 공자를 대접하면서 "내가 계씨같이 대하는 것은 불가능하지만 계씨와 맹씨 사이로는 대접할 것이다"라고 말했다. _〈미자〉

齊景公이 待孔子ㅣ 曰, 若季氏則吾不能이어니와 以季 孟之間待之
제 경공   대 공 자   왈 약 계 씨 즉 오 불 능   이 계 맹 지 간 대 지
하리라. _〈微子〉

노나라 삼손씨 중 가장 세력이 큰 계손씨만큼은 못해도 두 번째로 큰 맹손씨보다는 나은 대우를 하겠다는 뜻이다. 계손씨와 맹손씨 사이로 대접하겠다는 것은 총리만큼은 못해도 부총리보다는 높은 벼슬을 주겠다는 제안이었다. 삼십 대 중반의 공자에게는 파격적 제안이었다. 비천한 일에 종사하면서 학문에 뜻을 둔 공자가 빛을 발하는 순간이었다. 공자는 드디어 때가 왔다고 생각했다. 그러나 경공의 제안은 허언虛言에 그치고 말았다.《논어》〈미자〉편은 다음 이야기를 전하고 있다.

경공이 "나는 이미 늙어서 등용하기 어렵다"라고 말하자 공자께서 떠나셨다. _〈미자〉

曰, 吾老矣라 不能用也라 한대 孔子行하시다. _〈微子〉
왈 오 노 의   불 능 용 야   공 자 행

공자를 중용할 듯하던 경공은 자신이 '늙었다'는 핑계로 취소했다. 경공에게도 여러 사정이 있었다.《사기》〈공자세가〉는 경공이 '나는 이미 늙어서'라고 말하기 전에 공자를 다시 불러 정치에 대해서 물었다고 기록하고 있다. 이때 공자는 "정치란 재물을 절약하는 데 있습니다"라고 답했고 경공은 다시 기뻐했다. 경공의 말이 처음부터 허언

이었던 것은 아니다. 이계尼谿의 전답을 공자에게 내리려고 했기 때문이다. 이계의 전답을 내린다는 것은 대부로 중용하겠다는 뜻이었다. 그런데《사기》〈공자세가〉는 안영晏嬰(안자)이 공자의 등용을 반대했다고 전한다. 경공과 함께 노나라에 와서 공자를 만났던 그 안영이었다. 안영의 반대에는 공자가 제창한 유가儒家에 대한 당시 지식인들의 인식이 그대로 반영되어 있다.

대저 유자儒者란 말재주가 있어서 법으로 규제하기 어렵고, 거만하게 제멋대로 하기 때문에 아래로 두기 어렵습니다. 상례를 높여서 슬퍼하는데 파산할 정도로 장례를 후하게 치르니 풍속으로 삼을 수 없습니다. 유세하면서 대가를 원하니 나라를 맡길 수 없습니다. 대현大賢이 나오지 않은 이래 주 왕실은 이미 쇠퇴해졌고 예악禮樂이 이지러져 틈이 있습니다. 지금 공자는 용모를 성대하게 꾸미고 번거롭게 오르고 내리는 예와 상세한 절도를 추구하는데 여러 해가 되어도 그 학문을 다 배울 수 없으며 평생을 다해도 그 예를 궁구하지 못할 것입니다. 군주께서 (공자를) 등용하셔서 제나라의 풍속을 바꾸려고 하시지만 백성에게 먼저 할 바는 아닙니다.《사기》〈공자세가〉

夫儒者滑稽而不可軌法, 倨傲自順, 不可以爲下. 崇喪遂哀, 破產厚葬, 不可以爲俗. 游說乞貸, 不可以爲國. 自大賢之息, 周室既衰, 禮樂缺有閒. 今孔子盛容飾, 繁登降之禮, 趨詳之節, 累世不能殫其學, 當年不能究其禮. 君欲用之以移齊俗, 非所以先細民也.《史記》〈孔子世家〉

공자가 이상론자라면 안영은 현실론자였다. 주 왕실이 이미 쇠퇴

했으니 예악을 다시 일으키기는 어렵다는 것이었다. 공자의 학문은 평생을 다해도 배울 수 없으며 공자를 등용해 제나라의 풍속을 바꾸려고 하지만 백성에게 먼저 강요할 것은 아니라는 뜻이다. 《사기》 〈공자세가〉는 그 후에 경공이 공자를 공경하게 대하기는 했지만 더는 예를 묻지 않았다고 전한다.

안영은 어떤 인물일까? 안영은 제나라 상대부上大夫였던 안약晏弱의 아들로서 제 영공靈公 26년(서기 전 556)에 병사한 부친의 뒤를 이어 상대부가 되었다. 안영은 영공, 장공, 경공을 잇따라 보좌하면서 제나라를 안정시킨 명재상이었다. 《안자춘추晏子春秋》라는 책을 남겼을 정도로 학식도 있었지만 자신이 모시던 장공이 최저崔杼에게 살해당하는 내란에서도 살아남아 권력을 차지했을 정도로 현실주의자이기도 했다.

경공도 문제가 많은 인물이었다. 제나라 26대 군주였던 경공은 선왕인 장공의 동생이었다. 제나라 왕위 계승도 암투와 살인이 난무하는 막장 드라마였다. 장공은 신하인 최저에게 죽임을 당했다. 군주를 죽인 최저는 신하답지 못한 인물이었지만 장공 또한 임금답지 못하긴 마찬가지였다. 장공이 최저의 부인 당강棠姜과 간통하다가 최저에게 죽은 것이기 때문이다. 장공을 죽인 최저가 그 동생 저구杵臼를 추대해 군주로 삼았는데 그가 바로 경공이었다. 선왕을 죽인 신하의 추대를 받아 군주 자리에 올랐으니 그 역시 선왕 살해에 간접적으로 가담했다고 볼 수 있었다. 그나마 다행인 것은 군주를 죽인 최저도 불과 2년 후에 다른 권력 다툼에 휘말려 죽었다는 점이다.

경공이 안영 같은 대부들의 종용으로 공자 등용을 포기한 후 공자에게 유무형의 압박이 들어왔다. 《사기》〈공자세가〉는 제나라 대부가 공자를 해치겠다고 드러내놓고 말했다고 전한다. 떠나라는 시위였다. 그래서 공자는 따라갔던 노 소공이 그대로 제나라에 망명해 있는 상황에서 노나라로 돌아왔다. 공자는 훗날 제 경공에 대해 이렇게 평가했다.

(공자 가라사대) "제 경공은 사천 필의 말(千駟)이 있었지만 죽는 날에 백성이 덕을 칭송하지 않았다. 백이, 숙제는 수양산 아래서 굶어 죽었지만 백성이 지금까지 칭찬한다."_〈계씨〉

齊景公이 有馬千駟하되 死之日에 民無德而稱焉이요. 伯夷叔齊는
제 경 공   유 마 천 사   사 지 일   민 무 덕 이 칭 언   백 이 숙 제
餓于首陽之下하되 民到于今稱之하나니라. 其斯之謂與인저? _〈季氏〉
아 우 수 양 지 하   민 도 우 금 칭 지   기 사 지 위 여

수레 한 승乘을 말 네 필이 끄니 사駟는 말 네 필을 뜻한다. 제 경공은 사천 필의 말을 가진 상태로 죽었지만 죽은 당일에도 백성은 덕을 칭송하지 않았다. 백이, 숙제는 600여 년 전(서기 전 1100)에 수양산에서 굶어 죽었지만 지금까지도 백성은 그 덕을 기린다. 공자의 말에는 한마디로 경공에 대한 실망감이 그대로 담겨 있다. 공자는 노 소공을 따라 제나라로 갔지만 노 소공을 만나 어떻게 했다는 이야기는 없는 반면 제 경공을 만난 일화들만 남아 있다. 그만큼 제 경공과의 만남이 공자의 인생에서 중요했다는 의미다. 그러나 공자는 아무런 소득도 얻지 못하고 쫓겨나다시피 떠나야 했다. 맹자는 《맹자》〈만장 하萬章下〉편에서 공자가 제나라를 떠나는 상황을 이렇게 묘사했다.

공자께서 제나라를 떠날 때 씻은 쌀을 채 안치기도 전에 거두어 떠나셨다. 노나라를 떠나실 때는 "더디고 더디구나 내 발길이여!"라고 하셨으니 부모의 나라를 떠나는 도리였다. 빨리 떠나야 할 때는 빨리 떠나고, 머물러야 할 때는 오래 머물고, 은거해야 할 때는 은거하고, 벼슬해야 할 때는 벼슬하는 분이 공자다. 《맹자》〈만장 하〉

孔子之去齊, 接淅而行. 去魯, 曰遲遲吾行也, 去父母國之道也. 可以速而速, 可以久而久, 可以處而處, 可以仕而仕, 孔子也. 《孟子》〈萬章 下〉

여기에서 씻은 쌀을 솥에 안칠 여유도 없이 급히 떠난다는 뜻의 '접석이행接淅而行'이라는 사자성어가 나왔다. 맹자는 공자가 노나라를 떠날 때는 더디게 떠났다가 노나라로 돌아올 때는 씻을 쌀을 안치지도 못할 정도로 황급하게 떠났다고 말했다. 맹자는 고국을 사랑하는 공자의 처신이라고 해석했지만 공자의 급작스런 귀국은 제나라에서 공자의 신상이 그만큼 위태로웠다는 방증이다. 제나라 대부가 공자를 해치겠다고 공언했다는《사기》〈공자세가〉의 기록이 이를 말해준다. 공자는 제나라에 2년간 체류했다. 아무런 정치적 소득도 없었다. 그러나 다른 소득은 있었다. 후술하겠지만 공자는 이 시기에 은나라 순임금의 소악을 접하고 석 달 동안 고기 맛을 잃을 정도로 은나라 문화에 깊이 취했다.

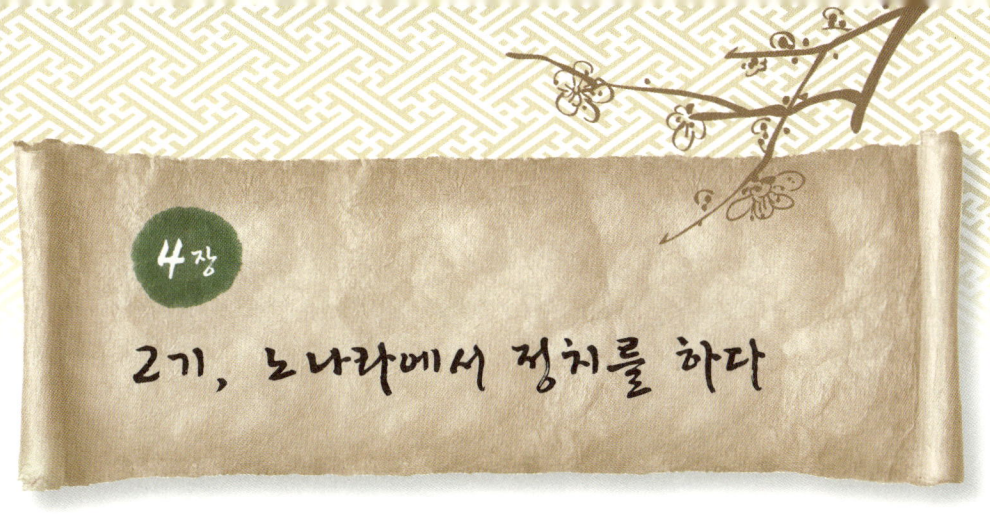

4장
2기, 노나라에서 정치를 하다

시위대동 | 是謂大同

공자가 꿈꾼 나라

　공자가 귀국한 후에도 소공은 돌아오지 못했다. 소공은 끝내 귀국하지 못하고 공자 나이 마흔두 살 때인 재위 32년(서기 전 510) 제나라 간후乾侯에서 사망했다. 노나라는 여전히 계손씨를 비롯한 삼손씨의 것이었다. 귀국 후에도 공자의 정치적 입지는 없었다. 아니 더 줄었다고 볼 수 있다. 소공을 따라 제나라까지 갔던 공자를 삼손씨가 곱게 볼 리 만무했던 것이다. 노나라 국정은 삼손씨의 사랑방에 있어서 삼손씨는 왕위 계승까지 마음대로 결정했다. 삼손씨 중 가장 세력이 컸던 계손씨의 종주인 계손의여季孫意如는 사망한 소공의 뒤를 이어 동생 송宋을 정공定公으로 추대했다.

공자가 지은 《춘추좌전》의 경經은 정공 즉위년의 기사를 "원년. 봄. 왕 삼월이다(元年. 春. 王三月)"라고 짤막하게 쓰고 있다. 정공이 즉위했다는 사실조차 언급하지 않았다. 《춘추》 해설서인 《춘추곡량전春秋穀梁傳》은 공자의 짤막한 서술이 정공의 즉위를 부정적으로 묘사한 것이라고 설명한다.

소공 원년 봄 왕력이다. 정월正月이라고 말하지 않은 것은 정공에게는 정월이 없기 때문이다. 왜 정공에게 정월이 없냐면 소공이 정상적으로 임종하지 못했으므로 정공에게는 정상적인 시작이 없는 것이다. 즉위했다고 말하지 않은 것은 소공의 시신이 밖에 있기 때문이다. 《춘추곡량전》 〈정공 원년〉

元年. 春. 王. 不言正月, 定無正也. 定之無正, 何也. 昭公之終, 非正終也. 定之始, 非正始也. 昭無正終, 故定無正始, 不言即位, 喪在外也. 《春秋穀梁傳》 〈定公 元年〉

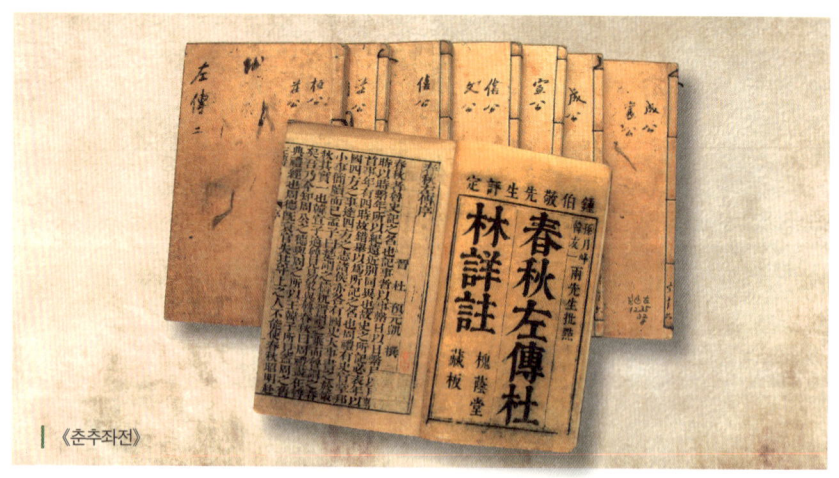

| 《춘추좌전》

공자가 쓴 《춘추》 경문은 일종의 숨은 그림 찾기다. 노 정공 즉위년의 '원년. 봄. 왕 삼월'이라는 짤막한 서술에 이렇게 깊은 뜻이 담겨 있는 것이다. 정공이 즉위한 해를 '왕 정월'이라 하지 않고 '왕 삼월'이라고 묘사한 것에 소공의 비참한 죽음과 정공의 비정상적인 즉위에 대한 공자의 비난이 담겨 있다. 이런 인식을 가진 공자이다 보니 정공이 즉위한 후에도 정계 진출 기회는 오지 않았다. 《논어》에는 공자가 훗날 정공과 나눈 대화가 실려 있다.

> 정공이 "군주가 신하를 부리고 신하가 군주를 섬기는 것은 어떠해야 합니까?"라고 물으니, 공자께서 대하여 가라사대 "군주는 신하를 예로써 부리고 신하는 군주를 충성으로 섬겨야 합니다." _〈팔일〉
>
> 定公問, 君使臣하며 臣事君을 如之何닛고? 孔子對曰, 君使臣以禮하며 臣事君以忠이니다. _〈八佾〉
> 정공문 군사신 신사군 여지하 공자대왈 군사신이
> 례   신사군이충

공자 가라사대孔子曰가 아니라 공자가 '대하여' 가라사대孔子對曰라고 한 것은 공자가 그만큼 군주를 높였다는 뜻이다. 그러나 군주가 신하에게 쫓겨서 망명하고 신하가 마음에 드는 인물을 군주로 추대하는 상황에서 공자의 예禮와 충忠은 공허한 이상일 수밖에 없었다. 공자가 추구했던 이상과 현실은 너무 달랐던 것이다.

정조와 군약신강

노 왕실이 처했던 상황과 조선 후기에 조선 왕실이 처했던 상황은

비슷하다. 한마디로 임금은 약하고 신하는 강한 군약신강君弱臣强의 나라들이었다.

이런 군약신강의 권력구조 속에서 이상을 추구했던 인물이 정조正祖다. 수많은 난관을 극복하고 겨우 즉위에 성공한 정조를 기다리고 있는 것은 부친 사도세자를 죽인 노론이 장악하고 있는 조정이었다. 사도세자는 죽어 마땅했다는 것이 주요 당론이었던 노론 벽파가 강력한 집권당이었다. 그래서 노론 벽파 가문의 홍술해洪述海는 정조 재위 1년(1777) 7월 임금이 자는 경희궁 존현각尊賢閣에 자객 전흥문田興文을 보냈다. 홍술해의 부친 홍계희洪啓禧는 사도세자를 죽이는 데 직접 가담한 인물이었다.

홍씨 가문은 정조만 죽이면 세상은 다시 노론 벽파의 것이 될 수 있다고 믿었다. 자객 전흥문이 대궐에 잠입하자 대궐 별감別監 강계창姜繼昌과 상궁 고수애高秀愛, 복빙福氷 등이 궐내에 은신처를 제공했다. 임금을 죽이러 온 암살자인 줄 알면서도. 또한 지금의 청와대 경호실 간부 격인 호위군관 강용휘姜龍輝가 전흥문을 정조의 침실로 안내했다. 정조만 제거하면 영조의 계비 정순왕후를 필두로 하는 노론이 자신들을 1등공신으로 포상하리라고 생각했기 때문이다. 심지어 궁중의 청소부인 조라치照羅赤 황가黃哥도 가담했다.

정조는 사실 이때 죽게 되어 있었던 인물이다. 이때 책을 읽지 않고 잠을 잤다면 정조는 죽고 말았다. 세손 시절부터 암살이 두려워 밤새 독서하던 습관이 정조를 살린 것이다. 정조가 인기척을 느끼는 바람에 암살에 실패했던 전흥문은 한 달도 못 돼서 다시 궐내로 잠입한다. 얼마 전에 국왕을 암살하려던 사건이 있었으므로 비상계엄이 펼쳐져 있었지만 경호 무사들은 모두 잠을 자고 있었다. 아마도 거대한 정치세력이 경호 무사들에게 술을 먹였을 것이다. 그런데 정조 암살 계획은 열일곱 살의 소년 군사였던 경추문 수포군守鋪軍 김춘득金春得이 잠을 자지 않는 바람에 실패했다. 정조가 사건을 조사해보니 노론 벽파가 깊숙이 개입되어 있었다. 아버지를 죽인 정파가 자신까지 죽이려고 자객을 보낸 것이다. 그러나 정조는 노론 벽파를 모두 내칠 수 없었다. 그들이 조정은 물론 사회 곳곳을 장악하고 있었기 때문이다. 세종世宗은 왕권에 도전하는 정당 자체가 없는 상황에서 업적을 남긴 반면 정조는 자신을 살해하려는 정파가 집권한 상황에서 업적을 남겼다. 그래서 정조는 우리 역사에서 특기할 가치가 있다.

 노론은 왕권 도전을 넘어서 자당의 마음에 들지 않는 인물이 즉위하면 독살도 서슴치 않았다. 정조가 초계문신抄啓文臣 제도를 만든 것은 이런 비정상적인 정치 지형을 조금이라도 정상으로 만들고 싶었기 때문이다. 초계문신 제도란 의정부에서 젊은 관료들을 선발해 규장각

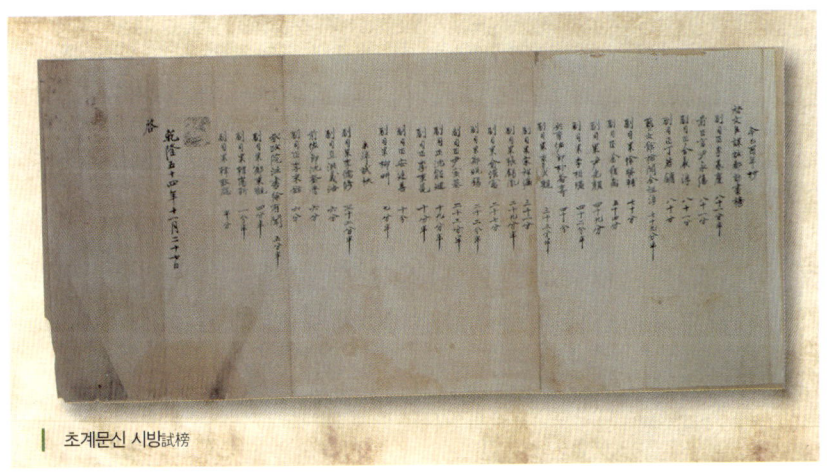

초계문신 시방試榜

에서 재교육하는 제도이다. 중요한 것은 매월 20일경 정조가 직접 친강親講했고, 매월 초하루에는 정조가 직접 친시親試했다는 점이다. 친강과 친시를 통해 젊은 관료들과 사제관계를 맺고자 했던 것이다.

노론은 공자 → 맹자 → 주자 → 송자朱子(송시열)로 이어지는 계보를 유학의 도통연원道統淵源이라고 믿고 있었다. 정조는 노론의 정신적 지주인 송시열을 대로大老로 높이고 재위 11년(1787) 송시열의 문집인 《송자대전朱子大全》을 간행해 노론을 달랬다. 그러면서 초계문신 제도를 만들어 관료들을 직접 교육하여 송자의 자리에 자신을 배치하려고 했다.

노론은 주자학만을 유학의 정통으로 떠받드는 주자학 절대주의를 주창했다. 노론은 공자가 주나라를 높인 것을 자신들이 이미 망한 명明나라를 떠받드는 것과 동일시했다. 이미 망한 명나라를 떠받드는 것은 시대착오적 발상으로 보이지만 노론에게는 시대착오가 아니었다. 방점이 명나라에 찍혀 있는 것이 아니라 자신들의 집권에 찍혀 있었기 때문이다. 숭명崇明은 집권을 위한 국내용 카드였다. 겉으로는 청淸나라가 철천지원수徹天之怨讐라고 떠들었지만 이 역시 집권을 위한 포장에 불과했다.

장희빈의 아들 경종景宗이 즉위하자 《숙종실록肅宗實錄》 사관이 비판한 대로 노론 영수 이이명李頤命은 청나라에 사신으로 가서 막대한 은화를 청나라 고관들에게 뇌물로 뿌렸다. 청나라 고관들에게 자신들이 경종을 끌어내리고 연잉군延礽君(영조)을 추대할 테니 지지해달라고 부탁하기 위한 것이었다. 그 결과 청나라 사신이 와서 왕의 동생(연잉군)을 만나겠다고 요청하는 실례失禮를 저질렀다. 소론 출신 우의

정 조태구趙泰耈가 사신의 왕제王弟 면담은 실례이므로 응해서는 안 된다고 주장했지만 노론 영수 영의정 김창집金昌集은 연잉군의 신상에 관한 자료를 사신에게 주었고 사신은 이를 문서로 만들었다. 이때 이미 경종 독살은 예견되어 있었다.

삼강三綱의 으뜸인 군위신강君爲臣綱이나 오륜五倫의 으뜸인 군신유의君臣有義는 사라진 지 오래였다. 비례非禮는 보지도 말고〔勿視〕, 듣지도 말고〔勿聽〕, 말하지도 말고〔勿言〕, 움직이지도 말라〔勿動〕는 공자의 사물론四勿論은 노론과는 아무런 상관 없는 이야기였다. 결국

| 영조의 연잉군 시절 초상화

경종은 재위 4년 만에 노론에 의해 독살당하고 연잉군이 왕이 되었다. 친 소론적 정치 견해를 갖고 있던 사도세자는 영조와 노론의 공모로 뒤주 속에 갇혀 죽었다.

이런 정치지형 속에서 정조는 즉위했다. 정조는 노론과 타협하면서 한발 한발 앞으로 나갔다. 노론 일당독재를 이가환李家煥· 정약용 등 남인도 포진하는 다당제로 만들고 주자학 절대주의 사상을 서학西學(천주교)도 용인하는 것으로 상대주의화했다. 서얼 출신 이덕무·

유득공 · 박제가 · 서리수를 규장각 검서관으로 특채해 사검서四檢書란 보통명사로 만들었다. 신분제를 완화하려는 시도였다. 그리고 수원 화성을 건설해 농업 · 상업 혁명을 추진했다. 또한 장용영을 만들어 노론의 쿠데타를 억제하고 조선의 국방력을 강화했다.

정국을 파국으로 이끌지 않기 위해 노론 벽파 심환지沈煥之와도 핫라인을 만들었다. 그러나 정조는 재위 24년(1800) 만에 의문의 죽임을 당한다. 죽던 당일 정조의 모든 개혁정책은 정순왕후와 영의정으로 승진한 심환지에 의해 모두 뒤집혔다. 심지어 심환지는 정조 사후 2년 만인 순조 2년(1802) 장용영을 혁파했다. 국왕에게 지휘권이 있는 군대가 강하면 노론 마음대로 국정을 장악하기가 어렵기 때문이었다. 이렇게 노론 천국, 백성 지옥으로 역행한 결과 정약용의 '애절양'이 나온 것이다.

정조의 죽음과 함께 정조의 개혁은 미완의 장으로 끝났고 민란民亂의 시대가 도래한다. 순조 11년(1811) '홍경래의 난'이라고 불리는 대규모 농민항쟁이 발생하는 것이다. 백성은 안다. 하늘은 공평하다는 사실을. 그러나 현실은 그렇지 않다는 사실을. 그래서 백성은 참고 기다린다. 그러다 때가 되면 폭발한다. 동학처럼, 3·1 운동처럼, 4·19 혁명처럼, 6·10 민주항쟁처럼.

공자도 하늘은 만인에게 공평하다고 생각했다. 공자가 이상으로 삼은 대동사회大同社會가 이를 말해준다. 《예기禮記》〈예운禮運〉 편에 대동사회에 대한 공자의 설명이 실려 있다. 《예기》는 한漢나라 하간헌왕河間獻王 유덕劉德(?~서기 전 129)이 공자의 제자나 그 후학들이 보

장용영 내부평면도
– 본영 도형

4장 | 2기, 노나라에서 정치를 하다

유한 공자 관련 사료 113편을 엮어서 편찬한 책이다. 따라서 《예기》에도 《논어》와 마찬가지로 공자에 관한 일화와 공자의 육성이 많이 실려 있다. 여기 실린 대동사회의 모습은 동양 고전에서 가장 아름다운 구절이라고 해도 과언이 아니다.

> 옛날 중니仲尼(공자)께서 사제蠟祭의 빈賓으로 참석하셨다가 일을 마치고 나와서 관關(성문) 위에서 쉬다가 서글프게 탄식하셨는데 중니의 한탄은 대개 노나라에 대한 것이다. 언언言偃(자유子游)이 곁에 있다가 "선생님께서는 왜 탄식하십니까?"라고 물었다. 《예기》〈예운〉
> 昔者仲尼與於蠟賓, 事畢, 出遊於觀之上, 喟然而嘆, 仲尼之嘆, 蓋嘆魯也. 言偃在側曰, 君子何嘆. _《禮記》〈禮運〉

당나라 사마정司馬貞은 《삼황본기三皇本紀》에서 "농경을 가르쳐준 신농씨를 제사하는 것이 사제蠟祭"라고 설명하고 있다. 사제에 참석했던 공자가 성문 위에서 쉬다가 서글프게 탄식했다. 아마도 성문을 오가는 백성의 곤궁한 모습 때문이었을 것이다. 언언의 질문에 공자가 대답했다.

공자께서 말씀하셨다.
"대도大道가 행해졌던 것과 삼대三代(하·은·주)의 밝은 인물들에 대해 구丘(공자)가 보지는 못했지만 그 기록은 있다. 대도가 행해졌을 때는 천하가 공공의 것(天下爲公)이었고 어질고 능력 있는 자를 뽑아서 신의를 가르치고 화목을 닦게 하니 사람들은 그 부모만을 홀로 부모로 여기지 않았고, 그 자식만을 자식으로 여기지 않았다. 늙은이는 편안하게 일생을 마치게 했으며, 젊은이는 다 할 일이 있었으며, 어린이는 잘 자라날 수 있었으며, 과부·홀아비·병든 자를 불쌍히 여겨서 다 봉양했다. 남자는 직업이 있고 여자는 시집갈 자리가 있었으며, 재물을 땅에 버리는 것을 싫어했지만 반드시 자기를 위해 쌓아두지는 않았다. 몸소 일하지 않는 것을 미워했지만 반드시 자기만을 위해 일하지는 않았다. 이런 까닭에 간사한 꾀가 막혀서 일어나지 못했고, 도둑이 훔치거나 도적들이 난을 일으키지 못했다. 그래서 바깥 문을 여닫지 않았으니 이를 일러 대동大同이라고 한다. 《예기》〈예운〉

孔子曰, 大道之行也. 與三代之英, 丘未之逮也. 而有志焉. 大道之行也, 天下爲公. 選賢與能, 講信脩睦, 故人不獨親其親, 不獨子其子, 使老有所終, 壯有所用, 幼有所長, 矜寡孤獨廢疾者, 皆有所養. 男有分, 女有歸, 貨惡其棄於地也, 不必藏於已. 力惡其不出於身也, 不必爲已. 是故謀閉而不興, 盜竊亂賊而不作, 故外戶而不閉, 是謂大同. _《禮記》〈禮運〉

여기에서 바깥문을 열고 닫지 않는다는 뜻의 '외호불폐外戶不閉'라는 사자성어가 나왔다. 태평성대를 뜻하는 말이다. 공자가 그린 대동 사회의 모습은 지금 상상해도 감탄사가 절로 나온다. 한마디로 요약하면 모두가 행복한 공동체 사회다. 자신의 부모만을 부모로 여기지 않고 자신의 자식만을 자식으로 여기지 않았다. 천하가 모두 한 가족이라는 천하일가天下一家 사상이자, 모든 사람이 나의 형제라는 사해형제四海兄弟 사상이다. 세상은 개인이나 소수 집단의 것이 아니라 구성원 모두의 것이라는 '천하위공天下爲公'이란 말이 여기에서 나왔다.

또한 복지사회였다. 복지사회는 노동을 중시하는 철학에서 나온다. 그래서 노동력이 있는 사람은 모두 일이 있었다. 몸소 일하지 않고 남의 노동력으로 호의호식하는 것을 미워했다. 재물을 허비하는 것은 미워했지만 반드시 자신만을 위해 쌓아두지도 않았다. 그리고 자신만을 위해 일하지도 않았다. 생산한 재물을 자기만의 것이라고 주장하지 않고 남과 나누었다. 어린이는 잘 자랄 수 있었고, 은퇴한 노인은 편안하게 일생을 마칠 수 있었다. 과부, 홀아비, 병든 자를 다 사회에서 책임졌다.

《예기》〈예운〉편에서 제시하는 2,500년 전 공자가 그린 대동사회의 모습은 서구의 민주주의 사회보다 나은 복지사회이다. 공자는 과거에 이런 사회가 있었고 이런 사회를 만들기 위해 자신이 정치를 하려 한다고 말한다. 이런 사회를 만들려면 '어질고 능력 있는 자가 선발되어(選賢與能)' 정치를 해야 했다. 어질고 능력 있는 정치가가 '신의를 가르치고 화목을 닦게 해야(講信脩睦)' 서로가 서로를 배려하고 양보하는 대동사회가 이룩될 수 있다는 것이다. 이것이 바로 공자가 은자들로부터 "그 안 될 것을 알면서도 하는 사람(是知其不可而爲之者)"이란 조롱을 들으면서까지 정치를 하려고 한 이유였다.

오장사의 | 吾將仕矣
내가 네 밑에서 정치할 수 없는 까닭

쫓기듯 노나라로 귀국한 공자에게 여전히 정치적 공간은 없었다. 공자는 계속 학문과 교육에 힘쓸 뿐이었다. 공자가 마흔일곱 살 때인 노 정공定公 5년(서기 전 505) 노나라의 집권자인 계손씨의 종주 계평자 季平子(계손여의)가 동야東野를 순행하고 돌아오다 죽었다. 그러자 계손씨의 가신 양호陽虎(양화)가 그 아들 계환자季桓子를 가두고 실권을 잡았다. 계손씨 같은 경대부가 권력을 잡는 것도 참람하다고 보았던 공자였다. 그런데 경대부의 가신 양호가 실권을 잡는 더 심한 하극상이 벌어졌으니 말할 나위가 없었다. 게다가 양호는 공자와 악연으로 얽힌 인물이었다. 젊은 시절 공자가 계손씨가 사士를 위해 베푼 잔치에 참석하려 하자 이를 막은 인물이 양호였다. 《논어》〈양화〉 편의 양화가 바로 양호인데, 그 첫 구절은 재미있는 일화로 시작한다.

> 양화가 공자를 만나고자 했지만 공자가 만나주지 않았다. 양화가 돼지를 (선물로) 보내니 공자는 그가 없는 틈에 사례하러 갔는데, 길에서 우연히 만났다. 〈양화〉
>
> 陽貨欲見孔子어늘 孔子不見하신대 歸孔子豚이어늘 孔子時其亡也,
> 양화욕현공자   공자불견   귀공자돈   공자시기무야
> 而往拜之러시니 遇諸塗하시다. 〈陽貨〉
> 이왕배지   우제도

양호가 노나라의 실권을 장악한 직후의 일이다. 양호는 정권을 장

악했지만 내외의 지지가 필요했다. 비록 벼슬은 없었지만 공자는 학자로서 큰 명성을 떨치고 있었다. 그래서 공자를 끌어들이기 위해 만나려고 했지만 공자는 만남을 거절했다. 그러나 양호는 포기하지 않고 돼지를 선물로 보냈다. 예를 중시하는 공자가 답례答禮하지 않을 수 없으리라고 판단한 것이다. 공자는 묘수를 생각해냈다. 양호가 집에 없는 틈을 타서 답방答訪한 것이다. 그러나 돌아오는 길에 우연히 양호와 마주쳤다. 어쩌면 양호가 공자의 의중을 알고 기다리고 있었는지도 모른다.

(양호가) 공자에게 "오시오. 내가 그대와 더불어 말하리라. 보배를 품고 나라를 어지럽히는 것을 인仁이라고 할 수 있겠소?"라고 말했다. 공자께서 "그렇다고 할 수 없습니다"라고 답하셨다. 양호가 "일을 좇기를 좋아하면서도 자주 때를 놓치는 것을 지知라고 할 수 있겠소?"라고 물었다. 공자께서 "그렇다고 할 수 없습니다"라고 답하셨다. 양호가 "해와 달은 흘러가니 세월은 나와 함께 하지 않소"라고 말하자, 공자께서 "그렇습니다. 내가 장차 벼슬할 것입니다"라고 답하셨다. 〈양화〉

謂孔子曰, 來하라! 予與爾言하리라. 曰, 懷其寶而迷其邦이 可謂仁乎아? 曰, 不可하다. 好從事而亟失時가 可謂知乎아? 曰, 不可하다. 日月逝矣라 歲不我與니라. 孔子曰, 諾다. 吾將仕矣로라. _〈陽貨〉

이 구절도 논란이 있었다. "내가 장차 벼슬할 것입니다"라는 말이 공자에게 마치 양호(양화)의 천거로 벼슬할 뜻이 있는 것처럼 보이기 때문이었다. 그러나 공자는 이미 자리를 비움으로써 양호의 뜻에 따를 생각이 없음을 비쳤다. 그래서 명나라의 양명학자 이탁오李卓吾 (1527~1602)는 이 문답의 끝에만 공자왈孔子曰이라고 쓴 것을 근거로 앞의 대화는 모두 양호의 자문자답이라고 보기도 했다. 양호의 질문에 공자가 답한 것이 아니라 모두 양호 혼자서 묻고 답했다는 뜻이다.

그러나 이탁오와 비슷한 시기에 살았던 진미공陳眉公 진계유陳繼儒 (1558~1639)는 공자가 이때 벼슬에 나가려고 생각했다고 달리 해석했다. 진계유는 "계평자가 소공을 쫓아낸 데다 계환자가 대를 이어 군주에게 무례하니 공론이 용납하지 않았는데, 하루아침에 양호에게 갇혔다"라면서 "양호는 인심이 이를 통쾌하게 여겼으니 공자가 공실公室(왕실)을 크게 하려면 마땅히 자신에게서 벼슬을 할 것이라고 여겼다"라는 것이다. 왕실을 무력화한 계손씨를 양호가 억류하자 민심이 통쾌하게 여겼다는 것이 진계유 해석의 방점이다. 그래서 왕실 강화론을 주창하는 공자가 양호를 도울 것으로 생각했다는 것이다. 그러나 공자가 가담하기 위해서는 전제조건이 있었다. 권력을 군주에게 반환해야 했다. 그러나 양호는 계씨의 권력을 자신이 차지했지 군주에게 돌리지 않았다. 그래서 공자는 양호의 권유를 거부한 것이다. '내가 장차 벼슬할 것'이라는 말은 언젠가 명분이 바로 서면 벼슬할 것이란 뜻이지 양호 밑에서 하겠다는 뜻은 아니었다.

이런 정치적 격변이 있었지만 공자는 여전히 야인野人이었다. 그러나 예에 관한 그의 지식은 노·제나라를 벗어나 다른 나라에까지 널리 알려질 정도가 되었다. 공자가 마흔다섯 살 때인 노 정공 3년(서기전 507) 주邾나라 장공莊公이 세상을 떠나고 은공隱公이 즉위했는데, 즉위식에 앞서 사람을 보내 공자에게 관례冠禮에 대해서 물었다는 기록이 이를 말해준다. 공자는 예법에 관한 한 최고의 학자였다. 그러나 세상에는 여전히 비례非禮가 판치고 있었다. 세상을 움직이는 것은 사양지심辭讓之心이 아니라 사익私益이었다.

그렇게 공자는 쉰 살, 지천명의 나이에 접어들었다. 이때 노나라는 정치적 격변에 휩싸인다. 노 정공 8년(서기 전 502) 양호가 삼손씨를 모두 수중에 넣으려고 정변을 일으킨 것이다. 계손씨의 가신이었던 양호는 원래 성이 희姬씨로 삼손씨 중 둘째인 맹손씨孟孫氏 혈통이었다. 게다가 계평자가 죽은 후 양호의 세력이 계손씨 가문을 계승한 계환자를 능가하자, 다른 마음을 먹는 인물들이 나타났다.

《춘추좌전》은 계환자가 뒤를 이은 것에 대해 계손씨의 일족인 계오季寤가 불만을 품었다고 전한다. 계오뿐만 아니라 계손씨의 가신인 공산불뉴公山不狃(공산불요公山弗擾)와 공서극公鉏極도 이 기회를 타서 세력을 넓히려고 마음먹었다. 또한 숙손첩叔孫輒과 숙중지叔仲志는 이 기회에 숙손씨 가문을 차지하려고 마음먹었다. 그래서 계손씨 계통의 계오·공산불뉴·공서극과 숙손씨 계통의 숙손첩·숙중지 다섯 사람이 모두 양호를 지지했다. 다섯 귀족과 손잡은 양호는 계손씨 가문의 계승자를 계오로 바꾸고, 숙손씨 가문의 계승자는 숙손첩으로 바꾸고 자신은 맹손씨 가문을 승계하려고 했다. 삼손씨는 원래 맹손씨가 맏이었으니, 양호의 계획대로 되면 원래 맏이었던 경보慶父의 핏줄, 즉 맹손씨가 다시 삼손씨의 주도권을 쥐게 되는 것이었다.

그해 10월 양호는 계환자를 포포蒲圃(취푸〔곡부〕의 동문 밖 농원)로 초대했다. 향연 도중 죽이려는 계획이었다. 거사 당일 양호가 앞에서 수레를 탔고 임초林楚가 계환자의 수레를 몰았다. 그리고 양월陽越이 그

뒤를 따랐다. 이상한 낌새를 알아챈 계환자는 임초에게 "그대의 선대들은 다 우리 계손씨 가문의 좋은 가신이었다. 이제부터 그대가 우리 가문을 맡도록 하라" 하면서 맹손씨의 집으로 가자고 말했다. 양호의 자리를 임초에게 주겠다는 제안이었다. 그러나 계환자가 이미 양호에게 눌려 있는 상황이므로 계환자가 준다고 해서 되는 일이 아니었다. 그래서 임초는 "양호가 정권을 잡아 노나라가 다 복종하는데 그를 거역하면 죽는다"라며 거절했다. 그러나 다급해진 계환자가 거듭 맹손씨에게 가자고 재촉하자 임초가 갑자기 기수를 돌렸다. 맹손씨 집으로 향한 것이다. 뒤따르던 양월이 활을 쏘아 저지하려 했지만 빗나갔다.

맹손씨는 이날 양호가 변을 일으킬 것이라는 사실을 알고 있었다. 공렴처보公斂處父가 미리 정보를 주었던 것이다. 맹손씨는 가축 먹이는 자들 중에서 삼백 명을 선발해 집을 호위하게 하고 계환자의 수레가 달려오자 얼른 맞아들인 후 대문을 닫았다. 그리고 대문 틈으로 화살을 날려 양월을 쏘아 죽였다. 《춘추좌전》 노 정공 8년의 전傳은 이때의 상황을 이렇게 전한다.

> 양호가 노 정공과 숙손무숙叔孫武叔을 위협해 함께 맹손씨를 공격했다. 공렴처보가 성成 사람들을 이끌고 상동문上東門으로 들어와 양호 일당과 남문 안에서 싸웠지만 이기지 못했다가 극하棘下에서 다시 싸워 양호 일당을 패퇴시켰다. 《춘추좌전》〈정공 8년〉

陽虎劫公與武叔以伐孟氏. 公斂處父, 帥成人, 自上東門入與陽氏戰于南門之內, 弗勝. 又戰于棘下, 陽氏敗. 《春秋左傳》〈定公 八年〉

포포로 계환자를 초대해 죽이려던 양호의 계획은 실패하고 말았다. 그런데 공자는 이 내란과 관련해서 또 논란이 되는 처신을 한다. 마치 양호에게 동조하는 듯한 태도를 취한 것이다. 《논어》〈양화〉 편의 기록이다.

공산불요가 비費에서 반란을 일으키고 공자를 부르니 공자께서 가시려고 하셨다. 자로가 좋아하지 않으면서 "갈 데가 없으면 그만이지 하필 공산씨에게 가려고 하십니까?"라고 말했다. 공자 가라사대 "무릇 나를 부르는 자가 어찌 헛되이 하겠느냐? 만약 나를 쓰는 자가 있다면 내가 동주東周(동쪽 주나라)로 만들 것이다." _〈양화〉

公山弗擾以費畔하여 召어늘 子欲往이러시니 子路不說하여 曰, 末之也已니 何必公山氏之之也시릿가? 子曰, 夫召我者는 而豈徒哉리요? 如有用我者인댄 吾其爲東周乎인저? _〈陽貨〉

계손씨의 가신인 공산불요가 양호(양화)와 함께 반란을 일으키고 초빙하자 공자가 가려고 했다는 것이다. 이 구절도 공자를 무오류의 신으로 만들려던 후대 유학자들에게는 곤혹스러운 대목이었다. 제자들이 왜 이런 내용을 《논어》에 가감 없이 실었는지 이해할 수 없었을 것이다. 이런 점 때문에 《논어》가 수천 년 동안 살아남을 수 있었다는 사실은 생각 못했을 것이다. 후대 성리학자들은 이 대목에 대한 해석이 고민이었다. 조선 후기 성리학자들이 정자程子라고 떠받들던 정호程顥는 "공자가 결코 고칠 수 없다는 것을 알았기 때문에 가지 않았다"라고 결과만을 놓고 아전인수식으로 해석했다.

그러나 무오류의 신이라면 결과만이 아니라 가려고 했던 동기도 설명될 수 있어야 한다. 이런 점에서 사마천은 《사기》〈공자세가〉에서 공자의 행적을 보다 현실적으로 해석했다. 즉 '(공자가) 도道를 좇은 지 오래되었지만 시험해볼 곳이 없고, 아무도 자신을 기용하지 않았다'면서 "주나라 문왕文王과 무왕武王은 풍豊과 호鎬에서 일어나 왕이 되었으니, 지금 비費가 비록 작지만 시험할 만하지 않겠는가(儻庶幾乎)?"라고 말했다고 전하는 것이다. 주나라가 작은 풍과 호 땅에서 시작해 천하를 차지했으니 비 땅이 비록 작지만 천하를 차지하는 토대가 될 수도 있지 않겠느냐는 뜻이다. "만약 나를 쓰는 자가 있다면 내가 동주로 만들 것이다"라는 말이 이를 뒷받침한다. 즉 공자는 산동성 비 땅을 기반으로 동쪽 주나라를 건설하고 싶은 생각이 있어서 공산불요의 요청에 응하려고 했다는 해석이다.

정약용도 이 대목에 대한 해석이 고민이었다. 주자학자들의 해석을 여러 번 비판했지만 정약용은 공자 자체를 비판하고 싶은 의도는 없었다. 그래서 정약용은 《논어고금주》에서 "공산불뉴는 계씨에게 반란을 일으킨 것이지 노나라에 반란을 일으킨 것은 아니다"라면서 공자가 농담으로 "내가 차라리 공산씨의 부름에 갈까?"라고 말한 것으로 해석했다. 공자의 말을 농담으로 해석함으로써 공자를 보호하려고 한 것이다.

그런데 공산불요 등이 계씨에게 반란을 일으킨 것이지 노나라에 반란을 일으킨 것이 아니라는 정약용의 해석은 일리가 있다. 《춘추좌전》은 "양호가 노 정공과 함께 맹손씨를 공격했다"라고 기록하고 있다. 노나라 군주를 도와 삼손씨를 공격했으니 노나라에 대한 반란은 아니라는 뜻이다. 《춘추좌전》은 또한 거사한 10월에 양호가 "노나라의 선대 군주들에게 차례대로 제사 지내면서 빌었다(順祀先公而祈焉)"라고 기록하고 있고, 또 "노 희공에게 큰 제사를 지냈다(禘于僖公)"라고도 기록하고 있다. 양호 일당이 노나라 왕실을 중흥한다는 명분으로 왕실을 무력화한 삼손씨에게 반기를 들었다고 해석할 수 있는 대목들이다. 이 때문에 공자가 공산불요의 부름에 가려고 한 것이 아니냐고 해석할 수 있었다. 그러나 이렇게 설명해도 공산불요에게 가려고 했던 공자의 행위는 정약용이 '농담' 운운해야 할 정도로 문제가 있는 것도 사실이다. 공자가 이때 양호 측에 가담했으면 어떤 결과가 나왔을까?

자신이 평소 해왔던 말과는 다른 정치 집단에 참여하면서 '호랑이를 잡으러 호랑이 굴로 간다'고 말하는 경우가 적지 않다. 그러나 대부분 명분도 실리도 잃은 채 호랑이에게 잡아먹히기 십상이다. 호랑이가 그리 간단하게 잡히는 맹수가 아닌 것처럼 현실도 마찬가지이기 때문이다. 공자는 끝내 양호의 부름에 응하지 않았다. 이미 지천명의 나이이기에 이대로 세상을 마치는 것인가라는 두려움이 일었겠지만 그는 자로의 말을 따라 양호에게 가지 않았다. 그 결과 공자는 세상은 음양의 순환으로 돌아간다는 사실을 다시 실감하게 되었다. 이때 공산불요의 부름에 응하지 않았기 때문에 자신이 바라던 대로 노나라 국정에 참여할 기회를 얻게 되기 때문이다.

노무습유 | 路無拾遺

길가에 떨어진 물건도 줍지 마라

양호는 끝내 삼손씨 제거에 실패했다. 그리고 산둥 성 타이안(泰安) 동남쪽 지역인 양관陽關으로 밀려났다. 명목은 양관을 점령한 것이지만 실상은 도주한 것이다. 《춘추좌전》 노 정공 9년(서기 전 501)조는 양호가 봉기하면서 탈취해 간 보옥寶玉과 큰 활大弓을 돌려주었다고 전한다. 삼손씨에 보낸 화해제스처였다. 그러나 수세에 몰린 양호의 화해 요청을 받아들일 삼손씨는 없었다. 그해 6월 노나라는 양호가 점거하고 있는 양관을 공격했고 양호는 내문萊門에 불을 질러 노나라 군사가 놀란 틈을 타서 제齊나라로 달아났다. 노 소공이 삼손씨를 제거하려다 망명한 제나라에 이번에는 양호가 삼손씨를 제거하려다 다시 망명한 것이다. 삼손씨는 그만큼 노나라에서 난공불락이었다.

양호는 한때 소공이 의탁했던 제나라 군주 경공景公에게 노나라를 공격하자고 제안했다. "세 번만 공격하면 노나라를 점령할 수 있다"라는 것이었다. 혹한 경공이 응하려고 했지만 제나라 포문자鮑文子가 강력하게 반대했다. 노나라는 상하가 화목하고 대국인 진晉나라를 잘 섬기며 하늘의 재앙도 없는데 어떻게 정벌하느냐는 것이었다. 상하가 화목하다는 것은 노 정공과 삼손씨 사이가 좋아졌다는 뜻이다. 또한 자칫 공격했다가는 노나라의 배후에 있는 진晉나라가 개입할 수 있으며 천재지변도 일어나지 않았으니 공격할 수 없다는 논리였다. 포문자는 양호를 강력하게 비난했다.

"저 양호는 계손씨의 총애를 받았으나 계손씨를 살해하려다가 노나라에서 불리해지자 우리에게 용납되기를 구하는 것입니다. 그는 이로운 사람과는 친하게 지내고 어진 사람과는 친하지 않은데 군주께서는 어찌 그를 쓰려고 하십니까?"

포문자의 진언을 들은 제 경공은 양호를 체포했다. 경공은 양호를 동쪽으로 보내려고 했는데 양호도 동쪽으로 가기를 원했다. 그러자 경공은 거꾸로 양호를 서쪽으로 보냈다. 서쪽 변방에 억류된 양호는 탈출하려고 마음먹었다. 그는 고을 사람들의 수레를 다 빌린 후 수레바퀴의 축軸을 끊고 삼끈으로 묶어서 돌려주었다. 자신이 도주할 때 추적 못하게 하기 위해서였다. 양호는 창 있는 짐차에 짐을 싣고 짐 속에 누워서 탈출을 시도했다. 그러나 도중에 발각되어 다시 억류되었다.

그러나 양호는 포기하지 않고 다시 탈출을 시도해 송宋나라로 달아나는 데 성공했다. 이후 양호는 다시 진晉나라로 도주해 조씨趙氏에게 의탁했다.《춘추좌전》은 공자가 이 소식을 듣고 "조씨 집안에 대대로 소란이 있을 것이다"라고 말했다고 전한다.

양호가 쫓겨나면서 비로소 공자에게 정계 진출의 기회가 왔다. 양호의 권유를 받고 나가지 않은 것이 천행天幸이었다. 양호의 빈 자리가 공자의 자리였던 셈이다.《사기》〈공자세가〉의 기록이다.

> 그 후 정공이 공자를 중도재中都宰로 삼았다. 1년이 지나자 사방四方이 모두 본받게 되었다. 그래서 사공司空이 되고 또 대사구大司寇가 되었다. _《사기》〈공자세가〉_

其後定公以孔子爲中都宰, 一年, 四方皆則之. 由 中都宰爲司空, 由司空爲 大司寇. _《史記》〈孔子世家〉

드디어 공자는 벼슬길에 나섰다. 바라고 바라던 정계 진출이었다. 노나라 중도는 현재의 산둥 성 원상현(汶上縣) 서쪽에 있었는데 이 읍을 다스리는 직책이었다.《사기》는 '공자가 중도를 다스린 지 1년 만에 사방이 모두 본받게 되었다'고 서술했지만,《공자가어》는 사방四方이 아니라 "서방西方의 제후들이 본받게 되었다(而西方之諸侯則焉)"라고 조금 달리 표현했다.《공자가어》는 그 주석에서 "노나라는 동쪽에 있기 때문에 서방 제후들이 다 법칙으로 삼았다(魯國在東故西方諸侯皆法則)"라고 덧붙였다.

《사기》 주석서인《사기색은》도 "왕숙王肅은 '노나라는 동쪽 가까이 있으므로 서쪽 지방의 제후들이 법칙으로 취한 것이다'라고 말했다"라고 썼다. 공자가 중도라는 작은 고을을 다스린 지 1년 만에 서쪽 여러 나라가 공자의 정치를 따랐다는 뜻이다. 노나라의 작은 읍에서 벌어진 일이 노나라를 넘어 주위 나라에까지 영향을 미쳤을까 의심스러운 것이 사실이다. 그러나 공자에게 이 첫발은 대단히 중요한 의미가 있었다.《공자가어》첫 편이 〈상로相魯〉인데 그 시작이 중도재 때의 일이다. 공자의 일생, 특히 정치일생에서 첫 관직이 그만큼 중요하다고 보았기 때문일 것이다.

공자가 처음으로 벼슬길에 나가서 중도재가 되었다. 산 사람을 봉양하고 죽은 사람을 장례 지내는 절차를 제정했다. 어른과 어린아이를 달리 먹게 하고, 강자와 약자에게 다른 임무를 주고, 남녀를 분별하게 하니 길에 물건이 떨어져 있어도 줍지 않았고, 그릇에 거짓된 조각을 하지도 않았다. 관棺을 네 치로 만들고 곽槨(관을 넣는 궤)을 다섯 치로 만들고, 언덕으로 봉분을 삼고, 따로 봉분을 만들지 못하게 하고, 나무를 심지 못하게 했다. 1년을 행하자 서방의 제후들이 법칙으로 삼았다. 《공자가어》〈상로〉

孔子初仕爲中都宰, 制爲養生送死之節, 長幼異食, 強弱異任, 男女別塗, 路無拾遺, 器不雕爲, 爲四寸之棺, 五寸之槨, 因丘陵爲墳, 不封不樹, 行之一年, 而西方之諸侯則焉. 《孔子家語》〈相魯〉

여기에 나오는 길가에 떨어진 물건도 줍지 않는 '노무습유路無拾遺'는 교화가 실현된 이상사회를 뜻하는 사자성어다. 공자는 각종 제도를 정비했다. 산 사람을 봉양하고 죽은 사람을 보내는 장례법을 만들었다. 시신을 넣는 관의 크기와 관을 넣는 곽의 크기를 제도화했다. 그리고 무덤으로 봉분을 따로 만들거나 나무를 심지 못하게 해서 장례에 지나친 비용을 쓰지 못하게 했다. 이런 점에서 제나라 안영이 공자의 등용을 반대하면서 "상례를 높여서 슬퍼하는데 파산할 정도로 장례를 후하게 치르니 풍속으로 삼을 수 없습니다"라고 비난한 것은 오해이거나 공자의 제나라 정계 진출을 막기 위한 수사에 불과했다.

노나라 임방林放이 예의 근본에 대해서 묻자 공자는 이렇게 답했다.

공자 가라사대 "크도다 질문이여! 예는 사치할 바에는 차라리 검소할 것이요, 상례는 형식에 치우치기보다는 차라리 슬퍼할 것이다."_〈팔일〉

子曰, 大哉라 問이여! 禮는 與其奢也론 寧儉이요 喪은 與其易也론
자왈 대재   문이여   예   여기사야   영검이요   상   여기이야
寧戚이니라. _〈八佾〉
영척

정약용은 《논어고금주》에서 '임방이 예의 근본을 물은 것도 삼가三家, 즉 삼손씨가 자신의 조상을 존중해서 예를 성대하게 할 줄만 알았지 예의 근본을 제정한 이유를 몰랐기 때문이었다'고 설명하고 있다.

예는 크게 둘로 나뉜다. 하나는 산 사람을 위한 길례吉禮이고 또 하나는 죽은 사람을 위한 흉례凶禮(장례)이다. 공자가 말하는 예의 근본은 '길례는 사치하기보다는 검소하게 하고 흉례는 형식에 치우치기보다는 슬퍼하는 것'이다. 이것이 예를 제정한 본뜻이다. 조선 후기에 사대부들 사이에서 부모가 세상을 떠나면 무덤 곁에 초막草幕을 지어 놓고 3년 동안 호곡하는 '여묘살이'가 경쟁적으로 행해졌다. 여묘살이가 형식에 치우치면서 여묘살이 3년 동안 몸을 망치거나 죽는 경우도 생겨났다.

조척과 곡비

《인조실록仁祖實錄》 재위 1년(1623) 5월 12일자에는 조척趙滌이란 인물이 부친 조수륜趙守倫이 세상을 떠난 후 3년 동안 밤낮 호곡했으며 탈상 후에도 묘 옆에 거주하면서 애통해하다가 마침내 죽었다는 이유로 정려旌閭하라고 명한 기록이 나온다. 공자가 삼년상을 강조한 이유는 사람이 3년이 지나야 부모 품을 떠날 수 있으므로 부모의 은혜에 보답해야 한다는 것이었다. 그런데 부모상에 슬퍼하다가 몸이

상해 죽는다면 그것은 효도가 아니라 부모를 슬프게 하는 불효다. 저승에서 이렇게 죽은 자식을 만나면 '너 잘 왔다'고 칭찬할 부모가 어디 있을 것인가?

조선 시대에는 곡비哭婢라는 직업도 있었다. 통곡비痛哭婢라고도 하는데 장례 때 전문적으로 울어주는 직업이다. 곡비는 여성이고 남종인 곡노哭奴도 있었다. 조선 중기 문신인 강대수姜大遂의《한사집寒沙集》에는 금련今連이란 이름을 가진 곡노가 나온다. 곡소리를 사방에 들리게 해서 효자라는 칭찬을 듣기 위해 곡비와 곡노를 사는 것이다. 이것도 딱한 노릇이지만 요즘 상갓집에 가보면 잔칫집인지 상갓집인지 구분할 수 없는 곳이 많다. 우선 우는 사람 찾기가 어렵다. 수명이 길어진 것은 생각하지 않고 웬만하면 다 호상好喪이라고 여긴다. '효자, 효녀에게는 호상이 없다'는 말은 들어보지도 못한 듯하다. 공자가 중시한 것은 형식이 아니라 내용이었다. 형식은 필요 없다는 뜻이 아니라 최소한의 형식이 예라는 것이다. 그래서 공자는 봉분을 만들거나 나무를 심지 못하게 하는 상례喪禮를 만들어 시행한 것이다.

도덕제례 | 道德齊禮

모든 잘못은 지배층에 있다

유가와 시종 대립했던 사상 집단이 법가法家였다. 유가와 마찬가지로 법가도 양면성을 갖고 있었다. 법은 일단 제정하면 지배층도 지켜야 한다는 점에서 백성에게 최소한의 보호막이 될 수 있었다. 반면에 법을 제정하는 주체가 결국 지배층이라는 점에서 법은 지배층의 이익 실현 도구가 될 수밖에 없었다. 유권자가 직접 선출한 의원들이 법을 제정하는 현대사회도 법은 사실상 지배층을 위해 존재하기 일쑤인데 2,500년 전 춘추시대는 말할 것도 없었다. 역사상 대부분의 지배층은 엄격한 법 집행을 정의 사회 구현으로 포장해왔다. 특히 부정한 정권일수록 법치를 강조했다. 노나라도 마찬가지다. 삼손씨의 우두머리인 계강자季康子가 공자에게 물었다. 무도한 자를 죽여 도道를 증진하는 것이 어떠냐고. 《논어》〈안연〉 편의 이야기다.

계강자가 공자에게 정치에 대해서 "무도한 자를 죽여서 도가 있는 데로 나아가게 하면 어떻겠습니까?"라고 묻자, 공자 가라사대 "그대는 정치하면서 어찌 살殺(베는 것)을 사용하려 합니까? 그대가 착하고자 하면 백성도 착해지리다."_〈안연〉

季康子問政於孔子曰, 如殺無道하여 以就有道면 何如하니잇가? 孔子對曰, 子爲政에 焉用殺이리오? 子欲善이면 而民善矣리다. _〈顏淵〉

계강자의 말은 전형적인 법치논리다. 법이나 질서를 위반하는 자를 강하게 응징해서 다른 백성의 본보기로 삼겠다는 뜻이다. 공자의 답은 면박에 가깝다. 어찌 살을 사용하겠는가, 그대가 선하고자 하면 백성은 선해질 것이다. 공자는 지배층에게 냉혹할 정도로 비판적이다. 공자가 계강자에게 쓴소리를 한 것은 이뿐만이 아니다.

계강자가 정치에 대해서 묻자, 공자 가라사대 "정치는 바른 것입니다. 그대가 바른 것으로 본보기가 되면 누가 감히 바르지 않겠습니까?"
_〈안연〉

季康子가 問政於孔子한대, 孔子對日, 政者는 正也니 子帥以正이면
계강자   문정어공자   공자대왈 정자 정야 자솔이정
孰敢不正이리오? _〈顏淵〉
숙 감 부 정

공자는 노나라 최고의 권력자에게 구미에 맞는 말을 할 수 있었다. '무도한 자를 죽여 도로 나아가는 것은 정의를 성취하는 길입니다' 같은 소리를. 그러나 공자는 '먼저 그대나 잘하라'는 식으로 면박 주듯이 말했다. 공자를 지배계급을 위한 사상가라고 비난했던 사람들은 공자의 이런 말은 간과한 것이다.

한국 사회에서 법치가 불신받는 근본 원인은 법이 지배층에게는 관대한 반면 피지배층에게는 엄격하기 때문이다. 지배층은 이런저런 연줄로 다 빠져나가고 연줄 없는 가난한 백성만 걸려든다고 생각하는 사람이 많다. 법치는 너희들에게나 해당되지 나는 법 위의 존재라고 생각하는 지배층도 많다. 실제로 법은 그렇게 집행되어왔다. 사람들의 의식은 역사적 경험을 통해서 형성된다. 우리 사회의 사법 불신도 조선 후기 노론 전제, 일제 식민통치, 군부 독재 시기를 거치면서 형성된 것이다. 계강자 식의 "무도한 자를 죽여서…"라는 논리, 하층민에게만 엄격했던 법치가 계속되었던 결과물이 현재의 극심한 사법 불신이다. 그래서 공자는 지배층의 솔선수범과 함께 덕치德治와 예치禮治를 제시한다.

공자 가라사대 "백성을 정령으로 인도하고 형벌로써 다스리면 (형벌을) 면해도 부끄러움이 없어진다. 덕으로써 인도하고 예로써 다스리면 부끄러움도 있게 되고 또 바른 데 이르게 될 것이다."〈위정〉

子曰, 道之以政하고 齊之以刑하면 民免而無恥니라. 道之以德하고
자왈   도지이정   제지이형   민면이무치   도지이덕
齊之以禮하면 有恥且格이니라. _〈爲政〉
제지이례   유치차격

정령으로 백성을 인도하고 형벌로 다스린다는 말은 법치를 뜻한다. 그러면 백성은 잘못을 저지르고 형벌을 면해도 부끄러움을 모르게 된다. 하지만 덕으로써 인도하고 예로써 다스리면 잘못했을 때 스스로 부끄러움을 느끼고 바른 데 이르게 된다. 법치가 인간의 행위를 제한하는 것이라면 덕치와 예치는 인간의 본성을 착한 데로 이끌려는 정치행위이다. 공자가 실제 정치했을 때는 어떻게 했을까?

《사기》〈공자세가〉는 공자가 "중도재로 말미암아 사공司空이 되고, 사공으로 말미암아 대사구大司寇가 되었다(由中都宰爲司空, 由司空爲大司寇)"라고 전하고 있다. 중도재 때의 업적으로 사공으로 승진했고, 사공 때의 업적으로 대사구로 승진했다는 이야기다.

《서경書經(상서尚書)》에 따르면 사공이란 "토지를 주관하는 관리(主土地之官)"이다. 《공자가어》에는 공자가 사공 때 어떻게 했는지 자세하게 기록되어 있다. 즉 "노 정공이 공자를 사공으로 삼으니 토지를 다섯 가지 성분으로 구별하여 각자 식물이 생겨난 바에 마땅하게 그 성질을 다 얻게 했다(定公以爲司空, 乃別五土之性, 而物各得其所生之宜, 鹹得厥所)"라는 것이다.

토지의 다섯 가지 성분이란 무엇일까? 고대에는 토지를 산림山林,

천택川澤(내와 못), 구릉丘陵, 분연墳衍(비옥한 대지), 원습原隰(습지)으로 나누었다. 공자는 각 토지의 성질에 맞는 식물을 심어서 소출을 극대화했다. 이런 공으로 공자는 대사구에 올랐고 재상의 일까지 겸하게 되었다.

대사구는 형옥刑獄에 관한 일을 맡은 신하로 지금의 법무부 장관 비슷한 자리다. 이때 공자는 두 가지의 상반된 정사를 펼쳐 후대에 논란을 부른다. 《공자가어》〈시주始誅〉편에 나오는 일화다. 시주는 '처음으로 베다'라는 뜻이다.

(공자가 노나라 사구로서 재상의 일을 겸임한 지) 칠 일째에 정치를 어지럽히는 대부 소정묘少正卯를 죽이고, 양관兩觀 아래서 육시해서 그 시신을 사흘 동안 조정에 보였다. 자공이 나와서 "무릇 소정묘는 노나라의 이름난 사람인데, 지금 부자께서 정치하시는 처음에 죽이셨으니 혹시 실수

《공부자성적도》대사구가 되어 대신 소정묘를 처형하다. 한국학중앙연구원 장서각 소장

하신 것인지요?"《공자가어》〈시주〉

於是朝政, 七日而誅亂政大夫少正卯, 戮之於兩觀之下, 屍於朝三日, 子貢進曰, 夫少正卯, 魯之聞人也, 今夫子爲政, 而始誅之, 或者爲失乎.《孔子家語》〈始誅〉

계강자가 "무도한 자를 죽여서 도가 있는 데로 나아가게 하면 어떻겠습니까?"라고 물었을 때 "그대는 정치하면서 어찌 살을 사용하려 합니까?"라고 반박했던 공자가 자신이 대사구와 재상을 겸한 지 일주일 만에 서슴없이 소정묘를 죽였다. 이는 공자가 그토록 강조했던 인정에 합당한 정치일까?

공자가 말한 다섯 가지 대악

일본의 중국학 전문가인 요시카와 고지로〔吉川幸次郎(1904~1980)〕는 《고전강좌논어古典講座論語》(역서명《공자와 논어》)에서 "아무래도 저는 《사기》의 이 기사를 믿고 싶지 않습니다"라고 말했을 정도로 공자 연구자들을 당황하게 했던 내용이기도 하다. 그러나《공자가어》는 놀란 자공이 '실수하신 것이 아니냐'고 의문을 제기하자 공자가 태연하게 답했다고 전하고 있다.

공자 가라사대 "앉아라. 내가 그 까닭을 말해주겠다. 천하에 대악大惡이 다섯 가지가 있는데, 도둑질은 들어가지도 않는다. 하나는 마음이 역逆하고 험險(음흉)한 것, 둘은 행동이 치우쳤으면서도 고집이 센 것,

셋은 거짓말을 잘 꾸며대는 것, 넷은 추한 것만 기록하면서도 넓게 아는 것, 다섯은 그릇된 것만 따르면서도 은덕이라고 여기는 것이다. 이 다섯 가지 중 하나만 있는 사람도 군자의 주벌을 면하지 못하는데, 소정묘는 이를 모두 갖추고 있었다. 《공자가어》〈시주〉

孔子曰, 居, 吾語汝以其故. 天下有大惡者五, 而竊盜不與焉. 一曰心逆而險, 二曰行僻而堅, 三曰言僞而辯, 四曰記醜而博, 醜謂非義 五曰順非而澤, 此五者有一於人, 則不免君子之誅, 而少正卯皆兼有之. 《孔子家語》〈始誅〉

공자가 말한 다섯 가지 대악은 이해 가지 않는 측면이 많을 것이다. 공자의 말 중에 "이 다섯 가지 중에 하나만 있는 사람(人)"이란 말뜻을 이해해야 한다. 이때의 인人은 지배층을 뜻하고, 민民은 피지배층을 뜻한다. 공자가 말한 다섯 가지 대악은 모두 지배층이 범하는 죄였다. 그래서 피지배층이 주로 범하는 도둑질 같은 것은 들어가지도 않는다고 말한 것이다. 공자는 피지배층이 도둑질했다면 그것은 지배층의 잘못 때문이라고 생각했다. 지배층이 정치를 잘못해 피지배층이 굶주리면 백성은 도둑질에 나설 수밖에 없다는 것이다. 공자의 다음 말을 보면 분명해진다.

소정묘는 그 거처하는 곳에서는 무리를 모아 당을 만들었다. … 이런 사람은 간웅이니 제거하지 않을 수 없었다. … 《시경》에 '걱정스러운 마음이 초초하니 / 소인들의 무리에 화가 나네 / 소인들이 무리를 이루니 / 이는 큰 걱정거리네'라고 하였다. 《공자가어》〈시주〉

其居處足以撮徒成黨 … 此乃人之奸雄者也, 不可以不除 … 詩雲, 憂心悄

悄, 慍於群小, 小人成群, 斯足憂矣. 《孔子家語》〈始誅〉

공자는 소정묘를 간웅奸雄이라고 말하면서 《시경》의 소인小人에 비유했다. 이때의 소인은 지배층을 뜻한다. 이런 소인들은 무리를 지어 사회를 어지럽히기 때문에 베어야 한다고 말한 것이다. 공자는 시종일관 지배층의 책임을 강조했다. 앞에서 계강자에게 '어찌 살殺을 쓰려 하느냐'고 말한 공자는 다음에 이런 예를 든다.

군자의 덕은 바람이요 소인의 덕은 풀이니, 풀 위에 바람이 불면 반드시 쓰러지느니라. _〈안연〉

君子之德은 風이요 小人之德은 草니 草上之風이면 必偃하나니라.
군자지덕   풍   소인지덕   초   초상지풍   필언
_〈顔淵〉

바람이 불면 풀은 쓰러진다. 군자의 덕으로 정치를 하면 소인은 자연히 따르게 되어 있다는 뜻이다. 공자가 현실 정치에서 논란을 일으킨 것은 이번뿐이 아니다. 대사구 때 소송문제를 다루면서 또 논란을 일으켰다. 역시 《공자가어》〈시주〉에 나오는 일화다.

공자가 대사구가 되었을 때 부자 사이에 소송하는 자가 있었다. 공자는 그들을 옥에 가두었는데, 석 달이 지나도 해결되지 않자 그 부친이 중지를 청했고 공자가 용서해주었다. 계손씨가 이를 듣고 좋아하지 않으면서 "사구司寇가 나를 속였다. 지난번 내게 국가는 반드시 효를 우선해야 한다고 말했다. '내(공자)가 지금 한 불효자를 죽여서 백성民에

게 효를 가르치는 것이 어찌 또한 옳지 않겠습니까?'라고 하더니 지금은 또 용서해주다니 어찌 된 일인가?"라고 말했다. 염유가 이를 듣고 아뢰자 공자가 한숨 쉬며 탄식하기를 "오호라! 윗사람이 그 도를 잃고 아랫사람을 죽이는 것은 이치理致가 아니다. 효로써 가르치지 못하고 옥사만을 듣는다면 이는 허물없는 자를 죽이는 것이다. 삼군三軍이 크게 패했어도 목을 베어서는 안 되며, 옥사를 다스린다고 형벌을 쓸 수는 없다. 왜냐? 위에서 교화가 행해지지 못했기 때문이지 백성民에게 죄가 있는 것이 아니기 때문이다." 《공자가어》〈시주〉

孔子爲魯大司寇, 有父子訟者, 夫子同狴執之, 三月不別, 其父請止. 夫子赦之焉. 季孫聞之, 不悅曰, 司寇欺余, 曩告余曰, 國家必先以孝, 余今戮一不孝以教民孝, 不亦可乎. 而又赦, 何哉. 冉有以告孔子, 子喟然嘆曰, 嗚呼 上失其道, 而殺其下, 非理也. 不教以孝, 而聽其獄, 是殺不辜. 三軍大敗, 不可斬也. 獄犴不治, 不可刑也. 何者 上教之不行, 罪不在民故也. _《孔子家語》〈始誅〉

공자는 윗사람의 잘못이지 백성은 잘못이 없다고 말했다. 공자의 이런 말을 모르면 공자를 오해하게 된다. 백성이 죄를 짓는 것도 지배층의 잘못이라고 말한 공자를 지배층의 이익을 설파한 사상가로 곡해하게 되는 것이다. 감옥에 죄수가 있는 것 자체가 위에서 교화를 못했기 때문이라는 것이 공자의 생각이었다. 이 판결과 관련해서 공자의 생각을 추측할 수 있는 구절이 〈자로子路〉편에 있다.

섭공이 공자에게 "우리 고을에 정직한 자가 있으니 그 아버지가 양을 가로채자 아들이 그것을 증명했습니다"라고 말하자, 공자께서 "우리 고을의 정직한 자는 그와 다르니 아버지는 자식을 위해 숨겨주고 자식은 아버지를 위해 숨겨주니 정직은 그 가운데 있는 것입니다."_〈자로〉

葉公이 語孔子曰, 吾黨에 有直躬者하니 其父攘羊이어늘 而子證之하니이다. 孔子曰, 吾黨之直者는 異於是하니 父爲子隱하며 子爲父隱하니 直在其中矣니라. _〈子路〉

공자는 시종 법보다 인륜人倫을 우선한다. 자식이 부친을 고발하는 세상이 좋은 세상일 수는 없다. 문화대혁명 때 장칭(江靑)을 비롯한 사인방四人幫과 홍위병紅衛兵이 외쳤던 구호가 비림비공批林批孔이었다. 린뱌오(林彪)와 공자를 비판한다는 뜻이다. 이들은 공자의 극기복례를 노예제도 부활 시도라고 강하게 비난했다. 그리고 혁명이란 미명 아래 고발을 장려했다. 그 결과 부친을 고발하는 자식, 남편을 고발하는 아내, 아내를 고발하는 남편, 선생을 고발하는 학생 들이 넘쳐났다. 정직한 사람들이 넘쳐났지만 그 시기 중국 사회는 객관적인 지옥이었다. 가족의 범죄는 무조건 감싸야 한다는 말이 아니라 인륜이 앞선다는 사실을 말한 것이다. 가족끼리 고발하게 하여 정의를 세우려 하지 말고 지배층의 솔선수범으로 정의를 세우라는 것이다.

공자 가라사대 "그 몸이 바르면 명령하지 않아도 행해지지만 그 몸이 바르지 못하면 비록 명령해도 따르지 않는다."_〈자로〉

子曰, 其身이 正이면 不令而行하고 其身이 不正이면 雖令不從이니라. _〈子路〉

정치를 하는 자, 지배층은 무엇보다 그 몸이 발라야 한다. 그러면 백성은 명령하지 않아도 따르게 되어 있다. 그 몸이 바르지 못한 자는 아무리 명령해도 백성이 따르지 않는다.

공자 가라사대 "내가 사람에 대해서 누구를 헐뜯고 누구를 기리겠는가? 만약 기리는 바가 있으면 시험해본 바가 있는 것이다. 이 백성은 삼대(하·은·주)에 바른 도를 시행해봤던 백성이다." _〈위령공〉

子曰, 吾之於人也에 誰毀誰譽리요? 如有所譽者면 其有所試矣니
자왈 오지어인야   수훼수예   여유소예자   기유소시의
라. 斯民也는 三代之所以直道而行也니라. _〈衛靈公〉
   사민야   삼대지소이직도이행야

공자가 이상으로 삼은 시대는 하·은·주 삼대였다. 이때 지배층이 도를 실천했더니 백성도 따라서 도를 행했다. 그런 시대를 만들고 싶은 것이 공자의 꿈이었다. 이런 세상은 지배층이 인의를 실천할 때 실현 가능해진다. 백성은 윗사람이 하는 대로 따라하기 마련이다.

무신불립 | 無信不立

백성의 믿음이 없으면 설 수 없다

공자의 정치관은 그 중점이 백성에게 맞춰져 있었다. 이 부분을 놓치면 공자를 오해하게 된다. 춘추시대 백성은 군주나 지배층의 필요

에 따라 움직이는 동원 대상에 불과했다. 그러나 공자는 백성을 정치에서 가장 중요한 존재로 보았다.

> 자공이 정치에 대해서 물으니, 공자 가라사대 "먹을 것을 풍족하게 하고 병사를 풍족하게 한다면 백성이 믿을 것이다." 자공이 "반드시 부득이해서 버린다면 이 세 가지 중에 무엇을 먼저 (버려야) 합니까?"라고 묻자, 공자 가라사대 "병사를 버려야 한다." 자공이 "반드시 부득이해서 버려야 한다면 이 두 가지 중에서 무엇을 먼저 (버려야) 합니까?"라고 묻자, 공자 가라사대 "식량을 버릴 것이니 자고로 다 죽지만 백성의 믿음이 없으면 설 수 없느니라." _〈안연〉
>
> 子貢이 問政한대 子曰, 足食과 足兵과 民信之矣니라. 子貢曰, 必不得已而去면 於斯三者에 何先이릿가? 曰, 去兵이니라. 子貢曰, 必不得已而去면 於斯二者何先이릿가? 曰, 去食이니 自古皆有死어니와 民無信不立이니라. _〈顏淵〉

전쟁이 일상적으로 벌어지는 춘추시대였다. 군사가 가장 중요하다는 인식이 팽배할 때였다. 그다음으로 중요한 것이 식량이었다. 그러나 공자는 백성의 믿음이 가장 중요하다고 답했다. 백성이 가장 중요하다는 공자의 생각은 제자들에게 그대로 이어졌다. 〈안연〉 편에는 노 애공이 공자의 제자 유약有若과 나눈 대화가 나온다. 《사기》는 유약이 공자보다 마흔세 살 어리다고 전하는데 공자와 같은 노나라 사람이다.

애공이 유약에게 묻기를 "흉년이 들어서 쓸 것이 부족하니 어찌하리오?"라고 하자, 유약이 "어찌 철법을 쓰지 않으십니까?"라고 답했다. 애공이 말하기를 "내 둘도 오히려 부족하거늘 어찌 그 철법을 쓰리오."
_〈안연〉

哀公이 問於有若曰, 年饑, 用不足하니 如之何오? 有若對曰, 盍徹
애공   문어유약왈   연기 용부족   여지하   유약대왈 합철
乎시니잇가? 曰, 二도 吾猶不足이어니 如之何其徹也리오. _〈顏淵〉
호   왈 이   오유부족   여지하기철야

철법이란 10분의 1을 받는 주나라 세법이다. 애공의 말처럼 노나라는 10분의 2를 받았다. 10분의 2도 부족한데 어찌 10분의 1만 받겠느냐는 애공에게 유약, 곧 자유子有는 만고의 명언을 남긴다.

(유약이) 대하여 말하기를 "백성이 족하면 군주가 누구와 함께 부족할 것이며 백성이 부족하면 군주가 누구와 더불어 족하겠습니까?"_〈안연〉

對曰. 百姓足이면 君孰與不足이며 百姓不足이면 君孰與足이리잇가?
대 왈 백성족   군숙여부족   백성부족   군숙여족
_〈顏淵〉

백성이 부자면 그 군주는 당연히 부자일 수밖에 없다. 그러나 이 간단한 원칙은 지금도 제대로 지켜지지 않는다. 백성은 가난하지만 지배자는 부유한 독재국가는 현재도 많다. 정치가나 관료의 부정부패는 곧 백성의 재물을 도적질하는 것이다. 공자학단의 자유는 백성이 부유하면 군주는 자연히 부유하다는 지극히 당연한 해법을 제시했다. 그 스승에 그 제자였던 것이다.

> 필야사호 | 必也射乎

문무를 겸해야 진짜 군자다

공자의 국정 참여는 주변국의 비상한 관심을 끌었다. 《사기》〈공자세가〉는 "제齊나라 대부 여서黎鉏가 제 경공에게 '노나라에서 공구를 등용했으니 그 세력이 제나라를 위태롭게 할 것입니다'라고 말했다"라고 전한다. 공자가 국정에 참여해 노나라가 강해지면 제나라가 위험해질 것이라는 논리다. 이를 후대 유학자들의 과장으로 보는 시각도 있지만 공자의 국정 참여가 주변국의 뉴스거리였던 것은 분명하다. 노나라 소공이 망명했던 것에서 알 수 있듯이 노나라와 제나라는 기본적으로 우호 관계였다. 그러나 춘추시대에는 영원한 우호 관계도 영원한 적대 관계도 없었다. 노나라와 제나라도 마찬가지였다. 《사기》〈공자세가〉에는 유명한 '협곡회맹' 이야기가 실려 있다. 공자가 재상 일을 겸할 때 제나라가 사신을 보내 협곡夾谷에서 만나자고 요청한 것이다. 제나라보다 약국이었던 노나라 정공은 회맹 제의에 기뻐서 아무런 준비도 없이 가려고 했다.

(회맹 제의에) 노나라 정공은 수레를 타고 좋아서 가려 했다. 재상의 일을 임시로 보고 있던 공자가 "신이 듣기에 문사文事에는 반드시 무비武備가 있어야 하고, 무사武事에는 반드시 문비文備가 있어야 한다고 했습니다. 옛날 제후들이 국경으로 나갈 때는 반드시 관원들을 갖춰 따르게 했습니다. 청컨대 좌우의 사마司馬를 따르게 하십시오." 정공은 "그렇게 하

《공부자성적도》 중 협곡회제도夾谷會齊圖. 협곡에서 제나라 임금을 만나다. 한국학중앙연구원 장서각 소장

시오"라고 말했다. 이에 좌우 사마를 따르게 했다. 《사기》〈공자세가〉

魯定公且以乘車好往. 孔子攝相事, 曰, 臣聞有文事者必有武備, 有武事者必有文備. 古者諸侯出疆, 必具官以從. 請具左右司馬. 定公曰, 諾. 具左右司馬. _《史記》〈孔子世家〉

사마司馬는 군사를 맡은 관리이다. 아무런 무장도 하지 않은 채 회맹 장소로 나가려는 정공에게 공자가 군사를 붙여준 것이다. 공자는 문무文武가 공존하는 것이 제대로 된 나라라는 사실을 잘 알고 있었다. 미국의 역사학자 폴 케네디Paul Kennedy가 《강대국의 흥망》에서 적절한 규모의 상비군을 유지할 수 있는 경제력을 갖춘 나라가 강대국이라고 분석한 때가 1988년이었다.

칼 찬 선비 조식

공자는 나라는 물론이고 군자도 문무를 겸해야 한다고 생각했다.

> 공자 가라사대 "군자는 다투는 바가 없지만 (다툰다면) 반드시 활쏘기일 것이다. 읍하고 사양하면서 올라갔다가 내려와 마시니 그 다툼이 군자답구나." 〈팔일〉
>
> 子曰. 君子無所爭이나 必也射乎인저. 揖讓而升하고 下而飮하나니
> 자왈   군자무소쟁   필야사호   읍양이승   하이음
> 其爭也는 君子니라. 〈八佾〉
> 기쟁야   군자

조식 초상

공자는 활쏘기를 군자의 필수 교양으로 삼았지만 조선 후기 주자학자들은 공자를 떠받들면서도 무武를 천시했다. 선조가 즉위했을 때 사림은 이미 정권을 장악했다. 그런데 사림은 정권을 장악하자마자 김효원金孝元을 지지하는 동인과 심의겸沈義謙을 지지하는 서인으로 갈려 싸웠다. 그래서 선조는 재위 8년(1575) 두 사람을 모두 지방관으로 발령해 당쟁을 불식하려고 했다. 김효원을 국경 지역인 함경도 경흥부사로 내보내자 이조판서 정대년鄭大年과 병조

판서 김귀영金貴榮 등이 "경흥은 극지 변방으로 오랑캐 지역에 가까우니 서생書生이 진수鎭守하기에 마땅하지 않습니다"라고 반대하고 나섰다.

조선은 도체찰사都體察使 제도가 있는 나라였다. 무관 위에 문관 총사령관을 두어 전군을 지휘하게 하는 제도였다. 이런 제도를 만들어 놓고도 문관을 국경 지방에 발령하자 '서생' 운운하며 반대했던 것이다. 그래서 선조는 김효원을 조금 내지인 부령부사로 보내고 당쟁의 다른 당사자인 심의겸도 개성유수로 내보냈다. 이때가 임진왜란 발발 불과 17년 전이었다. 임란의 비극은 이때 이미 예견되었던 것이다.

이 사건 직전만 해도 칼을 차던 선비가 있었다. 남명南冥 조식曺植(1501~1572)이었다. 《남명선생 별집別集》〈언행총록言行總錄〉은 조식이 "칼 차는 것을 좋아했다"라고 전한다. 이때만 해도 문무겸전이라는 선비 정신을 지켰던 선비가 있었던 것이다. 경상감사 이양원李陽元이 "(칼이) 무겁지 않으십니까?"라고 묻자, 조식이 "뭐가 무겁겠소. 내 생각에는 그대 허리춤의 금대金帶(돈주머니)가 더 무거울 것 같은데…"라고 답했다는 일화가 있다. 자신과 나라를 지키는 칼은 무거워하면서 허리춤의 돈 꾸러미는 무겁게 여기지 않는 벼슬아치들. 이때 이미 지배층의 의무를 목숨처럼 여기는 선비는 사라지고 권리만 누리는 향원鄕愿(위선자)만 가득 찼던 것이다. 남명 조식의 칼에는 검명劍銘이 새겨져 있었다.

"안으로 마음을 밝게 하는 것은 경이요, 밖으로 시비를 결단하는 것은 의다(內明者敬 外斷者義)."

조식은 경敬과 의義를 자신의 좌우명으로 삼고, 스스로 농사지으면

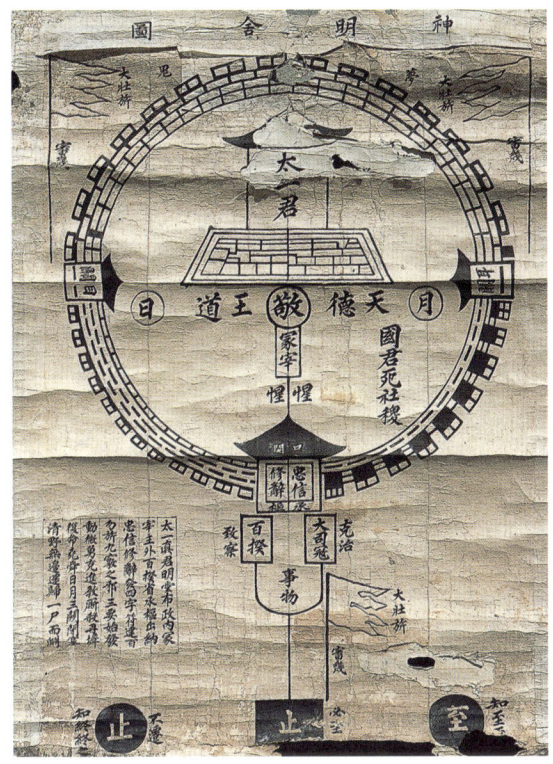

| 조식의 신명사도神明舍圖

서 학문을 닦았다. 끝까지 벼슬도 사양했다. 그의 휘하에서 임란 때 정인홍, 곽재우 같은 의병장이 대거 배출되었던 것은 당연했다. 그는 스스로 당쟁에 가담하지 않았지만 나중에 그의 제자들이 북인으로 자정自定하면서 북인의 정신적 지주가 되었다. '칼 찬 선비' 조식이야말로 "문사文事에는 반드시 무비武備가 있어야 하고, 무사武事에는 반드시 문비文備가 있어야 한다"라는 공자의 말을 실천한 문무겸전의 선비다.

문무겸전을 주창했던 공자는 회맹에서도 남다르게 처신했다.

제나라 제후와 협곡에서 만날 때 단壇의 위치를 만들고 흙으로 세 계단을 쌓고 회우지례會遇之禮(간략한 예절)로 서로 보았다. 서로 읍하고 사양하면서 (단에) 오르고 술잔을 주고받는 예를 다 마쳤다. 제나라의 유사有司가 종종걸음으로 나와서 "청컨대 사방의 곡을 연주하겠습니다"라고 하자 제 경공이 "허락한다"라고 답했다. 그러자 장식한 깃발과 우발羽紱(춤출 때 쓰는 기구), 창과 극戟(창의 일종)과 검을 빼들고 북을 두드리며 떠들썩하게 달려왔다. 《사기》〈공자세가〉

會齊侯夾谷, 爲壇位, 土階三等, 以會遇之禮相見, 揖讓而登. 獻酬之禮畢, 齊有司趨而進曰, 請奏四方之樂. 景公曰, 諾. 於是旌旄羽紱矛戟劍撥鼓噪而至. 《史記》〈孔子世家〉

회맹은 회우지례會遇之禮로 시작했다. 그런데 돌연 악사들이 등장하면서 사태가 이상하게 돌아갔다. 사방四方의 음악을 연주한다면서 무기가 등장한 것이다. 무기를 본 공자는 급박하게 달려나갔다.

공자가 달려나가 계단을 밟아 오르다가 마지막 계단을 남겨놓고 소매를 들어 말했다. "우리 두 군주께서 좋은 만남을 갖는데 어찌 이적夷狄의 음악을 이곳에 이르게 하는 것입니까? 유사에게 명을 청합니다." 유사가 물러나게 했으나 그들은 가지 않고 좌우로 안자晏子와 경공의 눈치를 살폈다. 경공이 마음에 부끄럽게 여겨 깃발로 물러가게 했다. 《사기》〈공자세가〉

孔子趨而進, 歷階而登, 不盡一等, 舉袂而言曰, 吾兩君爲好會, 夷狄之樂何 爲於此. 請命有司. 有司卻之, 不去, 則左右視晏子與景公. 景公心怍, 麾而 去之. _《史記》〈孔子世家〉

〈공자세가〉는 제 경공이 마치 악사들을 이용해서 노 정공을 해치려 했던 것처럼 묘사하고 있다. 춘추시대에는 심지어 자국을 방문한 군주를 살해한 사례도 있었다. 그러나 이때 제 경공이 노 정공을 죽이려고 했다고 볼 수는 없다. 그러나 두 군주가 만나는데 아무런 사전 협의 없이 창과 칼이 등장하는 것은 예가 아니었다. 상대방이 두려움을 느낀다면 그 자체로 벌써 비례非禮다. 《춘추좌전》은 이를 공자를 제어하려던 제나라 이미犁彌라는 대부의 계책으로 묘사하고 있다. 이미가 제 경공에게 '공자는 예는 알지만 용기가 없으니 무기로 위협하면 반드시 군주의 뜻대로 할 수 있다'고 종용했다는 것이다. 그러나 공자는 이런 예상을 깨고 단으로 달려 올라갔다. 공자는 군주를 욕되게 하지 않는 것을 선비의 중요한 자질로 본 인물이다. 《논어》〈자로〉 편의 이야기다.

자공이 "어떻게 해야 선비(士)라고 할 수 있습니까?"라고 묻자, 공자께서 "자기의 행동에 대해 부끄럽게 여기며, 사방에 사신으로 가서 군주의 명을 욕되게 하지 않으면 선비라고 할 수 있다"라고 답하셨다. _〈자로〉
子貢問曰, 何如라야 斯可謂之士矣잇가? 子曰, 行己有恥하며 使於
　자 공 문 왈　　　하 여　　　사 가 위 지 사 의　　　　자 왈　　행 기 유 치　　　사 어
四方하여 不辱君命이면 可謂士矣니라. _〈子路〉
　사 방　　　불 욕 군 명　　　가 위 사 의

선비는 먼저 자신의 행동이 잘못되었을 때 부끄럽게 여겨야 한다. 수기修己는 선비의 최우선 덕목이다. 시작은 항상 자신의 몸에 있는 것이다. 그다음이 사신으로 나가서 군주의 명을 욕되게 하지 않아야 한다. 우리나라 외교관은 자질과 행태가 문제된 적이 많다. 심지어 상하이의 한 영사가 중국 여인을 만나 "제 사랑은 변치 않습니다. 약속을 지키지 않으면 벌금 6억 원을 드리고 제 손가락 하나를 잘라 드리겠습니다"라는 각서를 써 주었던 사건까지 있었다. 초등학생도 쓰지 않을 유치한 각서를 나라를 대표하는 영사가 버젓이 써 주었다. 자신이 대한민국을 대표한다는 자각 자체가 없다. 자신이 나라를 대표한다는 털끝만 한 의식만 있어도 할 수 없는 행위다. 한마디로 선비 자질이 없는 사람이 외교관을 하기 때문에 발생하는 문제다. 2004년 일본에서는 상하이 영사관에 근무하던 통신관이 총영사와 부인에게 보내는 유서를 쓰고 자결한 사건이 있었다. 상하이 가라오케에서 만난 여종업원과 불륜 관계를 맺었는데 나중에 자꾸 정보를 요구하더라는 것이다. 그래서 "중국은 정말 무서운 나라입니다"라는 유서를 남기고 목숨을 끊었다. 한국 영사는 그 중국 여인이 정보를 요구했다면 모르는 내용까지 알아내서 갖다 바쳤을 것이다. 자공은 선비의 그다음 자질은 무엇이냐고 물었다.

자공이 "감히 그다음을 묻겠습니다"라고 하자, 공자께서 "친족들이 효성스럽다고 칭찬하고 마을 사람들이 공손하다고 칭찬하는 것이다"라고 답하셨다. 다시 "감히 그다음을 묻겠습니다"라고 묻자, "말에 반드시 신의가 있고, 행동에는 반드시 결과가 있다면 앞뒤 막힌 소인이라

도 또한 그다음은 될 만하다"라고 답하셨다. _〈자로〉

曰, 敢問其次하나이다. 曰, 宗族이 稱孝焉하며 鄕黨이 稱弟焉이니라.
왈 감문기차   왈 종족   칭효언   향당   칭제언

曰, 敢問其次하나이다. 曰, 言必信하며 行必果가 硜硜然小人哉나
왈 감문기차   왈 언필신   행필과   갱갱연소인재

抑亦可以爲次矣니라. _〈子路〉
억 역 가 이 위 차 의

선비는 안으로는 몸을 닦고 밖으로는 나라의 큰일을 하는 사람이다. 집안에서는 부모님께 효도하고, 마을에서는 어른을 공손하게 대해야 한다. 그리고 비록 나라의 큰일을 하지는 못해도 말에 믿음이 있고 행동에 결과가 있으면 앞뒤 막힌 소인이라도 선비의 말석은 차지할 수 있다는 것이다.

군주를 모시고 회맹에 나간 공자의 대응은 신속했다. 이때야말로 생각보다 행동이 앞서야 할 때였다. 공자의 신속한 대응으로 무장한 악사는 물러갔지만 위기가 끝난 것은 아니었다.

얼마 후 제나라 유사가 앞으로 달려와서, "궁중 음악 연주를 청합니다"라고 말하자, 경공이 "허락한다"라고 답했다. 배우와 광대 들이 앞으로 나와 놀이를 했다. 공자가 달려나가 계단을 밟아 오르다가 마지막 계단을 남겨놓고 말했다. "필부들이 미혹하게 하고 어지럽게 하면 제후 된 자는 그 죄로 마땅히 베어야 합니다. 유사에게 명을 청합니다." 유사가 법을 더해서 손과 발을 다른 곳에 있게 했다. 《사기》〈공자세가〉

有頃, 齊有司趨而進曰, 請奏宮中之樂. 景公曰, 諾. 優倡侏儒爲戲而前. 孔子趨而進, 歷階而登, 不盡一等, 曰, 匹夫而熒惑, 諸侯者罪當誅 請命有司. 有司加法焉, 手足異處. 《史記》〈孔子世家〉

이 대목도 후세의 유가들을 당황하게 했던 부분이다. "손과 발을 다른 곳에 있게 했다"라는 것은 사형시켰다는 뜻으로 해석할 수 있었기 때문이다. 백성을 예로써 다스려야 한다고 주장했던 공자가 일개 광대들을 사형시키라고 청했고, 실제 사형당했다는 뜻일 수도 있었기 때문이다. 그것도 책임자가 아니라 명령에 따랐을 뿐인 광대의 사형을 주청했다는 사실도 공자답지 않았다. 불쌍한 광대의 자리에서 볼 때는 문제의 소지가 큰 언행이다. 경고 정도로 그쳐야 할 것을 '마땅히 베어야 한다(當誅)'고 요청했다. 인仁이 아님은 물론이니 후대 유가들이 당황했던 것도 이해가 간다.

그러나 선비의 가장 중요한 역할이 사신使臣이라고 강조했던 공자에게 군주의 회맹은 한 치의 오차가 있어도 안 되는 중대사였다. 더구나 이 자리는 과거 자신의 등용을 반대했던 안영도 참석한 자리였다. 게다가 제나라 군주는 과거 자신을 등용할 것처럼 말했다가 무효로 만든 인물이었다. 협곡회맹은 국내외에서 공자의 명성을 크게 높였다.

(경공이) 돌아와 크게 노여워서 여러 신하에게 "노나라는 군자의 도로써 그 군주를 보좌하는데 그대들은 홀로 오랑캐의 도로써 과인을 가르쳐서 노나라 군주에게 죄를 얻었으니 어찌해야 하겠소?"라고 말했다. 유사가 앞으로 나가서 "군자는 허물이 있으면 폐백으로써 사죄하고 소인은 허물이 있으면 글로써 사죄합니다. 군주께서 만약 부끄러우시면 폐백으로 사죄하시면 됩니다"라고 대답했다. 이에 제나라 제후가 노나라에서 빼앗은 운鄆, 문양汶陽, 구음龜陰의 전답을 돌려보내는 것으로 허물을 사과했다. 《사기》〈공자세가〉

歸而大恐, 告其羣臣曰, 魯以君子之道輔其君, 而子獨以夷狄之道教寡人, 使得罪於魯君, 為之奈何. 有司進對曰, 君子有過則謝以質, 小人有過則謝以文. 君若悼之, 則謝以質. 於是齊侯乃歸所侵魯之鄆. 汶陽. 龜陰之田以謝過. _《史記》〈孔子世家〉

협곡회맹의 결과 노나라는 제나라에게 빼앗겼던 운鄆, 문양汶陽, 구음龜陰 등의 영토를 돌려받았다. 《사기》의 기록에 의문을 표하는 학자들도 있지만 《춘추좌전》 노 정공 10년조의 경經에 "제나라 사람들이 와서 운과 환과 구음의 땅을 돌려주었다(齊人來歸鄆, 讙, 龜陰田)"라고 기록한 것은 이 땅들을 돌려받은 것이 사실임을 말해준다. 또한 《춘추좌전》은 이 내용에 대한 해설인 전傳에서 두 나라가 회맹문을 작성했다고 전한다.

그런데 회맹문에 '제나라 군사가 국경 밖으로 나갈 때 노나라는 전차 300대로 뒤를 따라야 한다'는 내용이 있었다. 제나라가 전쟁하러 갈 때나 회담하러 나갈 때 노나라가 군사를 지원해야 한다는 내용이었다. 그러자 공자가 '그러려면 문양 땅을 반환해야 한다'고 주장했다. 그래서 제나라가 회맹 후 이 땅들을 돌려주었다는 것이 《춘추좌전》 노 정공 10년 전傳의 내용이다. 공자와 동시대 인물인 좌구명이 쓴 내용이므로 사실일 것이다.

또한 《춘추좌전》에는 공자가 회맹 때 무기 든 광대들을 내쫓았다는 이야기는 있지만 광대들을 죽였다는 이야기는 없다. 제 경공이 부끄러움을 느끼고 땅을 반환했다는 《사기》〈공자세가〉의 내용보다 군사 지원과 관련해서 돌려받았다는 《춘추좌전》의 내용이 더 신빙성 있다. 공자가 회맹에 나가는 정공에게 "신이 듣기에 문사에는 반드시 무비가 있어야 하고, 무사에는 반드시 문비가 있어야 한다고 했습니다"라고 말한 《사기》〈공자세가〉의 내용도 그 실마리를 제공한다.

제나라가 노나라의 군사 지원을 요청하자 공자가 빼앗은 전답을 반환하라고 요구해서 돌려받았던 것이다. 문과 무를 적절히 배합한 공자의 협곡회맹은 제나라에 빼앗긴 영토를 되찾는 큰 성공을 거두었다. 이로써 공자의 이름은 더욱 높아지게 되었다. 공자는 그 여세를 몰아 가슴속에 품어두었던 오랜 야망에 불을 당겼다.

장타삼도 | 將墮三都

삼손씨를 무너뜨려라

공자가 14년 동안 천하를 주유한 사실은 잘 알려져 있다. 그런데 공자가 왜 노 정공 13년(서기 전 497)부터 14년간이나 국외를 떠돌아야 했는지에 대해서는 별로 주목하지 않는다. 공자의 천하 주유는 그의 일생에서 대단히 중요한데도 흔히 간과看過하는 사실 하나를 되새겨야 비로소 이해할 수 있다.

삼손씨 무력화 계획!

'삼손씨 무력화 계획'이란 백여 년 이상 노나라 국정을 장악하고 있는 삼손씨를 무력화해서 정권을 노 정공에게 되돌려주려던 계획이다. 일본에서 1868년 사쓰마(薩摩)·조슈(長州) 번의 하급 무사들이 막부를 타도하고 일왕 메이지(明治)에게 정권을 돌린 메이지 유신과 비슷하다고 볼 수 있다. '삼손씨 무력화 계획'에 대해서 《사기》〈공자세가〉는 노 정공 13년(서기 전 497)에 발생한 일로 기록하고 있지만, 《춘추좌전》은 공자가 노나라를 떠나기 한 해 전인 노 정공 12년에 발생한 사건으로 보고 있다. 《사기》〈공자세가〉는 노 정공 13년(서기 전 497) 조에서 공자가 신하들의 무장을 해제하려고 했다고 전한다.

> 정공 13년 여름에 공자가 정공에게 "신하는 갑옷을 감추지 못하게 하고 대부大夫는 백 치百雉의 성을 가져서는 안 됩니다"라고 말하고, 중유仲由를 계씨의 가재家宰(가신의 우두머리)로 삼아 장차 삼도三都를 무너뜨리려 했다. 《사기》〈공자세가〉
>
> 定公十三年夏, 孔子言於定公曰, 臣無藏甲, 大夫毋百雉之城. 使仲由爲季氏宰, 將墮三都. 《史記》〈孔子世家〉

《춘추좌전》에는 같은 내용이 노 정공 12년조의 전傳에 나오지만 공자가 정공에게 "신하는 갑옷을…" 운운했다는 말은 빠져 있다. 다만 "중유가 계씨의 가재가 되어 장차 삼도를 무너뜨리려고 했다(仲由爲季氏宰, 將墮三都)"라는 내용은 전하고 있다. 중유는 공자에게 쓴소리를 마다치 않았던 자로子路인데, 공자는 《논어》〈선진〉 편에서 "정사에는 염유冉有와 계로季路(자로)"라고 말할 정도로 그를 인정했다. 그래서 중유에게 삼손씨 무력화라는 큰일을 믿고 맡겼다.

《사기》〈공자세가〉는 중유가 계씨의 가재가 된 것이 공자의 지시인 것처럼 '시킬 사使' 자를 쓰고 있지만 《춘추좌전》에는 사使 자가 없어서 누가 중유를 계씨의 가재로 삼게 했는지가 불분명하다. 그러나 자로가 계손씨의 가신이 된 것이 공자의 삼손씨 무력화 계획과 밀접한 관계가 있다는 사실은 분명하다. "중유를 계씨의 가재로 삼아 장차 삼도를 무너뜨리려 했다"라는 기록이 이를 말해준다.

공자는 정공에게 "신하는 갑옷을 감추지 못하게 하고, 대부는 백 치의 성을 가져서는 안 됩니다"라고 말하고 자로를 계씨의 가신으로 삼아 삼도를 무너뜨리려고 했던 것이다. 먼저 한 치雉는 어느 정도일까? 중국 고대의 학자 왕숙王肅은 "높이 열 자에 길이가 열 자인 담장을 도堵라고 하고 삼 도를 치雉라고 한다(高丈長丈曰堵, 三堵曰雉)"라고 설명했다. 공자는 대부는 백 치의 성, 즉 '높고 긴 담장을 가진 성'을 갖고 있으면 안 된다고 말했다. 여기서 백 치의 성은 공자가 자로와 함께 무너뜨리려던 삼도를 뜻한다. 그리고 삼도는 삼손씨의 근거지인 세 읍성邑城을 의미한다. 계손씨는 비성費城, 숙손씨는 후성郈城, 맹손씨는 성성成城을 가지고 있었는데, 삼도는 삼손씨의 가장 중요한 세력 기반이었다.

자로는 삼손씨의 세력 기반을 무너뜨리기 위해 계손씨의 가신이 되었다. 공자는 염유가 세제를 고쳐 계손씨를 더 부유하게 만들려고 할 때 "우리 무리가 아니니 너희들이 북을 울려 공격하는 것이 옳다"라고까지 비난했지만 이때는 자로를 계씨의 가신으로 만들었다. 공자를 무작정 원칙만 외치는 인물로 보면 곤란한 이유가 여기에 있다. 공자는 전략 전술에도 능했다.

계씨 가문에 위장취업한 자로는 공자의 제자 중 가장 용감한 인물이었다. 그리고 그 때문에 공자의 우려를 사기도 했다.

자로가 "선생님께서 삼군을 거느리신다면 누구와 함께하시겠습니까?"라고 묻자, 공자 가라사대 "맨손으로 호랑이를 때려잡고, 걸어서 황허 강을 건너다가 죽어도 후회하지 않는 자와는 내가 함께하지 않을 것이다. 반드시 일에 임해서는 조심하면서 살피기를 좋아해 성공하는 사람과 함께할 것이다." _〈술이〉

子路曰, 子行三軍則誰與시리잇고? 子曰, 暴虎馮河하며 死而無悔
자로왈   자행삼군즉수여   자왈 포호빙하   사이무회
者를 吾不與也니 必也臨事而懼하며 好謀而成者也니라. _〈述而〉
자   오불여야   필야임사이구   호모이성자야

《주례周禮》에 따르면 1군은 1만 2,500명인데, 왕王(천자)은 6군으로 7만 5,000명을 거느린다. 대국의 제후는 3군으로 3만 7,500명, 그다음 차국次國의 제후는 2군으로 2만 5,000명, 소국의 제후는 1군을 거느린다. 자로가 대 제후국의 3만 7,500명에 달하는 군사를 거느린다면 누구와 함께하겠느냐고 물은 것이다. 이것은 공자의 숙원사업이었다. 관중이 제 환공을 패자로 만들어 천하에 평화를 가져온 것처럼 자신의 군주를 패자로 만들어 세상을 평화롭게 만드는 것이 공자의 꿈이었다.

그런데 이 말은 바로 앞의 말과 연결시켜서 생각해야 한다.

공자께서 안연에게 가라사대 "쓰일 때는 나가서 행하고, 버려지면 물러나 숨는 것은 오직 나와 너만 할 수 있을 것이다." _〈술이〉

子謂顔淵曰, 用之則行하고 舍之則藏을 惟我與爾有是夫인저. _〈述而〉
자위안연왈 용지즉행   사지즉장   유아여이유시부

공자의 제자 중에서 '안빈낙도'의 안연이 문文을 대표한다면 선비는 죽을 때도 관을 벗지 않는다는 '사관불면死冠不免'의 자로가 무武를 대표한다. 그러나 안연은 자로보다 스물한 살이나 아래였다. 공자가 안연을 칭찬하자 자로가 문은 안연과 함께할지 몰라도 군사일은 나와 함께할 수밖에 없는 것이 아니냐고 물은 것인데 공자는 면박에 가까운 무안을 주었다. 공자가 단지 쓴소리를 자주하는 자로가 미워서 이런 말을 한 것이 아니다. 《논어》〈공야장〉편에는 이런 말이 나온다.

공자 가라사대 "도가 행해지지 않으니, 뗏목을 타고 바다로 갈까 한다. 아마 나를 따라올 자는 유由(자로)일 것이다. 자로 듣고서 기뻐하자 공자 가라사대 "유는 용맹을 좋아하는 것은 나보다 낫지만, 재간은 취할 것이 없다."〈공야장〉

子曰, 道不行하니 乘桴하여 浮于海하리니 從我者는 其由與인저. 子路 聞之하고 喜한대 子曰, 由也는 好勇은 過我나 無所取材로다. 〈公冶長〉

공자는 자로에 대해서는 애증이 교차했다. 급한 성격을 우려한 것이다. 〈선진〉편에서 공자는 "자로 같은 사람은 제명에 죽지 못할 것이다(若由也, 不得其死然)"라고도 말했다. 자로는 훗날 결국 위나라 왕위 계승 싸움에 휘말려 비명횡사하고 만다. "군자는 죽을 때도 관冠을 벗지 안는다(君子死而冠不免)"라는 명언을 남긴 채! 공자가 자로를 삼손씨 무력화 계획에 동참시킨 것은 자로가 무모하기만 한 인물은 아니라는 사실을 공자도 알고 있었다는 뜻이다.

삼도는 각각 삼손씨의 가병이 지키고 있었다. 삼손씨 권력의 핵심은 이 읍성을 배경으로 한 군사력에서 나왔다. 삼도를 무너뜨리는 것이 쉽지 않다는 것은 공자도 자로도 잘 알고 있었다. 삼손씨를 무너뜨리고 친정 체제를 구축하려다 되레 제나라로 쫓겨 가 죽은 인물이 선왕先王 소공이었다.

《춘추좌전》노 정공 11년조 경經에 "겨울, 노나라가 정나라와 화평을 맺었다. 숙선이 정나라에 가서 맹약했다(冬, 及鄭平, 叔還如鄭涖盟)"라는 구절이 있다. 이 구절도 깊은 뜻을 내포한 구절인데 그 의미는《춘추좌전》의 전傳이 설명하고 있다. "겨울에 정나라와 화평을 맺은 것은 (노나라가) 처음으로 진나라를 배신하기 시작한 일이었다(冬, 及鄭平, 始叛晉也)"라는 구절이다.

당시 중원은 크게 봐서 서북방 황허 강 유역의 진晉나라를 맹주로 하는 제후국 연방과 양쯔 강 유역의 초楚나라를 맹주로 삼는 제후국

연방으로 나뉘어 있었다. 북방에는 진나라 연맹국, 남방에는 초나라 연맹국이 서로 대치하고 있었는데 노나라는 진나라의 영향권에 속해 있었다. 이웃 제나라는 춘추 최초의 패자였던 제 환공의 후광으로 두 연맹에 속해 있지는 않았지만 진나라의 영향권 내에 들어 있었다. 노나라가 정나라와 화평을 맺은 것을 진나라를 배신하기 시작한 것, 즉 진나라의 영향권에서 벗어나기 시작한 것으로 보는 《춘추좌전》의 시각은 이런 정치 지형 분석에서 나온 것이다. 삼손씨의 힘은 궁극적으로 상국上國 진나라에서 나왔다는 뜻이다.

노나라가 정나라와 화평을 맺은 것은 공자가 협곡회맹을 성공적으로 치르고 제나라로부터 여러 땅을 돌려받은 이듬해였다. 공자가 대사구와 재상의 일을 겸하고 있던 때였으니 두 나라의 화평에 공자가 일정한 역할을 했을 것은 분명하다. 이런 점에서 노·정 두 나라의 화평은 공자가 그렸던 큰 그림의 일부일 것이다. 공자는 삼손씨를 무력화한 후 정권을 노 정공에게 돌리려고 했다. 그 후 주周 왕실을 받든다는 명분으로 노 정공을 패자로 만들어 전쟁을 종식하고 천하 평화를 이룩하려고 계획했다. 공산불뉴가 공자를 불렀을 때 '동방의 주나라로 만들겠다'면서 가려고 했던 점이나 제 환공을 패자로 만든 관중管仲을 높이 평가했던 것은 공자의 이런 정치 이상이 드러난 것이다.

공자의 삼손씨 무력화 계획은 안팎의 움직임이 유기적으로 연결되면서 내밀하게 진행되었다. 먼저 밖으로는 노나라와 정나라를 화평시켜 진나라의 영향권에서 벗어나려 했다. 그 이듬해에는 자로를 계씨의 가신으로 삼아 삼도를 무너뜨리려 했다. 노·정 두 나라의 화평이란 외교사는 자로가 계씨의 가신이 된 내정內政과 밀접한 관련을 맺고 있었다. 밖으로는 진나라의 영향력을 차단하고 안으로는 삼도를 무너뜨려 삼손씨를 무력화하려는 계획이었다. 이런 계획을 아는 사람은 정공과 공자, 그리고 자로를 비롯한 극소수의 공자 측근뿐이었을 것이다.

계손씨의 비성費城은 현재의 산둥 성 비현費縣이고 숙손씨의 후성郈城은 산둥 성 동평현東平縣 남쪽 지역이다. 맹손씨의 성성成城은 산둥 성 영양현甯陽縣 동북쪽으로 추정된다.

세 읍성 허물기 작전은 처음에는 순조롭게 진행되었다. 《춘추좌전》노 정공 12년조 전傳은 "중유가 계씨의 가재가 되어 장차 삼도를 무너뜨리려고 했다. 이에 숙손씨가 후성을 허물었다"라고 전한다. 숙손씨의 후성이 무너졌다. 숙손씨는 왜 후성을 허물었을까?

성읍은 삼손씨의 중요한 세력 기반이기도 했지만 때로는 우환이기도 했다. 삼손씨가 군주를 무력화한 것처럼 삼손씨의 가신들도 읍성을 기반으로 반기를 드는 일이 종종 있었다. 2년 전인 노 정공 10년에도 후범侯犯이 후읍郈邑 사람들을 이끌고 반란을 도모하다가 제나라로 도주한 일이 있었다. 이런 사건들이 숙손씨로 하여금 후성을 허물게 했을 것이다. 후성이 무너졌으니 다음은 계손씨의 비읍費邑이었다. 공자는 삼손씨 스스로 세 읍성을 허물게 할 계획이었다. 이른바 무혈 혁명이었다.

《춘추좌전》은 숙손씨가 스스로 후성을 허물었다는 기사 다음에 바로 "계씨가 장차 비읍을 무너뜨리려고 했다(季氏將墮費)"라고 전한다. 노나라의 실권자였던 계손씨도 비성을 무너뜨리는 데 동의했다는 뜻이다. 그러나 《춘추좌전》의 노 정공 12년조 전傳은 공산불뉴가 격렬하게 반발했다고 기록하고 있다. 즉 "계씨가 비읍을 허물려고 하자 공산불뉴와 숙손첩이 비읍 사람들을 이끌고 노나라 도읍을 습격했다(季氏將墮費, 公山不狃, 叔孫輒, 帥費人以襲魯)"라는 것이다. 삼손씨를 노 정공이 어쩌지 못하는 것처럼 삼손씨도 가신들을 어쩌지 못했다. 계손씨의 가신인 공산불뉴는 도리어 노나라 도읍을 습격했다. 노나라는 극도의 혼란에 빠졌다. 4년 전인 노 정공 8년 공산불뉴가 양호와 비읍에서 난을 일으키고 공자를 불렀던 상황이 재연된 것이다. 공자는 4년 전에 공산불뉴에게 가려다가 자로 등의 반발로 가지 못했지만 이번에는 과감하게 공산불뉴를 진압하는 쪽에 섰다.

> 노 정공이 삼자三子(계손·숙손·맹손 씨)와 함께 계씨의 궁으로 들어가 계무자季武子의 대臺에 올라갔다. 비읍 사람들이 계무자의 대를 공격했는데 정공이 이기지 못해서 비읍 사람들이 정공의 곁까지 들어왔다._
> 《춘추좌전》〈정공 12년〉
> 公與三子入于季氏之宮, 登武子之臺, 費人攻之弗克, 入及公側._《春秋左傳》
> 〈定公 12年〉

공산불뉴는 노 정공과 삼손씨의 연합세력에 맞서서 전혀 밀리지 않았다. 오히려 정공 쪽이 불리했다. 정공이 계무자의 대에 올라갔지만 공산불뉴가 이끌고 온 비읍 사람들에게 밀리는 상황이었다. 정공 곁으로 거의 다가왔다. 자칫 정공이 공산불뉴가 이끄는 비읍 사람들에게 포로가 될 수 있었다. 이때 과감하게 나선 인물이 공자였다.

중니仲尼(공자)가 신구수申句須와 악기樂頎에게 내려가서 치라고 명하자 비읍 사람들이 도주했다. 노나라 사람들이 추격해서 고멸姑蔑에서 쳐부수었다. 이자二子(공산불뉴·숙손첩)는 제나라로 도망갔고, 드디어 비읍성은 헐렸다. 《춘추좌전》〈정공 12년〉

公與三子入于季氏之宮, 登武子之臺, 費人攻之弗克, 入及公側, 仲尼命申句須, 樂頎, 下伐之, 費人北, 國人追之, 敗諸姑蔑, 二子奔齊, 遂墮費. _《春秋左傳》〈定公 12年〉

공자는 신구수와 악기에게 내려가서 치라고 명령했다. 공자의 과감한 반격전으로 비읍 사람들은 도주했다. 전세가 뒤집히면서 드디어 비성費城도 무너졌다.

비읍 정벌은 여러 점에서 이례적이었다. 노 정공이 비읍을 정벌하는데 삼손씨가 가담한 것이다. 전례가 없는 일이었다. 삼손씨는 줄곧 노나라 군주와 권력을 다투는 사이였다. 여기에는 공자의 전략이 결정적 역할을 했을 것이다. 공자는 우선 삼손씨를 노 정공 쪽으로 끌어들였다. 이를 위해 자로가 계손씨의 가신으로 들어간 것이다. 자로는 계손씨에게 가신들이 읍성을 기반으로 반란을 일으킬 것이라고 주지시켰을 것이다. 그 결과 삼손씨가 정공 편에 서서 가신 정벌에 나설 수 있었다.

노 정공이 국정을 장악하면서 노나라 정치가 제 모습을 찾아가기 시작했다. 공자는 삼손씨를 무력으로 타도하는 정변이 아니라 삼손씨를 국정에 참여시키는 것으로 정공의 왕권을 강화했다. 숙손씨의 후성과 계손씨의 비성이 무너졌으니 남은 것은 맹손씨의 성성뿐이었다. 성성만 무너뜨리면 노나라 정공의 친정 체제를 수립할 수 있었다. 그러면 공자는 주 왕실 추대를 명분으로 전쟁 시대를 끝내고 평화 체제 수립에 나설 수 있을 것이었다. 이미 두 읍성, 그중에서도 가장 강력한 계손씨의 비성까지 무너졌으니 가장 세력이 약한 맹손씨의 성성을 무너뜨리는 것은 시간문제였다.

그러나 생각지도 못했던 지점에서 반전이 생겨난다. 맹손씨의 가신인 공렴처보가 성읍 철폐에 강하게 반발하고 나선 것이다. 공렴처보는 성성이 제나라에 가까운 노나라 북방에 있다는 지리적 맹점을 들어 반대하고 나섰다.

> 공렴처보가 맹손씨에게 "성읍이 무너지면 제나라 사람들이 반드시 북문으로 이르게 될 것입니다. 또 성읍은 맹손씨의 보루로서 성읍이 없으면 맹손씨가 없어지는 것과 같습니다. 주인께서는 모르는 척하고 계십시오. 제가 장차 무너지지 않게 하겠습니다"라고 말했다. 겨울 12월 노 정공이 성읍을 포위했으나 이기지 못했다. 《춘추좌전》〈정공 12년〉
>
> 公斂處父謂孟孫, 墮成, 齊人必至于北門, 且成, 孟氏之保障也, 無成是無孟氏也, 子僞不知, 我將不墮. 冬, 十二月, 公圍成弗克. 《春秋左傳》〈定公 12年〉

맹손씨의 종주인 맹의자孟懿子는 공렴처보의 설득에 넘어갔다. 맹의자는 공렴처보의 주장이 설득력 있다고 생각했다. 노나라 전체로 볼 때 성성은 제나라의 침공을 막는 북방 보루였고, 맹손씨의 자리에서 볼 때는 맹손씨의 권력을 지탱해주는 핵심 요소였다. 이때 공렴처보의 논리를 타당하게 여긴 맹손씨가 다른 두 손씨를 설득했을 가능성이 크다.

《춘추좌전》은 정공이 계씨의 비읍을 공격할 때는 삼자三子(계손·숙손·맹손 씨)와 함께했다고 기록했다. 그러나 성읍을 공격할 때는 "노 정공이 성읍을 포위했으나 이기지 못했다"라고 노 정공 혼자였던 것으로 기록했다. 노 정공 혼자서는 맹손씨의 성읍 하나 제대로 당해낼 수 없었다. 삼손씨를 제거하려다가 되레 삼손씨에게 쫓겨 제나라로 망명했던 선왕 소공의 일이 남의 일이 아니었다. 이렇게 삼손씨 무력화 계획은 성사 단계에서 실패하고 말았다.

《춘추좌전》은 이를 노 정공 12년의 사건으로 기록하고 있고《사기》〈공자세가〉는 노 정공 13년의 사건으로 적고 있다. 어느 것이 맞는지는 지금 단정할 수 없지만 공자는 이 사건의 여파로 노나라를 떠나 천하 유랑의 길로 접어들게 되었다. 삼손씨 무력화 계획의 실패와 공자의 노나라 출국은 동전의 양면이었다. 이 계획이 실패하면서 공자는 노나라를 떠나야 했다.

공자퇴행 孔子遂行

자의 반 타의 반 망명길

삼손씨 무력화 계획은 실패했지만 그 배후에 공자가 있다는 사실은 쉽게 드러나지 않았다. 워낙 비밀리에 진행한 계획이었고 아는 사람도 극소수였기 때문이다. 정공도 이 사실이 드러나면 삼손씨의 보복을 받을 수 있기 때문에 사후에도 정보를 누설하지 않았다. 그래서 삼손씨 무력화 계획이 실패한 이후에도 공자는 정공의 신임을 받으며 승승장구했다.

《사기》〈공자세가〉는 노 정공 14년(서기 전 496) 대사구로서 재상의 일까지 대행하던 공자에게 희색喜色이 있었다고 전한다. 그러자 한 제자가 "군자는 재앙이 이르러도 두려워하지 않고 복이 이르러도 기뻐하지 않는다고 들었습니다"라면서 공자의 처신에 문제를 제기했다. 이를테면 '요즘 권력에 취하신 것 같습니다'라는 식의 말이었다. 이처럼 삼손씨 무력화 계획은 실패했지만 노나라에서 공자의 정치적 입지는 탄탄해졌다. 공자는 다시 기회를 봐서 삼손씨를 무력화할 계획을 세웠다. 《사기》〈공자세가〉나《공자가어》〈상로〉는 공자가 정권을 장악했던 노나라 상황을 아름답게 묘사하고 있다.

> (공자가) 함께 국정을 들은 지 3개월이 되자 양과 돼지를 파는 자는 가격을 속이지 않았고, 남자와 여자가 다 다른 길로 가고, 길에 물건이 떨어져 있어도 주워 가지 않았다. 사방에서 읍에 이르는 손님은 유사有司(관리)를 찾지 않아도 모두 자기 집으로 돌아간 것 같았다. _《사기》〈공자세가〉
>
> 與聞國政三月, 粥羔豚者弗飾賈, 男女行者別於塗, 塗不拾遺, 四方之客至乎邑者不求有司, 皆予之以歸. 《史記》〈孔子世家〉

공자가 국정을 주도한 지 3개월이 되자 시장이 안정되었고, 예가 살아났으며, 외부에서 온 손님들은 굳이 관리를 찾지 않아도 편하게 거처할 곳을 찾을 수 있게 되었다는 것이다. 공자는 이처럼 내정을 다지는 한편 삼손씨 무력화 계획을 재가동할 기회를 엿보았다. 그러나 그런 상황은 오지 않았다. 《사기》〈공자세가〉는 제나라에서 공자를 제거할 계획으로 미인계를 쓴 것처럼 묘사하고 있다.

제나라 사람들이 소문을 듣고 두려워 말했다. "공자가 정치하니 반드시 패자霸者가 될 것인데, 패자가 되면 우리 땅이 가까우니 우리가 먼저 병탄될 것입니다. 어찌 우리 땅에 이르게 하겠습니까?" 여서黎鉏가 말했다. "청컨대 먼저 저지해야 합니다. 저지하지 못하면 우리 땅에 이르게 됩니다. 어찌 더디게 하겠습니까?" 이에 제나라 안의 미녀 80명을 골라 모두 무늬 있는 옷을 입히고 강악康樂을 추게 했는데, 문마文馬 서른 사駟를 노나라 군주에게 보냈다. 《사기》〈공자세가〉

齊人聞而懼, 曰, 孔子爲政必霸, 霸則吾地近焉, 我之爲先幷矣, 盍致地焉. 黎鉏曰, 請先嘗沮之, 沮之而不可則致地, 庸遲乎. 於是選齊國中女子好者八十人, 皆衣文衣而舞康樂, 文馬三十駟, 遺魯君. 《史記》〈孔子世家〉

제 경공이 노 정공을 정치에서 떼어놓기 위해 미녀 악단을 보냈다는 것이다. 이른바 미인계를 사용한 것이다. 강악은 춤출 때 사용하는 무곡舞曲의 이름이고, 사는 네 필의 말이다. 문마는 무늬 있는 양마良馬를 뜻한다. 80명의 미녀와 말 120필을 보내 노 정공의 관심을 향락 쪽으로 유도한 것이다. 《사기》〈공자세가〉는 제나라 미녀들이 노나라 도성에 들어와 공연을 시작하자 계환자가 먼저 가서 보고 정공을 끌어들였다고 기록하고 있다.

> 노나라 도성 남쪽 고문高門 밖에 여악과 문마를 베풀어 놓자 계환자가 미복微服 차림으로 가서 두 번, 세 번 거듭 보았다. 장차 이를 받으려고 노나라 군주에게 도로를 두루 돌아보자는 말로 가게 해서 하루 종일 보았다. (정공이) 정사에 태만해졌다. 《사기》〈공자세가〉
>
> 陳女樂文馬於魯城南高門外, 季桓子微服往觀再三, 將受, 乃語魯君爲周道游, 往觀終日, 怠於政事. 《史記》〈孔子世家〉

계환자가 미복 차림으로 두 번, 세 번 가본 것은 단순한 호기심이 아니었을 것이다. 공자의 삼손씨 무력화 계획에 맞서 계손씨가 공자 축출 계획을 진행했을 가능성도 충분하다. 공자가 정나라를 끌어들여 진나라의 영향력을 배제한 것처럼 계손씨도 제나라를 끌어들여 공자를 축출하려 했을 가능성이 있는 것이다. 이런 구도를 읽고 공자에게 노나라를 떠나자고 한 제자는 역시 자로였다.

> 자로가 "부자夫子(공자)께서 떠나셔야 합니다"라고 말하자, 공자가 "노나라가 지금 또 교제郊祭를 올리는데 만일 대부에게 번膰(제사 지낸 고기)을 내려준다면 나는 그대로 머물 것이다"라고 말했다. 계환자가 마침내 제나라의 여악을 받아들이고 사흘 동안 정사를 돌보지 않았다. 교제를 지내고도 번조膰俎(제사 지낸 고기를 담은 그릇)를 대부에게 보내지 않았다. 공자가 비로소 떠나서 둔屯 땅에 머물렀다. 《사기》〈공자세가〉
>
> 子路曰, 夫子可以行矣. 孔子曰, 魯今且郊, 如致膰乎大夫, 則吾猶可以止.

桓子卒受齊女樂, 三日不聽政. 郊, 又不致膰俎於大夫. 孔子遂行, 宿乎屯.
《史記》〈孔子世家〉

번조는 일종의 상징이다. 노 정공이 아직도 공자의 큰 계획을 신임하고 있다는. 그러나 제나라의 강악과 문마에 빠진 정공은 공자 대신 계환자를 택했다. 교제를 지내고 관례대로 제육祭肉을 내려주면 남아 있겠다는 공자에게 번조를 보내지 않았다. 드디어 공자는 노나라를 떠났다. 이미 공자의 나이 쉰다섯. 이것이 14년에 걸친 천하 주유로 이어질 것이라고는 예상하지 못했을 것이다. 《사기집해史記集解》에 따르면 공자가 노나라를 떠나 최초로 머문 둔屯은 노나라 남쪽 땅이라고 한다. 한편 《논어》〈미자〉 편은 노 정공이 조회를 철폐해서 공자가 노나라를 떠났다고 전한다.

제나라 사람이 여악을 보내거늘 계환자가 받고, 사흘 동안 조회를 하지 않았기 때문에 공자께서 떠나셨다. 〈미자〉

齊人이 歸女樂이어늘 季桓子受之하고 三日不朝한대 孔子行하시다.
제 인   귀 녀 악   계 환 자 수 지   삼 일 부 조   공 자 행
〈微子〉

제나라에서 미녀 악사를 보냈고 이 때문에 공자가 노나라를 떠나게 되었다는 내용 자체를 후대의 위문으로 보는 시각도 있다. 청나라의 최술崔述(1740~1816)은 《수사고신록洙泗考信錄》에서, 미국의 중국학자 크릴H.G. Creel은 《공자: 인간과 신화Confucius: The Man and the Myth》에서 그렇게 보았다. 제나라가 미녀 악사와 말을 보낸 것이 사

실인지 아닌지 지금 와서 논증하기는 쉽지 않은 일이다. 그러나 공자가 삼손씨 무력화 계획을 실행에 옮겼고, 그 이후 노나라를 떠났다는 것은 사실이다. 공자는 노나라에서 더는 자신의 뜻을 펼칠 수 없었기 때문에 떠났다. 노 정공이 자신을 버렸기 때문이다. 《맹자》에도 이 이야기가 수록되어 있다.

> 공자가 노나라 사구가 되었을 때 중용하지 않았고, 교제에 참석했는데도 번육이 오지 않자 관도 벗지 않은 채 떠났다. 모르는 사람들은 고기 때문에 떠났다고 생각했고, 아는 사람들은 무례했기 때문에 떠났다고 생각했다. _《맹자》〈고자 하〉
> 孔子爲魯司寇, 不用. 從而祭燔肉不至, 不稅冕而行. 不知者以爲爲肉也, 其知者以爲爲無禮也. _《孟子》〈告子 下〉

핵심은 노 정공의 마음이 공자에게서 멀어진 것이었다. 정공은 공자를 버리고 계손씨를 선택했다.

중종에게 버림받은 조광조

마치 중종이 조광조趙光祖를 버린 것과 마찬가지 상황이었다. 공자가 삼손씨를 무력화해 정공 친정 체제를 구축하려고 했던 것처럼 조광조도 정국靖國공신들을 무력화하고 국왕 친정 체제를 구축하려고 했다. 중종반정을 주도한 정국공신 세력에 업혀서 즉위한 중종은 허울뿐인 왕이었다. 그래서 조광조는 중종 14년(1519) 4월 개국 이후 최초로 현량과賢良科를 실시했다. 중앙과 지방에서 어진 선비로 천거된 120명만을 대상으로 실시한 과거였다. 이 중 급제자가 28명이나 나왔다. 공신집단에 맞서는 사림세력이었다.

조정에 진출한 사림세력은 노비 숫자를 제한해 양인 숫자를 늘리고 대토지 소유를 억제하고 백성에게 농지를 나누어주는 균전제均田制를 실시하자고 주장했다. 그러나 노비를 소유한 인물도, 대토지를 소유한 인물도 모두 반정공신이었다. 그래서 조광조를 필두로 한 사림은 정국공신들에게 칼을 댔다. 바로 위훈僞勳 삭제 운동이었다. 글자 그대로 가짜 공훈을 박탈하자는 뜻으로서 아무런 공도 없이 공신에 책봉된 자의 작위를 삭탈하자는 주장이었다. 정국공신은 모두 117명이나 되었는데, 책봉 과정에서 뇌물이 오갔다는 소문이 무성할 정도로 책봉 자체에 문제가 있었다.

사림은 계속 위훈 삭제를 주장했고 드디어 중종 14년 11월 2, 3등 공신 일부와 4등 공신 전원을 포함해 총 76명에 달하는 공신의 녹훈錄勳을 삭제했다. 전체 공신 117명 중 무려 65퍼센트에 달하는 숫자였다. 이들은 공신 책봉 대가로 받았던 전답과 노비 등도 모두 국가에 반납해야 했다. 드디어 조광조를 필두로 한 사림이 막강한 공신집단을 상대로 큰 승리를 거둔 것이었다. 공자가 숙손씨의 후성과 계손씨의 비성을 무너뜨린 것과 비견되는 승리였다.

그러자 훈구勳舊세력인 남곤南袞은 꿀로 나뭇잎에다 '주씨가 왕이 된다'는 뜻의 '주초위왕走肖爲王'이란 글을 써서 벌레가 파먹게 한 후 대궐 안의 어구御溝로 흘려보냈다. 또 후궁들을 시켜 "조씨가 나라 일을 마음대로 하는데 사람들이 모두 칭찬합니다"라고 조광조를 헐뜯

경기도 가평에 있는 미원서원. 조광조와 김식의 학문과 덕행을 추모하기 위해 세웠다.

게 했다. 중종은 위훈 삭제를 단행한 지 나흘 만에 홍경주와 남곤 등의 훈구세력을 신무문神武門을 통해 몰래 부른 후 사림파를 체포하게 했다. 중종은 홍경주에게 밀지를 주었다.

"조광조 등이 정국공신을 삭제한 것은 공신들을 '신하가 임금을 폐하지 못한다'는 강상綱常의 죄를 어긴 것으로 몰아가려 함이다. 먼저 많은 공신을 삭제한 후에 나머지 소수의 공신에게 연산을 폐한 죄를 물으면 경 등은 어육魚肉이 될 것이요, 그다음에는 내게 미칠 것이다."

중종은 노 정공이 공자를 버린 것처럼 조광조를 버리고 공신들을 선택했다. 우참찬 이자李耔·형조판서 김정金淨·대사헌 조광조·부제학 김구金絿·대사성 김식金湜·도승지 유인숙柳仁淑 등 사림세력이 아무런 죄도 없이 체포되어 옥에 갇혔다. 훈구세력은 당초 이들을 국문鞫問도 없이 때려죽이려고 했으나 사림에 동정적이던 이조판서 이장곤李長坤과 영의정 정광필鄭光弼의 반대로 겨우 국문이 열렸다. 국문에서 조광조는 이렇게 말했다.

"신은 38세의 선비로 이 세상에서 믿은 것은 전하의 마음뿐이었습니다. 국가의 병통이 가짜로 공신이 된 신료들이 사욕을 추구하는 데 있다고 생각했으므로 이를 막아 국가의 명맥을 길이 새롭게 하고자 했을 뿐, 조금도 사심이 없었습니다."

그러나 중종의 마음은 이미 떠났고 사림들은 사형당할 뻔하다가 영의정 정광필의 반대로 유배형에 처해졌다. 그러나 유배객의 삶은 그리 길지 못했다. 약 한 달 후에 능주綾州로 유배된 조광조에게 사약이 내려졌다. 그러나 조광조는 중종에 대한 미련을 버리지 못하고 있었다. 사약을 가져온 금부도사 유엄柳渰에게 누가 정승이 되었는지 거듭 물었다. 훈구세력이 요직을 차지한 것을 확인하고서야 사약이 중종의 명이란 사실을 받아들였다. 조광조는 유엄의 허락을 받은 후 방으로 들어가 집에 보내는 마지막 편지를 썼다.《중종실록中宗實錄》사관은 조광조가 이때 "자주 창문 틈으로 밖을 엿보았는데, 아마도 형편을 살폈을 것이다"라고 썼다. 혹시라도 사약을 거두라는 명이 뒤따르지 않을까 기대한 것이다. 조광조는 자신이 당한 참혹한 배신을 끝내 믿을 수 없었다. 조광조는 마지막 시를 남겼다.

임금을 어버이처럼 사랑했고,
나라를 내 집처럼 근심했네.
해가 아랫세상을 굽어보니,
충정을 밝게 비추리.

愛君如愛父 憂國如憂家 白日臨下土 昭昭照丹衷

조광조 적려유허비. 전남 화순군 능주면 남정리 소재

조광조는 주위 사람에게 일렀다.

"내가 죽거든 관을 얇게 만들고 두껍게 하지 마라. 먼 길을 가기 어렵다."

조광조는 자신을 도와주던 머슴아이를 불러 '그동안 수고했다'고 위로하고 집주인을 불렀다.

"내가 네 집에 묵었으므로 마침내 보답하려 했으나, 보답은 못하고 도리어 너에게 흉변凶變을 보이고 네 집을 더럽히니 죽어도 한이 남는다."

아이와 집주인의 눈물이 흘러내려 옷깃을 적셨다. 조광조는 끝내 중종에 대한 미련을 버리지 못했지만 사관은 중종의 배신에 대해서 이렇게 비판했다.

전일에 좌우에서 가까이 모시고 하루에 세 번씩 뵈었으니 정이 부자처럼 아주 가까울 터인데, 하루아침에 변이 일어나자 용서 없이 엄하게 다스렸고 이제 죽인 것도 임금의 결단에서 나왔다. 조금도 가엾고 불쌍히 여기는 마음이 없으니, 전일 도타이 사랑하던 일에 비하면 마치 두 임금에게서 나온 일 같다. 《중종실록》 12월 16일

이렇게 조광조는 돌아올 수 없는 길을 떠났다. 그의 죽음은 많은 사람의 안타까움을 샀다. 그래서 그는 성세창成世昌의 꿈에 나타나 시를 지어 주었다고 한다.

해가 져서 하늘은 먹 같이 어둡고,
산이 깊어 골짜기는 구름 같구나.
군신의 의리는 천년토록 변치 않는 것,
섭섭하다 이 외로운 무덤이여!
日落天如墨 山深谷似雲 君臣卑載義 怊悵一孤墳街

《중종실록》은 이 말을 들은 사람들은 다 가엾이 여겼고 남몰래 눈물 흘리는 사람까지 있었다고 전한다. 조광조에 비하면 자의 반 타의 반으로 노나라를 떠나는 공자의 처지는 나은 편이었다. 어쨌든 목숨은 붙어 있으니 미래를 기약할 수 있었다. 그렇게 공자는 노나라를 떠났다.

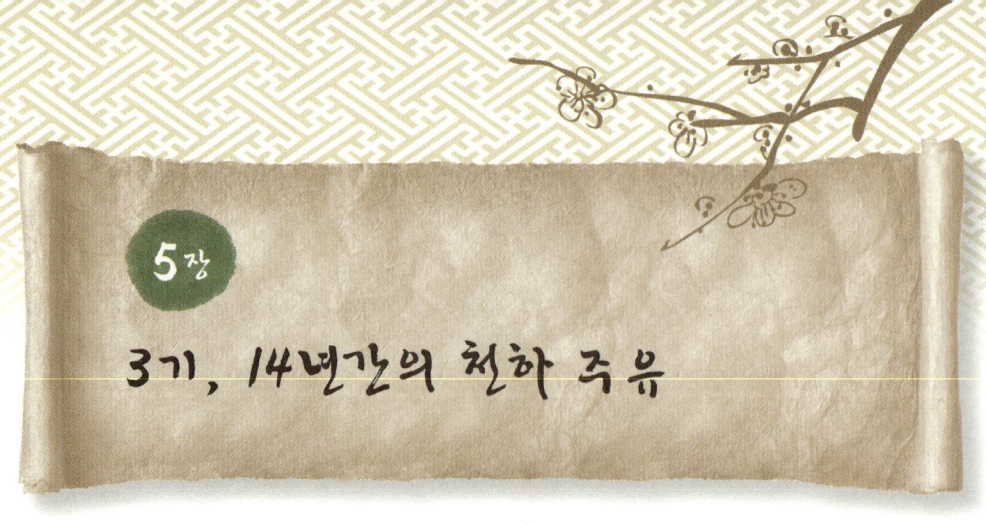

5장
3기, 14년간의 천하 주유

수무부가 | 手無斧柯

내 손에 도낏자루 없으니 떠날 밖에

공자의 나이 쉰다섯. 기약 없는 유랑 길에 나서기에는 많은 나이였다.《사기》〈공자세가〉에는 계환자가 사기師己를 보내서 말리는 척하는 장면이 나온다.

사기師己가 송별하면서 "부자夫子(공자)께서는 죄가 없습니다"라고 말했다. 공자가 "내가 노래를 불러야 하리까?"라고 말하고 노래를 시작했다.
"저 부인들의 입이여! 달아나게 하는구나. 저 부인들을 만나는구나! 죽고 패하게 하는구나. 무릇 광대여! 놀음이여! 오직 세월이 다 가겠

구나!"_《사기》〈공자세가〉

而師己送, 曰, 夫子則非罪, 孔子曰, 吾歌可夫, 歌曰, 彼婦之口, 可以出走. 彼婦之謁, 可以死敗. 蓋優哉游哉, 維以卒歲. _《史記》〈孔子世家〉

저 부인들이란 제나라에서 보낸 무희들을 뜻하는지도 모른다. 정공이 무희들에게 빠져 정사에 태만한 사실을 노래로 풍자한 것이리라.

사기가 돌아오자 계환자가 "공자가 또한 무슨 말을 하던가?"라고 물었다. 사기가 사실대로 고하자 계환자가 한숨을 쉬며 탄식하면서 "부자께서 여러 계집의 일로 나를 죄 준 것이오." 공자가 드디어 위나라에 머물렀다. _《사기》〈공자세가〉

師己反, 桓子曰, 孔子亦何言, 師己以實告. 桓子喟然歎曰, 夫子罪我以羣婢故也夫, 孔子遂適衛. _《史記》〈孔子世家〉

계환자는 제나라 미녀들의 공연 무대로 노 정공을 안내했던 사람이다. 그가 실제로 미녀들의 강악에 빠져 노 정공을 그리 이끌었는지, 아니면 제나라와 짜고 무희들을 끌어들였는지는 알 수 없다. 그러나 노 정공을 제나라 미녀에게 이끈 인물도 계환자고 공자를 말리는 척한 인물도 계환자다. 무엇보다 계환자는 공자를 붙잡을 생각이 없었다. 노 정공도 마찬가지였다. 《맹자》〈만장 하〉 편에서 공자가 망명한 노 소공을 따라 제나라로 떠날 때 "더디고 더디구나, 내 발길이여!" 하고 탄식했다던 말처럼 공자는 떠나고 싶지 않았지만 떠나지 않을 수 없었다. 공자의 출국은 자의 반 타의 반에 의한 유랑이거나 망명이었다.《장자莊子》〈산목山木〉편에 공자가 스스로 떠난 것이 아님을 시사하는 대목이 있다.

공자가 자상호子桑雽에게 묻기를 "나는 두 번이나 노나라에서 쫓겨났고, 송나라에서는 나무가 뽑혔으며, 위나라에서는 발자취마저 깎였고, 상商나라와 주周나라에서는 궁지에 몰렸으며, 진陳나라와 채蔡나라에서는 포위되었소. 내가 이처럼 여러 환난을 만나자, 친한 사람들은 점점 멀어지고 제자와 벗들도 흩어졌는데, 무슨 까닭이오?"라고 말했다.
_《장자》〈산목〉

孔子問子桑雽曰, 吾再逐於魯, 伐樹於宋, 削迹於衛, 窮於商周, 圍於陳蔡之間. 吾犯此數患, 親交益疏, 徒友益散, 何與. _《莊子》〈山木〉

공자가 '나는 두 번이나 노나라에서 축逐 당했다', 즉 쫓겨났다고 말했다. 형식은 제 발로 떠난 것이지만 내용은 축출당한 것이다.《장자》의 〈양왕讓王〉, 〈어부漁父〉 편에도 공자가 두 번이나 노나라에서 쫓겨났다는 내용이 나온다.《장자》가 유학과 시종 대립적인 자리에 있었던 노장 계열의 사료라는 점에서 액면 그대로 믿기는 곤란하지만 공자의 출국이 자의에 의한 것만이 아니라는 사실은 분명하다. 벼슬만 내놓은 채 노나라에 머물며 학문을 계속할 수도 있었지만 그렇게 하지 못했다. 노나라를 떠날 수밖에 없는 사정이 있었던 것이다.

당나라 한유韓愈가 편찬한《금조십수琴操十首》에는 공자가 노나라를 떠날 때 지었다는 '구산조龜山操'가 실려 있다.

구산의 기운이여, 비구름 내릴 수 없구나!
구산의 그루터기여, 대들보와 기둥으로 쓸 수 없구나!
구산의 큼이여, 다만 노나라를 가리는구나!
앞으로 무너질 것을 알기에, 우리 무리가 슬픔을 감출 수 없구나!
주공의 혼이 있구나, 내가 돌아가 도울 수 있을지 탄식하는구나!

_《금조십수》'구산조'

龜之氣兮, 不能雲雨.

龜之梽兮, 不中梁柱.

龜之大兮, 祇以奄魯.

知將隳兮, 哀莫余伍.

周公有鬼兮, 嗟余歸輔.

_《琴操十首》'龜山操'

공자는 떠나는 순간부터 이미 노나라로 다시 돌아와 못다 한 꿈을 이루기를 바랐다. 그래서 이 서글픈 곡조 끝에 "주공의 혼이 있구나, 내가 돌아가 도울 수 있을지 탄식하는구나!"라고 노래했다. 《고조古操》는 이보다 조금 더 짧은 노래도 전한다.

내 노나라를 바라보려 하는데, 구산이 가리네!
내 손에는 도낏자루 없으니, 구산을 어찌하리오? _《고조》

予欲望魯兮, 龜山蔽之. 手無斧柯, 奈龜山何. _《古操》

계손씨를 비롯한 삼손씨를 노나라를 가리는 구산에 비유한 노래다. 결국 삼손씨를 제거하지 못했기 때문에 자신이 떠난다는 뜻이다.

그러나 공자의 출국은 자발적인 측면도 분명히 있었다. 공자는 낙천적인 사람이었다. 하늘이 자신과 함께한다는 자신감이 있었다. 기간은 짧았지만 노나라에서 정치하면서 쌓은 업적도 두드러졌다. 운, 문양 등의 땅을 돌려받았고, 내치에서도 효과가 있었으며 삼손씨 세력도 일정 정도 약화시켰다. 이런 정도의 업적이면 다른 나라에서도 중용될 수 있다고 생각했을 것이다. 그래서 남아서 권력투쟁을 계속하는 대신 출국을 선택했던 것이다. 공자는 이렇게 시작된 출국이 14년간의 나그네 생활로 이어질 줄은 예상하지 못했다. 먼저 위衛나라에 끈이 있었다.

《사기》〈공자세가〉는 공자가 위나라에 가서 자로의 처형인 안탁추顔濁鄒의 집에 머물면서 곧바로 위나라 군주 영공靈公을 만났다고 기록하고 있다. 위 영공의 첫 질문은 공자의 가슴을 뛰게 했다.

> 위나라 영공이 공자에게 "노나라에 있을 때 녹봉은 얼마를 받았습니까?"라고 물으니, "곡식 6만 섬을 받았습니다"라고 대답했다. 위나라 사람이 또한 곡식 6만 섬을 주려 했다. 《사기》〈공자세가〉
>
> 衛靈公問孔子, 居魯得祿幾何. 對曰, 奉粟六萬. 衛人亦致粟六萬. _《史記》〈孔子世家〉

노나라에서 받은 녹봉을 물었다는 것은 그만큼 대접해주겠다는 뜻이었다. 영공은 녹봉 6만 섬에 공자를 등용하려 했다. 대사구로서 재상의 일을 겸할 때의 녹봉이니 위 영공도 재상으로 채용하려 했다는 뜻이다. 천하를 태평하게 하겠다던 공자의 뜻은 꼭 노나라를 통해서만 이룰 수 있는 것이 아니었다. 고국 노나라라면 좋겠지만 위나라여도 상관없었다. 공자는 위나라에서 정치한다면 고국 노나라나 마찬가지라고 생각했다. 《논어》〈자로〉 편에서 공자는 "노나라와 위나라의 정치는 형제다(魯衛之政, 兄弟也)"라고 말했다. 그리고 이제 첫 방문국 위나라에서 뜻을 이루려는 참이었다. 그러나 하늘은 공자에게 이렇게 순탄한 인생을 내려주지 않았다.

> 얼마 지나자, 누군가 위 영공에게 공자를 헐뜯었다. 위 영공이 공손여가公孫余假를 시켜서 (군사를) 내보냈다가 들여보냈다. 공자가 죄를 얻을 것이 두려워 10개월 만에 위나라를 떠났다. 《사기》〈공자세가〉
> 居頃之, 或譖孔子於衛靈公. 靈公使公孫余假一出一入. 孔子恐獲罪焉, 居十月, 去衛. 《史記》〈孔子世家〉

누군가 공자를 헐뜯자 위 영공은 공손여가에게 시켜서 무장한 병사들이 공자의 처소를 들락거리게 했다. 《사기색은》은 "무장한 병사가 출입하게 해서 공자를 협박한 것이다"라고 설명하고 있다. 위나라 생활은 10개월 만에 파탄에 다다랐고, 공자는 쫓기듯이 위나라를 떠났다. 기약 없는 천하 주유가 시작된 것이다.

> 솔피광야 | 率彼曠野

광야를 떠도는 혼

공자는 자신과 제자들이 이토록 오래 광야에서 방랑할 것으로 생각하지 않았다. 《사기》〈공자세가〉에는 공자가 자로를 불러 광야에서 헤매는 신세가 된 것을 한탄하는 대목이 나온다.

> (공자가) 자로를 불러 물었다. "《시경》에 '외뿔소도 아니고 호랑이도 아닌데 저 넓은 들을 헤매나'라고 일렀다. 나의 도가 잘못되었나? 내 어쩌다가 이렇게 되었는가?" 《사기》〈공자세가〉
> 乃召子路而問曰, 詩云, 匪兕 匪虎, 率彼曠野. 吾道非邪, 吾何爲於此. 《史記》〈孔子世家〉

공자는 바라지 않게 저 넓은 들판, 곧 광야曠野의 사람이 되었다. 그러나 광야의 사람이 되었기 때문에 공구孔丘는 공자가 될 수 있었다. 인류의 스승 중에 광야의 사람이 아니었던 이는 아무도 없다. 예수도, 석가도, 마호메트도 모두 광야의 사람이었다. 광야에서 살아남은 인생이었기에 인류의 스승이 되었다. 온실 속의 화초는 온실 속의 난로가 꺼지면 그대로 죽고 만다.

함석헌 선생의 '들사람 얼'이라는 글이 있다. 함석헌 선생은 평생을 들사람으로 살았다. 한국 인문학이 죽은 것은 광야의 혼이 없기 때문이다. 대학에 있는 온실 속의 화초끼리 문을 닫아걸고 광야의 바람을 막기에 급급하다. 광야의 잡초와 경쟁할 생각은 아예 하지 않는다. 그러니 큰 사상은 나올 수 없다.

신라 말 최고의 지식인 최치원

신라 말기 최고의 지식인은 최치원崔致遠이었다. 그는 당나라에 유학해서 당 희종僖宗 건부乾符 원년(874) 단번에 과거에 급제했다. 당나라 황제로부터 자금어대紫金魚袋를 하사받았고 '황소黃巢의 난' 때는 고변高騈의 종사관이 되어 그 유명한 '토황소격문討黃巢檄文'을 썼다. 격문의 마지막 구절, "너는 모름지기 진퇴를 헤아리고 선악을 분별하라! 반란하다가 멸망하는 것보다는 순리에 따라 영화롭고 귀하게 되는 것이 낫지 않겠는가? … 천하 사람들이 모두 너를 죽이려고 생각할 뿐만 아니라 땅속 귀신들도 몰래 너를 죽이기로 이미 논의하였다!" 이 글을 읽고 황소가 자신도 모르게 평상에서 떨어졌다고 전한다. 이 때문에 최치원은 당나라 전체에 이름을 알렸다.

무성서원에 있는 최치원 초상. 전북 정읍시 칠보면 무성리 소재

최치원이 신라로 귀국할 뜻이 있음을 안 당 희종은 광계光啓 원년(885, 헌강왕 11년)에 그를 사신으

로 보내 그대로 눌러앉게 했다. 최치원은 당나라에서 배운 지식을 신라를 위해 쓰고 싶었지만 골품제에 갇힌 신라 귀족들에게 최치원의 자리는 없었다. 《삼국사기三國史記》〈최치원 열전〉은 "최치원이 스스로 서쪽(당)에 유학해서 얻은 바가 많다고 생각하여 돌아와 자기 뜻을 펼치려 했으나 말세여서 의심과 시기가 많아 용납되지 않으니 (지방으로) 나가 태산군太山郡 태수가 되었다"라고 전한다. 최치원은 당나라에 사신으로 가서 정1품 최고위 관직인 태사시중太師侍中에게 편지를 썼는데 그 내용이 의미심장하다.

> 엎드려 듣건대 동쪽 바다 밖에 삼국이 있었으니 그 이름은 마한, 변한, 진한인데, 마한은 고구려, 변한은 백제, 진한은 신라입니다. 고구려와 백제의 전성 때는 강한 군사가 백만이었습니다. 남으로는 오吳・월越을 침공했고, 북으로는 유幽, 연燕, 제齊, 노魯 지역을 어지럽혀 중국에 커다란 해충이 되었습니다. 수隋나라 황제가 나라를 그르친 것도 요동 정벌에 말미암은 것이었습니다. 《삼국사기》〈최치원 열전〉
>
> 伏聞, 東海之外, 有三國, 其名, 馬韓, 卞韓, 辰韓. 馬韓則高麗, 卞韓則百濟, 辰韓則新羅也. 高麗百濟全盛之時, 強兵百萬, 南侵, 吳, 越, 北撓, 幽, 燕, 齊, 魯, 爲中國巨蠹. 隋皇失馭由於征遼. 《三國史記》〈崔致遠列傳〉

오, 월은 모두 양쯔 강 남쪽에 있던 나라이고, 유는 베이징, 연은 만주 서쪽, 공자와 관계가 깊은 제, 노는 모두 산둥반도에 있었다. 고구려와 백제가 전성기 때 백만 강군으로 이런 지역들을 공격했다는 것이다. 최치원이 확실한 근거가 없었다면 당나라 태사시중에게 이런 편지를 쓸 수 없었을 것이다. 신라인이면서 신라가 아니라 고구려와 백제가 강했다고 쓴 것도 신빙성을 높여준다. 그러나 식민사학에 찌든 한국 주류학계는 이를 믿지 않는다. 식민사학은 한국사를 의도적으로 축소하는 일본 극우파의 시각으로 역사를 바라보기 때문이다.

《삼국사기》〈최치원 열전〉은 최치원이 신라로 귀국한 후 자신의 처지를 비관하다가 "스스로 불우함을 한탄하여 다시 관직에 나갈 뜻이 없"어 "산림 기슭과 강이나 바닷가를 자유롭게 이리저리 돌아다니며 스스로 구속되지 않았다"라고 전한다. 그런데 유학을 공부한 최치원이 마지막에 은거한 곳이 해인사라는 점도 특이하다. 이에 대해 〈최치원 열전〉은 "벼슬하지 않고 편안히 살다가 노년을 마쳤다"라고 전한다. 김부식은 최치원이 속세를 떠나 은자라도 된 것처럼 묘사했지만 자의적인 해석이다. 최치원은 원해서 광야의 사람이 된 것이 아니

경남 합천 해인사에 있는 최치원 유적지

다. 그도 공자처럼 자의 반 타의 반으로 광야의 사람이 되었을 뿐이다. 최치원 같은 사람이 언제 죽었는지도 모를 정도로 철저히 세상을 버리게 만든 신라 사회가 오래갈 수는 없었다.

외뿔소도 아니고 호랑이도 아닌데 저 넓은 들을 헤매나!
공자는 자신이 외뿔소도 호랑도 아니라고 했지만 그는 사실 외뿔소였고 호랑이였다. 이는 자신이 자청한 길이기도 했다.
공자의 천하 주유 일정에 대해서는 여러 학자의 의견이 분분하지만 여기에서는 《사기》〈공자세가〉와 《춘추좌전》을 기본으로 삼아 몇 가지 일화를 살펴보려 한다.
공자는 위나라를 떠나 진陳나라로 가는 도중 광匡 땅을 지나면서 큰 시련을 겪는다.

장차 진나라로 가려고 광 땅을 지날 때 안각顔刻이 마부(僕)가 되었는데, 채찍으로 가리키며 "옛날 저는 이곳으로 들어와 저 무너진 곳으로 빠져나갔습니다"라고 말했다. 광 땅 사람들이 듣고 (공자를) 노나라의 양호陽虎라고 여겼다. 양호가 일찍이 광 땅 사람들을 포악하게 대했기 때문에 광 땅 사람들이 공자를 억류했다. 공자의 모습이 양호와 비슷하게 생겼기 때문에 5일 동안 구금당했다. 《사기》〈공자세가〉
將適陳, 過匡, 顔刻爲僕, 以其策指之曰, 昔吾入此, 由彼缺也. 匡人聞之, 以爲魯之陽虎. 陽虎嘗暴匡人, 匡人於是遂止孔子. 孔子狀類陽虎, 拘焉五日. 《史記》〈孔子世家〉

공자는 계씨의 가신 양호와 악연으로 얽힐 운명이었다. 광 땅 사람들은 신체 조건이 비슷한 공자를 양호와 착각해 억류했다. 돼지를 선물로 받고도 일부러 그가 없는 시간에 답방했던 공자인데 양호로 오인하여 억류당했으니 악연도 보통 악연은 아니었다. 단순하게 억류된 것이 아니라 광 땅 사람들과 격렬하게 충돌했다. 이 와중에 안연顔淵(안회)이 사라진 사실만 봐도 충돌이 얼마나 격렬했는지 알 수 있다. 공자도 겨우 목숨을 건지고 빠져나올 정도로 급박한 위기였다.

회하감사 | 回何敢死

어찌 감히 스승보다 먼저 죽겠습니까?

안연은 뒤늦게 나타났다. 이때 공자와 안연이 나누었던 대화가 《논어》〈선진〉 편과 《사기》〈공자세가〉에 모두 나온다.

> 공자께서 광 땅에서 두려워하실 때 안연이 뒤처졌다 오니 공자께서 "나는 네가 죽은 줄 알았다"라고 말씀하셨다. 안연이 답하기를 "선생님께서 살아 계시는데 회回가 어찌 감히 죽겠습니까?" _〈선진〉
>
> 子畏於匡하실새 顔淵이 後러니 子曰, 吾以女爲死矣로라 하니 曰, 子在하시니 回何敢死릿가? _〈先進〉

논어의 아름다운 대화 중 하나이다. "네가 죽은 줄 알았다"라며 반가워하는 스승에게 "자재, 회하감사", 즉 "선생님께서 살아 계시는데 제가 어찌 감히 죽겠습니까?"라고 답하는 제자. 이 말은 〈공자세가〉에도 그대로 실려 있다. 사마천도 깊은 감명을 받았다는 이야기다.

공자는 제 한 몸 건사하기도 어려운 상황이었다. 믿고 찾았던 위나라이건만 군사까지 동원한 협박을 받고 떠나야 했다. 다른 나라로 간다고 뾰족한 수가 있는 것도 아니었다. 그러다 광 땅에서 죽음의 위험도 만났다. 웬만한 제자 같으면 그때 이미 공자에게는 미래가 없다고 생각하여 도주했을 것이다. 그렇게 도주한 제자들도 없지는 않았을 것이다. 그러나 안회는 그런 제자가 아니었다. 공자는 안회가 보이지 않자 죽은 것으로 생각했다. 자신을 버리고 도주할 제자는 아니었다.

공자와 안회가 나눈 대화는 진정한 사제 관계의 전형을 보여준다. 나중에 안회가 먼저 병사하자 공자는 "하늘이 나를 버리는구나"라며 슬퍼했다. 나는 우리 사회에 이런 사제 관계가 있는지 알지 못한다. 먼저 스승과 제자는 동등하지 않다. 스승에게 제자는 학문 동지가 아니라 '가방모찌〔鞄持ち〕'에 불과하다. 제자 역시 온갖 시중은 들지만 선생을 존경하지는 않는다. 광 땅에서처럼 목숨이 위태로운 경우라면 당장 도망간다.

공자학단은 달랐다. 자로는 여러 번 면전에서 불평을 토로하고도 공자를 따라다녔다. 안회는 겨우 목숨을 건지고는 "선생님께서 살아 계시는데 회가 어찌 감히 죽겠습니까?"라고 말했다. 공자에게는 내일에 대한 아무런 대책이 없었는데도 말이다. 〈자한〉 편에 광 땅에서 공자가 제자들에게 한 말이 나온다.

공자께서 광 땅에서 두려운 일을 당하시고 가라사대 "문왕이 이미 돌아가셨지만 문文은 여기에 있지 않은가? 하늘이 장차 이 문을 버리려고 하셨다면 뒤에 죽을 사람은 이 문에 함께하지 못할 것이다. 하늘이 이 문을 버리시지 않는데, 광 땅 사람들이 나를 어찌하겠는가?"_〈자한〉

子畏於匡이러시니 曰, 文王이 旣沒하시니 文不在玆乎아? 天之將喪
자 외 어 광   왈 문왕   기몰   문부재자호   천지장상
斯文也신댄 後死者가 不得與於斯文也어니와 天之未喪斯文也시니
사문야   후사자   부득여어사문야   천지미상사문야
匡人이 其如予에 何리오? _〈子罕〉
광인   기여여   하

《사기》〈공자세가〉는 "광 땅 사람들이 공자를 더욱 급박하게 잡으려 하자 제자들이 두려워했고(匡人拘孔子益急, 弟子懼)" 공자가 이 말을 했다고 조금 자세하게 설명하고 있다. 문왕의 문물을 공자가 계승했으니 하늘이 자신을 죽일 리가 없다는 낙관이다. 일본의 요시카와 고지로(吉川幸次郎)는 《고전강좌논어古典講座論語》에서 "이 말은 《논어》의 강력한 말 중에서도 가장 강력한 말의 하나"라고 평가하고 있지만 대책 없는 낙관주의라고 하지 않을 수 없다. 하늘이 문명을 멸망시키려 한다면 모르겠지만 그렇지 않다면 자신은 죽지 않을 것이라는 자신감이다. 그러나 죽지 않을까 두려워하는 제자들에게 "하늘이 이 문文을 버리시지 않는데, 광 땅 사람들이 나를 어찌 하겠는가?"라는 말이 위로가 될 수는 없다. 그렇다고 공자에게 다른 대책이 있는 것도 아니었다. 이럴 때 공자마저 두려움에 빠지면 공포는 제어할 수 없이 확산될 것이다. 학단 자체가 해체될 수도 있다. 공자는 그것만이라도 막기 위해 일부러 이런 말을 한 것은 아닐까?

세한연후 | 歲寒然後

겨울이 오면

공자의 삶은 신산스러웠다. 그래서 나는 〈자한〉 편의 이 구절을 읽을 때마다 공자의 신산스런 삶이 다가온다. 명 구절이 무수히 많은 《논어》에서도 가장 크게 와 닿는 구절이다.

공자 가라사대 "날씨가 추워진 이후에야 소나무, 잣나무가 뒤늦게 시드는 것을 안다." _〈자한〉

子曰, 歲寒然後에 知松柏之後凋也니라. _〈子罕〉
자왈   세한연후   지송백지후조야

공자의 인생역정人生歷程이 응축된 구절이다. 조선 후기 공자를 성인으로 떠받들었던 주자학자들이 과연 공자를 어느 정도 이해했을까 궁금하다. 주자학을 유일사상으로 만들어 일체의 다른 사상을 억압하던 체제 기득권자들이 어떻게 공자를 이해할 수 있었을까? 그들이 공자는 머리로 이해할 수 있는 인물이 아니라 가슴으로 느끼는 인물이란 사실을 알았을 리 만무하다.

우리나라 사람들에게 이 구절은 추사 김정희金正喜의 '세한도歲寒圖'로 유명하다. 노론 명가名家 출신이었던 젊은 김정희는 공자를 알지 못했다. 김정희는 막내아우 '사계에게 주다(與舍季相喜)'라는 편지의 일곱 번째 글에서 "조선 사람들(東人)은 원교圓嶠(이광사)의 붓에만 사로잡혀 왕허주王虛舟·진향천陳香泉 같은 여러 대가가 있다는 것을

| 김정희의 '세한도'

알지 못하고 망령스럽게 붓을 말하니 나도 모르게 아연히 한번 웃을 뿐이다"라고 말했다. 왕허주는 왕주王澍이고, 진향천은 진혁희陳奕禧인데 모두 청나라의 유명한 서예가들이다.

명문세족 출신으로 청나라를 자주 들락거리던 김정희는 조선 사람들이 원교 이광사의 글씨를 높이 평가하는 것을 보고 비웃었다. 요즘 말로 하면 한국 사람들이 파리나 뉴욕의 최신 미술 경향을 모르고 이광사를 높이 평가한다면서 비웃은 것이다.

추사 김정희와 원교 이광사

하곡 정제두에게 양명학을 배우고, 윤순尹淳에게 글씨를 배운 이광사는 중국과 다른 조선의 필법인 동국진체東國眞體를 완성한 서예가이자 《원교필결圓嶠筆訣》 등을 남긴 서예 이론가이기도 했다. 이광사의 글씨체를 원교체圓嶠體라고 하는데, 소론에 속했던 그는 앞서 잠시 언급했듯이 영조 31년에 발생한 나주벽서 사건에 연루되어 유배지에서 일생을 마친 불우한 선비였다. 이광사는 가객歌客이 우조羽調로 부르면 글씨도 우조로 쓰고 평조平調로 부르면 평조로 썼다는 일화가 전해질 정도로 글과 영혼이 일체가 된 인물이었다. 김정희가 이광사를 비웃은 것은 이뿐만이 아니다. 그는 이광사가 쓴 전남 해남 대흥사大興寺의 대웅전大雄殿 편액을 보고 초의선사에게 편지를 남겼다.

"원교의 대흥사 편액을 다행히 보고 갈 수 있었는데, 이는 천박한 후배들이 분별할 바는 아니겠지만 원교가 자처한 바로써 논하면 전해들은 것과 너무도 같지 않고 조송설趙松雪(조맹부)의 형식으로 타락했으니 저도 모르게 아연히 한 번 웃었습니다.('초의에게 드립니다(與草衣)' 37)"

▎추사 김정희 초상

김정희는 이광사의 글에 대해 두 번이나 비웃었다. 젊은 시절 김정희는 영혼과 기예의 만남이 예술이란 사실을 미처 몰랐다. 이런 김정희에게 이광사의 글씨는 세계 미술의 흐름을 모르는 시골 서생의 조잡한 글씨에 지나지 않았다. 그 시골 서생의 글씨에 선비의 혼이 담겨 있다는 사실을 볼 수 없었다.

원교 이광사가 쓴 대흥사 대웅전 편액

　노론 훈척勳戚으로서 잘나가던 김정희는 헌종 6년(1840)에 발생한 윤상도尹尙度의 옥사와 관련해 만 9년 동안 제주도에 유배되면서 처음으로 인생의 쓴맛을 보게 된다. 김정희가 유배되자 대부분 친구가 끊어지면서 비로소 인생의 신산스러움을 맛보게 된다. 이런 그에게 중인 역관 이상적李尙迪(1804~1865)이 두 번이나 청나라 서적을 보내주자 감격해서 그린 것이 '세한도歲寒圖'다. 김정희가 해배解配되어 오랜 유배 생활을 마치고 돌아올 때 다시 이광사의 대흥사 편액을 보았더니 과거와는 느낌이 전혀 달랐다는 이야기가 전해지는 것처럼《논어》도 불우한 처지를 겪어보지 못한 사람은 이해하기 어려울 것이라고 나는 생각한다. 나는 추사와 원교의 글씨 중에 한 점을 소장할 수 있다면 당연히 원교의 글씨를 택할 것이다.

지금 우리 사회는 공자가 살던 춘추시대와 얼마나 다른 것일까? 공자가 지금 산다면 과연 그의 뜻을 펼칠 수 있을까? 우리 사회의 각종 카르텔 구조를 아는 사람은 그렇지 못하리란 사실을 잘 알 것이다. 노나라의 삼손씨 카르텔, 신라 후기 골품 카르텔 못지않은 카르텔이 우리 사회를 지배하고 있는 한 공자 같은 사람이 설 자리는 없다.

아대가자 | 我待賈者

나를 사갈 사람이 없는가?

이런 고초를 겪은 끝에 공자는 다시 위나라로 돌아왔다. 공자가 제 발로 떠났던 위나라로 왜 돌아왔는지는 분명치 않다. 이때 공자는 위 영공의 부인이자 절세의 미녀였던 남자南子를 만나 구설에 오른다. 자로가 남자와 만나는 것을 불평하자 공자는 "내가 잘못했다면 하늘이 싫어하실 것이다"라는 말을 두 번씩이나 반복해 변명했다. 공자가 하늘까지 끌어들이면서 자신의 결백을 변명해야 했던 이유가 《사기》 〈위강숙세가衛康叔世家〉에 나와 있다.

위 영공의 부인 남자는 송나라 왕녀였는데, 시집오기 전 송조宋朝라는 미남 애인이 있었다. 《논어》에는 가끔 전후 맥락 없이 들어가 있는 말들이 있다. 이런 말들은 그 배경을 알아야 이해할 수 있는데, 〈옹야〉 편에 나오는 송조 이야기도 그중 하나다.

공자 가라사대 "축타祝鮀의 말재주와 송조宋朝의 아름다움을 갖지 않으면 지금 세상에서 (화를) 면하기가 어렵다."_〈옹야〉

子曰, 不有祝鮀之佞이며 而有宋朝之美면 難乎免於今之世矣니라.
자왈 불유축타지녕   이유송조지미   난호면어금지세의
_〈雍也〉

축祝은 종묘에서 제사를 관리하는 제관祭官이고, 타鮀는 자字가 자어子魚인 위나라 대부로서 말재주가 좋기로 소문난 인물이다.

《춘추좌전》은 위 영공이 부인 남자를 위해 송조를 불러들였다고 전하는데, 왕비가 군주인 남편은 물론 혼전 애인까지 데려왔으니 말이 많을 수밖에 없었다. 공자가《논어》〈헌문憲問〉편에서 "위 영공은 무도하다(衛靈公之無道也)"라고 비판한 데는 이런 배경이 있었다. 위 영공과 남자 사이에서 태어난 아들이 위 태자 괴외蒯聵이다. 괴외는 잇단 추문을 생산하는 모친 남자에게 불만이 많았다. 심지어 모친을 죽이려고 결심했다.《춘추좌전》정공 14년조의 전傳에 그 전말이 실려 있다.

위나라 군주는 부인 남자를 위해 송조를 불렀다. 제齊나라 군주와 송宋나라 군주가 조洮에서 만날 때, 위나라 태자 괴외는 우읍盂邑을 넘겨주는 일로 송나라 시골을 지나는데, 시골 사람들이 노래를 불렀다.
"그대의 암퇘지 자리 잡았거늘 왜 우리 고운 수퇘지 돌려주지 않는가?"
태자는 수치를 느꼈다.《춘추좌전》〈정공 14년〉

衛侯爲夫人南子召宋朝. 會于洮, 大子蒯聵獻盂于齊, 過宋野. 野人歌之曰.
旣定爾婁豬, 盍歸吾艾豭, 大子羞之.《春秋左傳》〈定公 14年〉

암톼지는 남자南子, 수톼지는 연인 송조宋朝를 뜻했다. 괴외는 네 아버지는 위 영공이 아니라 송조라고 조롱하는 것처럼 느꼈을 수도 있다. 결국 괴외는 어머니를 죽이기로 결심하고 가신 희양속戲陽遫을 불러서 말했다.

"나를 따라 소군少君(왕비)을 만나러 가자. 소군을 만날 때 내가 돌아보면 그를 죽여라."

희양속은 그렇게 하겠다고 약속하고 태자를 따라가 남자를 만났다. 그러나 태자가 세 번이나 돌아보았는데도 희양속은 결행하지 않았다. 그 기색을 보고 눈치챈 왕비가 울면서 도주했다.

"괴외가 날 죽이려고 해요(蒯聵將殺余)."

위 영공은 남자의 손을 잡고 대臺에 올라 피했다. 모친을 죽이는 데 실패한 태자는 송나라로 도주했고, 그를 따르던 인물들도 다 축출되었다. 송나라로 도주한 태자는 "희양속이 내게 화를 입혔다"라고 말했다. 희양속이 이 말을 듣고 자신을 변명했다.

"태자가 내게 화를 입혔다. 태자는 무도하게도 내게 어머니를 죽이라고 시켰다. 내가 수락하지 않았다면 나를 죽였을 것이다. 만약 죽였다면 내가 계획한 것이라고 했을 것이다. 그래서 나는 수락하고도 하지 않았다. 이로써 나는 죽음을 피할 수 있었다. 사람들은 '사람은 신의를 지켜야 한다(民保於信)'고 말한다. 나는 이로써 신의를 지켰다(吾以信義也)."

모친을 죽이려 한 괴외나 약속을 어기고도 변명하는 희양속이나 마찬가지였다. 태자가 추문 때문에 모친을 살해하려다 실패한 사건이니 나라가 떠들썩했을 것은 불문가지였다. 이런 남자를 공자가 만났으니 자로가 대놓고 불평한 것이다. 요즘 말로 이미지 관리를 해야 한다는 뜻이었다. 그러나 공자가 남자를 만난 것도 다 이유가 있었다. 《사기》〈공자세가〉에 그 경위가 서술되어 있다.

> 위 영공의 부인 남자가 있었는데, 사람을 시켜서 공자에게 이르기를 "사방의 군자로서 과군寡君(영공)과 형제가 되는 것을 수치스럽게 여기지 않는 자는 반드시 과소군寡小君(남자)을 먼저 보는데, 과소군이 만나 보기를 원합니다"라고 했다. 공자가 사양했으나 부득이해서 만났다. 부인은 갈포로 만든 휘장 안에 있었는데, 공자가 문으로 들어가서 북면하고 머리를 조아렸다. 부인이 갈포 휘장 안에서부터 재배再拜하는데 허리에 찬 옥구슬에서 아름다운 소리가 났다.
> 공자가 "우리 고향에서는 만나지 않지만 만났으니 예로써 답해주었다"라고 말했는데, 자로가 기뻐하지 않았다. 공자가 맹세했다. "내가 잘못했다면 하늘이 싫어하실 것이다. 하늘이 싫어하실 것이다."_《사기》〈공자세가〉
>
> 靈公夫人有南子者, 使人謂孔子曰, 四方之君子不辱欲與寡君爲兄弟者, 必見寡小君, 寡小君願見. 孔子辭謝, 不得已而見之. 夫人在絺帷中, 孔子入門, 北面稽首, 夫人自帷中再拜, 環珮玉聲璆然. 孔子曰, 吾鄉爲弗見, 見之禮答焉. 子路不說, 孔子矢之曰, 予所不者, 天厭之 天厭之. 《史記》〈孔子世家〉

공자는 추문이 끊이지 않는 남자를 만나기로 했다. 공자는 이 만남을 권도權道라고 생각했을 것이다. 정도正道는 원칙이지만 권도는 융통성이다. 공자는 위나라에서 자신에게 정치를 맡긴다면 위나라를 바로잡을 자신이 있었다. 그래서 남자를 만나면서까지 정계 진입을 시도했다. 그러나 위 영공이나 남자나 사람 보는 눈이 없기는 마찬가지였다. 남자는 기골이 장대하다는 유명한 학자를 만나고 싶었을 뿐이다. 공자를 등용하면 위나라를 크게 일으킬 수 있다는 생각은 하지 못했다. 위 영공도 마찬가지였다. 남자는 공자를 자신의 추문을 희석하는 존재로 이용하려 했다.

위나라에 머문 지 한 달여 만에 위 영공이 부인과 함께 수레를 탔다. 위나라 벼슬아치 옹거雍渠를 참승參乘(함께탐)시키고 나가면서 공자를 뒷 수레에 타게 하여 시가지를 한 바퀴 돌아서 지나갔다. 공자가 "나는 덕을 좋아하기를 여색을 좋아하는 것같이 하는 자를 보지 못했다"라고 말했다. 이를 더럽게 여기고 위나라를 떠나서 조曹나라로 갔다. 이 해에 노 정공이 죽었다. 《사기》〈공자세가〉

衛月餘, 靈公與夫人同車, 宦者雍渠參乘, 出, 使孔子爲次乘, 招搖市過之, 孔子曰, 吾未見好德如好色者也. 於是醜之, 去衛, 過曹. 是歲, 魯定公卒.
《史記》〈孔子世家〉

남자는 학명學名이 높은 공자를 자신의 추문을 희석하는 존재로 이용했다. 공자는 남자의 수레 뒤를 따라 시가지를 도는 것으로 망신을 당했다. 이렇게 위나라에서 시도한 두 번의 정계 진출 시도는 모두 실패로 끝나고 말았다. 공자는 계속 광야를 떠돌 팔자였다.

공자의 광야 주유는 계속되었다. 공자의 주유 경위를 정확히 서술하기는 쉽지 않다. 여러 기록이 시기를 뒤섞어서 기록해놨기 때문에 앞의 사건이 뒤에 서술되기도 하고, 뒤의 사건이 앞에 서술되기도 한다. 그러나 여러 기록에서 공통으로 나타나는 것은 천하 주유 과정에서 여러 번 수난을 겪었다는 점이다.

포蒲 땅에서 겪은 수난도 그중 하나다. 공자가 위나라 서쪽 지역인 포 땅을 지날 때 위나라 대부 공숙씨公叔氏가 반란을 일으켰다. 그러자 포 땅 사람들이 공자를 억류했다. 이때 공자를 따르던 제자 중에 공량유公良孺란 인물이 있었다. 그는 개인 수레 다섯 승(五乘)을 가지고 따를 정도로 공자를 존경했고, 재력도 용력도 있었다. 공자가 거듭 조난遭難을 당하자 공량유는 맞서 싸울 결심을 했다.

(공량유가) 이르기를 "나는 예전에 선생님(夫子)을 따라 광 땅에서 어려움을 당했는데, 지금 또 이곳에서 어려움을 만나니 운명이다. 내가 선생님과 다시 난을 만나니 차라리 싸우다가 죽겠다"라고 했다. 싸움이

《공부자성적도》 오승종유도五乘從遊圖. 다섯 수레가 따라 나서다. 한국학중앙연구원 장서각 소장

격렬해지자 포 땅 사람들이 두려워서 공자에게, "진실로 위나라로 가지 않겠다면 우리는 그대들을 보내주겠소"라고 말했다. 공자는 그러하겠다고 맹세하고 동문으로 나가서 드디어 위나라로 갔다. 자공이 "맹세를 저버려도 됩니까?"라고 묻자 공자가 말했다. "강요된 맹세는 신神도 듣지 않는다." 《사기》〈공자세가〉

謂曰, 吾昔從夫子遇難於匡, 今又遇難於此, 命也已. 吾與夫子再罹難, 寧鬪而死. 鬪甚疾, 蒲人懼, 謂孔子曰, 苟毋適衛, 吾出子. 與之盟, 出孔子東門. 孔子遂適衛. 子貢曰, 盟可負邪. 孔子曰, 要盟也, 神不聽. 《史記》〈孔子世家〉

《공자가어》는 공량유가 검을 빼서 공자 무리와 더불어 장차 전투를 벌이려 하자 포 사람들이 두려워했다고 보다 자세하게 설명하고 있다. 무력충돌 일보 직전에 포 땅 사람들이 내놓은 타협안은 위나라로 가지 말라는 것이었다. 공자는 그렇게 하겠다고 맹세했지만 위나라로 갔다. "강요된 맹세는 신도 듣지 않는다"라면서. 공자가 작은 명분에 집착하는 책상물림이 아니라는 사실은 여기저기 나온다.

포 땅 사람들이 '위나라로 가지 않으면 보내주겠다'고 한 말의 의미는 "위나라 영공이 공자가 왔다는 말을 듣고 기뻐서 교외까지 나와 맞이했다"라는 《사기》〈공자세가〉의 서술이 설명해준다. 포 땅의 일부 사람들이 위나라 대부 공숙씨와 손잡고 공자 일행의 위나라행을 막았던 것이다. 위 영공은 공자에게 "포 땅을 정벌할 수 있겠소?"라고 물었고, 공자는 "할 수 있습니다"라고 대답했다. 위 영공은 '나의 대부大夫는 안 된다고 했다'면서 대부들의 반대 이유를 설명했다. 위나라가 포 땅을 정벌하면 강국인 진나라와 초나라가 가만히 있지 않을 것이라는 이유였다. 공자의 논리도 분명했다. "포 땅의 남자들은 위나라를 위해 죽을 뜻을 품었고 부인들도 마찬가지"이며 "우리가 정벌하려는 것은 네댓 명에 불과할 것입니다(吾所伐者不過四五人)"라는 논리였다. 〈공자세가〉는 위 영공이 "좋습니다"라고 답했으나 포 땅을 정벌하지는 않았다고 전한다. 영공의 허언은 계속되었고, 위나라 정치에 참여하려던 공자의 의도는 또 좌절되었다. 그래서인지 《논어》 〈위령공〉 편에는 공자가 영공에게 면박 주는 일화가 나온다.

> 위 영공이 공자에게 군사가 진 치는 법을 묻자, 공자 가라사대 "제사에 관한 일은 내가 일찍이 들었지만 군사에 관한 일은 배우지 못했습니다"라고 하시고 다음 날 드디어 떠나셨다. _〈위령공〉
>
> 衛靈公問陳於孔子한대 孔子對曰, 俎豆之事는 則嘗聞之矣어니와
> 위령공문진어공자   공자대왈   조두지사   즉상문지의
> 軍旅之事는 未之學也라 하시고 明日에 遂行하시다. _〈衛靈公〉
> 군려지사   미지학야   명일   수행

위 영공이 군사가 진 치는 법에 대해서 물었다는 것은 군사력이 강한 나라로 만들어줄 수 있느냐고 물은 것이다. 즉 자신을 패자로 만들어줄 수 있느냐고 물었다는 뜻이다. 공자는 협곡회맹과 비읍을 허물어뜨릴 때 전세를 역전하는 군사작전의 묘미를 보여주었다. 영공도 이런 사실을 알았기에 공자에게 군사 문제를 물었다. 그러나 공자는 '제사 문제는 알지만 군사 문제는 모른다', 즉 '예는 알지만 군사는 모른다'고 답하고 다음 날 위나라를 떠났다.

여기에는 두 가지 의미가 담겨 있다. 하나는 영공에게 다시는 허언하지 말라는 경고였다. 포 땅을 정벌하자고 했을 때도 허언하더니 또

무슨 진 치는 법이냐는 핀잔이었다. 또 하나는 정치의 본질에 힘쓰라는 충고였다. 공자에게 조두俎豆는 단순히 제사를 뜻하는 것이 아니었다.

중궁仲弓이 인에 대해서 묻자, 공자 가라사대 "문을 나갔을 때는 큰 손님을 뵌 듯이 하고, 백성을 부릴 때는 큰 제사를 받들 듯이 하며, 자기가 원하지 않는 바를 남에게 하지 말아야 할 것이니, 이렇게 하면 나라에 원망이 없으며, 집에서도 원망이 없을 것이다." 중궁이 말하기를 "옹雍이 비록 불민하지만 이 말씀을 받들겠습니다."_〈안연〉

仲弓問仁한대 子曰, 出門如見大賓하고 使民如承大祭하며 己所不
중궁문인   자왈   출문여견대빈   사민여승대제   기소불
欲을 勿施於人이니 在邦無怨하며 在家無怨이니라. 仲弓曰, 雍雖不
욕   물시어인   재방무원   재가무원   중궁왈 옹수불
敏이나 請事斯語矣리이다. 〈顏淵〉
민   청사사어의

중궁은 공자의 제자인 염옹冉雍으로서 공자와 같은 노나라 사람인데 공자보다 스물아홉 살 어렸다. 공자는 〈옹야〉 편에서 "옹야는 남면할 수 있다(雍也, 可使南面)"라고 말해서 후세 유가들에게 큰 논란을 불러일으켰다. 군주는 북쪽 자리에 앉으므로 남면은 곧 임금의 자리를 뜻한다. 대부들이 감히 팔일무八佾舞를 춘다고 크게 비판했던 공자가 제자 염옹에게 "임금 노릇할 만하다"라고 말했으니 논란이 일 수밖에 없었다. 다산 정약용은 《논어고금주》에서 이 부분에 대해서는 '깊게 믿을 것이 못 된다'라고 부인했다.

공자는 이때 '기소불욕己所不欲을 물시어인勿施於人하라'는 유명한 말을 남겼다. '자기가 원하지 않는 바를 남에게 하지 마라'는 뜻이다.

이 한 가지만 실천해도 세상 살면서 남의 원망은 듣지 않을 것이다. 이 말이 개인의 수신에 강조점이 찍혀 있다면 '사민여승대제使民如承 大祭하라', 즉 '백성을 부릴 때는 큰 제사를 받들 듯이 하라'는 말에는 지배자가 백성을 부릴 때 어떻게 해야 하는가가 담겨 있다. 예법禮法 중의 예법은 하늘과 땅에 지내는 큰 제사다. 세상 떠난 선왕을 모시는 것도 큰 제사다. 이런 큰 제사를 지내는 자세로 백성을 부리라는 것이다. 백성을 부린다는 사민使民이란 용어를 썼지만 백성을 받드는 사민事民, 승민承民과 바꾸어놓아도 마찬가지 뜻이다. 춘추시대 지배자들에게 백성은 도구에 지나지 않았다. 세금 내는 도구이자 전쟁 때 동원되는 도구였다. 공자는 이런 백성을 '큰 제사 받들 듯이' 부리라고 말하는 것이다.

위 영공이 백성을 동원해 패자가 되는 방법을 물었기 때문에 공자는 "제사에 관한 일은 내가 일찍이 들었지만 군사에 관한 일은 배우지 못했습니다" 하고 거절한 것이다. 게다가 포 땅을 정벌하자고 말했을 때도 할 것처럼 하다가 결국 허언하는 인물과 무슨 군사 문제를 논의하겠느냐는 오기도 발동했을 것이다.

공자는 정치에 참여하고 싶다는 의중을 감추지 않았다. 그래서 영공 같은 인물조차 공자는 자신이 원하기만 하면 수하에 둘 수 있는 인물이라 여겼던 것이다. 그런 공자의 처신에 문제를 제기한 인물이 자금子禽이었다.

자금이 자공에게 "부자夫子(공자)께서 나라에 이르시면 반드시 그 정치에 대해 들으시니 부자께서 구하시는 것입니까? 나라에서 참여하게 하는 것입니까?"라고 물었다. 자공이 "선생님께서는 온화하시며, 곧으시며, 공경하시며, 절제하시며, 겸손하심으로 얻으시니 선생님이 구하시는 것은 다른 사람이 구하시는 것과 다릅니다"라고 답했다. _〈학이〉

子禽이 問於子貢曰, 夫子至於是邦也하면 必聞其政하시니 求之與
자금   문어자공왈 부자지어시방야   필문기정   구지여
아? 抑與之與아? 子貢曰, 夫子는 溫良恭儉하여 讓以得之하시니 夫
억여지여   자공왈 부자   온양공검   양이득지   부
子之求之也는 其諸異乎人之求之與인저. _〈학이〉
자지구지야   기저이호인지구지여

각 나라를 돌면서 반드시 정치에 대해서 묻는 공자의 처신에 제자 자금이 의문을 제기한 것이다. 진陳나라 사람 자금은 진항陳亢을 뜻하는데 공자에게 직접 물어보기 어려우니 자공에게 대신 물은 것이다. 그런데 자공의 대답은 약간 동문서답 같은 느낌이 든다. 자공도 시원하게 대답하기 어려웠던 것이다. 그래서 자공도 은유적으로 공자에게 같은 질문을 했다.

자공이 "여기 아름다운 옥이 있다면 궤 속에 감추시겠습니까? 좋은 상인을 구해서 파시겠습니까?"라고 묻자, 공자 가라사대 "팔아야지! 팔아야지! 나는 값을 기다리는 사람이다." _〈자한〉

子貢曰, 有美玉於斯하니 韞匵而藏諸잇가? 求善賈而沽諸잇가? 子
자공왈 유미옥어사   온독이장저   구선가이고저   자
曰, 沽之哉! 沽之哉라! 我는 待賈者也로라. _〈子罕〉
왈 고지재 고지재   아   대가자야

자공의 은유적 질문에 공자는 직설적으로 대답했다. 감출 필요가 없었다. 일신의 영화를 위해서가 아니라 도를 실천하기 위해서, 천하를 평화롭게 하기 위해서 정치에 나가려고 하는 것이다. 그래서 "나

는 값을 기다리는 사람"이라고 말했다. 공자는 왜 적극적으로 팔러 다니지 않고 기다렸을까? 자공의 '온화하시며, 곧으시며, 공경하시며, 절제하시며, 겸손하시며'라는 대답 속에 공자의 적극성은 보이지 않는다.

조선 개창의 설계자 정도전

조선 개창의 설계자 정도전은 달랐다. 정도전은 공자처럼 이념을 갖고 있었다. 그러나 그는 고려 왕실만 바라보지 않았다. 이미 고려는 회생하기 어렵다, 새로운 체제가 필요하다고 그는 생각했다. 새로운 체제의 필요성을 그는 유배 과정에서 느꼈다. 그 역시 유배 가기 전까지는 고려 왕조에 속한 사람이었다. 그러나 구체제 세력에 쫓겨 전라도 나주의 회진현 거평부곡居平部曲으로 유배 갔다. 부곡部曲은 천민이 사는 마을이다. 유배 간 그에게 부인은 원망하는 편지를 보낸다. 그의 부인은 '당신은 집에 쌀 한 섬도 없이 독서에만 몰두해 내가 그때그때 수단을 내어 꾸려가면서도 언젠가는 입신양명해 집안의 영광을 가져올 것으로 생각했다'라고 하면서 이렇게 비판했다.

"그러나 끝내는 국법에 저촉되어 이름은 더럽혀졌으며, 행적이 깎이고, 몸은 남쪽 변방에 귀양 가서 풍토병이나 걸리고 형제들은 나가 쓰러져서 가문이 망하였습니다. 세상 사람들의 웃음거리가 된 것이 이 지경에 이르렀으니 현인, 군자의 삶이란 진실로 이런 것입니까?"《삼봉집》'가난'

부인이 보기에 정도전의 인생은 끝이었다. 공자의 부인이 공자에게 불만이 많았던 것처럼 정도전의 부인도 마찬가지였다. 그러나 정도전은 유배 생활에서 민중을 발견했다. 고려 말 60~70가문 정도에 지나지 않는 권문세족이 고려의 정치와 경제를 모두 장악하고 있었다. 이들은 도평의사사都評議使司를 장악하고 일반 백성의 토지를 빼앗았다. 《고려사高麗史》〈식화지食貨志〉는 이렇게 쓰고 있다.

요즈음 들어, 간악한 도당이 남의 토지를 겸병兼倂(토지를 빼앗음)함이 매우 심하다. 그 규모가 한 주州보다 크며, 군郡 전체를 포함하여 산천山川으로 경계를 삼는다. _《고려사》〈식화지〉_

한 집안의 토지가 한 주州보다 크고 산천으로 경계를 삼을 정도라는 것이다. 이런 광대한 토지를 농장農莊이라 했다. 토지를 빼앗긴 농민은 전호佃戶(소작인)가 되거나 노비가 되었다. 농민은 새벽부터 밤중까지 논밭에 달라붙어 개미처럼 일해도 먹고살 수가 없었다.

요사이 국가 기강이 무너져 백성이 대대로 물려받은 땅을 권세 있는 자들이 모두 빼앗고 노비로 삼았다. 주현의 역리驛吏나 관노官奴, 백성이 농장에 들어가 백성이 병들고 나라가 여위게 되었으며, 그 원한이 하늘을 움직여 수해와 가뭄이 끊이지 않고 질병도 그치지 않았다. _《고려사》'신돈辛旽'조_

정도전은 유배 시절 이렇게 토지를 빼앗긴 농민의 시각으로 세상을 바라보게 되었다. 그래서 토지문제 해결을 자신의 임무로 여기게 되었다. 그의 획기적인 벼슬아치관은 이런 세계관에서 나온 것이다. 정도전은 "통치자가 백성으로부터 수취하는 것이 큰 만큼, 자기를 봉양해주는 백성에 대한 보답 역시 중한 것이다.(《조선경국전朝鮮經國典》 '부세賦稅')"라고 말했다. 지배층과 피지배층의 관계를 상호계약에 의한 관계로 본 것이다. 이미 600년 전에.

정도전도 공자처럼 전국을 떠돌아다녔다. 우왕 1년(1375) 유배에 처해졌다가 2년 후 풀려나서 고향인 충청도 단양에 은거했다. 다시 서울로 올라와 삼각산 밑에 삼봉재三峰齋를 짓고 학문하면서 후학을 길렀으나 그곳 재상이 삼봉재를 헐어버렸다. 그에게는 아무 미래가 없었다. 다시 김포로 쫓겨 간 그는 드디어 우왕 9년(1383) 가을 함경도 함주咸州로 동북면도지휘사 이성계를 찾아가 그 군대를 보고 "이 군

| 정도전의 전라도 나주 유배지, 거평부곡

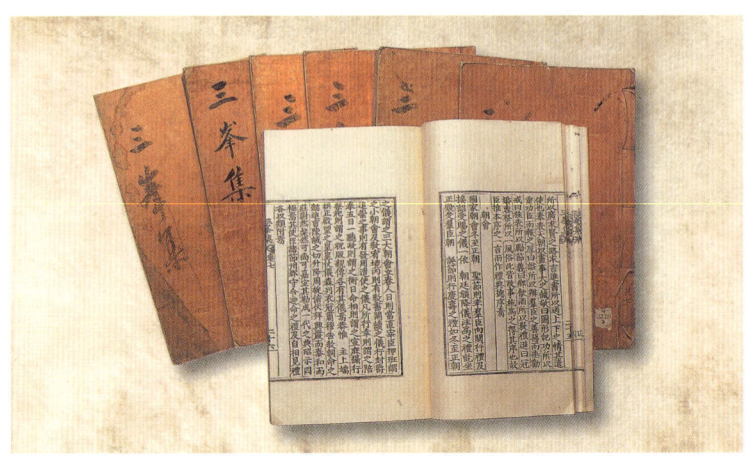
정도전의 《삼봉집》

대로 무슨 일인들 성공하지 못하겠습니까?"라고 비밀히 말했다. 이성계가 "무엇을 이름인가?"라고 묻자 "왜구倭寇를 동남방에서 치는 것을 뜻합니다"라고 답했다. 벼슬에서 떨어진 서생이 동남방의 왜구를 치자고 동북방의 이성계를 찾아갈 리 없었다. 이때 정도전은 소나무 껍질을 벗기고 시를 쓰는데 그 마지막 구절이 "인간을 굽어보면 문득 지난 일이네(人間俯仰便陳蹤)"라는 것이었다. 《용비어천가龍飛御天歌》와 《삼봉집三峰集》 등은 "태조에게 천명이 있음"을 빗긴 말이었다고 전한다.

정도전은 무작정 자신을 사줄 사람을 기다리지 않았다. 정도전은 자신의 개혁 프로그램을 실현하는 길이 곧 개국이며 그것이 곧 천명이라고 믿었다. 그래서 천명을 사줄 사람을 스스로 찾아 나섰다. 정도전과 이성계의 만남이 사실상 조선 개국을 결정지은 것이다. 정도전의 이념과 이성계의 군사력이 결합함으로써 이성계의 군사력은 혁명

무력이 되었다. 두 사람의 만남 후 고려의 474년에 걸친 왕업은 끝이 나고 조선이 개창된다.

정도전의 개국 프로그램은 고려 말의 토지문제를 해결하는 것이 핵심이었다. 정도전이 같은 역성혁명파인 조준趙浚과 구상했던 전제田制 개혁안은 모든 토지를 국가가 몰수하여 공전公田으로 만든 다음, 모든 백성에게 나누어주는 계구수전計口授田 방식의 토지개혁이었다.

> 옛날에는 토지를 관에서 소유하여 백성에게 주었으니, 백성이 경작하는 토지는 모두 관에서 준 것이었다. 천하의 백성으로서 토지를 받지 않은 사람이 없었고 경작하지 않는 사람이 없었다. 따라서 백성은 빈부나 강약의 차이가 그다지 심하지 않았으며, 토지에서의 소출이 모두 국가에 들어갔으므로 나라도 역시 부유하였다. 《조선경국전》〈부전賦典〉'경리經理'

| 정도전 초상

정도전은 위화도 회군 후 모든 토지문서를 개경의 궁궐 앞에 쌓아놓고 불을 질렀다. 그 불이 사나흘 동안 탔다고 《고려사》〈식화지〉는 전한다. 이런 토대 위에서 정도전은 공양왕 3년(1391) 새로운 토지제도인 과전법科田法을 공포했다.

정도전은 당초 "경내의 토지를 모두 몰수하여 국가에 귀속하고 인구를 헤아려서 토지를 나누어주어 옛날의 올바른 토지제도를 회복하려고 했다"라고 말한 것처럼 모든 백성에게 토지를 나누어주는 혁명적 토지개혁을 실시하려고 했다. 그러나 정도전이 "당시의 구가舊家 세족世族이 자기들에게 불편한 까닭으로 입을 모아 비방하고 원망하면서 여러 가지로 방해했다"라고 한탄했듯이 구세력의 반대 때문에 혁명적 토지개혁은 실시하지 못하고 일정 정도 타협할 수밖에 없었다.

백성에게 토지를 분배하는 일이 비록 옛사람에게는 미치지 못하였으나, 토지제도를 정제하여 1대의 전법을 삼았으니, 전조前朝(고려)의 문란한 제도에 비하면 어찌 만 배나 나은 게 아니겠는가? 《조선경국전》

정도전은 부족하나마 과전법이 고려 때의 토지제도에 비하면 만 배나 낫다고 자부했다. 과전법이 통과된 이듬해 이성계가 백관의 추대를 받아 왕위에 오른 것을 보면 허언은 아니었다. 이성계의 조선 개창은 정도전의 개국 프로그램을 실천에 옮긴 결과물이었다.

반면 공자는 천하를 주유하면서 자신의 도道를 사줄 군주를 기다렸다. 그러나 그런 군주는 나타나지 않았고 공자의 방랑은 계속될 수밖에 없었다. 수난도 계속될 수밖에 없었다.

> 군자고궁 | 君子固窮

군자는 굶어도 거문고를 탄다

공자 나이 쉰일곱 살 때 노 정공이 죽고 애공哀公이 즉위했지만 공자가 노나라로 귀국할 여건은 마련되지 않았다. 그런데 2년 후인 노 애공哀公 2년(서기 전 493) 4월 위 영공이 세상을 떠나면서 위나라에서 다시 기회가 왔다. 공자 나이 이미 쉰아홉이었다.

위 영공의 뒤는 모친 남자를 죽이려다가 송나라로 망명한 태자 괴외가 이어야 했다. 그런데 대부들은 망명한 태자 괴외 대신 괴외의 아들 첩輒을 세웠으니 그가 바로 위 출공出公이다. 괴외는 아들에게 빼앗긴 자리를 되찾기 위해 강국 진晉나라에 도움을 요청했다. 진나라도 괴외를 왕으로 삼으면 영향력이 더 커질 것이라는 생각에서 개입했다. 그러나 새로 즉위한 출공은 아버지에게 왕위를 넘길 생각이 없었다. 아들의 왕위를 빼앗으려는 괴외나 아버지의 자리를 내놓지 않으려는 첩이나 마찬가지였다. 부자 사이의 충돌은 16년간이나 계속되었다.

이때 위나라 군주 첩이 부친을 세우지 않아서 부친이 밖에 있자 제후들이 자주 양위하라고 꾸짖었다. 공자의 제자 여러 명이 위나라에서 벼슬하고 있었는데, 위나라 군주는 공자를 얻어 정치를 맡기고 싶어 했다. _《사기》〈공자세가〉

是時, 衛君輒父不得立, 在外, 諸侯數以爲讓. 而孔子弟子多仕於衛, 衛君

欲得孔子爲政. _《史記》〈孔子世家〉

새로 군주 자리에 오른 위 출공 첩이 공자를 등용하려 했다. 이때 공자의 제자 여러 명이 이미 위나라에서 벼슬하고 있었다. 이런 상황에서 나온 말이《논어》〈자로〉편의 공자 정명론正名論이다.

자로가 "위나라 군주가 선생님을 기다려 정치하려 하는데, 선생님께서는 장차 무엇을 먼저 하려 하십니까?"라고 묻자, 공자 가라사대 "반드시 이름을 바로잡겠다!" _〈자로〉

子路曰. 衛君이 待子而爲政하시나니 子將奚先이시잇가? 子曰. 必也
자 로 왈 위 군   대 자 이 위 정   자 장 해 선   자 왈 필 야
正名乎인저! _〈子路〉
정 명 호

여기에서 '이름을 바로잡겠다'는 정명正名은 '명분을 바로잡겠다'로 해석되기도 한다. 이때 위나라의 이름과 명분은 질서를 잃고 있었다. 위 출공은 아버지의 왕위를 계속 차지하기 위해 할아버지를 아버지로 삼아서 왕위를 이었다. 명분과 실상이 달랐다.

정약용은《논어고금주》에서 "이때 첩은 위나라 임금이라고 칭하고 괴외는 위나라 태자라고 칭해서 부자와 군신의 이름이 위아래가 바뀌고 윤리를 잃은 실정이었다"라고 말했다. 덧붙여 "이런 이름을 바로잡으려 한다면 첩은 당연히 부친을 맞이해 자리를 양보하고 물러나 세자 자리에 있어야 한다"라고 말했다. 정약용 말대로 이름을 바로잡으려면 공자는 위 출공 첩에게 자리를 부친에게 양보하라고 말해야 했다. 그러나 부자지간에 전쟁을 치르는 마당에 가능한 일이

아니었다. 그래서 자로가 스승을 한탄했던 것이다.

자로가 말하기를 "이런 일이 있었습니까? 선생님께서 우활迂闊하신 것입니다! 그것을 어떻게 바르게 하시겠습니까?"_(자로)

子路曰, 有是哉라! 子之迂也여! 奚其正이시잇가? _(子路)
자로왈 유시재   자지우야   해기정

자로가 다시 폭발했다. 공자는 답답하게도 현실과 너무 동떨어진 생각을 하고 있었다. 아들이 왕위를 계속 차지하기 위해서 할아버지를 아버지로 삼아 부친과 전쟁하는 와중이었다. 공자가 출공에게 발탁되어 아버지에게 왕위를 양보하라고 한다면 그것이 어찌 가능하겠느냐는 비판이었다. 즉 '그렇게 현실을 모르고 이상에 치우쳤으니 사람들이 우활迂闊하다고 비판한다'는 뜻이었다. 우활이란 세상 물정을 잘 모르는 사람이란 뜻이다.

공자가 부자가 전쟁하는 위나라에서 과연 출사할 것인지를 놓고 제자들 사이에도 설왕설래가 많았다. 그래서 염유가 자공에게 공자의 출사 여부를 물어보았다.

염유가 "부자夫子께서 위나라 임금을 위해서 일하실까요?"라고 묻자 자공이 "그래, 내가 장차 가서 여쭤보겠소"라고 답했다. 들어가서 "백이, 숙제는 어떤 사람이었습니까?"라고 묻자 "옛날의 현인이셨다"라고 답하셨다. "원망이 있었습니까?"라고 묻자 "인仁을 구해서 인을 얻었는데, 또 무슨 원망이 있었겠는가?"라고 답하셨다. 자공이 나와서 "부자께서는 하지 않으실 것이오"라고 말했다. _(술이)

冉有曰, 夫子爲衛君乎아? 子貢曰, 諾다 吾將問之하리라. 入曰, 伯
염유왈 부자위위군호   자공왈   낙 오장문지   입왈 백
夷叔齊는 何人也잇고? 曰, 古之賢人也니라. 曰, 怨乎잇가? 曰, 求仁
이숙제 하인야   왈 고지현인야   왈 원호   왈 구인
而得仁이어니 又何怨이리오? 出曰, 夫子不爲也시리라. _〈述而〉
이득인   우하원   출왈 부자불위야

    공자학단다운 의사 확인 방법이었다. 백이, 숙제는 지금의 허베이 성(河北省) 노룽현盧龍縣에 있던 은나라 제후국인 고죽국孤竹國 왕자들이었다. 고죽국 임금이 막내아들 숙제에게 왕위를 물려주고 싶어 하는 마음이 있다는 것을 안 맏형 백이는 숙제에게 왕위를 양보했다. 그러나 숙제는 예법에 어긋난다면서 왕위를 맏형 백이에게 다시 양보했다. 백이와 숙제는 서로 왕위를 양보한 반면 괴외와 첩은 서로 왕위를 차지하겠다고 싸우는 정반대 상황이었다.

    백이와 숙제는 서로 왕위를 양보하다가 아무도 왕위를 받지 않자 함께 주周나라 문왕을 찾아갔다. 문왕은 천하의 3분의 2를 차지하고도 은나라를 임금으로 모셨다고 공자가 성인으로 높였던 인물이었다. 그러나 문왕은 이미 세상을 떠났다. 게다가 아들 무왕이 문왕의 위패位牌를 싣고 은 주왕을 공격하려 군사를 일으켰다. 백이, 숙제는 주 무왕의 말고삐를 잡고, "부친의 장례도 끝나지 않았는데 군사를 일으키는 것은 불효이며, 신하로서 군주를 치는 것은 불인不仁"이라고 말렸으나 무왕은 끝내 출정해 은나라를 멸망시켰다. 백이, 숙제는 주나라의 녹祿을 먹지 않겠다면서 산시 성(山西省) 영제현永濟縣에 있는 수양산首陽山에 들어가 고사리만 캐어 먹다 굶어죽었다.

    백이, 숙제에게 원망하는 마음이 있었느냐고 자공이 물었다. 공자는 백이, 숙제가 신하로서 임금을 친 주나라의 녹을 거부하고 수양산

으로 들어가 고사리만 캐어 먹다가 굶어죽었지만 인을 이루었으니 원망함은 없었다고 답했다. 자공은 나와서 "부자께서는 하지 않으실 것"이라고 단언했다. 굶어죽으면서까지 부당한 정권을 거부한 백이, 숙제를 높이 평가하는 공자가 어찌 위 조정에 출사하겠느냐고 해석한 것이다. 그리고 실제로 그렇게 되었다. 말과 행동이 일치했기에 사제 사이에 이런 신뢰가 있었다. 공자는 "나는 값을 기다리는 사람"이라 하며 정치 참여 의사를 숨기지 않았지만 자신의 이상을 꺾고 벼슬을 매수하지는 않았다.

위나라에서 출사하려던 계획은 다시 좌절되고, 노 애공哀公 6년(서기 전 489) 공자 나이 예순셋이 되었다. 이때 공자는 진陳나라에 머물고 있었는데 돌연 오吳나라가 공격해왔다. 진나라의 상국인 남방의 맹주 초楚나라가 진나라를 거들고 나섰다. 《춘추좌전》노 애공 6년조 전傳은 초나라 군주가 "나의 선군先君께서 진나라와 동맹을 맺으셨으니 구원하지 않을 수 없다(吾先君與陳有盟, 不可以不救)"라면서 군사를 진나라로 보냈다고 전한다.

공자가 머물던 진나라가 세 나라가 각축을 벌이는 전쟁터로 변한 것이다. 이 전쟁에 가담할 이유가 없었던 공자 일행은 진나라를 떠나 초나라 부함負函으로 가다가 채지蔡地를 지나게 되었다. 채지는 진과 초 사이에 있는 지역인데, 공자 일행은 여기에 갇히고 말았다. 식량이 떨어져 일주일 동안이나 굶주리다 보니 병든 제자들이 나왔다. 병자가 먹지 못하는 판국이니 공자도 굶었다. 공자는 위기일수록 낙천적 기질이 드러나는 인물이었다. 공자는 태연히 시를 읊고 거문고를 타면서 노래를 불렀다. 안빈낙도는 이런 과정에서 체득한 도의 경지였다. 그러나 주리고 병든 제자들은 이런 스승의 행동을 이해할 수 없었다. 자로가 또 공자에게 따졌다.

> 진나라에 계실 때 식량이 떨어지니 종자가 병에 걸려 일어나지 못했다. 자로가 성난 얼굴로 공자를 뵙고 "군자도 또한 궁할 때가 있습니까?"라고 말하자, 공자께서 가라사대 "군자는 진실로 궁한 것이니 소인은 궁하면 넘치느니라." 〈위령공〉
>
> 在陳絕糧하니 從者病하여 莫能興이러니 子路慍見曰, 君子亦有窮
> 재 진 절 량   종 자 병   막 능 흥   자 로 온 현 왈 군 자 역 유 궁
> 乎잇가? 子曰, 君子는 固窮이니 小人은 窮斯濫矣니라. 〈衛靈公〉
> 호   자 왈 군 자   고 궁   소 인   궁 사 람 의

자로가 화가 나서 "군자도 또한 궁할 때가 있습니까?"라고 따지자, 공자는 곤궁할 때 군자와 소인의 차이가 드러난다고 답했다. 군자는 궁해도 도를 즐기지만 소인은 궁하면 아무 짓이나 다 한다는 뜻이다.

이렇게 찾은 초나라에서 기회가 왔다. 초나라 소왕昭王이 서사書社 칠백 리 땅을 영지領地로 주어 공자를 봉하려고 했다. 스물다섯 가구 1리에 세우는 것이 사社다. 그러니 1만 7,500가구가 사는 서사 칠백 리 땅을 공자에게 주고 주요 관직을 맡기겠다는 뜻이었다. 그러나 초나라 영윤令尹 자서子西가 반대하고 나섰는데, 그는 초 소왕의 형이기도 했다.

초나라 영윤 자서가 말했다.
"왕의 사신으로 제후에게 보낼 자공 같은 자가 있습니까?"
왕이 말하기를 "있지 않소."

"왕을 보좌하는 재상으로 안회 같은 자가 있습니까?"

"있지 않소."

"왕의 장수로서 자로 같은 자가 있습니까?"

"있지 않소."

"왕의 관윤官尹으로 재여宰予 같은 자가 있습니까?"

"있지 않소."

"하물며 초나라 시조가 주나라로부터 봉함을 받을 때 호칭은 자작子爵이나 남작男爵이었는데 봉지는 오십 리였습니다. 지금 공구는 삼황오제三皇五帝의 법을 말하고, 주공周公과 소공召公의 사업을 밝히고 있는데 왕께서 만약 등용하신다면 초나라가 어떻게 대대로 당당하게 다스려온 사방 수천 리를 보존할 수 있겠습니까? 무릇 문왕은 풍豐 땅에 있었고 무왕은 호鎬 땅에 있었는데 일백 리의 땅으로 군주가 되어 마침내 천하의 왕이 되었습니다. 지금 공구가 근거할 토지가 있고 어진 제자들이 보좌한다면 초나라의 복은 아닐 것입니다."

소왕이 이에 중지했다. 그해 가을에 초나라 소왕이 성보城父에서 죽었다. 《사기》〈공자세가〉

昭王將以書社地七百里, 封孔子. 楚令尹子西曰, 王之使使諸侯有如子貢者乎. 曰, 無有. 王之輔相有如顏回者乎. 曰, 無有. 王之將率有如子路者乎. 曰, 無有. 王之官尹有如宰予者乎. 曰, 無有. 且楚之祖封於周, 號為子男五十里. 今孔丘述三五之法, 明周召之業, 王若用之, 則楚安得世世堂堂方數千里乎. 夫文王在豐, 武王在鎬, 百里之君卒王天下. 今孔丘得據土壤, 賢弟子為佐, 非楚之福也. 昭王乃止. 其秋, 楚昭王卒于城父. 《史記》〈孔子世家〉

초나라에서 웅지를 펼치려던 공자의 꿈은 다시 좌절되었다. 자로에게 우활하다는 비판까지 받으며 뜻을 펼치려던 계획은 번번이 좌절되었다. 자로에게 우활하다는 비판을 받은 공자. 그 심정을 떠올리자 조선 후기 유수원柳壽垣이 생각난다.

세상에서 쓰이지 못할 책을 쓰는 사람, 선비 유수원

그는 자신의 책 제목을 《우서迂書》, 즉 '우활한 책'이라고 지었다. 유수원은 《우서》의 서문 격인 '책을 서술하는 본지를 뽑아 기록하다(記論譔本旨)'라는 글에서 이렇게 자문자답한다.

혹자가 물었다. "그대는 이 책에 서술한 것이 과연 세상에서 행해질 수 있다고 여기는 것인가?" 내가 답했다. "미쳐서 실성한 사람이 아니고서야 어찌 세상에서 시행되는 것이 불가능하다는 사실을 모르겠는가?" 혹자가 물었다. "그렇다면 이 책은 어디에 쓰이겠는가?"《우서》
或曰, 子之爲此書也. 果以爲可行於世乎. 答曰, 若非病風失性之人, 豈不自知其不可行也. 或曰, 然則爲此何用. _《迂書》

세상에서 쓰이지 못할 책을 쓰는 사람, 그가 바로 선비다. 선비 유수원은 이렇게 답한다.

"천하의 모든 일은 참으로 그 이치가 있으면 반드시 말이 있다. 가만히 세간世間의 뜻을 생각해보면 반드시 이 도리가 있다. 그러므로 말하지 않을 수 없을 뿐이니 시행될 수 있는지 없는지는 논할 필요가 없다. 오호라, 옛날 군자들이 많은 책을 저술했는데 어찌 일찍이 시행될 수 있는지 없는지를 헤아렸겠는가?" 《우서》

答曰, 天下萬事苟有其理, 必有其言. 竊意世間, 必有此道理. 故自不能已於言耳, 可行與否, 又何足論也. 噫古之君子, 蓋多論著, 何嘗計較其行不行也. 《迂書》

세상에서 받아들여지지 못할 것을 알고도 붓을 드는 마음, 유수원은 "마음속의 울결鬱結(응어리)을 펼 수 없으면 할 수 없이 글을 지어 자성自省하는 것이다"라고 말했다. 그것이 선비가 세상을 사는 의리다. 요순시대가 다시 재현되지 않는 한 가슴속에 울결이 없다면 그는 선비가 아니라 향원鄕愿(가짜 선비)에 불과하다.

유수원이 자신의 글이 쓰이지 못할 것이라고 여긴 까닭은 크게 두 가지다. 하나는 그가 "무릇 백성의 자제 중에서 준수한 자를 뽑아서 교육해 사士를 선발한다('문벌의 폐단을 논한다論門閥之弊')"라고 말한 것처럼 신분제 폐지를 주장했기 때문이다. 양반 사대부 계급만이 정치할 수 있다는 주자학이 유일사상인 나라에서 일반 백성의 자식 중 준수한 자를 뽑아 교육해 벼슬아치로 삼아야 한다고 주장했으니 받아들여지지 못할 것은 당연했다.

또 하나는 노동의 가치를 높이면서 상공업 진흥을 주장했기 때문이다. 그는 사士 계급을 군역軍役에 종사하지 않고, 농·공·상에도 종사하지 않으면서 백성의 토지와 노비를 약탈하거나 고리대 또는 노비 소송 등으로 생계를 이어가는 자들이라고 강하게 비판했다. 이런 비판의 연장선상에서 상공업 진흥을 적극적으로 주장했다. 또한 부상富商과 세약소민細弱小民(가난한 백성)이 서로 협력해서 살아야 한다고 주장했다. 부자와 가난한 사람이 서로 제휴하는 것을 유수원은 동과同夥, 또는 합과合夥라고 불렀다.

시대에 쓰이지 못할 과감한 생각을 울결한 심정으로 써 내려간 유수원, 그는 어떻게 되었을까? 최근까지 고등학교 국사 교과서는 유수원에 대해서 이렇게 서술해왔다.

> 18세기 후반에는 농업뿐만 아니라 상공업의 진흥과 기술의 혁신을 주장하는 실학자들이 나타났다. 이들은 서울의 노론 집안 출신이 대부분이었으며, 청나라의 문물을 적극적으로 수용하여 부국강병과 이용후생에 힘쓰자고 주장했으므로 이들을 이용후생학파 또는 북학파라고 한다. 상공업 중심 개혁론의 선구자는 18세기 전반의 유수원이었다.
> 국사 교과서 2003년

국사 교과서의 서술은 요컨대 유수원이 노론이란 것이다. 그러나 유수원은 노론이 아니라 영조 31년(1755) 나주벽서 사건에 연루되어 노론에게 사형당한 소론 강경파였다. 최근에 개정된 교과서에서는 필자 등의 지적을 의식했는지 '노론'이라는 말을 빼버렸다. 해방 이후 수십 년간 학생들은 노론 당론 교재를 국사 교과서로 알고 외웠다. 영조 11년(1735) 홍문관 교리 조명택趙明澤은 유수원이 공직 후보 명단에 오르자 '유수원은 공의公議에 저지당한 자'인데 관직 후보자로 의망擬望(추천)한 것이 한탄스럽다고 상소했다. 그 정도로 노론에게 유수원은 금기의 인물이었다. 이런 유수원을 수십 년 동안 국사 교과서에서 노론으로 둔갑시켜 설명해왔으니 인문학이 죽지 않을 도리가 없다.

유수원은 귀머거리였다. 그래서 자호自號를 '귀머거리 맑은 대쑥'이란 뜻의 농암聾菴으로 지었다. 영조가 형식적 탕평책을 시행하던 재위 13년(1737) 소론 영수 조현명趙顯命의 천거로 영조를 직접 만나기도 했다. 이때 영조는 자신이 묻고 싶은 말을 주서注書에게 써서 보여주는 반 필담으로 대화를 진행했다. 이후 잠시《속오례의續五禮儀》편찬 사업에 참가했지만 곧 쫓겨나고 만다. 그리고 영조 31년 나주벽서 사건에 연루되어 끝내 사형당한다. 그렇게 사형당한 유수원은 우활한 책《우서》에서 여종이나 첩의 소생도 모두 등용하자고 우활하게 주장했다.

유수원의《우서》

혹자가 물었다. "여종이나 첩의 소생이 정실 아들과 같이 행세하는 것이 어찌 옳겠는가?" 내가 답했다. "그 집안에서는 천첩賤妾의 자식이지만 국가에서는 마땅히 그 어진지 어리석은지를 물어 쓰든지 버리든지 할 뿐이다. … 하늘이 총명하고 정직한 사람을 내는 것은 함께 천직天職(벼슬)을 시키기 위한 것이니 어찌 사가私家에서 귀천貴賤을 분별하는 것을 가지고 등용하지 않아서야 되겠는가?"《우서》

> 或曰, 婢妾所生, 豈可與正室子一樣行世乎. 答曰, 於其家, 則固是賤妾子
> 也. 於國家, 則只當問其賢愚, 而用舍之而已 … 天生聰明正直之資者, 使
> 之共天職也. 豈爲私家貴賤分別地, 而不用之乎._《迂書》_

 신분제를 더욱 공고히 해 양반 계급의 기득권을 강화해야 한다는 노론 일당독재 체제에서 신분제 해체를 주장한 유수원의 주장은 우활한 것이었다. 그러나 자로에게 우활하다는 비판을 받은 공자의 사상이 훗날 동양 사상의 수원지水源池가 된 것처럼 유수원이 우서에서 주장한 것들은 지금 대한민국의 평범한 사상이 되었다. 이렇게 울결한 선비의 가슴은 항상 그 시대의 약자를 보듬고 그 눈은 항상 그 시대를 뛰어넘어 미래를 향하고 있는 것이다.

민무소조수족 | 民無所措手足
백성이 어찌 살겠는가?

 공자와 자로의 관계는 특이하다. 안회가 무조건 공자의 말을 따르는 제자라면 자로는 꼬박꼬박 말대답하면서 따지는 제자다. 심지어 스승의 면전에다 대놓고 '우활하다'고 비난까지 한다. 그런데도 공자는 자로를 내치지 않았고, 자로도 공자를 떠나지 않았다. 둘은 고락을 함께했다. 자로에게 '우활하다'고 면박당한 공자는 자신의 논리를 설명한다.

공자 가라사대 "거칠구나 유由야! 군자는 그 알지 못하는 것에서는 빠지는(闕) 것이다. 이름이 바르지 못하면 말이 순하지 못하고, 말이 순하지 못하면 일을 이룰 수 없고, 일을 이루지 못하면 예악禮樂이 일어날 수 없고, 예악이 일어나지 못하면 형벌이 알맞지 못하고, 형벌이 알맞지 못하면 백성이 손과 발을 둘 곳이 없다. 그래서 군자는 명분을 세우려면 반드시 그 말이 합당해야 하고, 그 말을 세우려면 반드시 그 행동이 합당해야 하니 군자는 그 말에 구차한 바가 없을 따름이다."_〈자로〉

子曰, 野哉라 由也여! 君子於其所不知에 蓋闕如也니라. 名不正이면 則言不順하고, 言不順이면 則事不成하고, 事不成이면 則禮樂이 不興하고, 禮樂이 不興이면 則刑罰이 不中하고, 刑罰이 不中하면 則民無所措手足이니라. 故로 君子名之면 必可言也며 言之면 必可行也니 君子於其言에 無所苟而已矣니라._〈子路〉

공자의 말이 논리에는 맞을지 모르지만 "선생님께서 우활하신 것입니다"라는 자로의 말이 현실에는 맞는 것이었다. 그러나 '우활한' 공자는 부당한 출사를 비판하는 말을 많이 남겼다.

원헌原憲(자사)이 수치에 대해서 물으니, 공자 가라사대 "나라에 도가 있는데 녹봉만 받는 것과 나라에 도가 없는데 녹봉을 받는 것이 수치니라."_〈헌문〉

憲이 問恥한대 子曰, 邦有道에 穀하며 邦無道에 穀이 恥也니라._〈憲問〉

나라에 도가 있는데도 벼슬하면서 도를 실현하지 못하고 녹봉만 축내는 것이 수치이며, 나라에 도가 없는데도 구차하게 녹봉만 받는 것이 수치라는 것이다. 공자는 끝내 위나라에서 출사하지 못했다. 천하 주유는 계속되었다.

상가지구 喪家之狗

공자는 상갓집의 개다

공자는 한때 서북방의 맹주 진晉나라로 가는 승부수를 던지려고 한 적도 있었다. 진나라 조간자趙簡子를 만나 진나라 정계에 진입하려 했던 것이다. 그러나 공자가 황허 강에 이르렀을 때 뜻밖의 소식을 들었다. 조간자가 진나라의 대부 두명독竇鳴犢과 순화舜華를 살해했다는 소식이었다. 공자는 황허 강을 바라보며 탄식했다.

아름다운 물이 넓고 넓구나. 구丘(공자)가 이 물을 건너지 못하는 것이 운명인가! _《사기》〈공자세가〉

美哉水, 洋洋乎. 丘之不濟此, 命也夫. _《史記》〈孔子世家〉

황허 강을 건너면 진나라였다. 황허를 앞에 두고 조간자가 두명독과 순화를 죽였다는 소식을 들었다. 공자는 진나라로 갈 수 없다고 생

《공부자성적도》 중 서하반가도西河返駕圖. 서하에서 수레를 돌리다. 한국학중앙연구원 장서각 소장

각했다. 그래서 유장하게 흐르는 황허 강을 보고 "내가 이 물을 건너지 못하는 것이 운명인가!"라고 탄식했다. 공자는 자신의 운명을 알고 있었을까? 하늘이 자신에게 천도天道를 알게 했지만 실현할 기회는 주지 않는다는 사실을. 그것이 자신의 운명이란 사실을.

공자의 한탄을 듣고 자공이 "감히 묻겠습니다. 무슨 뜻입니까?"라고 물었다. '이익과 명命과 인'에 대해서는 드물게 말했다는 공자가 명에 대해서 말하자 자공이 물은 것이다. 공자가 답했다.

"두명독과 순화는 진나라의 어진 대부였다. 조간자가 뜻을 얻지 못했을 때 이 두 사람의 뒤에서 정사를 따랐다. 그가 뜻을 얻자 두 사람을 살해하고 정사를 하고 있다. 구丘(공자)가 듣기에 새끼 밴 짐승의 배를 가르고 어린 새끼를 죽이면 기린이 교외에 이르지 않는다. … 무릇 조수鳥獸도 불의不義를 알고 피하는데 하물며 구丘이겠느냐!《사기》

5장 | 3기, 14년간의 천하 주유 259

〈공자세가〉"

조간자의 본명은 조앙趙鞅이었다. 그가 자신이 어려울 때 도와준 두 명독과 순화를 죽였는데 자신이 어찌 그에게 가서 의탁할 수 있겠느냐는 뜻이었다. 공자는 추향陬鄕(노나라 추읍과는 다른 곳)으로 돌아와 추조陬操를 지어 두명독과 순화의 영혼을 위로했다. 추조는 거문고 곡조인데, 당나라 한유가 편집한 《금조십수》에 첫 번째로 실린 장귀조將歸操를 뜻한다. '추강의 물이여, 그 색이 깊고도 깊구나, 내 장차 건너려 했으나 건너지 못했구나!'(秋之水兮, 其色幽幽, 我將濟兮, 不得其由)'로 시작하는 슬픈 곡조다. '내 장차 건너려 했으나 건너지 못했구나!'라는 시구 속에 두명독과 순화의 비극이 공자의 비극으로 그대로 투영되었다.

공자의 정계진출 시도는 이렇게 번번이 좌절되었다. 공자가 이상 대신 현실을 선택한다면 자리는 많았다. 그러나 공자에게 정치는 이상을 실현하는 수단이지 자리 차지가 목적이 아니었다. 그래서 많은 수난도 당하고 조롱도 당했다. 《사기》〈공자세가〉에는 공자가 조曹나라를 떠나 송宋나라로 가서 제자들과 큰 나무 아래에서 예를 익히는데, 송나라 사마司馬 환퇴桓魋가 공자를 죽이려고 나무를 뽑은 사건이 기록되어 있다. 제자가 빨리 떠나자고 하자, 공자가 태연하게 답했다.

공자 가라사대 "하늘이 내게 덕을 주셨으니 환퇴가 내게 어찌하겠는가?"_〈술이〉

子曰. 天生德於予시니 桓魋其如予에 何리오? _〈述而〉
자 왈 천 생 덕 어 여   환 퇴 기 여 여   하

〈자한〉 편에서 "하늘이 이 문文을 버리시지 않는데, 광 땅 사람들이 나를 어찌하겠는가?"라고 말한 것과 같은 맥락이었다. 위기 때마다 공자는 놀라운 자신감으로 제자들을 놀라게 했다. 그러나 이 나라 저 나라를 떠도는 공자의 모습은 사람들에게 상갓집 개처럼 보였다. 공자가 정鄭나라에 있을 때 길을 잃는 바람에 제자들과 떨어져 공자 혼자 성의 동쪽 문에 외롭게 서 있었다. 공자를 찾아헤매는 자공에게 한 정나라 사람이 동쪽 문에 서 있는 공자의 외양을 설명했다. 그 말 중에 "상갓집 개 같다(若喪家之狗)"라는 표현이 있었다. 공자는 자공에게 이런 말을 전해 듣고도 화를 내기는커녕 크게 웃었다.

> 자공이 실제로 공자에게 고하자, 공자가 웃으면서 "형상이란 중요하지 않다. 그러나 상갓집 개와 같다고 이른 것은 맞는 말이다. 맞는 말이다!" 《사기》〈공자세가〉
> 子貢以實告孔子, 孔子欣然笑曰, 形狀, 末也. 而謂似喪家之狗, 然哉, 然哉.
> _《史記》〈孔子世家〉

공자는 두 번이나 '맞는 말이다'를 반복했다. 웃고 있어도 눈물이 난다는 상황이었다. 공자의 처지는 비참했다. 그나마 제자들은 위나라를 비롯해 여기저기에서 벼슬 살고 있었지만 공자는 아니었다. 되는 일도 없이 천하를 주유하는 공자와 제자들을 조롱하는 사람들이 꽤 있었다. 바로 은둔자들이었다.

3부

공자의 꿈

군자가 덕으로 소인을 다스리는
군자정치를 꿈꾸다.

知不可爲 ― 不知肉味
歸與歸與 ― 自經溝瀆
德不孤 ― 天下三讓

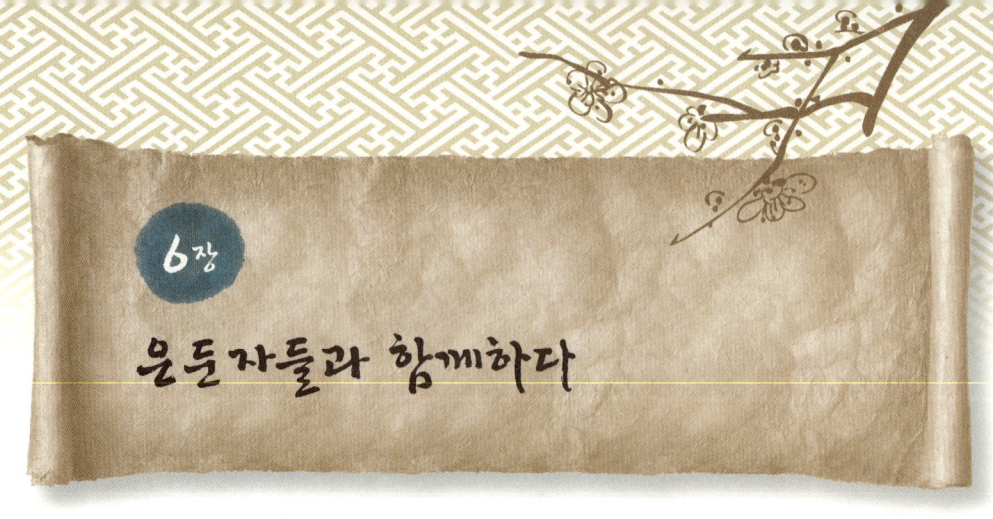

6장 은둔자들과 함께하다

지불가위 | 知不可爲
안 될 것을 알면서도 왜 해야 하는가?

　난세에 대처하는 군자의 두 유형이 있다. 하나는 공자처럼 잘못된 현실을 바꾸려고 노력하는 사람이다. 또 하나는 은자隱者로서 현실에서 도피하는 사람이다. 은자를 지칭하는 용어는 많다. 세상을 피하는 사람을 대은大隱이라고 하고, 산림 등에 은거하는 사람을 소은小隱 또는 야은野隱이라고 한다. 문제는 은자도 인간인 이상 먹고살아야 한다는 점이다. 지금도 복잡한 도시를 떠나서 시골로 이사하고 싶은 도시인이 먹고사는 문제 때문에 도시에 발목 잡혀 있는 경우가 많다. 과거에도 호구지책으로 낮은 벼슬이나 저잣거리에서 장사 등을 하며 숨어 사는 사람들이 있었다. 이들을 이은吏隱이라고 한다. 공자는 천하 주유 중에 여러 은자로부터 비평을 들었는데, 그중 새벽에 성문을 여는 문지기를 하는 이은이 있었다.

자로가 석문石門에서 숙박했는데 새벽에 성문 여는 사람(晨門)이 "어디에서 왔소?"라고 물었다. 자로가 "공씨로부터 왔소"라고 대답하자, "그 안 될 것을 알면서도 하는 사람 말이오?"라고 말했다. _〈헌문〉

子路宿於石門이러니 晨門曰, 奚自오? 子路曰, 自孔氏로라. 曰, 是知其不可而爲之者與아? _〈憲問〉
자로숙어석문   신문왈 해자   자로왈 자공씨   왈 시
지기불가이위지자여

정약용은 《논어고금주》에서 석문을 제齊나라 땅으로 봤다. 신문晨門은 새벽에 문을 여는 사람이니 이은일 것이다. 문지기로 호구지책을 삼은 이은이 공자를 "안 될 것을 알면서도 하는 사람 말이오?" 하고 조롱한 것이다. 이는 단순한 조롱이 아니라 현실 참여를 둘러싼 도가道家와 유가儒家의 차이를 상징하는 말이었다. 유가는 세상을 바꾸어보려고 노력하는 반면 도가는 그런 노력을 쓸데없는 것으로 보았다. 《논어》〈미자〉편에도 장저長沮와 걸닉桀溺이란 은자가 나온다.

장저와 걸닉이 짝을 이뤄 밭을 갈고 있는데 공자께서 지나가시다가 자로를 시켜 나루를 묻게 하셨다. 장저가 "수레의 고삐를 잡고 있는 사람이 누구요?"라고 물었다. 자로가 "공자 되십니다"라고 답하자 "이 사람이 공구인가요?"라고 물었다. 자로가 "그렇습니다"라고 대답하자, "이 사람이라면 나루를 알고 있을 것이오"라고 말했다. _〈미자〉

長沮桀溺이 耦而耕이어늘 孔子過之하실새 使子路問津焉하신대 長
장저걸닉   우이경   공자과지   사자로문진언   장

6장 | 은둔자들과 함께하다   265

《공부자성적도》중 자로문진도子路問津圖. 자로를 보내 나루터를 물어보다.
한국학중앙연구원 장서각 소장

沮曰, 夫執輿者爲誰오? 子路曰, 爲孔丘시니라. 曰, 是魯孔丘與아?
저왈 부집여자위수   자로왈 위공구   왈 시노공구여
曰, 是也니라. 曰, 是知津矣니라. _〈微子〉
왈 시야   왈 시지진의

수레 고삐를 잡던 자로가 나루를 물으러 갔으므로 공자가 대신 고삐를 잡고 있었다. 그 사람이 공자인 것을 안 장저는 '그러면 나루를 알고 있을 것이다'라고 선문답처럼 답하고 다시 밭을 갈았다. '공구라면 나루를 알고 있을 것이다'라는 말 속에는 여러 뜻이 함의되어 있다. 천하를 바로잡겠다고 나선 공자가 어찌 나루도 모르느냐는 조롱일 수도 있다. 그러나 강 건너 피안彼岸의 세계를 공자는 알고 있을 것이라는 뜻일 수도 있다. 장저로부터 나루를 아는 데 실패한 자로는 함께 밭을 갈던 걸닉에게 다시 물었다.

걸닉에게 물으니 걸닉이 "선생은 누구시오?"라고 물었다. "중유라는 사람입니다"라고 답하자 "노나라 공구의 제자인가요?"라고 물었다. "그렇습니다"라고 답하자 "물이 넘쳐 흘러가는 것처럼 천하가 다 그런데 누가 이것을 바꿀 수가 있겠는가? 또 그대는 사람을 피하는 선비를 따르기보다는 세상을 피하는 선비를 따르는 것이 어찌 낫지 않겠소?"라고 말하고 곰방메질을 그치지 않았다. _〈미자〉

問於桀溺한대 桀溺曰, 子爲誰오? 曰, 爲仲由로라. 曰, 是魯孔丘之徒與아? 對曰, 然하다. 曰, 滔滔者 天下皆是也니 而誰以易之리오? 且而與其從辟人之士也론 豈若從辟世之士哉라오? 耰而不輟하니라. _〈微子〉

공자를 '사람을 피하는 선비'로 본 것이 절묘하다. 필자는 이 부분에 대한 여러 선학先學의 주석을 살펴봤지만 속 시원한 해답을 얻지 못했다. 10세기경의 형병邢昺(932~1010)은 "사람을 피하는 법은 주류周流(두루 방랑함)의 노고가 있지만 세상을 피하는 법은 안일한 즐거움이 있다"라고 풀이했다. 정약용은 《논어고금주》에서 "공자가 어찌 일찍이 사람을 피했는가?"라면서 "나루를 물을 때 마침 경계심이 생긴 걸닉이 나루를 알면서도 사람을 피하기 때문에 기롱한 것"이라고 설명하고 있다. 이 구절을 정확히 해석하기 위해서는 자로의 보고를 받은 공자가 취한 반응까지 본 다음에 생각해봐야 한다.

자로가 돌아와서 고하자, 부자는 크게 낙담했다가 가라사대 "새, 짐승과 더불어 무리 지어 살 수 없으니 내가 이 사람들과 더불어 살지 않으면

누구와 더불어 살겠는가? 천하에 도가 있다면 내가 바꾸지 않으려 할 것이다." _〈미자〉

子路行하여 以告한대 夫子憮然曰, 鳥獸는 不可與同群이니 吾非斯
자로행   이고   부자무연왈   조수   불가여동군   오비사
人之徒與요 而誰與리오? 天下有道면 丘不與易也니라. _〈微子〉
인지도여   이수여   천하유도   구불여역야

상갓집 개란 표현을 듣고도 껄껄 웃어넘기던 공자가 걸닉의 말에는 무연憮然, 즉 크게 낙담했다고 표현하고 있다. "내가 이 사람들과 더불어 살지 않으면 누구와 더불어 살겠는가?"라는 공자의 항변은 지식인의 현실 참여 이유를 간명하게 설명해준다. 세상은 은자들이 바꾼 것이 아니라 그릇된 현실에 가슴 아파하면서 안 될 것을 알면서도 참여한 지식인들이 민중과 더불어 바꾸었다. 우리 역사에서 '안 될 것을 알면서도 하는 사람'은 성호 이익이었다.

안 될 것을 알면서도 하는 사람, 이익

이익은 정치 참여 자체가 거부되었던 폐고廢錮된 집안의 사람이었다. 이익은 숙종 7년(1671) 평안도 운산에서 태어났다. 이익의 부친 이하진李夏鎭은 백호 윤휴와 함께 북벌을 주창하고 신분제 폐지를 주장했던 남인 강경파 청남淸南에 속해 있었다. 숙종 6년(1680) 경신환국庚申換局으로 서인이 정권을 잡으면서 이하진은 평안도 운산으로 귀양 가서 생애를 마치는데, 부친의 유배지 운산이 이익의 출생지였다. 《숙종실록》 8년(1682)조가 이하진이 "분한 마음에 가슴 답답해하다가 (유배지에서) 죽었다"라고 기록하고 있듯이 이익은 출생부터 당쟁의

불행이 짙게 배어 있었다. 당쟁으로 말미암은 불행은 부친에서 끝나지 않았다. 이익에게 학문을 가르쳤던 둘째 형 이잠李潛이 숙종 32년(1706) 희빈 장씨의 아들인 세자(경종)를 제거하려는 노론을 정면에서 비판하는 상소를 올리면서 형에게로 이어진다.

경종 때 소론에서 편찬한 《숙종실록보궐정오肅宗實錄 補闕正誤》는 이잠이 "이 상소를 올려 스스로 춘궁春宮(세자)을 위하여 죽는다는 뜻에 붙였는데, 그 어머니가 힘껏 말렸으나 그만두지 않

| 성호 이익 영정

고, 드디어 극형을 받았다"라고 기록하고 있다. 이처럼 부친과 형이 모두 당쟁에 휘말려 목숨을 잃었으나 이익은 당파의 관점에서 사물을 바라보지 않았다. 그는 '귀향歸鄕'이란 글에서 "무릇 죄를 범하는 것은 거의 벼슬아치의 농간 때문"이라면서 "지금 세상에 붕당朋黨의 화도 그 근원을 따지면 벼슬하려는 데에서 벗어나지 않는다"라고 당쟁의 본질을 사대부 계급이 벼슬을 통해서 사익을 추구하려는 것이라고 갈파했다. 이익은 〈당습소란黨習召亂〉에서 "당파의 폐습이 고질화되면서 굳이 자기 당이면 어리석고 못난 자도 관중管仲이나 제갈량諸葛亮처럼 여기고 가렴주구를 일삼는 자도 공수龔遂·황패黃霸(중국 한나라 때의 명 목민관들)처럼 여기지만, 자기의 당이 아니면 모두 이와 반대로 한다"라고 비판했다.

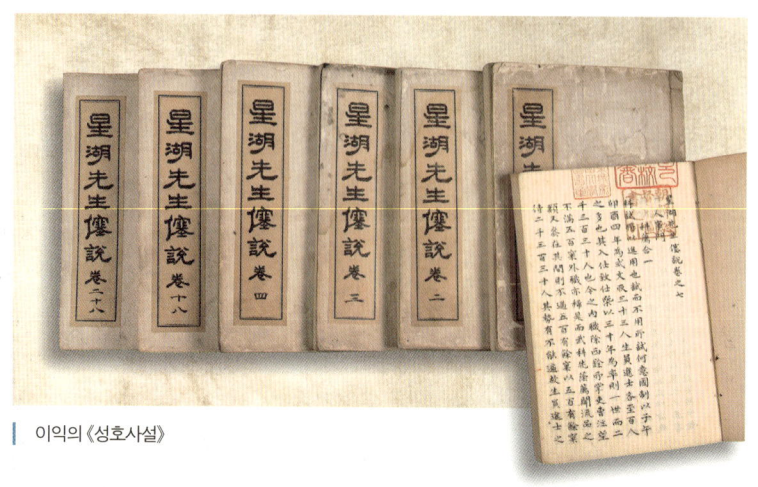

이익의 《성호사설》

그러자 이익의 눈에 공자가 말한 이 사람들(斯人之徒), 즉 가난한 농민이 보이기 시작했다. 농민의 시각으로 세상을 보자 소수가 대토지를 독점하고 다수가 농토에서 유리된 현실이 가슴으로 다가왔다. 이익은 〈균전론均田論〉에서 모든 사람이 농토를 고르게 소유했던 정전井田제도를 이야기하면서도 이 법은 조선에서 실현될 수 없다고 보았다.

(정전제를) 좋아하는 자가 일백 명이고 좋아하지 않는 자가 한 명이라도 그 한 명의 힘이 일백 명의 입을 막기에 족하니 어찌 시행될 수 있겠는가? _〈균전론〉

이런 문제의식 속에서 이익은 한전론限田論을 타협책으로 제시했다. 모든 가호家戶에 전지田地 몇 마지기는 영업전永業田으로 한정해 매매를 금지하게 하자는 제도였다. 영업전 이외의 토지는 자유롭게 매매하게 하되 영업전은 팔지도 사지도 못하게 함으로써 최소한의 기본 생활을 영위하면서 재기의 발판으로 삼게 하자는 주장이었다. 벼슬길에서 폐고된 이익은 그 스스로 사대부는 농사를 지어야 한다는 '사농합일士農合一'의 지론을 실천해 농사지으면서 끝없이 공부했다. 그러나 그는 현실에 눈감은 채 이상만 주창하지는 않았다. 그의 〈논괄전論括田〉에 이런 구절이 있다.

> 나도 비록 이런 말은 했지만 오히려 자신은 없었는데 치평治平(1064~1067) 연간에 시행하던 법을 본 다음에는 환연渙然하게 의심이 없어졌다. _〈논괄전〉

토지문제에 대해서 많은 고민을 했지만 실현 가능성이 있는지 자신이 없었는데, 송나라 치평 연간에 시행한 법을 보고 확신하게 되었다는 것이다.

이익이 어떤 글을 써도 아무도 듣지 않는 재야 선비의 주장일 뿐이었다. 그러나 그는 그 어느 정책 책임자보다도 무거운 자세로 자신의 생각을 가다듬고 글을 썼다. 비록 아무도 듣지 않으리라는 것을 알면서도. 이익이야말로 '안 될 것을 알면서도 하는 사람'이었던 것이다. 공자의 주장이 당대에는 쓰이지 못했지만 훗날 동양 사상의 주류가 되었던 것처럼 성호 이익의 사상도 생전에는 쓰이지 못했지만 오래지 않아 이가환·안정복·정약용 같은 남인 개혁정치가들에게 계승되어 실학의 한 주류가 되었다. 미래는 어떻게 보면 '안 될 것을 알면서도 하는 사람'들이 열어가는 것인지도 모른다.

그런데 앞선 자로와 걸닉의 대화에서 걸닉이 중유(자로)가 공자의 제자임을 알고 있었다는 사실이 주목된다. 걸닉은 공자의 제자 이름까지 알 정도로 공자에게 관심이 많았다. 그만큼 공자학단의 천하 주유는 많은 사람의 관심사였다. 또한 은자인 척하지만 공자는 물론 자로까지 알 정도로 세상일에 관심이 많았다. 아무리 숨는다 해도 인간인 이상 세상사를 초월할 수는 없는 법이다. 공자가 강물이 흐르는 것 같은 천하의 흐름을 '안 될 것을 알면서도 바꾸려는 사람'이었다면 걸닉은 '안 될 것을 알기에 포기한 사람'이었다. 공자는 '안 될 것을 알면서도' 도를 실현하기 위해 천하 주유의 고통을 마다치 않은 인물이었다. 공자라고 이런 세상을 피하고 싶은 생각이 들지 않은 것도 아니었다.

> 공자 가라사대 "현자는 세상을 피하고, 그다음 사람은 땅을 피하고, 그다음 사람은 기색을 피하고, 그다음 사람은 말을 피한다." _〈헌문〉
>
> 子曰, 賢者는 辟世하고 其次는 辟地하고 其次는 辟色하고 其次는 辟言이니라. _〈憲問〉

공자의 이 말은 정작 공자의 생애와 맞지 않기 때문에 그 뜻하는 바를 놓고 논란이 많았다. '세상을 피한다(辟世)'는 것은 어지러운 세상을 피한다는 뜻이다. '땅을 피한다(辟地)'는 말은 어지러운 나라를 피해 다른 나라로 간다고 풀이하는 경우가 많았다. '기색을 피한다(辟色)'는 말은 임금의 기색을 보고 피한다고 해석했다. '말을 피한다(辟言)'는 것은 자신의 말이 시행되지 않으면 피한다고 해석해왔다. 대체로 주희가 이렇게 해석했고 많은 학자가 대부분 동의했다. 여기에서는 공자도 "현자는 세상을 피한다"라고 말했다는 점만 짚고 넘어가자. 공자도 세상을 피하는 것이 현명하다는 사실을 알고 있었다는 뜻이기 때문이다. 그러나 공자는 그렇게 할 수 없었다. 그래서 공자는 선비, 즉 사士를 강조한다.

공자 가라사대 "선비가 (편안히) 거주하는 것만 생각한다면 선비가 되기에 부족하다."_〈헌문〉

子曰, 士而懷居면 不足以爲士矣라._〈憲問〉
자 왈   사 이 회 거   부 족 이 위 사 의

공자는 자기 혼자만이 아니라 세상 사람들과 더불어 편안해야 한다고 생각했다. 세상을 피하는 현명한 길을 공자가 선택하지 않은 이유가 여기에 있다. 세상을 바꾼 것은 은자들이 아니다. 대은大隱이고 소은小隱이고 그들은 자신 한 사람의 편안함만을 추구했다는 점에서 같다. 공자는 그렇지 않았다.

공자께서 위나라에서 경쇠를 치고 연주하는데, 삼태기를 진 사람이 공씨孔氏의 문을 지나면서 "마음에 있구나! 경쇠 소리여"라고 말하고 다시 "비루하구나! 경쇠소리여! 자기를 몰라주거든 그만두면 그뿐인데. 깊으면 옷을 벗고 건너고, 얕으면 옷을 걷고 건너면 되는데"라고 말했다. 공자 가라사대 "과감하구나! 어려울 게 없겠구나!"_〈헌문〉

子擊磬於衛러시니 有荷蕢而過孔氏之門者, 曰, 有心哉라! 擊磬乎
자 격 경 어 위   유 하 궤 이 과 공 씨 지 문 자   왈   유 심 재   격 경 호
여! 旣而曰, 鄙哉라! 硜硜乎여! 莫己知也어든 斯已而已矣니 深則
       기 이 왈   비 재   갱 갱 호   막 기 지 야   사 이 이 이 의   심 즉

厲요 淺則揭니라. 子曰, 果哉라! 末之難矣니라. _〈憲問〉_
려 천즉게   자왈 과재   말지난의

삼태기를 진 사람도 은자다. 그는 공자의 연주 소리를 듣고 그 마음을 읽을 정도로 음악에 조예가 깊었다. 세상을 바꾸어보려는 공자의 마음을 읽고 세상을 바꾸려 하지 말고 세상에 맞춰 살라고 충고한 것이었다. 이런 충고를 들은 공자는 "과감하구나! 어려울 게 없겠구나!"라고 말했다. 둘 다 수준이 높은 인물이다. 음악으로 자신의 마음을 표현하는 공자나 그런 마음을 읽은 은자나 모두 수준이 높다.

부지육미 | 不知肉味

음악에 미쳐 고기 맛을 잃다

공자가 음악의 깊은 맛을 접했던 것은 노 소공昭公을 따라 제齊나라로 망명한 삼십 대 중반의 일이었다.

공자 제나라에 계실 때 소악韶樂을 들으시고, 석 달 동안 고기 맛을 잃으시고 가라사대 "이 음악이 여기까지 이를 줄은 아직 생각하지 못했다." _〈술이〉_

子在齊聞韶하시고 三月을 不知肉味하시면서 曰, 不圖爲樂之至於
자재제문소   삼월   부지육미   왈 부도위락지지어
斯也로다. _〈述而〉_
사야

주나라 문왕이 유폐되어 주역을 완성한 곳이라 전해지는 허난 성 탕현의 유리성(위)과 은나라 옛 수도 은허에서 출토된 전차 유물(아래)

공자는 제나라에서 석 달 동안 고기 맛을 잃을 정도로 소악에 빠졌다. 소악이 무엇인가? 은나라 순임금의 음악이다. 이 경험은 공자가 자신의 정체성을 깨닫는 중요한 계기가 되었을 것이다. 은인殷人의 후예라는 사실이 부끄럽지 않다는 것을 아는 계기가 되었다. 주周 무왕이 천명을 내세워 은나라를 멸망시켰지만 은나라는 주나라보다 문화 수준이 훨씬 더 높았다는 사실을 깨달은 것이다. 공자가 주나라를 뼛속 깊이 저주한 은나라 출신의 백이, 숙제를 성인으로 높인 이유도 여기에 있지 않을까?

공자는 백이, 숙제를 높였지만 주나라 개창開創의 정당성도 부인하지 않았다. 은나라의 후예이자 주나라 제후국인 송나라의 제후 미자의 후예라는 자신의 뿌리에 대한 자각은 결국 하·은·주夏殷周를 모두 긍정하는 역사관을 형성시켰다. 그래서 주나라가 은나라를 계승했으니 정당하다고 여기게 되었다. 여기에다 제나라에 있을 때 소악을 접하면서 은나라의 문명이 주나라보다 훨씬 수준 높았다는 사실을 알게 되었다.

> 공자께서 소악에 대해 이르시되, "더할 나위 없이 아름답고, 또 더할 나위 없이 착하다"라고 하시고, 무악武樂에 대해 이르시되, "더할 나위 없이 아름답지만 더할 나위 없이 착하지는 않다"라고 하셨다. _〈팔일〉
>
> 子謂韶하시되, 盡美矣요, 又盡善也라 하시고 謂武하시되, 盡美矣요 未盡善也라 하시다. _〈八佾〉

'진선진미盡善盡美'라는 사자성어가 여기에서 나왔다. 무악은 주나라 무왕의 음악이다. 순임금의 소악은 지극히 아름답고(盡美) 지극히 착하지만(盡善), 무임금의 무악은 지극히 아름답지만(盡美) 지극히 착하지는 못하다(未盡善)는 평이다. 공안국孔安國은 두 음악의 선善에 대해 "순임금은 성덕으로 왕위를 물려받았으므로(受禪) 지극히 착하지만 무왕은 무력 정벌로 천하를 취했으므로 지극히 착하지는 못하다"라고 설명했다. 순임금은 선양으로 왕위를 이어받았으므로 지극히 착한 것이지만 무임금은 왕위를 빼앗은 것이니 지극히 착하지는 못한 것이라는 뜻이다.

정약용은 《논어고금주》에서 "무릇 선과 악은 대립하는 것으로서

선이 미진하면 악으로 돌아갈 뿐"이라면서 선악은 음양陰陽이나 흑백과 같다고 반박했다. 착하지 않으면 악한 것이지 중간은 없다는 뜻이다. 악당惡黨에 의해 죄없이 유배 간 정약용의 심정을 말해주는 것이지만 세상에 진선眞善과 진악眞惡만 있는 것은 아니란 점에서 이분법에 빠진 논리다. 3개월 동안 고기 맛을 잃게 했다는 소악은 제나라에서 노나라 군주를 현혹하기 위해 보냈던 미녀 악사들의 강악과는 달랐다. 개인의 수신과 천하의 평화에 대한 음악이었을 것이다. 이런 세상이 실현되지 못하고 있는 것을 한탄하면서 연주하는 공자의 경쇠 소리를 삼태기를 멘 은자가 알아들었던 것이다. 그 역시 공자에게 세상을 바꾸려 하지 말고 세상 흐름에 맞춰 적응하라고 권했다. 그러나 공자는 그럴 수 없었다.

자로도 마찬가지였다. 장저와 걸닉에게 망신당한 자로는 그만 공자의 뒤에 처졌다. 공자를 뒤쫓아 열심히 걷던 자로는 대나무 바구니를 지팡이에 꿰어서 어깨에 메고 가는 노인(丈人)을 만나 "우리 스승님을 보셨습니까?"라고 물었다. 노인은 "사체四體(팔다리)를 움직여 일하지도 않고, 오곡을 분별하지도 못하는데 누가 스승님인가?"라고 대놓고 공자를 비난했다.

공자에게는 쓴소리도 마다치 않던 자로였지만 스승을 모욕하는 말을 듣고도 즉각 대꾸하지 않았다. 자로는 그저 두 손을 마주 잡고 서 있었다. 그러자 노인은 자로를 자기 집에 재우고 닭을 잡고 밥을 지어 먹이고 자신의 두 아들을 자로에게 소개했다. 그 다음 날 공자를 뒤쫓아온 자로가 사실대로 고하자 공자는 "은자로다" 하며 자로에게 다시 가서 만나보게 했는데, 노인은 이미 사라졌다. 이때에야 자로가 이런 말을 한다.

자로가 말하기를 "벼슬하지 않는 것은 의리가 없는 것이니 어른과 어린아이의 예절을 폐할 수 없듯이 임금과 신하의 의리를 어떻게 폐지할 수 있겠는가? 그 몸을 깨끗이 한다지만 큰 윤리를 어지럽히는 것이다. 군자가 벼슬하는 것은 그 의리를 행하는 것이지 (스승님은) 도가 행해지지 못할 것은 이미 알고 계셨다." _〈미자〉

子路曰, 不仕無義하니 長幼之節을 不可廢也니 君臣之義를 如之
자로왈 불사무의   장유지절   불가폐야   군신지의   여지
何其廢之리오? 欲潔其身하여 而亂大倫이로다. 君子之仕也는 行其
하기폐지   욕결기신   이란대륜   군자지사야   행기
義也니 道之不行은 已知之矣시니라. _〈微子〉
의야   도지불행   이지지의

은자가 공자에 대해 '손발을 움직여 일도 하지 않고, 오곡도 분별하지 못한다'고 비판한 것은 어떻게 봐야 할까? 노동하지도 않고 자신이 먹는 곡식도 구별할 줄 모른다는 비난은 설득력이 있다. 그러나 이런 비난은 세상의 고통과는 동떨어진 채 호의호식好衣好食하면서 고담준론高談峻論하는 사이비 지사志士와 학자에게 합당하지 공자처럼 의에 주리고 목마른 선비에게 합당한 비난은 아니다.

공자가 "나는 어렸을 때 미천했기 때문에 비천한 일을 할 줄 아는 것이 많다(吾少也賤, 故多能鄙事 _〈자한〉)"라고 말했듯이 공자는 은자 못지않은 노동 경험이 있었다. 이 말 뒤에 "군자가 할 수 있는 것이 많아야 하는가? 그렇지 않다(君子多乎哉, 不多也)"라고 덧붙인 것처럼 세상을 바꾸는 군자의 일도 육체노동 못지않게 고되고 중대한 일이다.

공자는 예수와 마찬가지로 제자들이 사람을 낚는 어부가 되기를

바랐다.

번지樊遲가 농사(稼)를 배우고자 하니 공자 가라사대 "나는 늙은 농부(老農)만 못하다." 채소 가꾸는 일(圃)을 배우고자 하니 공자 가라사대 "나는 채소 가꾸는 노인(老圃)만 못하다." 번지가 나가자 공자 가라사대 "소인이구나, 번지는. 윗사람이 예를 좋아하면 백성이 감히 불경할 수 없고, 윗사람이 의를 좋아하면 백성이 감히 불복할 수 없고, 윗사람이 신信을 좋아하면 백성이 감히 정情을 사용하지 않을 수 없으니, 무릇 이처럼 하면 사방의 백성이 포대기에 그 자식을 싸서 이를 것이니 어찌 농사하겠는가?" _〈자로〉

樊遲請學稼한대 子曰, 吾不如老農호라. 請學爲圃한대 曰, 吾不如
번지청학가   자왈 오불여노농   청학위포   왈 오불여
老圃호라. 樊遲出커늘 子曰, 小人哉라 樊須也여! 上好禮면 則民莫
노포   번지출   자왈 소인재   번수야   상호례   즉민막
敢不敬하고 上好義면 則民莫敢不服하고 上好信이면 則民莫敢不
감불경   상호의   즉민막감불복   상호신   즉민막감불
用情이니 夫如是면 則四方之民이 襁負其子而至矣리니 焉用稼리
용정   부여시   즉사방지민   강부기자이지의   언용가
오? _〈子路〉

마융馬融은 '가稼'는 오곡을 심는 것이고 '포圃'는 채소를 심는 것이라고 설명했다. 공자학단은 세상을 평화롭게 하는 치평학治平學을 가르치는 곳이지 농사짓는 법을 가르치는 곳이 아니었다. 군자는 백성이 자기 일을 하면서 배불리 먹고살 수 있는 평화로운 체제를 만들려는 사람이지 자신이 직접 농부나 노동자가 되어 일하는 사람이 아니다. 노동을 천시하는 것이 아니라 할 일과 역할이 다른 것이다.

공자께서 위나라에 가실 때 염유가 수레를 몰았는데, 공자께서 "백성이 많구나"라고 하셨다. 염유가 "이미 백성이 많다면 또 무엇을 더해야 합니까?"라고 묻자 "부유하게 해야 한다"라고 하셨다. "이미 부유해졌다면 또 무엇을 더해야 합니까?"라고 묻자 "가르쳐야 한다"라고 하셨다. _〈자로〉

子適衛하실새 冉有僕이러니 子曰, 庶矣哉라! 冉有曰, 旣庶矣어든 又
何加焉이리잇고? 曰, 富之니라. 曰, 旣富矣어든 又何加焉이리잇고? 曰,
教之니라. _〈子路〉

이 일화에서는 순서가 중요하다. 공자가 위나라로 가니 백성이 많았다. 그래서 염유가 이미 백성이 많다면 그다음에는 무엇을 해야 하느냐고 묻자 "백성을 부유하게 해야 한다"라고 답했다. 부유해진 다음에는 무엇을 해야 하느냐고 묻자 백성을 "가르쳐야 한다"라고 답했다. 부유하게 하는 '식食'이 먼저고 가르치는 '교敎'가 다음이다. 이 순서를 바꾸어 백성에게 강요하는 사람은 선민의식에 빠진 자이다. 주관적으로는 세상을 바꾸는 혁명가일지 몰라도 객관적으로는 세상을 지옥으로 만드는 관념론자다. 밥보다 이념을 앞세운 체제나 정권은 다 망했다는 것이 역사의 교훈이다.

'식위민천食爲民天', 백성은 밥을 하늘로 삼는다. 밥 문제를 먼저 해결하고 이념을 논해야 한다. 나는 공자와 은자 사이의 여러 일화를 뒤적이다가 묘한 일치를 찾아냈다. 《논어》나 《사기》 등에 나오는 은자와의 일화는 모두 제자들의 전언이다. 공자는 젊은 시절 만난 노자를 제외하면 그 어느 은자도 만나지 못했다. 공자가 만나려고 하면 모두 피했다. 공자도 은자를 무조건 높인 것은 아니다.

공자 가라사대 "착한 것을 보면 미치지 못하는 듯 (안타깝게) 여기고, 착하지 못한 것을 보면 끓는 물을 더듬듯 (피)하는 사람은 내가 보기도 했고, 내가 그런 말을 듣기도 했다. 그러나 은거하면서 그 뜻을 구하고, 의를 행하면서 그 도에 도달하려는 사람은 내가 그런 말을 듣기는 했지만 보지는 못했다."_〈계씨〉

孔子曰, 見善如不及하며 見不善如探湯을 吾見其人矣요 吾聞其
공자왈   견선여불급   견불선여탐탕을   오견기인의   오문기
語矣노라. 隱居以求其志하며 行義以達其道를 吾聞其語矣요 未見
어의   은거이구기지   행의이달기도   오문기어의   미견
其人也로라. _〈李氏〉
기인야

공자는 제자들을 통해 은자의 말을 여러 번 들었지만 직접 만나지는 못했다. 만약 만났다면 재미있는 장면이 연출되었을 것이다. 공자가 밀렸을 가능성은 적다. 자로가 말했듯이 공자는 '도가 행해지지 못할 것을 이미 알고 있었던' 인물이기 때문이다. 공자가 조롱받는 것은 그 개인이 조롱받는 것이 아니라 인간 본성이 파괴되어 인간이 금수처럼 사는 세상이 조롱받는 것이다. 그래서 공자는 겉멋 든 은자는 거칠게 대했다.

원양原壤이 걸터앉아 공자를 기다렸는데, 공자 (원양에게) 가라사대 "어려서는 공손하지 못하고, 커서는 기록할 만한 (행실이) 없고, 늙어서도 죽지 않으니 이는 도적이다"라고 하시고 지팡이로 그 정강이를 때리셨다. _〈헌문〉

原壤이 夷俟러니 子曰, 幼而不孫弟하며 長而無述焉이요 老而不死
원양 이사   자왈 유이불손제   장이무술언   노이불사
가 是爲賊이라 하시고 以杖叩其脛하시다. 〈憲問〉
  시위적   이장고기경

《예기》에 따르면 원양은 공자의 옛 친구다. 모친상을 당했을 때 가난했기에 공자가 곽槨 만드는 것을 도와줬지만 정작 본인은 나무를 두드리면서 노래했다는 도가 계열의 인물이었다. 은자의 대표 격인 도가지만 공자는 "늙어서도 죽지 않으니 이는 도적이다"라고 꾸짖으면서 지팡이로 정강이를 때렸던 것이다. 신체가 장대한 공자에게 대들 생각은 못 한 것으로 보인다. 어른 공경을 그토록 강조한 공자가 '늙어서도 죽지 않는다'라고 저주한 것에서 공자가 어설픈 은자는 세상을 해롭게 하는 도적으로 봤음을 알 수 있다.

귀여귀여 | 歸與歸與

고향으로 돌아가야겠다!

공자가 역대로 인정한 은자는 일곱 명 정도였다. 《논어》〈헌문〉 편에서 공자는 "현자는 세상을 피하고…" 운운한 다음에 "일어나 숨은 자 일곱 명이다(作者七人矣)"라고 말했다. 또한 〈미자〉 편에서는 스스로 은자 일곱 명의 이름까지 댔다.

일민逸民은 백이, 숙제, 우중虞仲, 이일夷逸, 주장朱張, 유하혜柳下惠, 소련少連이었다. 공자 가라사대 "그 뜻을 굽히지 않아서 그 몸을 욕되게 하지 않은 사람은 백이, 숙제였다"라고 하시고, 유하혜와 소련에 대해서는 "그 뜻을 굽히고 몸을 욕되게 했지만 말은 의리에 들어맞고 행동은 사려 깊었으니 이것뿐이다"라고 이르시고, 우중, 이일에 대해서는 "은거하면서 말을 함부로 했지만 몸이 깨끗한 데 맞았고 폐했지만 권도에 맞았다. 나는 이들과 다르니 하는 것도 없고 하지 않는 것도 없다"라고 말씀하셨다. 〈미자〉

逸民은 伯夷, 叔齊, 虞仲, 夷逸, 朱張, 柳下惠, 少連이니라. 子曰, 不降其志하며 不辱其身은 伯夷, 叔齊與인저! 謂, 柳下惠, 少連하시대 降志辱身矣나 言中倫하며 行中慮하니 其斯而已矣니라. 謂, 虞仲, 夷逸, 隱居放言하나 身中清하며 廢中權이니라. 我則異於是하니 無可無不可로다. 〈微子〉

"하는 것도 없고 하지 않는 것도 없다"라는 공자의 '무가무불가無可無不可'는 묘한 말이다. 은자처럼 숨어 살면 일신은 편안하겠지만 그것은 세상에 대한 뜨거운 사랑을 가진 공자의 길이 아니었다. 그러나 아무리 천하를 주유해도 세상에 대한 사랑을 실천할 기회는 오지 않고 세월만 흘러가고 있었다. 공자를 '사람을 피하는 선비'로 본 걸닉의 말은 공자의 실체를 정확히 본 것이었다. 걸닉 등은 산림 속으로 피했고, 공자는 세상에 나왔지만 사실은 세상 속으로 피한 은자였다. 다만 드러난 은자였다는 점이 달랐다.

은자 정도전

정도전도 한때 은자 노릇을 했다. 귀양살이 중이었으니 자발적인 은자는 아니었다. 귀양 초기 좌절했던 정도전은 점차 귀양살이가 은자의 생활이란 사실을 깨닫게 되었다.

나는 겨울에 갖옷 한 벌, 여름에는 갈옷(葛) 한 벌로써 일찍 자고 늦게 일어나며, 기거동작起居動作에 구속되지 않았고 음식도 마음대로 먹었다. 그래서 두세 학자와 강론하다가는 개울을 따라 산골짜기를 오르내렸는데, 피곤하면 휴식하고 흥이 나면 걷고, 경치가 아름다운 곳을 만나면 이리저리 구경하며 휘파람을 불고 시를 읊느라고 돌아갈 줄 몰랐다. 어떤 때는 농사꾼 또는 시골 늙은이를 만나, 싸리 포기를 깔고 앉아서 서로 옛 친구처럼 위로하기도 했다. 《삼봉집》〈소재동기〉

바뀐 처지를 감내하는 가장 좋은 방법은 바뀐 처지를 그대로 받아들이는 것이다. 정도전은 점차 귀양살이를 즐기게 되었다. 이런 상황에서 한 은자를 만나기도 했다. 정도전이 쓴 '농부에게 답함(答田夫)'이란 글에 그 시말이 담겨 있다.

하루는 들에 나가 노닐다가 농부 한 사람을 보았는데, 눈썹이 기다랗고 머리가 희고 진흙이 등에 묻었으며, 손에는 호미를 들고 김을 매고 있었다. 나는 그 옆에 다가가서 말했다.
"노인장 수고하십니다."

농부는 한참 후에야 나를 보더니 호미를 밭이랑에 두고는 언덕으로 걸어 올라와 두 손을 무릎에 얹고 앉으며 턱을 끄덕여 나를 오라고 했다. 나는 그가 늙었기에 빨리 걸어가 팔짱을 끼고 섰더니 농부가 물었다.

"그대는 어떠한 사람인가? 그대의 의복이 비록 해지기는 했으나 옷자락이 길고 소매가 넓으며, 행동거지가 의젓한 것을 보니 혹 선비가 아닌가? 또 수족이 갈라지지 아니하고 뺨이 풍요하고 배가 나온 것을 보니 조정의 벼슬아치가 아닌가? 무슨 일로 여기까지 왔는가? 나는 노인이고 여기에서 나서 여기에서 자랐기 때문에 거친 들과 풍토병이 가득한 궁벽한 시골에서 도깨비와 더불어 살고 물고기와 더불어 사는 처지가 되었다. 그러나 조정의 벼슬아치라면 죄를 짓고 추방된 사람이 아니면 여기에 오지 않는데, 그대는 죄를 지은 사람인가?"

나는 답했다.

"그렇습니다." _《삼봉집》 '농부에게 답함'_

정도전은 농부의 말을 듣고 은자라는 생각이 들었다. 하는 일은 농부지만 하는 말은 지식인이었기 때문이다. 농부는 정도전에게 사욕을 채우다가 귀양 온 것인지, 권세가에 아부하다가 여러 사람의 미움을 사서 귀양 온 것인지 물었다.

정도전이 답했다.

"그런 게 아닙니다."

농부는 다시 겉으로는 겸손한 척하여 헛된 명예를 훔치고, "어두운 밤에는 분주하게 돌아다니면서" 온갖 지저분한 짓거리를 하다가 "공론이 비등하고 천도天道가 무심하지 않아 그만 간사한 짓이 드러나고 죄가 발각되어 이런 지경에 이르게 된 것인가?"라고 물었다.

"그것도 아닙니다."

그러자 농부는 장수가 되어서 큰소리쳤는데, "범 가죽은 비록 아름답지만 본질이 양이라 겁을 잘 내서" 교전도 하기 전에 먼저 도망가 국가의 대사를 그르친 것은 아닌지, 아니면 경상卿相이 되어서 아첨하는 자는 즐겨 쓰고 곧은 선비는 배척하다가 악행이 쌓여 화를 입은 것은 아닌지 물었다. 정도전이 "그것도 아닙니다"라고 답하자 농부는 단정 지었다.

"그렇다면 나는 그대의 죄목을 알겠도다. 그 힘이 부족한 것을 헤아리지 않고 큰소리를 좋아하고, 그때의 불가함을 알지 못하고 바른 말을 좋아하며, 지금 세상에 났지만 옛 사람을 사모하며, 아랫자리에 있으면서 위를 거스른 것이 죄를 얻은 원인이로다."

농부는 정확하게 정도전의 상태를 짚어냈다. 농부는 정도전을 위로했다.

"그대는 한 몸으로서 몇 가지 금기를 범했는데도 겨우 귀양만 보내고 목숨은 보전하게 했으니 나 같은 촌사람이라도 국가의 은전이 너그러움을 알 수가 있겠소. 그대는 지금부터라도 조심하면 화를 면하게 될 것이오."

정도전은 농부에게 숨어 있는 '은군자隱君子'라며 "객관客館에 모시고 글을 배우고자 합니다"라고 청했으나 노인은 거절했다.

"나는 대대로 농사짓는 사람이오. 밭을 갈아서 국가에 세금 내고 나머지로 처자를 양육하니, 이 밖의 일은 내가 알 바 아니오. 그대는 물러가고 나를 어지럽히지 마시오."

정도전은 물러나와 공자가 천하를 주유하는 것을 비웃은 장저·걸닉 같은 은군자라고 탄식했다. 그러나 결과적으로 정도전은 은자의 말을 듣지 않았다. 지금부터라도 조심하기는커녕 고려 왕실 자체를 갈아 치우는 역성혁명의 길로 나선 것이다.

공자는 제후들에게 버림받고 은둔자들에게 조롱당하면서도 끊임없이 도를 설파했다. 그렇게 세월은 흘러가고 있었다. 공자는 어느 날 냇가에서 탄식했다.

공자께서 냇가에 계시면서 가라사대 "가는 것이 이와 같구나! 밤낮을 그치지 않는구나!" _〈자한〉

子在川上, 曰, 逝者如斯夫인저! 不舍晝夜로다. _〈子罕〉
자 재 천 상 왈 서 자 여 사 부   불 사 주 야

공자는 이제 돌아갈 때가 되었다고 느끼고 있었다. 천하를 주유하는 동안 세월은 쉬지 않고 흘렀다. 흘러간 강물처럼 한 번 간 세월도 돌아오지 않는다. 공자의 인생도 마찬가지였다.

공자께서 진나라에 계시면서 가라사대 "돌아가야겠다! 돌아가야겠다! 우리당(吾黨)의 소자小子들은 뜻은 크나 일은 소략하며 빛나게 문장을 이루지만 마름질할 줄을 모르는구나." _〈공야장〉

子在陳曰하사 歸與! 歸與인저! 吾黨之小子가 狂簡하여 斐然成章이
자 재 진 왈   귀 여   귀 여   오 당 지 소 자   광 간   비 연 성 장
나 不知所以裁之로다. _〈公冶長〉
   부 지 소 이 재 지

《사기》〈공자세가〉에도 같은 말이 실려 있다. 다만 마지막 구절의 주어가 소자들이 아닌 공자 자신으로 되어 있다.《사기》에는 "빛나게 문장을 이루지만 '내(吾)'가 어떻게 마름질할 줄 모르겠다(斐然成章, 吾不知所以裁之)"라고 기록되어 있다. '나 오吾' 자가 들어가자 문장을 마름질할 줄 모르는 존재가 소자들이 아니라 공자 자신이 되었다. 즉 소자들을 어떻게 가르쳐야 할지 모르겠다는 뜻으로 바뀐 것이다. 아마 '오' 자가 빠진《논어》가 맞을 것이다.

14년에 걸친 천하 주유 끝에 공자는 고국으로 돌아가 제자들을 가르친다는 명분으로 유랑을 끝낼 생각을 했다. 정계 진출에 실패한 공자는 학문과 제자 양성이란 학자 본연의 길로 돌아가기로 마음먹었다. 14년에 걸친 유랑을 끝낼 때가 되었다. 공자 나이 예순여덟 살인 노 애공 11년(서기 전 484)이었다.

노나라는 여전히 혼란스러웠다. 이해에 제나라가 노나라를 공격했는데, 계손씨의 장수가 된 제자 염구冉求, 즉 자유子有가 물리쳤다. 공자가 머물고 있던 위나라는 지배층끼리 여성 문제로 치고받고 싸우고 있었다.《춘추좌전》노 애공 11년조는 위나라 공문자公文子가 같은 위나라 대숙질大叔疾과 충돌한 사건에 대해 적고 있다.

위나라 대숙질이 위나라에 와 있던 송나라 자조子朝의 딸을 아내로 삼았다. 그런데 공문자가 그녀를 내쫓고 자기 딸을 아내로 삼게 하자 대숙질은 그대로 따랐다. 대숙질의 쫓겨난 전처에게는 예쁜 여동생이 있었는데, 대숙질은 이 처제를 꾀어 이犁에 살게 했다. 공문자는 자신의 딸과 사는 대숙질이 전처의 여동생까지 데리고 사는 중혼重婚에 격분해서 대숙질을 공격하려 했다. 이때 공문자는 공자에게 찾아와

사위 대숙질을 공격하는 문제에 대해 자문을 구했다. 공자의 대답은 과거 위 영공이 물었을 때처럼 "제사에 대해서는 내 일찍이 배운 적이 있지만 군사에 대해서는 듣지 못했소"라는 것이었다. 남의 아내를 내쫓게 하고 자기 딸과 살게 한 공문자나 전처를 내쫓고 남의 딸을 취하고서는 쫓아낸 전처의 동생까지 취한 대숙질이나 모두 마찬가지였기에 개입하지 않으려 한 것이다. 공자가 예를 강조한 것은 바로 이런 일이 다반사로 벌어졌기 때문이다. 《춘추좌전》은 이 사건 이후 벌어진 일에 대해서도 기록하고 있다.

> (공자가) 수레를 준비해 떠나자고 명하면서 "새는 나무를 택하지만 나무가 어찌 능히 새를 택하겠느냐?"라고 말했다. 공문자가 다급하게 말리면서, "어圉(공문자)가 어찌 감히 사사로운 일을 가지고 도모했겠습니까? 위나라의 어려운 일에 대해서 물었던 것입니다"라고 말했다. 이에 (공자가) 그대로 머무르려고 했는데, 노나라 사람이 예물을 가지고 불렀다. 그래서 (노나라로) 돌아왔다. 《춘추좌전》〈애공 11년〉
> 退命駕而行, 曰, 鳥則擇木, 木豈能擇鳥. 文子遽止之, 曰, 圉豈敢度其私, 訪衛國之難也. 將止. 魯人以幣召之, 乃歸. 《春秋左傳》〈哀公 11년〉

공자는 공문자와 대숙질의 옳지 못한 전투에 개입하기를 거부하고 위나라를 떠나려고 마음먹었다. 그러나 공문자가 다급하게 '사감 때문에 일을 벌이려던 것이 아니라 국사 때문'이었다고 설득하자 그대로 머물려고 했다. 그런데 이때 노나라에서 예물을 가지고 부르자 노나라로 귀국했다는 것이다. 《춘추좌전》은 '노나라 사람이 예물을 가

지고 불렀다(魯人以幣召之)'라고만 기록하고 있지만《사기》〈공자세가〉
는 "이때 계강자가 공화公華, 공빈公賓, 공림公林을 차례로(逐) 보내서
예물로써 공자를 맞이하자 공자가 귀국했다(會季康子逐公華, 公賓, 公林.
以幣迎孔子, 孔子歸魯)"라고 조금 자세하게 전한다. 계강자가 세 사람을
차례대로 보내 귀국을 종용하자 마음을 굳혔다는 것이다. 그렇지 않
아도 "돌아가야겠다, 돌아가야겠다!"라고 말했던 공자는 계강자가
여러 사람에게 예물까지 딸려 보내는 예를 갖추자 귀국을 결심한 것
이다. 공자 나이 이미 예순여덟이었다.

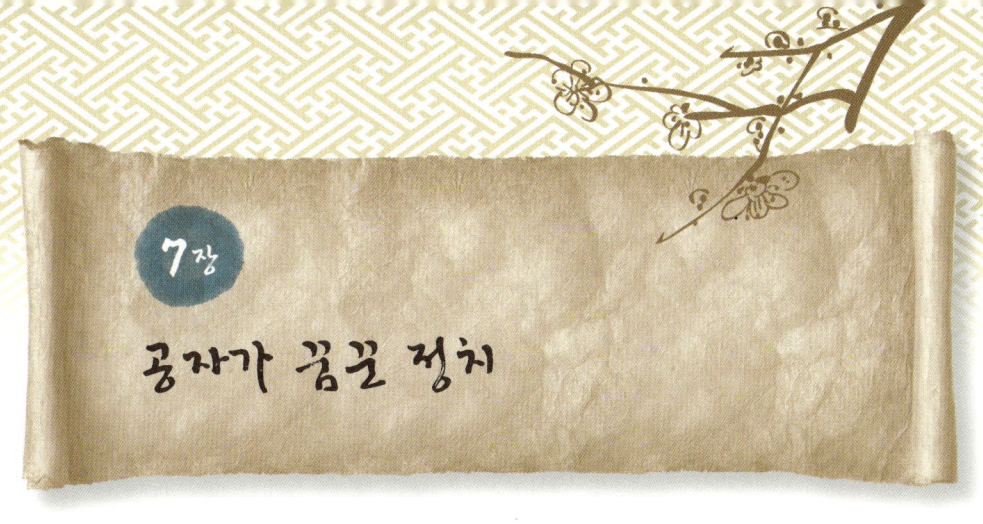

7장 공자가 꿈꾼 정치

인정仁政

자경구독 | 自經溝瀆

최고의 의는 백성을 구하는 것

　공자가 꿈꾼 정치가 어떤 것인지 명확하지는 않다. 군자정君子政에 대해 앞에서 설명했듯이 공자는 군자가 소인을 다스리는 정치를 꿈꿨다. 군자와 소인은 계급이 아니라 도에 도달한 경지를 가지고 분류한 것이다. 공자가 제시한 또 하나의 정치상은 인정仁政이다. 공자의 사상을 흔히 인仁이라고 말한다. 그러나 〈자한〉 편이 "공자는 이익과 천명과 인에 대해서는 드물게 말씀하셨다(子는 罕言利與命與仁이러시다)"로 시작하는 것처럼 정작 공자는 인에 대해서는 드물게 말했다. 그래서 공자의 인과 인정도 파편적인 언급들을 모아서 전체상을 짜 맞춰야 대강의 윤곽이 보인다.

번지가 인에 대해서 묻자 공자께서 "사람을 사랑하는 것이다"라고 답하셨다. 지식에 대해서 묻자 "사람을 아는 것이다"라고 답하셨다. _〈안연〉
樊遲問仁한대 子曰, 愛人이니라. 問知한대 子曰, 知人이니라. _〈顔淵〉
번 지 문 인   자왈 애인   문 지   자왈 지인

사람을 사랑하는 것이 인이다. 명쾌하다. 인정仁政은 곧 사람을 사랑하는 정치다. 공자는 권력자가 얼마든지 포악해질 수 있다는 사실을 잘 알고 있었다. 당시는 전제 권력을 가진 국왕이나 고위 벼슬아치를 제어할 제도적인 장치도 없었다. 인정에 대해 맹자는 불인인지정不忍人之政, 즉 불인지정不忍之政이라고 갈파했다. 다른 사람의 불행을 차마 두고 보지 못하는 마음으로 하는 정치라는 것이다.

전제 권력을 제한하는 강력한 힘이 인정仁政에 있었다. 국왕은 어진 마음을 지니고 정사에 임해야 했다. 어진 마음을 지니고 있기에 하늘이 명을 내려(天命) 임금이 될 수 있었다. 어진 마음으로 정치에 임하지 않으면 하늘은 다른 사람에게 명을 내려 임금이 되게 할 것이다. 역성혁명의 논리다. 그러나 공자의 인은 모든 사람을 무작정 사랑하라는 이야기는 아니다.

오직 인자라야 사람을 좋아할 수 있고, 미워할 수 있다. _〈이인〉
子曰, 惟仁者라야 能好人하며 能惡人하니라. _〈里仁〉
자왈 유인자   능호인   능오인

악인은 응징해야 정의가 실현된다. 이 부분이 사랑을 이야기하는 종교와 다른 점이다. 선한 사람은 좋아해야 하지만 악한 사람은 미워해야 한다. 다만 사감私感으로 사람을 좋아하거나 미워하지 말아야 하는데, 그런 능력은 인자만이 갖고 있다는 것이다. 인은 어떻게 실천할 수 있는가?

자장이 인에 대해서 묻자, 공자께서 "다섯 가지를 천하에 행할 수 있으면 인이라고 할 수 있다"라고 말씀하셨다. 청컨대 그것을 물으니 "공손함, 관대함, 믿음, 민첩함, 은혜로움이니 공손하면 모욕을 당하지 않고, 관대하면 민중을 얻고, 믿음이 있으면 다른 사람의 신임을 얻고, 민첩하면 공을 세울 수 있고, 은혜로움이 있으면 다른 사람을 부리기에 족하다"라고 말씀하셨다. _〈양화〉

子張이 問仁於孔子한대 孔子曰, 能行五者於天下면 爲仁矣니라. 請問之한대 曰, 恭, 寬, 信, 敏, 惠니 恭則不侮하고, 寬則得衆하고, 信則人任焉하고, 敏則有功하고, 惠則足以使人이니라. _〈陽貨〉

인자는 '공손함, 관대함, 믿음, 민첩함, 은혜로움'이란 다섯 가치를 실천하는 사람이다. 말이 쉽지 실천은 어렵다. 그러나 공자는 인은 노력만 하면 누구나 도달할 수 있는 경지라고 말한다.

공자 가라사대 "인이 멀리 있는가? 내가 인하고자 하면 이 인에 도달할 수 있다." _〈술이〉

子曰, 仁遠乎哉아? 我欲仁이면 斯仁이 至矣니라. _〈述而〉

공자가 볼 때 인은 어려운 것이 아니다. 내가 하려고만 하면 도달할 수 있다. 공자는 그렇게 쉽게 말했다. 왕조 시절 국왕도 벼슬아치들도 이 글을 읽었다. 인하려고 노력하지 않을 도리가 없다. 그래서 공자는 인을 예보다 앞에 놓는다.

> 공자 가라사대 "사람이 인하지 못하면 예는 무엇에 쓸 것이며, 사람이 인하지 못하면 악은 무엇에 쓸 것인가?" _〈팔일〉
>
> 子曰, 人而不仁이면 如禮에 何며 人而不仁이면 如樂에 何리오? _〈八佾〉
> 자왈 인이불인 여례 하 인이불인 여악 하

인이 다른 무엇보다 우선이다. 그러나 공자의 인은 이상만 드높은 책상물림의 인이 아니다. 공자가 뜻밖에도 논란 많은 관중管仲을 높이 평가한 것이 이를 말해준다.

관중 초상

> 자로가 "환공桓公이 공자 규糾를 죽이자 소홀召忽은 따라서 죽었는데 관중은 죽지 않았으니 인이 아닐까 합니다"라고 말하자, 공자 가라사대 "환공이 여러 제후를 규합하되 병거로써 하지 않은 것은 관중의 힘이니 누가 그 인만 하겠는가? 누가 그 인만 하겠는가?" _〈헌문〉
>
> 子路曰, 桓公은 殺公子糾하거늘 召忽은 死之하고 管仲은 不死하니 曰,
> 자로왈 환공 살공자규 소 홀 사지 관중 불사 왈

未仁乎인저? 子曰, 桓公이 九合諸侯하되 不以兵車는 管仲之力也
미인호 자왈 환공 구합제후   불이병차   관중지력야
니 如其仁! 如其仁이리오! 〈憲問〉
  여기인 여기인

자신이 모시던 군주가 죽임을 당했을 때 소홀은 따라 죽었으나 관중은 살아남았다. 그런 관중을 공자는 인이라고 높였다. 그래서 공자의 대답은 제자들 사이에 논란을 불러일으켰고 자공이 내용을 추가해 다시 질문했다.

자공이 "관중은 인자가 아닐까 합니다. 환공이 공자 규를 죽였는데 죽지 않고 또 그(환공)의 재상이 되었습니다"라고 말했다. 공자 가라사대 "관중이 환공의 재상이 되어 여러 제후의 패자로 만들어 천하를 바로잡아서 백성이 지금까지 그 (혜택을) 받고 있다. 관중이 없었다면 우리는 머리를 풀고 옷깃을 왼쪽으로 여미는 오랑캐가 되었을 것이다. 어찌 필부필부匹夫匹婦의 헤아림으로 도랑에서 스스로 목매 죽어서 알아주는 사람이 없는 것과 같겠는가?" 〈헌문〉

子貢曰, 管仲은 非仁者與잇가? 桓公이 殺公子糾이어늘 不能死요
자공왈 관중   비인자여   환공   살공자규   불능사
又相之온여. 子曰, 管仲이 相桓公, 霸諸侯하여 一匡天下하니 民到
우상지   자왈 관중   상환공 패제후   일광천하   민도
于今에 受其賜하나니 微管仲이면 吾其被髮左衽矣리라. 豈若匹夫
우금   수기사   미관중   오기피발좌임의   기약필부
匹婦之爲諒也하여 自經於溝瀆而莫之知也이리오. 〈憲問〉
필부지위량야   자경어구독이막지지야

공자의 이 말에서 '도랑에서 스스로 목매 죽다'는 뜻의 '자경구독自經溝瀆'이란 사자성어가 나왔다. 작은 절개를 지키다가 개죽음하는 것을 비유하는 말이다. 관중은 포숙鮑叔과의 관포지교管鮑之交로 유명한

인물이다.《사기》〈관안열전管晏列傳〉과《여씨춘추呂氏春秋》·《관자管子》등은 관포지교에 대해서 적고 있지만 사실상 그 내용은 포숙이 관중을 시종 봐주었다는 것이다. 두 사람은 남양南陽에서 동업했는데 이익을 나눌 때면 관중이 늘 포숙을 속여서 더 많이 가져갔다. 포숙은 이 사실을 알고서도 "그 모친이 살아계시고 가난하기 때문이지 탐貪한 것이 아니다"라고 감싸주었다.

훗날 두 사람은 제齊나라 왕위 계승 다툼에 뛰어들었다. 그런데 각각 다른 사람을 군주로 만들려고 노력했다. 관중은 소홀과 함께 제 양공襄公 바로 밑의 동생인 공자公子 규糾를 지지하였지만 포숙은 그 동생인 공자 소백小白(환공)을 밀었다. 관중은 규를 군주로 만들기 위해 경쟁자인 소백을 활로 쏘아 떨어뜨렸다. 소백이 말에서 굴러떨어지자 관중은 그를 제거한 것으로 여겼지만 사실 화살은 허리띠 장식을 맞췄을 뿐이다. 죽은 체했던 소백이 살아나 제나라 군주가 되었다. 그가 바로 춘추 최초의 패자 제 환공桓公이다.

공자 규와 관중·소홀은 노나라로 도망갔지만 제나라의 요구로 공자 규는 자결해야 했고 관중과 소홀은 제나라로 송환되는 처지가 되었다. 송환 도중 소홀은 공자 규에 대한 의리를 지킨다며 자결했지만 관중은 살아서 제나라의 옥에 갇혔다. 이때 포숙이 관중 중용론을 제기했다.《사기정의史記正義》는〈제 세가齊世家〉를 인용해 포숙이 제 환공에게 "군주께서 장차 제나라만 다스리시려면 고혜高傒와 숙아叔牙(포숙)로 족하지만 패왕이 되시려면 관이오管夷吾(관중)가 아니면 안 됩니다"라고 관중 등용을 권했다고 전한다.《사기》〈관안열전〉은 관중의 활약에 대해 이렇게 묘사하고 있다.

이에 소백이 즉위해 제 환공이 되었고 공자 규는 죽고 관중은 옥에 갇혔다. 포숙의 진언에 따라 관중을 기용해서 제나라의 정사를 맡겼다. 제 환공이 여러 제후를 규합해서 패왕이 되고 한 번 천하를 바로잡은 것은 관중의 꾀였다. 《사기》〈관안열전〉

及小白立爲桓公, 公子糾死, 管仲囚焉. 鮑叔遂進管仲, 管仲既用, 任政於齊, 齊桓公以霸, 九合諸侯, 一匡天下, 管仲之謀也. 《史記》〈管晏列傳〉

관중이 자결하지 않은 것은 제나라 재상인 포숙을 믿은 덕분이었고, 포숙은 관중을 환공의 재상으로 만들었다. 그리고 관중의 지략으로 제 환공은 춘추 최초의 패자가 되었다. 하지만 자신이 모시던 군주가 죽임을 당했는데도 죽지 않고, 자신이 모시던 군주를 죽게 만든 인물에게 가서 벼슬한 관중의 처신은 두고두고 논란거리였다. 공자라면 당연히 관중을 비판할 줄 알았지만 공자는 뜻밖에도 관중을 인자라고 높였다. 공자는 동기의 순수성만 따지지 않았다. 개인의 수신 문제라면 동기를 더 중시했겠지만 천하의 일은 결과를 더 중시했다.

관중이 공자 규를 따라 자결했다면 소절小節은 지킬 수 있었겠지만 평천하라는 천하의 대의大義는 이룩할 수 없었다. 관중이 없었다면 춘추시대는 전쟁이 계속되고 백성의 고통도 계속되었을 것이기 때문이다. 관중이 주周 왕실을 높인다는 명분으로 제 환공을 패자로 만들어 천하가 평화로워졌다. 이 이상의 인정仁政이 어디 있느냐는 것이 공자의 답변이었다. 중요한 것은 평천하라는 대의지 소절의 실천이 아니라는 것이다. 정치에 관한 한 공자의 방점은 치평治平에 찍혀 있다. 천하를 평화롭게 만들기 위해서 수기修己하는 존재가 군자이기 때문이다.

 **덕정**德政

덕불고 | 德不孤

원수를 덕으로 갚지 마라

공자는 또 덕정德政을 주창했다. 덕이 있는 군자가 덕으로써 정치하는 것이 덕정이다. 선정善政과 큰 차이는 없는 말이다.

공자 가라사대 "덕은 외롭지 않다. 반드시 이웃이 있다." _〈이인〉

子曰, 德不孤라 必有鄰이니라. _〈里仁〉
자왈 덕불고 필유린

세상 살 때 꼭 명심할 명언 중의 하나다. 덕 있는 자는 외롭지 않다. 반드시 이웃이 있다. 《주역周易》〈곤괘坤卦〉의 '선을 쌓은 집안은 반드시 그 자손에게 경사가 있다'는 '적선지가 필유여경積善之家 必有餘慶'과 같은 맥락이다. 덕德이란 무엇인가? 공자는 《논어》〈위령공〉 편에서 "유(자로)야, 덕을 아는 자 드물구나(由아! 知德者鮮矣니라)"라고 말했다. 덕이 무엇인지 아는 자 자체가 드물다는 것이다. 제자들은 덕이 무엇인지, 어떻게 해야 덕을 실천하는 것인지 궁금했다. 그래서 《논어》〈안연〉 편에서 자장은 "덕을 높이는 것이 무엇입니까?"라고 묻는다. 이 질문에 대해 공자는 "충忠과 신信을 주로 하고 의를 옮기는 것이 덕을 높이는 것이다(子張이 問崇德, 子曰, 主忠信하며 徙義가 崇德也니라)"라고 답했다. 충성과 믿음을 주로 하면서 의를 보면 옮기는 것, 즉 실천하는 것이 덕을 높이는 것이란 뜻이다. 덕은 곧 의를 실천하는 것이다.

공자는 〈양화〉 편에서 "도를 듣고 길에서 말하면 덕을 버리는 것이다(道聽而塗說이면 德之棄也니라)"라고 말했다. 도를 듣고 길에서 함부로 말해버리면 곧 덕을 버리는 것이라는 뜻이다. 도와 덕의 관계를 명확하게 규정하지는 않았지만 도를 덕과 같은 개념으로 말한 것이다. 그런데 우리는 보통 덕을 남에게 베푸는 것으로 생각한다. 그것도 잘못된 사람이나 잘못된 행위까지 감싸 안는 사랑과 비슷한 개념으로 생각한다. 공자의 말에는 잘못된 인간과 잘못된 세상에 대한 분노가 담겨 있다는 사실을 망각하는 것이다.

어떤 사람이 "덕으로써 원망을 갚으면 어떻습니까?"라고 묻자, 공자 가라사대 "(그러면) 덕은 무엇으로 보답하겠는가? 곧은 것으로써 원망을 갚고 덕으로써 덕을 갚아야 한다."_〈헌문〉

或曰, 以德報怨이 何如하니잇가? 子曰, 何以報德고? 以直報怨하고
혹왈　이덕보원　　하여　　　　　자왈　하이보덕　　이직보원
以德報德이니라. _〈憲問〉
이덕보덕

이 말은 아주 중요한 개념임에도 그간 소홀히 취급돼왔다. 이 말은 어떤 점에서는 유학과 종교를 구분 짓는 개념이기도 하다. 어떤 사람이 물었다. 원수에게 덕을 베푸는 이덕보원以德報怨이 어떻습니까? 원수를 덕으로 갚으면 어떻습니까? 당연히 지덕至德, 곧 지극한 덕이란 칭찬이 돌아올 줄 알았을 것이다. 그러나 공자는 그러지 않았다. 원한을 덕으로 보답하면 덕은 무엇으로 보답하겠느냐고 되물었다. 사의徙義, 의를 실천하는 것이 덕을 실천하는 것이란 말과 같은 맥락이다.

원수에게 덕을 베푸는 것은 말은 좋지만 악인과 선인이 같은 대접을 받는다는 뜻이다. 그렇게 하면 의義는 실종된다. 그래서 공자는 "(그러면) 덕은 무엇으로 보답하겠는가?"라고 묻는 것이다.

 원수를 사랑하는 것은 신의 영역이다. 용서하려고 노력하는 정도가 사람의 영역이다. 원한은 곧음으로 갚아라. 원한은 사감私憾으로 대하지 말고 공정함으로 갚으면 된다. 그러면 의가 실현된다. 그리고 덕은 덕으로 갚아라. 원수에게 덕을 베풀겠다고 위선 떨지 말라는 뜻이다. 말장난하지 말라는 뜻이다.

 공자 가라사대 "교묘한 말은 덕을 어지럽히는 것이요, 작은 것을 참지 못하면 큰 계획을 어지럽힌다." _〈위령공〉

 子曰, 巧言은 亂德이요 小不忍則亂大謀니라. _〈衛靈公〉
  자왈   교언   난덕   소불인즉란대모

교묘한 말이야말로 덕을 어지럽힌다. 그래서 공자는 "향원은 덕의 적이다(鄕愿은 德之賊也니라)"라고 말했다. 향원은 겉으로는 선한 척하지만 속으로는 못된 짓을 하는 위선자를 뜻한다. 조선 후기에는 못된 짓을 하는 지역 토호를 가리키는 말로 사용했다. 사실 남을 향원으로 비난했던 조선 후기의 많은 주자학자 자신이 향원이었다. 공자는 덕정을 한마디로 이렇게 규정했다.

 공자 가라사대 "덕으로써 정치하는 것을 비유하자면 북두성이 제자리에 있으면 뭇 별이 그를 향하는 것과 같다." _〈위정〉

 子曰, 爲政以德이 譬如北辰이 居其所인데 而衆星이 共之니라. _〈爲政〉
  자왈   위정이덕   비여북신   거기소   이중성   공지 공자의 말은 단순하지만 힘이 있다. 덕정을 비유하자면 북두성은 제자리에 있는데 뭇 별들이 북두성을 향해 움직이는 것과 같다는 것이다. 북두성을 중심으로 천하가 질서 있게 움직이는 것이 덕정이다.

선양정치 禪讓政治

천하삼양 | 天下三讓

권력을 자식에게 물려주지 마라

공자가 최고의 경지로 친 정치는 성정聖政이었다. 군자정君子政, 인정仁政, 덕정德政, 선정善政은 성정으로 압축된다. 성정, 즉 성스런 정치는 어떤 정치일까?

자공이 "백성에게 널리 베풀어서 민중을 능히 구제하면 어떻습니까? 인이라고 할 수 있습니까?"라고 물으니, 공자 가라사대 "어찌 인의 일만 되겠는가? 반드시 성聖일 것이다. 요순도 그것은 어렵게 여기셨다."
_〈옹야〉

子貢曰, 如有博施於民而能濟衆이면 何如하니잇가? 可謂仁乎잇가?
자 공 왈   여 유 박 시 어 민 이 능 제 중   하 여   가 위 인 호
子曰, 何事於仁이리오. 必也聖乎인저! 堯舜도 其猶病諸시니라. _〈雍也〉
자 왈   하 사 어 인   필 야 성 호   요 순   기 유 병 저

백성에게 널리 베풀고 민중을 구제하는 것은 인을 넘어선 성聖이

다. 그것이 인정을 넘어선 성정이다. 공자에게 정치의 최고 가치는 모든 백성을 구제하는 것이다. 안으로 자신을 닦는 수기를 밖으로 실천하는 것이 제가齊家, 치국治國, 평천하平天下에 이르는 길이다. 공자가 꼽은 성정은 요순堯舜 정치였다.

> 공자 가라사대 "하지 않고도 다스린 사람은 순임금이었다. 무엇을 하셨으리오. 자신을 공손히 하고 바르게 남면하셨을 뿐이다." 〈위령공〉
>
> 子曰, 無爲而治者는 其舜也與인저. 夫何爲哉시리오. 恭己正南面
> 자 왈 무 위 이 치 자   기 순 야 여   부 하 위 재   공 기 정 남 면
> 而已矣시니라. 〈衛靈公〉
> 이 이 의

무위지치無爲之治는 도가道家만 추구한 것이 아니라 공자의 유가도 마찬가지였다. 순임금이 무위지치를 실천한 임금인데, 그런 시대가 《예기》〈예운〉 편에 묘사한 대동사회다. 공자가 요순을 성인으로 여겼던 또 하나의 이유는 선양禪讓을 실천했기 때문이다. 필자는 공자에 대해 연구하면서 이런 궁금증이 들었다. 공자는 자신이 제후로 태어나지 못한 것을 원망하지는 않았을까? 자신에게 천명을 내리지 않는 하늘을 원망하지는 않았을까? "이 물을 건너지 못하는 것이 운명인가?(丘之不濟此, 命也夫)"라고 한탄했을 때 황허 강을 건너지 못하게 하는 하늘이 원망스럽지 않았을까?

자신을 등용해주지 않는 제후들은 원망했을 것이다. 그러나 세상은 항상 소인의 차지라는 사실을 잘 아는 공자에게 그런 원망은 별 의미가 없다. 공자가 왕위를 자식이 아닌 남이나 이성異姓에게 양보하는 선양禪讓을 지극한 덕, 즉 지덕至德으로 여긴 것에 오히려 큰 의미가 있다.

공자 가라사대 "태백은 지극한 덕을 가졌다고 이를 만하구나! 세 번이나 천하를 사양했지만 백성이 (그 덕을) 기릴 수가 없구나."_〈태백〉

子曰, 泰伯은 其可謂至德也已矣로다! 三以天下讓하되 民無得而
자 왈 태 백   기 가 위 지 덕 야 이 의   삼 이 천 하 양   민 무 득 이
稱焉이로다. _〈泰伯〉
칭 언

공자는 선양을 성정 실현의 주요 수단으로 여겼다. 주나라를 세운 고공단보古公亶父에게는 세 명의 아들이 있었다. 첫째가 태백泰伯, 둘째가 우중虞仲(중옹), 셋째가 계력季歷이었다. 셋째 계력이 현숙한 태임太任을 아내로 맞이해 창昌(문왕)을 낳았다. 태백은 조카 창에게 덕이 있는 것을 알고 왕위를 양보하기 위해 형만荊蠻으로 도주했다. 그런데 공자는 이를 천하를 세 번이나 사양한 행위라고 말했다. 천하를 세 번 양보했다는 공자의 삼양론三讓論에 대해서도 해석이 난무했다. 후한後漢 말기의 유학자 정현鄭玄(127~200)은 태백이 오월吳越 땅에서 약초를 캐어 살았다면서 태왕太王(고공단보)이 세상을 떠났을 때도 오지 않아서 상주 노릇을 계력에게 양보한 것이 첫 번째 양보, 즉 일양一讓이라고 말했다. 계력의 부고에도 달려와 분상하지 않은 것이 이양二讓이고, 상복을 벗은 이후에도 머리를 깎고 문신한 것이 삼양三讓이란 것이다.

그러나 동진東晉의 학자 범녕范甯(339~401)의 삼양론은 그 내용이 조금 다르다. 태왕이 세상을 떠나고 계력이 왕이 된 것이 일양이고, 계력이 죽고 문왕이 선 것이 이양이고, 문왕이 세상을 떠나고 무왕을 세운 것이 삼양이란 것이다. 결국 태백이 왕위를 양보했기에 주나라가 무왕 때 천하를 차지할 수 있었다는 것이다. 정현이나 범녕의 해석 모

두 일리가 있다. 그런데 요순은 선양 받았고 또 선양했지만 무왕은 스스로 군사를 일으켜 천하를 차지했다. 공자는 무왕을 긍정했지만 무임금의 무악을 순임금의 소악보다는 낮게 평가했는데, 여기에는 선양에 대한 평가가 들어가 있다. 무왕은 선양 받지도 않았고 선양하지도 않았기 때문이다. 드러내놓고 말하지 않아서 그렇지 공자의 속마음에서 무왕에 대한 평가는 요순보다 몇 등급 아래다.

공자 가라사대 "높고도 크도다! 순임금과 우임금은 천하를 차지했지만 관여하지 않으셨으니." 〈태백〉

子曰, 巍巍乎라! 舜禹之有天下也하고도 而不與焉이여. 〈泰伯〉
자 왈 외외호   순우지유천하야   이불여언

순임금과 우임금은 모두 '하지 않아도 세상이 다스려지는 무위이치無爲而治'의 임금이었다. 공자가 순임금을 높게 평가한 것은 무위이치의 대동세상을 실현한 것과 자신의 아들이 아닌 우禹에게 선양했기 때문이다. 순도 요堯임금에게 왕위를 물려받았다. 군사를 일으켜 왕위를 차지한 무왕과는 비교할 수 없다.《논어》의 마지막 〈요왈堯曰〉편은 요임금이 순임금에게 왕위를 물려주는 말로 시작한다.

요임금이 말씀하셨다. "아! 그대 순아! 하늘의 역수曆數가 그대의 몸에 있으니 그 중도中道를 잡아 지켜라允執其中. 사해가 곤궁해지면 하늘의 녹祿이 영원히 끊길 것이다." 순 역시 우禹에게 명을 전했다. 〈요왈〉

堯曰, 咨爾舜아! 天之曆數 在爾躬하니 允執其中하라. 四海困窮하
요 왈 자이순   천지역수 재이궁   윤집기중   사해곤궁
면 天祿이 永終하리라. 舜亦以命禹하시니라. 〈堯曰〉
   천록   영종   순역이명우

이 구절은 제자들이 의도적으로 끼워 넣었다는 설도 있지만 선양을 높게 보는 공자의 생각이 반영된 내용이다. 공자가 편찬한《서경書經》〈우서虞書〉편 '대우모'에 보다 자세하게 전하는 것도 이를 뒷받침한다. 요임금은 순임금에게 '네가 정치를 잘못해서 사해가 곤궁해지면 하늘의 녹이 영원히 끊길 것'이라고 경고했다. 하늘의 녹이 끊긴 제왕의 자손은 비참한 죽음을 맞이한다는 점에서 보통 강력한 경고가 아니다.

공자는 임금이 아무것도 하지 않아도 천하가 다스려지는 무위이치의 비결을 재상정치라고 보았다. 그렇기에 공자는 그토록 재상이 되기를 원했던 것이다.

> 순임금은 신하 다섯 명으로 천하를 다스렸다. _〈태백〉
> 舜有臣五人而天下治하니라. _〈泰伯〉
> 순 유 신 오 인 이 천 하 치

다섯 명의 신하는 우禹, 직稷, 설契, 고요皐陶, 백익伯益이었다. 공자는 선양으로 선 임금은 사심이 없기에 가장 현명한 사람을 뽑을 수 있고 또한 그들에게 정사를 맡겨 재상정치를 할 수 있다고 보았다. 선양정치와 재상정치, 이 두 가지가 공자가 이상으로 삼은 정치체제였다. 공자가 편찬한《서경》〈태서 중泰誓中〉에, 무왕이 "내게는 정치를 잘하는 신하 열 명이 있는데, 그들과 나는 마음과 덕이 같다(予有亂臣十人 同心同德)"라고 했다는 말이 실려 있다. 공자는 무왕이 비록 군사를 일으켜 스스로 왕위를 차지했지만 현명한 재상에게 일을 맡기는 재상정치를 했기 때문에 소강小康사회나마 실현한 것으로 보았다.

공자 가라사대 "인재를 얻기 어렵다는 말이 옳은 말 아니겠는가? 당우 唐虞(요순) 이후로 (주나라가) 가장 성했지만 부인이 한 사람 있어서 모두 아홉 명뿐이었다. (주나라 문왕은) 천하를 셋으로 나누어 둘을 가지고 있었으면서도 은나라를 섬기고 복종하셨으니 주나라의 덕은 지덕至德이라고 이를 만하구나." _〈태백〉

孔子曰. 才難 不其然乎아? 唐虞之際에 於斯爲盛하나 有婦人焉이라 九人而已니라. 三分天下에 有其二하여 以服事殷하시니 周之德은 其可謂至德也已矣로다. _〈泰伯〉

천하를 잘 다스리는 데는 다섯 명 혹은 열 명의 현명한 신하만 있어도 된다는 것이 공자의 생각이다. 열 명의 신하는 주공 단周公旦, 소공 석召公奭, 태공 망太公望 등에다가 문왕의 모친인 태사太姒(태임)를 뜻한다. 태사를 빼면 모두 아홉 명뿐이었다는 것이다. 그러나 그런 인재를 뽑기는 대단히 어렵다. 그래서 "인재를 얻기 어렵다"라고 말한 것이다. 중요한 자리에 있으면 반드시 인재를 천거해야 한다. 공자는 그렇지 않으면 자리를 도둑질한 것이라고까지 비판했다.

공자 가라사대 "장문중臧文仲은 그 자리를 도둑질한 자일 것이다. 류하혜柳下惠가 현명한 것을 알고도 더불어 세우지 않았다." _〈위령공〉

子曰. 臧文仲은 其竊位者與인저? 知柳下惠之賢而不與立也로다. _〈衛靈公〉

장문중은 노나라 재상인데, 류하혜가 현명하다는 것을 알고서도 등용하지 않았으니 재상 자리를 도둑질하고 있는 것이란 비난이다. 초야에 묻혀 있는 인재를 발탁하는 것이 정치에 성공하는 핵심이라고 본 것이다. 지극히 옳은 말이다. 현재도 마찬가지다. 인재를 등용하는 것을 보면 그 정권의 성패 여부를 점칠 수 있다. 그간 한국 사회에서 초야에 묻혀 있는 인재를 발탁한 경우를 기억하기는 쉽지 않다. 대부분 인사권자가 가까운 사람만을 썼다. 그리고 함께 몰락한다. 앞의 전철을 보면서도 반성하지 않는다. 그러니 난세가 계속된다. 2,500년 전에 선양을 높였던 공자, 그 후 2,500년 동안 공자가 꿈꾼 대동사회는 실현되지 않았다. 아직껏 미완의 과제로 남아 있다.

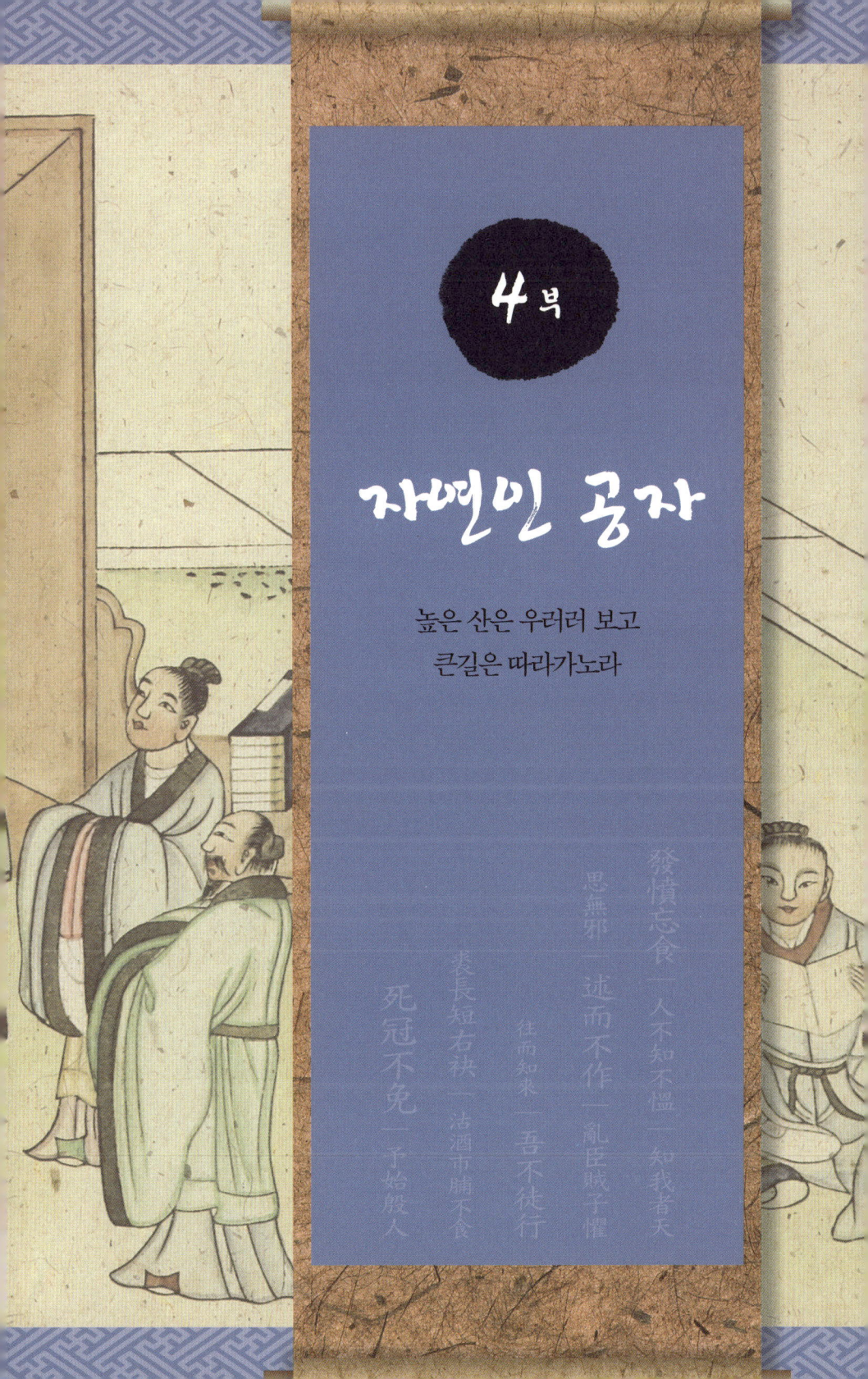

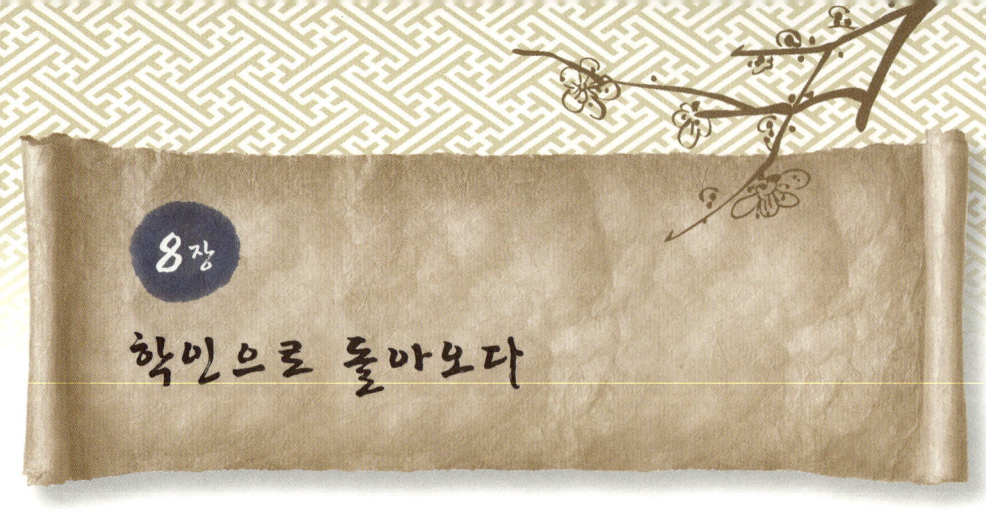

8장
학인으로 돌아오다

발분망식 | 發憤忘食

밥도 잊고 공부하다

　노나라를 떠난 지 14년 만에 다시 노나라로 돌아온 공자. 《사기》〈공자세가〉와 《논어》〈위정〉 편에는 이때 노 애공이 정치에 대해서 물었다는 내용이 실려 있다.

　노 애공이 "어떻게 하면 백성이 복종합니까?"라고 묻자, 공자께서 (애공을) 대하여 가라사대 "곧은 자를 들어 모든 굽은 자 위에 둔다면 백성이 복종하고 굽은 자를 들어 모든 곧은 자 위에 둔다면 백성이 복종하지 않을 것입니다." _〈위정〉

哀公이 問曰, 何爲則民服이닛고? 孔子對曰, 擧直錯諸枉이면 則民
애공　 문왈　하위즉민복　　　　공자대왈　 거직조저왕　　　 즉민

服하고 舉枉錯諸直하면 則民不服이니이다. 〈爲政〉
복   거 왕 조 저 직   즉 민 불 복

주희는 이때 '대하여 가라사대(對曰)'라고 한 것은 군주를 높인 것이라고 설명했다. 일리 있다. 공자는 노나라 군주에게 '곧은 자를 들어 모든 굽은 자 위에 두면 백성이 복종한다'고 충고했다. 14년 만에 돌아온 공자가 자국 군주에게 하는 말이 그다지 우호적으로 들리지는 않는다. 〈공자세가〉는 이 구절 뒤에 공자를 예로써 불러들인 노나라의 실권자 계강자季康子와 나눈 대화 내용을 싣고 있다.

> 계강자가 도둑을 우려해서 공자에게 묻자, 공자 가라사대 "진실로 그대가 욕심을 부리지 않는다면 비록 상을 준다고 해도 (백성은) 도둑질 하지 않을 것이오." 〈안연〉

季康子患盜하여 問於孔子한대 孔子對曰, 苟子之不欲이면 雖賞之
계 강 자 환 도   문 어 공 자   공 자 대 왈   구 자 지 불 욕   수 상 지
라도 不竊하리라. 〈顔淵〉
     부 절

계강자가 도둑에 대한 대책을 묻자 '그대가 욕심을 부리지 않으면 백성은 상을 준다고 해도 도둑질하지 않을 것이다'라고 면박 주듯이 말했다. '내 마음이 바라는 대로 해도 법도에 어긋나지 않았다'는 칠순까지 2년밖에 남지 않은 공자였다. 더는 정치에 직접 나서기 어려웠다. 정치 참여보다 인생을 정리해야 할 나이였다. 공자는 이미 중원 제일의 지식인이었다. 천하 주유 중에도 끊임없이 공부했기 때문이었다.

섭공이 자로에게 공자에 대해서 물었는데 자로가 대답하지 못했다. 공자 가라사대 "너는 왜 말하지 못했느냐? 그 사람은 분발해서 먹는 것도 잊으며, 즐거워서 시름도 잊어서 늙음이 장차 이르게 되는 것도 알지 못한다고." 〈술이〉

葉公이 問孔子於子路어늘 子路不對한대 子曰, 女奚不曰, 其爲人也는 發憤忘食하고 樂以忘憂하여 不知老之將至云爾오. 〈述而〉
섭공 문공자어자로 자로부대 자왈 여해불왈 기위인
야 발분망식   낙이망우   부지노지장지운이

섭공의 이름은 심제량沈諸梁인데 초楚나라 섭현葉縣의 장관이므로 섭공이라고 한다. 여기에서 '발분망식發憤忘食'이란 사자성어가 생겼는데, 끼니까지 잊고 어떤 일에 몰두한다는 뜻이다. 공자에게 어떤 일이란 곧 학문을 뜻한다. 《사기》〈공자세가〉에는 공자가 진陳나라에 있을 때의 일화가 나온다. 송골매가 진나라 궁정에 떨어져 죽었는데 돌로 만든 화살촉이 달린 호시楛矢(싸리나무 화살)에 꾀어 있었다. 화살의 길이는 한 자 여덟 치였다. 이 화살에 대해서 아무도 아는 사람이 없자 진나라 민공湣公은 공자에게 사람을 보내 물었다. 공자의 대답은 막힘이 없었다.

"송골매는 멀리서 왔는데, 이는 숙신肅愼씨의 화살입니다. 옛날 무왕이 상商(은)나라를 정벌하고 구이九夷 및 모든 겨레와 길을 통하게 하고 각자 자기 지방의 공물을 가져와서 조공하게 했습니다. 그래서 그 직업을 잃지 않게 했습니다. 이에 숙신씨가 돌화살촉으로 된 호시楛矢를 바쳤는데 길이가 한 자 여덟 치였습니다. … 성이 다른 제후에게는 먼 지방의 조공품(職)을 나누어주어 복종할 것을 잊지 않게 했습니다. 그래

서 숙신씨의 화살을 나눠준 것입니다."《사기》〈공자세가〉

仲尼曰, 隼來遠矣, 此肅慎之矢也. 昔武王克商, 通道九夷百蠻. 使各以其方賄來貢, 使無忘職業. 於是肅慎貢楛矢石砮, 長尺有咫 … 分異姓以遠職, 使無忘服. 故分陳以肅慎矢.《史記》〈孔子世家〉

진 민공이 시험 삼아 옛날 창고를 찾아보니 과연 같은 화살을 얻을 수 있었다고 〈공자세가〉는 전한다. 숙신肅慎은 동이족의 한 갈래이다. 《사기정의》는 《숙신국기肅慎國記》의 내용을 토대로 "그 땅이 부여국 동북쪽에 있으며 예순 날 동안 가야 한다. … 지금 말갈국에 이 화살이 있다(肅慎, 其地在夫餘國東北, 可六十日行 … 今之靺鞨國方有此矢)"라고 쓰고 있다. 동이족의 한 갈래인 숙신족이 보낸 화살임을 공자만이 정확하게 알고 있었다. 그만큼 해박한 지식을 갖고 있었다. 동이족 국가인 은나라의 후예이기 때문에 동이족의 역사에 밝았다고 볼 수도 있다. 그러나 비단 동이족의 역사뿐만 아니었다. 공자는 학문의 요체를 꿰뚫었다.

공자께서 "삼參(증자)아! 나의 도는 하나로써 꿰뚫는 것이니라"라고 하셨다. 증자가 "알겠습니다"라고 말했다. 공자께서 나가시니 문인들이 "무엇을 이르신 것입니까?"라고 묻자, 증자가 "부자夫子의 도는 충忠과 서恕일 뿐이다"라고 말했다. _〈이인〉

子曰, 參乎아! 吾道는 一以貫之니라. 曾子曰, 唯라. 子出하시니 門人 問曰, 何謂也잇고? 曾子曰, 夫子之道는 忠恕而已矣니라. _〈里仁〉

이 대화에서 충忠과 서恕라는 증자의 해석은 증자의 제자들이 삽입한 것이라는 의심을 받았다. '일이관지一以貫之'라는 공자의 도를 충과 서로 국한한 것이 너무 협소하기 때문이다. 그러나 공자가 자신의 도를 일이관지라고 규정한 것은 사실일 것이다. 공자의 학문이 최고봉에 달한 것은 수많은 구슬을 하나로 꿰뚫는 일이관지의 수준에 도달했기 때문이다. 일이관지의 수준에 도달하면 세상 모든 사람을 나의 스승으로 여길 수 있다.

〈술이〉 편에서 '세 사람이 갈 때면 반드시 나의 스승이 있다'라고 한 것처럼 착한 이는 착한 본보기로 삼고, 착하지 못한 이는 반면교사로 삼으면 된다. 악인을 반면교사로 삼을 줄 알면 세상 모든 사람이 스승이 된다. 이와 비슷한 말이 〈이인〉 편에도 나온다.

> 공자 가라사대 "어진 이를 보면 같아지기를 생각하며, 어질지 못한 이를 보면 안으로 스스로 반성한다." 〈이인〉
> 子曰, 見賢思齊焉하며 見不賢而內自省也니라. 〈里仁〉
> 자 왈 견 현 사 제 언   견 불 현 이 내 자 성 야

공자가 남과 경쟁한 것은 출세가 아니었다. 내가 남보다 어진가 그렇지 못한가였다. 그래서 남보다 어질지 못하면 자신을 반성했다. 비록 천하제일의 지식을 갖고도 세상에서 쓰이지 못했지만 그는 세상을 원망하지도 않았다.

인부지불온 | 人不知不慍

남이 나를 알아주지 않아도

자신에게 능력이 있는데 세상이 알아주지 않으면 견디기 쉽지 않다. 능력은 있되 쓰이지 못한 사람, 공자는 이렇게 말했다.

> 공자 가라사대 "남이 나를 알아주지 않아도 성을 내지 않으면 또한 군자가 아니겠는가?" _〈학이〉
>
> 子曰, … 人不知而不慍이면 不亦君子乎아? _〈學而〉
> 자왈   인부지이불온   불역군자호

이 말은 《논어》의 가장 첫 구절에 나오는 세 문장 중 마지막 문장이다. 첫 문장이 "배우고 때로 익히면 또한 기쁘지 아니한가?(學而時習之면 不亦說乎아)"이고, 다음이 "벗이 있어 먼 곳에서 찾아오면 어찌 즐겁지 아니한가(有朋自遠方來면 不亦樂乎아)"이다. 그리고 세 번째가 "남이 나를 알아주지 않아도 성을 내지 않으면 또한 군자가 아니겠는가?"라는 이 문장이다.

이 문장은 두 번째 문장과 연결해서 생각해야 한다. 세상이 알아주지 않는 사람에게 멀리서 찾아오는 벗은 누구인가? 공자가 말하는 벗은 단순한 의미의 벗이 아니다. 고전을 읽다 보면 글자 하나가 많은 뜻을 가진 경우를 접하게 되는데, '벗 우友' 자도 그중 하나다.

《논어》에는 友(우)와 관련해 논란이 되는 구절이 있다. 〈학이〉 편의 "공자 가라사대… 자기보다 못한 자를 벗하지 마라(無友不如己者)"라는 말이다. 글자 그대로 해석하면 자기보다 못한 사람을 사귀지 말라는 뜻이다. 공자는 과연 그런 뜻으로 말했을까? 자기보다 나은 사람을 사귀려는 것은 우정이 아니라 이해타산이다. 공자가 과연 그런 인물일까?

〈자장〉 편에도 이와 관련해 논란이 되는 구절이 있다. 자하의 문인이 벗 사귀는 기준에 대해서 묻자, 자장은 "자하는 무엇이라고 했느냐?"라고 되물었다. 자하의 제자들은 "사귈 만한 사람은 사귀고, 그렇지 못한 사람은 거절하라(可者與之, 其不可者拒之)고 하셨습니다"라고 대답했다. 사귀어도 좋은 가자可者는 이익을 주는 익우益友이고, 그렇지 못한 사람은 손해를 입히는 손우損友라는 것이다. 그러자 자장은 "내가 들은 바와는 다르다(異乎吾所聞)"라고 반박한다. 공자에게 직접 들은 것과는 다르다는 뜻이다. 자장은 "군자는 어진 이를 높이지만 민중을 포용하며(君子 尊賢而容衆), 어진 이를 칭찬하지만 능력 없는 사람도 불쌍히 여긴다(嘉善而矜不能)"라고 들었다고 덧붙였다. 군자는 어진 이를 높이지만 민중과 능력 없는 사람도 포용하고 불쌍히 여기는 마음을 가져야 한다는 뜻이다. 자장이 비교 대상을 어진 이와 민중, 능력 없는 사람으로 구분했다는 점에 주목해야 한다. 권력, 돈, 학식 등이 아니라 어진가 그렇지 않은가가 비교 대상이었다.

자장이 말하기를 … "내가 크게 어진 사람이라면 어찌 다른 사람을 포용하지 못할 것이며, 내가 크게 어질지 못한 사람이라면 다른 사람이 장차 나를 거절할 것이니 어떻게 내가 다른 사람을 거절할 수 있겠느냐?"_〈자장〉

子張曰 … 我之大賢與엔 於人이 何所不容이며 我之不賢與엔 人將拒我니 如之何其拒人也리오? _(子張)_

내가 크게 어진 사람이라면 누군들 벗으로서 용납하지 못하겠는가? 그 누구라도 벗으로 삼을 수 있다. 또한 만약 내가 크게 어질지 못한 사람이라면 남들이 사귀기를 거부할 것이다. 그러니 남과 사귐을 거절하지 말라는 뜻이다.

자장이 이렇게 말한 데에는 그의 출신도 한몫했을 것이다.《사기》〈중니제자열전仲尼弟子列傳〉 등을 따르면 자장子張(서기 전 503~447)의 성은 전손顓孫이고 이름은 사師였다. 춘추 말기 진陳나라 사람인데, 공자보다 마흔여덟 살이 어렸다. 어려서부터 집이 가난했고 출신도 미천했다. 그런데 자하도 마찬가지였다. 공자보다 마흔네 살 어렸던 자하의 이름은 복상卜商인데《순자荀子》는 자하가 가난해서 다 떨어진 옷을 걸쳤다고 묘사하고 있다. 사람들이 자하에게 "왜 벼슬하지 않느냐?"라고 묻자 "제후가 내게 교만하면 나는 그의 신하가 되지 않고, 대부가 내게 교만하면 다시는 그를 보지 않는다"라고 말한 인물이었다. 공자는 그를 문학에 능한 인물로 분류했는데, 그의 문학적 기질과 강한 자존심이 친구를 가려 사귀도록 영향을 미친 것으로 보인다.

《의례주소儀禮註疏》등을 보면 "같이 공부한 사람은 친구이고, 뜻이 같은 사람은 벗이다(同門曰朋, 同志曰友)"라는 구절이 있다. 공자가 여기에서 말한 멀리서 찾아온 벗은 동문이라기보다는 뜻이 같은 동지로서의 벗이었을 것이다. 세상에서 쓰이지 못한 공자에게 멀리서 찾아온 벗! 그 벗은 같은 도를 추구하는 동지다. 세상이 나를 버렸어도 세상을 버리지는 않는 인물들이다. 이것이 그릇된 세상을 사는 지식인의 처신이다. 그래서 공자는 말한다.

공자 가라사대 "남이 나를 알아주지 않는 것을 걱정하지 말고, 내가 남을 알아보지 못하는 것을 걱정하라."_〈학이〉

子曰, 不患人之不己知요 患不知人也니라. 〈學而〉
자 왈 불환인지불기지   환부지인야

《논어》에는 '남이 나를 알아주지 않는 것을…'이라는 표현이 네 번이나 나온다. 〈헌문〉 편에서 공자는 "남이 나를 알아주지 않는 것을 걱정하지 말고, 내게 능력이 없는 것을 걱정하라(不患人之不己知요 患其不能也니라)"라고 말했다. 〈이인〉 편에서는 "남이 나를 알아주지 않는 것을 걱정하지 말고, 남이 알 수 있도록 갖추어야 한다(不患莫己知요 求爲可知也니라)"라고 말했다. 〈위령공〉 편에서도 "군자는 능력이 없는 것을 근심하지 남이 자신을 알아주지 않는 것을 근심하지 않는다(君子는 病無能焉이오 不病人之不己知也니라)"라고 말했다. 공자가 여러 제자에게 이 말을 반복했다는 뜻이다. 제후들이 공자를 쓰고자 할 때마다 곁의 측근들이 반대했다. 세상은 항상 그런 사람들이 잡고 있었다. 그러나 공자는 그런 사람들을 원망하지 않았다. 자신의 도가 쓰이지 못하는 것도 명命이라는 사실을 알고 있었기 때문이다. 그러나 〈헌문〉에는 이와 다른 이야기도 나온다.

지아자천 | 知我者天

세상은 왜 악인이 성공하는가?

공자라고 어찌 자신을 알아주지 않는 세상에 대한 회한이 없었겠는가?

> 공자 가라사대 "나를 알아주는 이 없구나!" 자공이 "어찌 스승님을 알아주는 이 없다고 말씀하십니까?"라고 물으니, 공자 가라사대 "하늘을 원망하지 않고 사람을 탓하지도 않지만, 아래에서 배워서 위에 통달하니 나를 알아주는 자는 하늘일 것이다." 〈헌문〉
>
> 子曰, 莫我知也夫인제! 子貢曰, 何爲其莫知子也잇가? 子曰, 不怨天하며 不尤人하고 下學而上達하나니 知我者는 其天乎인저. 〈憲問〉

공자는 사람은 나를 알아주지 않지만 하늘만은 나를 알아줄 것이라고 자신을 위안했다.

《사기》〈공자세가〉는 노나라에 돌아온 만년의 공자가 이제 희망이 없다고 말한 몇몇 사건에 대해 전한다. 공자가 일흔한 살이던 노 애공 14년(서기 전 481) 봄에 대야大野에서 수렵하던 숙손씨의 마부 서상鉏商이 기린을 잡았다. 그러자 공자가 이렇게 한탄했다.

> 황허 강에서 용이 도판圖版을 메고 나타나지 않고, 낙수洛水에서 거북이 서판書版을 지고 나타나지 않으니 나도 이제 다 됐구나. 《사기》〈공자세가〉

河不出圖, 雒不出書, 吾已矣夫. _《史記》〈孔子世家〉

공안국은 《사기집해》에서 "성인이 천명을 받으면 황허 강에서 용이 도판을 메고 나타나는데, 지금 이런 상서로움이 없으니 '나도 이제 다 됐구나'라고 말했다"는 뜻이라고 설명했다. 하도河圖는 곧 팔괘八卦를 뜻하는데, 고대 복희伏羲 임금 때 황허 강에서 나온 용마龍馬(용의 모양을 한 상상의 말)의 등에 그려져 있었다고 전해진다. 낙서洛書는 우禹임금이 홍수를 다스릴 때 낙수에서 나온 신귀神龜(신령스러운 거북)의 등에 쓰여 있었다는 글이다. 세상을 어지러움에서 구할 성인이 천명을 받으면 하도와 낙서가 나타나는데 두 개 모두 나타나지 않으니 공자는 더는 쓰일 수 없다고 한탄했다는 뜻이다. 〈공자세가〉는 또 서쪽에서 잡힌 기린을 보고 공자가 "나의 도가 다했구나(吾道窮矣)"라고 말했다고 전한다. 바로 이 구절 뒤에 앞에서 인용한 "나를 알아주는 이 없구나!"라는 탄식이 이어진다.

공자가 말한 "아래에서 배워서 위에 통달하니 나를 알아주는 자는 하늘일 것이다"라는 구절도 논란이 많았다. 학學이 무엇을 뜻하는가가 문제였다. 황간皇侃은 "하학下學은 인사人事를 배우는 것을 뜻하고, 상달上達은 천명天命에 도달하는 것을 뜻한다"라고 해석했는데 이것이 가장 널리 받아들여지는 주석이다. 천명을 읽은 공자를 세상은 알아주지 않았다. 그래서 그는 세상에 쓰이지 못했다. 그러나 그가 세상을 위해 할 일은 따로 있었다.

고전을 정리하다

사무사 | 思無邪
《시경》에는 생각의 간사함이 없다

공자가 고국으로 귀국해서 한 일은 크게 세 가지로 나눌 수 있다. 고전 정리, 《춘추》 저술, 제자 육성이다. 먼 길을 돌아 다시 학자의 자리로 돌아온 셈이었다. 먼저 공자는 시를 정리했다. 《사기》〈공자세가〉는 "공자가 살아 있을 때 주나라의 왕실은 미약하고 예와 악樂이 무너지고 시詩와 서書가 이지러졌다(孔子之時, 周室微而禮樂廢, 詩書缺)"라고 전한다. 그래서 공자는 시를 바로잡았다. 옛날부터 전해 내려오던 시의 정수를 뽑아 《시경》으로 간추렸다.

옛날에는 시가 3,000여 편이었는데 공자가 그 중복된 것들을 제거하고 예의禮義에 베풀 만한 것들을 취해서 위로는 설契과 후직后稷에서 수집하고 중간에는 은나라와 주나라의 성대한 것들을 기술하고 유왕幽王과 여왕厲王의 어그러진 것까지 이르렀다. 모든 것의 시작은 부부의 잠자리(衽席)이므로 말하기를 "관저關雎의 어지러움을 바로잡는 것이 풍風의 시작이 되고, 녹명鹿鳴이 소아小雅의 시작이 되고, 문왕이 대아大雅의 시작이 되고, 청묘淸廟가 송頌의 시작이 된다"라고 하였다. 《사기》〈공자세가〉

古者詩三千餘篇, 及至孔子, 去其重, 取可施於禮義, 上采契后稷, 中述殷周之盛, 至幽厲之缺, 始於衽席, 故曰, 關雎之亂以爲風始, 鹿鳴爲小雅始, 文王爲大雅始, 清廟爲頌始. _《史記》〈孔子世家〉

　옛날에 지어진 3,000여 편의 시를 공자가 305편으로 추려서《시경》을 편찬했다는 것이다. 오제五帝(고대 중국의 다섯 성군) 중의 한 사람인 제곡帝嚳의 아들 설契과 주나라 시조 후직后稷 때의 시부터 수집하고 중간에는 은나라와 주나라 때의 성대함을 노래한 시를 모았다. 그리고 미녀 포사褒姒에게 빠져 주나라를 멸망시킨 유왕幽王과 폭정을 펼치다 백성에게 쫓겨난 주 여왕厲王의 잘못된 것까지 모은 것이《시경》의 주요 내용이다.《시경》은 풍風, 아雅, 송頌의 순서로 편찬되어 있다. '풍'은 백성이 즐겨 불렀던 민요를 모은 것이고, '아'는 임금이 궁중에서 잔치를 열 때 연주하던 음악이고, '송'은 종묘 제사 때 연주하던 음악이다. 풍이《시경》의 절반 이상을 차지하는데, 제1권이 국풍國風이고, 그 1장이 주남周南이며 관저關雎부터 시작한다.

노래하는 한 쌍의 물수리 / 황허 물가에서 노는구나 / 얌전하고 조용한 아가씨는 / 덕 높은 군자의 좋은 배필일세 _《시경》〈국풍〉'주남'

關關雎鳩 / 在河之洲 / 窈窕淑女 / 君子好逑 _《詩經》〈國風〉'周南'

　이 시에서 얌전하고 조용한 아가씨란 뜻의 '요조숙녀窈窕淑女'란 말이 나왔다. 여기서 관저關雎는 후비后妃(제왕의 배필)의 덕을 뜻하는 말인데,《시경》을 후비의 덕을 노래한 관저로 시작한 것 자체가 의미심장하다.《사기집해》는 관저에 대해서 "후비의 열락과 군자의 덕은 화합하지 않는 것이 없지만 또 음란하지 않다(后妃悅樂君子之德, 無不和諧, 又不淫色)"라고 설명한다. 국왕과 왕비는 모든 사람의 모범이 되어야 한다. 두 사람은 서로 사랑하고 화합하지만 음란하지는 않다. 그렇게 백성에게 풍속의 모범이 되어야 한다는 것이다. 부부 사이가 모든 인간 풍습의 근본이기 때문이다. 그래서 《시경》〈국풍〉은 마치 연애시 모음집 같지만 음란하지는 않다. 공자는 《논어》〈위정〉편에서 《시경》의 특징을 한마디로 이렇게 말했다.

공자 가라사대 "《시경》 삼백 편을 한마디로 말하면 '생각에 간사함이 없다'는 것이다." _〈위정〉

子曰, 詩三百을 一言以蔽之하면 曰, 思無邪니라. _〈爲政〉
자왈 시삼백 일언이폐지 왈 사무사

《시경》은 민요가 절반이 넘다 보니 사랑노래가 많지만 그 생각에 간사함이 없다는 것이다.

공자가 시를 얼마나 중시했는지는 《논어》〈계씨〉편에 나오는 다음의 일화로 잘 알 수 있다.

진항陳亢이 백어伯魚(공자의 아들)에게 "그대는 따로 특별히 들은 것이 있는가?"라고 묻자, "없었습니다. 일찍이 혼자 서 계실 때 제가 빨리 뜰을 지나가니까 '시를 배웠느냐?'라고 물으셔서 '못 배웠습니다'라고 대답했더니 '시를 못 배우면 말을 할 수 없으리라'라고 하시므로 저는 물러가서 시를 배웠습니다"라고 대답했다. _〈계씨〉

陳亢問於伯魚曰, 子亦有異聞乎아? 對曰, 未也로라. 嘗獨立이어시
진항문어백어왈 자역유이문호 대왈 미야 상독립

늘 鯉趨而過庭이러니 曰, 學詩乎아? 對曰, 未也로이다 하니 不學詩면
　　리 추 이 과 정　　　　　왈 학 시 호　　대 왈 미 아　　　　불 학 시
無以言이라 하시므로 鯉退而學詩호라. 〈季氏〉
무 이 언　　　　　　　리 퇴 이 학 시

　　진항이 공자의 아들 백어, 즉 공리에게 "그대는 따로 특별히 들은 것이 있는가?"라고 물었다. 공자가 아들에게만 따로 특별지도 했는지 의심한 것이다. 아무리 공자라도 아들에게는 따로 가르쳐준 것이 있지 않겠느냐는 생각에서 물은 것이다. 공리는 우연히 공자 옆을 빨리 지나갈 때 시를 배우라고 권하셨다고 답했다. 두 사람의 대화는 계속된다.

　　(공리가 말하기를) "다른 날에 또 혼자 서 계시므로 제가 빨리 뜰을 지나가니까 '예를 배웠느냐?'라고 물으셔서 '못 배웠습니다'라고 대답했더니 '예를 못 배우면 설 수 없다'라고 하시므로 저는 물러가서 예를 배웠습니다. 이 두 가지를 들었을 뿐입니다"라고 답했다. 진항이 물러 나와 기쁘게 말하기를 "하나를 묻고 세 개를 얻었다. 시를 듣고 예를 들었으며, 또 군자는 그 자식을 멀리하는 것을 들었다"라고 하였다. 〈계씨〉

他日에 又獨立이어시늘 鯉趨而過庭이러니 曰, 學禮乎아? 對曰, 未也
타 일　　우 독 립　　　　　리 추 이 과 정　　　왈 학 례 호　　대 왈 미 아
로이다 하니 不學禮면 無以立이라 하시므로 鯉退而學禮호라. 聞斯二者
　　　　　불 학 례　　무 이 립　　　　　　　리 퇴 이 학 례　　　문 사 이 자
로라. 陳亢이 退而喜曰, 問一得三하니 聞詩, 聞禮하고 又聞君子之
　　　진 항　　퇴 이 희 왈　　문 일 득 삼　　　문 시　문 례　　　우 문 군 자 지
遠其子也로다. 〈季氏〉
원 기 자 야

　　진항은 공자가 아들에게 특별 교육을 하지 않을까 의심해서 물었다가 시와 예를 배우라고만 권했다는 사실을 전해 들었다. 그래서 하

나를 묻고, 공자는 시와 예와 자식 교육을 엄하게 한다는 세 가지를 배웠다고 기뻐한 것이다.

정약용의 시론

정약용도 유배지에 있으면서 고향에 있는 아들에게 편지로 시詩에 대해서 가르쳤다. 정약용의 시론은 현재 우리 사회에서 시가 사라진 이유에 대해 정확하게 말해준다.

《시경》 이후의 시는 마땅히 두보杜甫의 시를 스승으로 삼는다. 대개 온갖 시인의 시 중에서 두보의 시가 왕좌를 차지하게 된 것은 《시경》에 있는 시 300편의 의미에 이르렀기 때문이다. 《시경》에 있는 시는 충신·효자·열녀·진실한 벗 들의 슬프고 아픈 마음과 충실하고 순박함이 형상화된 것이다.

임금을 사랑하고 나라를 근심하는 내용이 아니면 그런 시는 시가 아니며, 시대를 아파하고 세속을 분개하는 내용이 아니면 시가 될 수 없으며, 아름다운 것을 아름답다고 하고 미운 것을 밉다고 하며, 착한 것을 권장하고 악을 징계하는 그러한 뜻이 담겨 있지 않은 시는 시라고 할 수 없는 것이다.

뜻이 세워져 있지 못한 데다 학문은 설익고, 삶의 대도大道를 아직 배우지 못했으며, 임금을 도와 백성에게 혜택을 주려는 마음가짐이 있지 않은 사람은 시를 지을 수 없는 것이니 너도 그 점에 힘써라.

두보의 시는 역사적 사실을 인용하는 데 있어 흔적이 보이지 않아 스스로 지어낸 것 같지만 자세히 살펴보면 다 출처가 있으니, 이야말로 두보가 시성詩聖이 되는 까닭이다. 한유韓愈의 시는 글자 배열법에 모두 출처가 있게 하였으나 어구는 스스로 많이 지어냈으니 그것이 바로 그를 시의 대현大賢이 되게 한 것이다. 소동파蘇東坡의 시는 구절마다 역사적 사실을 인용하되 인용한 흔적이 있는데 얼핏 보아서는 의미를 깨달을 수 없고 반드시 이리저리 따져보아 인용한 출처를 캐낸 다음에야 겨우 그 의미를 통할 수 있으니, 이것이 그를 시의 박사博士가 되게 한 것이다.

소동파의 시로 말하면 우리 삼부자의 재주로써 죽을 때까지 오로지 시를 공부한다면 바야흐로 그 근처까지 갈 수는 있겠지만, 이 세상에서 할 일도 많은데 무엇 때문에 그런 짓이나 하고 있겠느냐. 역사적 사실을 전혀 인용하지 않고 음풍농월이나 하고 장기나 두고 술 먹는 이야기를 주제로 시를 짓는다면 이것이야말로 시골의 서너 집 모여 사는 촌구석 선비의 시인 것이다. 이후로 시를 지을 때는 모름지기 역사적 사실을 인용하는 일에 주안점을 두어라.

공자는 자식 교육에 엄했다. 공리가 뜰에 혼자 서 있는 공자를 보고 빨리 지나간 것이 이를 말해준다. 공자의 자식 사랑법은 남달랐다.

공자 가라사대 "(자식을) 사랑한다면 수고롭게 하지 않을 수 있겠는가? (임금에게) 충성한다면 (잘못을) 깨우쳐주지[誨] 않을 수 있겠는가?" _〈헌문〉

子曰, 愛之란 能勿勞乎아? 忠焉이란 能勿誨乎아? _〈憲問〉
자 왈 애 지   능 물 로 호   충 언   능 물 회 호

송나라의 소식蘇軾은 이 구절에 대해 사랑하면서도 수고롭게 하지 않는다면 새나 (어미소가) 송아지를 사랑하는 것이고, 임금에게 충성하면서도 그 과실을 깨우쳐주지 않는다면 부녀자나 환관의 충성이라고 설명했다. 회誨는 과실을 책망하는 것을 뜻한다. 공자가 자식을 사랑하는 법은 수고로운 일을 시키는 것이었다. 그런 바탕 위에서 시와 예를 배우라고 권하는 것이었다. 공자가 시를 얼마나 중시했는지는《논어》〈자로〉편에 나오는 다음 구절로도 알 수 있다.

공자 가라사대 "《시경》삼백 편을 외우더라도 정치를 맡겼을 때 제대로 하지 못하고, 사방에 사신으로 나가서 홀로 대처하지 못하면 비록 많이 외웠어도 어디에 쓰겠는가?"_〈자로〉

子曰, 誦詩三百이라도 授之以政에 不達하며 使於四方에 不能專對
자 왈   송 시 삼 백   수 지 이 정   부 달   시 어 사 방   불 능 전 대
하면 雖多나 亦奚以爲리오? _〈子路〉
     수 다   역 해 이 위

어떻게 보면 이해할 수 없는 구절이다.《시경》의 효용성을 공자는 외국에 사신으로 나갔을 때 혼자서 대처할 수 있게 하는 것이라고 말했다. 뜬금없어 보이지만 오늘날 중국을 상대할 때 중국의 고전을 인용하면 그 태도가 수그러지는 사례를 보면 그렇지도 않다. 미국 대통령 오바마는 미국을 방문한 중국 고위 관료들에게《맹자》〈진심 하〉편의 "산중의 좁은 길도 계속 다니면 길이 되지만 다니지 않으면 풀이 우거져 막힌다(山徑之蹊間, 介然用之而成路, 爲間不用, 則茅塞之矣)"라는 말을 인용했다. 중국과 수천 년 외교 관계를 맺어온 한국의 정치가들이 중국 정치가를 만났을 때 중국이나 한국의 고전을 인용했다는 말

을 들어본 적이 별로 없다. 외국으로 나간 사신은 나라를 대표하는 사람이다. 그러니 지극한 경지를 노래한 시처럼 지극한 경지의 처신을 해야 한다는 것이다. 그렇지 못하면《시경》을 다 외운들 어찌 사士라고 하겠느냐는 것이다.

공자는 시에 곡조를 붙여 악기를 타고 노래 불렀다.《시경》에 수록한 305편 모두에 그랬다.

공자가 시 305편을 모두 거문고(弦)를 타고 노래하면서 소악韶樂과 무악武樂과 아악雅樂과 송악頌樂의 가락과 합치되게 했다. 예악禮樂이 여기에서부터 기술되어 왕도王道가 갖춰지고 육례六藝가 완성되었다. _《사기》〈공자세가〉

三百五篇孔子皆弦歌之, 以求合韶武雅頌之音. 禮樂自此可得而 述, 以備王道, 成六藝. _《史記》〈孔子世家〉

공자는 시의 내용에 순임금의 소악韶樂과 무임금의 무악武樂과 아악雅樂과 송악頌樂 가락을 붙여 연주하면서 노래를 부를 수 있게 했다. 요즘 말로 하면 싱어송라이터인 셈이다. 이렇게 공자는 악樂을 바로잡았다. 공자 자신도 그런 말을 남겼다.

공자 가라사대 "내가 위나라에서 노나라로 돌아온 뒤에야 음악이 바르게 되어 아雅와 송頌이 제자리를 잡았다." _〈자한〉

子曰, 吾自衛反魯, 然後에 樂正하여 雅頌各得其所하니라. _〈子罕〉
자왈 오자위반노 연후 악정 아 송 각 득 기 소

공자가 귀국한 후 음악을 총정리해 제자리를 잡게 했다는 것이다. 공자에게 음악은 단순히 귀를 즐겁게 하는 아름다운 소리가 아니었다.

공자 가라사대 "예라 예라 하지만 옥과 비단을 말하는 것이겠는가? 음악이라 음악이라 말하지만 종과 북을 말하는 것이겠는가?" _〈양화〉

子曰, 禮云禮云이나 玉帛云乎哉아? 樂云樂云이나 鐘鼓云乎哉아?
자 왈 예 운 예 운   옥 백 운 호 재   악 운 악 운   종 고 운 호 재
_〈陽貨〉

공자에게 예는 형식이 아니었다. 마찬가지로 음악도 종소리나 북소리가 뒤섞여 내는 아름다운 화음만은 아니었다. 시가 그런 것처럼 음악도 개인의 수신과 세상을 교화하는 데 필요한 수단이었다.

공자가 "녹명鹿鳴이 소아小雅의 시작이 되고, 문왕이 대아大雅의 시작이 되고, 청묘淸廟가 송頌의 시작이 된다"라고 한 말은 무슨 뜻일까? 녹명은 여러 신하와 귀한 손님이 연회 하는 것을 뜻하는데 이것이 소아악이다. 문왕은 처음에는 서백西伯에 불과했지만 나중에 천명을 받아 천자가 되었다. 대아악은 천명을 받은 천자가 신하들이나 귀한 손님과 궁중에서 연주하는 음악이다. 그리고 청묘는 종묘에서 연주하는 음악이다. 공자에게 시와 음악은 개인의 수신과 세상의 교화를 통해 더 완벽한 인간, 완벽한 세상으로 나아갈 수 있는 도구였다. 이렇게 공자는 시를 정리하고 악을 정리했다. 진정한 지식인이자 엔터테이너였다.

술이부작 | 述而不作
그대로 전할 뿐 지어내지 않는다

　공자가 편찬한 고전 중에 《서경書經》도 있다. 《서경》은 요순시대부터 주周나라까지 덕으로 다스린 군주들에 대한 문적을 수집해 편찬한 것으로 《상서尚書》라고도 한다. 尚 자는 上 자와 서로 통하는데 오래된 '상대上代의 책書'이라는 뜻이다. 《서경》은 '이제 삼왕 수제 치평 지도二帝三王修齊治平之道'로 요약할 수 있다. 유가儒家에서 가장 이상적인 임금으로 평가하는 요·순이 이제二帝이고, 우禹·탕湯 두 임금과 문왕과 그 아들 무왕을 하나로 묶은 것이 삼왕三王이다. 《서경》은 이들이 안으로 몸을 닦음으로써 밖으로 천하를 평안하게 다스렸다는 덕치德治에 관한 기록이다.

　그러나 지금 전해지는 《서경》은 공자가 편찬한 원본과는 크게 다른 것으로 추측된다. 특히 후한後漢 무제 때 노魯의 공왕恭王이 공자의 구택舊宅을 넓히기 위해 수리했는데 이때 벽 속에서 많은 고서가 나왔다. 이 고서들을 공자의 11대손인 공안국이 정리하면서 그때까지 알려져 있던 《금문상서今文尚書》, 즉 《서경》에 십여 편을 더 추가했는데, 이것이 《고문상서古文尚書》이다. 그러나 이때 이미 공안국이 자의적으로 추가한 위고문僞古文이라는 주장이 분분해서 이를 공안국의 위서라는 의미로 '위공전僞孔傳'이라 부르기도 했다. 그렇지만 당나라 공영달孔穎達이 《상서정의尚書正義》를 편찬할 때 《고문상서》를 원전으로 삼으면서 지금까지 정본으로 여겨져왔다.

2008년에는 북경 칭화대학(清華大學)에서 전국시대 죽간竹簡에 쓴 《상서》를 검토한 결과 《고문상서》를 확실한 위서라고 결론 내리기도 했다. 《논어》에는 공자가 《서경》에 대해서 직접 언급한 대목이 〈위정〉 편에 딱 한 번 나온다. 어떤 사람이 공자에게 "선생님께서는 왜 정치를 하지 않습니까(子奚不爲政)?"라고 묻자 공자가 대답한다.

공자 가라사대 《서경》에 효에 대해 말하기를 '효도하면서 형제간에 우애하는 것이 정치를 베푸는 것이다'라고 했으니 이것이 또한 정치하는 것이다. 어찌 그 정치하는 것만을 정치라고 이르겠는가?" _〈위정〉

子曰, 書云, 孝乎惟孝하며 友于兄弟하여 施於有政이라 하니 是亦
자왈   서운   효호유효   우우형제   시어유정   시역
爲政이니 奚其爲爲政이리오? _〈爲政〉
위정   해기위위정

공자의 제자 자장도 《논어》 〈헌문〉 편에서 《서경》 대해 언급했다.

자장이 "《서경》에서 말하기를 '(은나라 임금) 고종이 거상 삼 년 동안 말을 하지 않았다'고 하는데 무엇을 이른 것입니까?"라고 물으니, 공자 가라사대 "하필 고종뿐이겠는가? 옛 사람은 다 그러했으니 임금이 세상을 떠나면 백관이 자기 직책을 총괄해서 총재塚宰에게 삼 년 동안 명을 받았다." _〈헌문〉

子張曰, 書云, 高宗이 諒陰三年을 不言이라 하니 何謂也잇고? 子曰,
자장왈   서운   고종   양음삼년   불언   하위야   자왈
何必高宗이리오. 古之人이 皆然하니 君薨이면 百官이 總己하여 以聽
하필고종   고지인   개연   군훙   백관   총기   이청
於塚宰三年하니라. _〈憲問〉
어 총재 삼 년

부왕이 세상을 떠나면 임금도 삼 년 동안은 총재에게 정사를 맡기고 거상했다는 뜻이다. 공자는 비록 직접 정치에 참여함으로써 이런 예법을 현실에 제도화하지는 못했지만 옛 고전의 예법을 정리함으로써 후대의 예법으로 만들었다. 공자는 이런 내용이 자신의 창작이 아니라 과거에 있던 사례를 제시했을 뿐이라고 말했다.

> 공자 가라사대 "전술前述하고 지어내지 않으며 옛것을 믿고 좋아하는 것을 가만히 우리 노팽老彭에게 비교해본다."_〈술이〉
>
> 子曰, 述而不作하며 信而好古를 竊比於我老彭하노라. _〈述而〉
> 자왈 술이부작 신이호고 절비어아노팽

여기에서 '술이부작述而不作'이란 유명한 사자성어가 나왔다. 술述은 옛것을 그대로 전한다는 뜻이고, 작作이란 새로 짓는다는 뜻이다. 공자는 새로 창작한 것이 아니라 옛 고전을 수집해 전하기만 했다는 것이다.

이긍익의 역사서 서술방식

나는 '술이부작'이란 용어를 보면 이긍익李肯翊이 생각난다. 나는 이긍익의 《연려실기술燃藜室記述》을 보고 역사서가 무엇인지, 술이부작이 무엇을 뜻하는지 비로소 알았다. 《연려실기술》은 연대순으로 엮은 편년체編年體 사서가 대부분인 우리나라에서 특이하게 기사본말체紀事本末體로 편찬한 역사서다. 그가 사건을 중심으로 서술하는 기사본말체를 선택한 것 자체에 그의 사관史觀이 들어가 있다. 서문

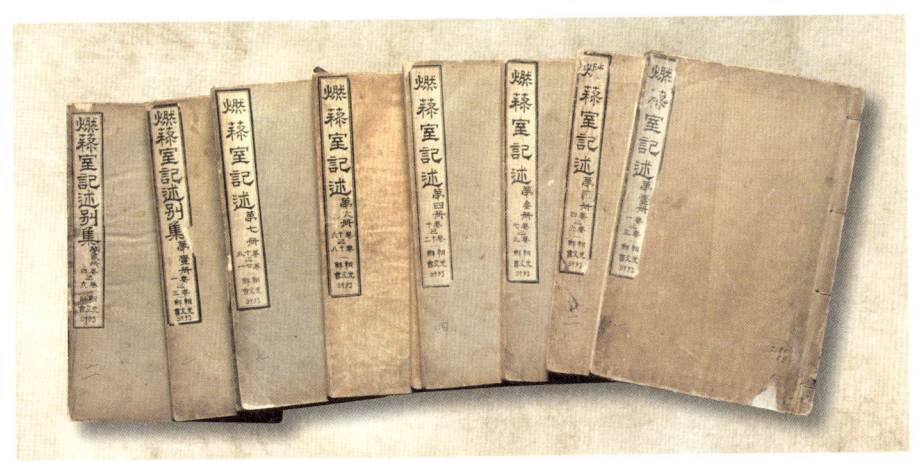

| 이긍익의 《연려실기술》

격인 《연려실기술》〈의례義例〉에서 이긍익은 '술이부작의 뜻[述而不作之義]'을 따랐다고 밝히고 있다. 이긍익이 말하는 술이부작의 뜻이 '사료로 말하게 하는 저술 방법'이다. 이긍익은 앞서 말한 동국진체東國眞體의 서예가 이광사의 장남이다.

경종의 충신이자 소론 강경파였던 백조부 이진유李眞儒가 영조 6년(1730) 장하杖下의 귀신이 된 데다 부친 이광사까지 영조 31년(1755)의 나주벽서 사건에 휘말려 돌아오지 못할 유배길에 오르면서 이긍익의 인생도 길을 잃는다. 과거 응시도 못하는 폐족廢族 사대부가 할 일이 무엇이 있었겠는가?

이긍익은 어린 시절 영특하기로 소문났다.

내가 열세 살 때 선군先君(이광사)을 모시고 잘 때, 꿈에 임금이 거둥하셨기에 아이들과 길가에서 바라보는데 임금께서 홀연히 연을 멈추시

8장 | 학인으로 돌아오다   333

고 특명으로 나를 앞으로 오라고 하시더니, "시를 지을 줄 아느냐?"라고 물으시기에 "지을 줄 압니다"라고 답했더니 "지어 올리라"고 명하셨다. 《연려실기술》〈의례〉

이긍익은 '운韻을 내달라'고 요청했고, 영조는 '사斜·과過·화花 석 자를 넣어 지으라'고 명했다. 잠시 후 시가 완성되었느냐는 질문에 이긍익은 '두 자가 미정이어서 감히 아뢰지 못하겠습니다'라고 답했고, 영조가 '그냥 말하라'고 하자 미완성의 시를 읊었다.

비가 맑은 티끌에 뿌리는데 임금 타신 연輦이 길에 비끼니 / 도성 사람들이 육룡六龍이 지나간다고 서로 말하네 / 미천한 초야의 신하가 오히려 붓을 잡았으니 / □□학사의 꽃이 부럽지 않네.
雨泊淸塵輦路斜 都人傳說六龍過 微臣草野猶簪筆 不羨□□學士花

이긍익이 짓지 못한 두 자에 대해 영조는 "거기에 '배란陪鑾'이라고 넣어 '임금 수레 모시는 학사의 꽃이 부럽지 않네'로 하면 될 것 같다고 말한다. 이긍익은 열세 살 때 이미 수준 높은 시를 지을 정도였다. 꿈 이야기를 들은 부친은 '길몽'이라고 기뻐했다. 이긍익도 "훗날 어전에서 붓을 가질 징조라고 생각했다(日後簪筆之兆)"라고 말하고 있다.

붓을 휴대하는 것을 잠필簪筆이라고 하는데, 임금 곁에서 붓을 드는 신하를 잠필지신簪筆之臣이라고 한다. 그러나 집안이 폐고되면서 과거 응시가 금지되어 어전 근처에도 가지 못하는 신세가 되었다. 이런 상황에서 이긍익이 피안의 세계로 삼은 것이 역사서 집필이었다. 이긍익은 "요즘에 와서 문득 생각하니, 초야잠필草野簪筆이란 글귀가 늙어서 궁하게 살면서 야사를 편집하게 될 것이라는 예언으로 어린 시절 꿈에 나타난 것"이라면서 "실로 우연이 아니라 모든 일이 다 전생에 정해졌기에 그런 것이다(實不偶然凡事莫非前定而然歟)"라고 말했다.

모친은 자결하고 부친은 멀리 유배 간 상황에서 이긍익은 어린 여동생을 데리고 채마밭을 가꿔 생계를 이으면서 역사서를 편찬했다. 이광사는 유배지 부령에서 편지를 보내 "가세家世가 뒤집어지고 멸망함이 이 지경에 이르렀으나 자제子弟들은 마땅히 효도와 우애에 더욱 독실해야 하고 예의를 서로 격려해야 한다('자식과 조카에게 주는 편지〔寄子姪書〕')"라고 당부했다. 이긍익은 부친 이광현李匡顯이 경상도 기장에서 유배 중인 종형 이문익李文翊과 자주 만났는데, 며칠 굶은 문익에게 모친이 배고프지 않냐고 물었더니 "배고픔을 잊기 위해 책을 읽습니다"라고 답변했다는 일화가 전할 정도로 곤궁한 지식인들이었다.

이긍익이 역사서를 서술하기로 한 것은 부친의 영향이 컸다. 이광사는 '동국악부東國樂府'에서 국조國祖 단군부터 두문동에 은거한 고려 충신까지 30가지 일화를 30수로 읊을 정도로 우리나라 역사에 관심이 많았다. 그러나 부정한 시대일수록 역사는 불온한 학문이 된다. 이긍익이 〈의례〉에서 "처음 내가 이 책을 만들 때 가까운 친구가 '남에게 보이지 마라'고 권고하기도 했다"라고 밝힌 것이 이를 말해준다. 이긍익은 "남이 이 책을 알지 못하기를 바란다면 만들지 않는 것이 옳고, 만들어 놓고서 남이 알까 두려워한다면 도를 좋아하는 것이 아니다"라고 답했다. 그래서 이긍익이 선택한 역사서 서술 방식이 바로 술이부작이었다. 그가 "조마다 인용한 책 이름을 밝혔으며, 말을 깎아 줄인 것은 비록 많았으나 감히 내 의견을 붙여 논평하지는 않았다"라고 술이부작의 서술 정신을 설명했다.

> 동서 분당 이후로 피차의 문적文籍이 헐뜯고 칭찬한 것이 상반되어 있으나 사료를 싣는 자가 한 편으로 치우친 것이 많았다. 나는 사실 그대로를 모두 수록하여 뒤의 독자들이 각자 옳고 그른 것을 판단하게 하려 한다. _《연려실기술》〈의례〉

그간 한쪽 당론만 일방적으로 서술해왔지만 자신은 양쪽 모두의 시각을 제시했다는 것이다. 그가 《연려실기술》에 일기日記나 문집文集, 또는 개인 저술의 야사野史 등 모두 400여 종의 다양한 사료를 인용하면서 일일이 출처를 밝힌 것도 객관성을 높이기 위해서였다. 그렇다고 이 책에 이긍익의 생각이 반영되지 않은 것은 아니다. 아무리 객관적인 사료를 제시한다고 해도 해당 사건과 사료를 선택하는 그 자체에 사관이 개재되기 때문이다.

나는 대학원 시절 《연려실기술》을 보면서 비로소 역사가 무엇인지, 역사서를 어떻게 써야 하는지를 배웠다. 살아생전 이긍익을 본 적은 없지만 사사師事한 셈이다. 한국 역사학은 아직껏 조선 후기 노론 사관과 일제 식민사관이 주류다. 그래서 노론에게 사형당한 유수원을 국사 교과서에 노론으로 서술하는 것처럼 사료 자체의 왜곡도 서슴지 않는다. 그래서는 안 된다는 가르침을 이긍익은 내게 주었다. 이긍익이 나의 스승이고, 이긍익에게 술이부작이란 절묘한 서술 방식을 가르쳐준 공자도 따라서 나의 스승이 된다. 이긍익은 《연려실기술》이라고 이름 지은 까닭을 설명한다.

> 내가 젊었을 때, 일찍이 사모하던 유향劉向이 옛글을 교정할 적에 태일선인太一仙人이 청려장靑藜杖에 불을 붙여(燃) 비춰주던 고사를 사모했는데, 선군先君(이광사)으로부터 '연려실燃藜室'이란 세 글자의 큰 수필手筆을 받아 서실의 벽에 붙여두고 그것을 각판하려다가 미처 못했다. 친지들이 서로 전하기를 "그것이 선군의 글씨 중에서 가장 잘된 글씨라고 서로 다투어 모사模寫하여 각판한 이도 많았고, 그것으로 자기의 호를 삼은 이도 있다" 하니, 또한 우스운 일이다. 이 책이 완성된 후 드디어 《연려실기술》이라고 이름 짓는다. _《연려실기술》〈의례〉_

전한前漢의 학자 유향劉向(서기 전 77?~6)에게 태일선인이 나타나 청려장靑藜杖(명아줏대로 만든 지팡이)에 불을 붙여 비춰주었다는 고사가 있다. 마침 이광사가 연려실燃藜室이란 글씨를 크게 써 주어 자신의 호로 삼았다는 뜻이다. 폐고된 집안에서 이렇게 역사의 꽃이 피었다. 그나마 공자에게 술이부작의 정신을 배웠기에 이긍익은 《연려실기술》을 편찬하고도 살아남을 수 있었다. 그래서 나는 《연려실기술》을 읽을 때마다 이긍익의 숨은 뜻을 찾아보려고 애쓴다.

공자도 자신이 새로운 것을 창작한다기보다는 옛 선왕의 업적이나 제도 중에서 훌륭한 것을 당대에 전해 재현하게 하는 것을 자신의 임무로 삼았다. 노팽老彭에 대해서는 여러 견해가 있지만 은나라의 어진 대부로 보는 견해가 많다.

그런데 공자는 왜 '우리 노팽(我老彭)'이라고 불렀을까? 주희는 《논어집주》에서 '아我 자는 친애하는 말(親之之辭)'이라고 설명했다. 노팽을 친애하는 뜻에서 '우리 노팽'이라고 표현했다는 것이다. 주희의 해석보다는 정약용이 《논어고금주》에서 "공자가 은나라 사람이기 때문에 우리 노팽이라고 했다(補日孔子殷人, 故日我老彭)"라는 말이 훨씬 설득력이 있다. 《대대례大戴禮》〈우대덕虞戴德〉 편에서도 공자가 노 애공에게 '상(은)나라의 노팽'이라고 말했다는 점에서 정약용의 해석이 맞을 것이다. 그만큼 공자는 은나라 후예라는 정체성을 갖고 있었다. 이처럼 공자는 귀국 후 시와 악과 서경을 정리했다. 이런 책들은 공자가 역대 고전의 집대성자로 자리매김하는 데 결정적인 역할을 했다. 그러나 뭐니 뭐니 해도 공자가 귀국해서 가장 신경 써 저술한 저서는 역사서 《춘추春秋》다.

난신적자구 | 亂臣賊子懼

죽음보다 두려운 것은 역사가의 붓이다

공자는 고국에 돌아와 역사서 《춘추》를 지었다. 《사기》〈공자세가〉에는 공자가 《춘추》를 짓게 된 배경이 생생하게 기록되어 있다.

공자가 "아니다, 아니다! 군자는 생애가 다하도록 이름이 알려지지 않는 것을 근심한다. 나의 도가 행해지지 않으니 내 무엇으로 후세 세상에 드러나 보이겠는가?"라고 말했다. 이에 역사 기록에 따라서 《춘추》를 지었는데, 위로는 노 은공隱公부터 아래로는 노 애공哀公 14년에 이르기까지 12공公의 기록이다. _《사기》〈공자세가〉

子曰, 弗乎弗乎, 君子病沒世而名不稱焉. 吾道不行矣, 吾何以自見於後世哉. 乃因史記作春秋, 上至隱公, 下訖哀公十四年, 十二公. _《史記》〈孔子世家〉

"군자는 생애가 다하도록 이름이 알려지지 않는 것을 걱정한다"라는 말은 《논어》〈위령공〉 편에도 그대로 기록되어 있다. 고국으로 돌아온 공자는 자신의 도가 시행되지 않는다고 생각했다. 자신의 도가 시행되기 틀렸다고 생각한 것이다. 그러면 자신은 후대에 무엇으로 드러나겠는가를 우려했다. 그래서 역사서 《춘추》를 지었다는 것이다. 고국인 노나라 역사서지만 다른 나라의 중요한 사실도 기록했다. 시와 악과 서경을 저술하고 역사서까지 저술할 생각을 한 것이니 이 역시 공자의 남다른 점이라고 하겠다. 《춘추》의 특징은 관점이 뚜렷

|〈춘추〉

하다는 점이다.

노나라를 근거로 삼되 주周나라를 친하게 여겨서 가운데 하·은·주 夏殷周 삼대의 일을 기록했는데 그 문사文辭는 간략했지만 뜻은 넓었다. 그래서 오吳나라와 초楚나라의 군주가 왕이라고 자칭했지만 《춘추》에서는 낮추어서 '자작'이라고 말했다. 천토踐土의 회맹이 실제로는 (제후가) 주나라 천자를 부른 것이지만《춘추》는 이를 꺼려서(諱) "천왕天王이 하양河陽에서 사냥했다"라고 말했다. 이런 유형으로 미루어 당세를 기준 삼았다. 낮추고 덜어낸 뜻(貶損之義)은 뒤에 왕이 된 자를 들어서 깨우치게 하기 위한 것이었다.《춘추》의 의리가 행해지면 천하의 난신적자亂臣賊子가 두려워할 것이다. 《사기》〈공자세가〉

據魯, 親周, 故殷, 運之三代. 約其文辭而指博. 故吳楚之君自稱王, 而春秋貶之曰, 子. 踐土之會實召周天子, 而春秋諱之曰, 天王狩於河陽. 推此類以繩當世. 貶損之義, 後有王者舉而開之. 春秋之義行, 則天下亂臣賊子懼焉. _《史記》〈孔子世家〉

공자는 정치로써 난신적자를 두려워하게 하고 싶었지만 그런 권력을 갖는 데 실패했다. 그래서 역사서《춘추》를 쓴 것이다.《춘추》가 역사서의 대명사가 된 것은 뚜렷한 관점을 갖고 있었기 때문이다. 공자가 보기에 역사서는 가치중립적일 수 없었다. 역사서는 '낮추고 덜어낸 뜻'이 분명해야 했다. 그래야 후대의 난신적자들이 역사서가 두려워 함부로 행동하지 않을 것으로 생각했다. 공자가 쓴《춘추》의 해설서인《춘추좌전》경의 첫 대목은 이렇게 시작한다.

경. 노 은공 원년. 봄. 왕력 정월이다. 《춘추좌전》

經. 元年. 春. 王正月. 《春秋左傳》

이 문장에 대한 좌구명의 해설인 전은 이렇다.

전. 노 은공 원년. 봄. 왕력인 주력周曆으로 정월이다. 은공이 즉위한 사실을 쓰지 않은 것은 섭정이었기 때문이다. 《춘추좌전》

傳. 元年. 春. 王周正月. 不書即位. 攝也. 《春秋左傳》

《춘추》는 간략하다. 공자는 그 관점은 뚜렷했지만 함부로 서술하지는 않았다. 이것이 후대의 역사학자들과 다른 점이다. 《춘추》를 심지어 수수께끼집이라고까지 말하는 이유가 여기에 있다. 보통 사람이 봐서는 그 한 구절, 한 어휘의 뜻을 제대로 알 수 없다. 그래서 《춘추》에는 《춘추좌전》·《춘추공양전春秋公羊傳》·《춘추곡량전春秋穀梁傳》의 삼전三傳을 비롯해서 많은 해설서가 있다. 그중 공자와 동시대 사람인 좌구명이 쓴 《춘추좌전》이 가장 중시된다. 공자의 생각을 가장 많이 반영했을 것으로 생각되기 때문이다. 노 은공 원년의 경에 따르면 공자는 은공이 즉위한 사실을 쓰지 않았다. 전은 그 이유를 섭정 때문이라고 적고 있다. 이런 식이기 때문에 《춘추》를 읽으려면 그 시대 역사에 대한 해박한 지식을 갖고 있어야 했다.

공자는 삼손씨를 제거하려다 실패한 노 소공을 따라 제나라로 망명한 경험이 있다. 노 소공 25년(서기 전 517)에 있었던 이 사건은 어떻게 기술했을까?

경. 여름… 구욕이라는 새가 노나라에 와서 둥지를 틀고 살다.
가을… 구월. 기해일己亥日에 소공이 제나라로 달아나(孫) 양주陽州에
머물렀다. 제나라 제후인 후작侯爵이 야정野井에서 공을 위로했다.
_《춘추좌전》〈소공 25년〉 경

經. 夏… 有鸜鵒來巢秋… 九月. 巳月己亥, 公孫于齊, 次于陽州. 齊侯唁公
于野井. _《春秋左傳》〈昭公 25年〉 經

자신이 직접 경험한 내용이지만 무슨 뜻인지 알 수 없을 정도로 너
무 간단하게 기술하고 있다. 그래서 이 구절을 이해하려면 좌구명이
해설한 전을 읽어야 한다.

전… "구욕새가 노나라에 와서 둥지를 틀고 살다"라는 것은 전에 없던
일이기에 경經에 쓴 것이다. 사기師己가 말하기를 "이상한 일이다. 내가
듣기에 문왕과 무왕 때 동요가 있었는데, '구욕새 오니 군주는 나라 밖
에 나가 욕을 보시네 / 구욕새 날갯짓하니 군주는 바깥 들판에 계시니
말을 보내드려야겠네… / 구욕새여 구욕새여 가실 때는 노래 불러도
오실 때는 곡하리라'라는 것이었다. 지금 구욕새가 노나라에 둥지를
트니 장차 그런 일이 닥치려는 것인가?"라고 하였다. _《춘추좌전》〈소공 25
년〉 전

傳. … 有鸜鵒來巢, 書所無也. 師己曰, 異哉. 吾聞文武之世. 童謠有之曰,
鸜之鵒之. 公出辱之. 鸜鵒之羽. 公在外野. 往饋之馬. … 鸜鵒鸜鵒. 往歌來
哭. 童謠有是, 今鸜鵒來巢, 其將及乎. _《春秋左傳》〈昭公 25年〉 傳

공자는 아주 짤막하게 사실만 기록하는 경에 구욕새라는 새 한 마리가 노나라에 와서 둥지를 틀고 산 것을 느닷없이 적었다. 그리고 노나라 소공이 제나라로 달아났다고 적었다. 두 사건 사이의 상관관계는 전혀 없어 보이지만 구욕새가 온다는 것은 군주가 밖으로 나가 욕을 볼 것이라는 사실을 예견하는 조짐이라는 것이다. 망명 이듬해인 노 소공 26년조의 기록도 의미심장하다.

경. … 3월, 소공이 제나라에서 돌아와 운運 땅에 거주했다.
_《춘추좌전》〈소공 26년〉경

經. … 三月, 公至自齊居于運. 《春秋左傳》〈昭公 26年〉 經

마치 노 소공이 제나라에서 귀국한 것처럼 '제나라에서 돌아왔다至自齊'고 표현했다. 이 대목에 대해서는 《춘추곡량전》의 주석이 의미심장하다.

3월, 노 소공이 제나라에서 돌아와 운 땅에 거주했다. 공이 양주에 머물렀는데 '제나라에서 돌아왔다至自齊'라고 말한 것은 무슨 까닭일까? 제나라 군주인 후작이 공을 접견했으므로 '제나라에서 돌아왔다'고 말한 것이다. 운 땅에 거주한 것은 소공이 외국에 있었다는 뜻인데, '제나라에서 돌아왔다'라고 말한 것은 도의적으로는 공이 외국에 있지 않다는 뜻이다. _《춘추곡량전》〈소공 26년〉

三月. 公至自齊. 居于鄆. 公次于陽州. 其曰至自齊, 何也. 以齊侯之見公, 可以言至自齊也. 居于鄆者, 公在外也, 至自齊, 道義不外公也. 《春秋穀梁傳》〈昭公 26年〉

공자는 노 소공이 외국으로 망명 가 있는 것이 옳지 않다는 역사관에서 실제로는 제나라 땅에 있었지만 '지자제至自齊', 즉 '제나라에서 돌아왔다'란 표현을 쓴 것이다. '지자회至自會'란 표현도 마찬가지다. 《춘추》노 소공 26년 가을에 이런 기술이 있다.

가을, 노 소공이 제나라 군주 후작과 거莒나라 군주 자작과 주邾나라 군주 자작과 기杞나라 군주 백작과 전릉鄟陵에서 회맹했다. 공이 회맹에서 돌아와(至自會) 운 땅에 거주했다. 《춘추좌전》〈소공 26년〉 경

秋, 公會齊侯, 莒子, 邾子, 杞伯, 盟于鄟陵. 公至自會, 居于鄆. _《春秋左傳》〈昭公 26年〉經_

지자회는 공이 '회맹에서 돌아왔다'는 뜻이다. 《춘추곡량전》은 이 부분에 대해 "노 소공이 외국에 있었는데, '회맹에서 돌아왔다'라고 쓴 것은 도의적으로는 소공이 외국에 있지 않다는 뜻이다(公在外也. 至自會. 道義不外公也)"라고 덧붙였다. 노 소공은 삼손씨에게 쫓겨 외국으로 망명했지만 도의적으로는 망명하지 않았다는 뜻이다. 즉 소공이 계속 노나라를 다스린다는 뜻이다.

또한 제후국의 군주들에게는 왕이란 표현을 쓰지 않고 자작, 백작, 공작 등 주나라로부터 받은 작위를 써서 임금으로 대접하지 않았다. 그러나 노나라 내부의 관점에서 볼 때는 소공을 군주로 높이는 뚜렷한 관점으로 역사를 서술했다. 그래서 공자는 "《춘추》의 의리가 행해지면 천하의 난신적자가 두려워할 것이다"라고 말할 수 있었던 것이다.

공자는 다른 문제는 여러 사람과 의논해서 결정했지만 《춘추》를 집필할 때는 혼자 판단하고 기술했다.

공자는 벼슬에 있을 때 송사를 들을 때는 문사文辭를 다른 사람과 함께 다듬었지 혼자 하지 않았다. 그러나 《춘추》를 지을 때는 기술할 것은 기술하고, 삭제할 것은 삭제하는데 자하의 무리도 한마디를 더할 수 없었다. 제자들이 《춘추》를 받은 후 공자는 "후세에 구丘(공자)를 알아주는 사람이 있다면 《춘추》 때문일 것이고, 구를 비난하는 자가 있다면 역시 《춘추》 때문일 것이다"라고 말했다. _《사기》〈공자세가〉

孔子在位聽訟, 文辭有可與人共者, 弗獨有也. 至於爲春秋, 筆則筆, 削則削, 子夏之徒不能贊一辭. 弟子受春秋, 孔子曰, 後世知丘者以春秋, 而罪丘者亦以春秋. _《史記》〈孔子世家〉

"《춘추》의 의리가 행해지면 천하의 난신적자가 두려워할 것이다"라는 공자의 예언은 실현되었다. 공자보다 약 180여 년 뒤에 태어난 맹자는 《맹자》〈등문공 하滕文公 下〉 편에서 "공자가 《춘추》를 완성하니 난신적자들이 두려워하였다(孔子成春秋, 而亂臣賊子懼)"라며 공자의 예견이 현실화되었다고 서술했다.

공자는 정치가로서보다는 역사가로서 탁월한 인물이었다. 그래서 《논어》에서 역사에 대한 여러 견해를 피력했다.

역사를 배우는 이유

왕이지래 | 往而知來

역사는 미래학이다

보통 사람들은 역사학을 과거학으로 인식한다. 필자는 기회가 있을 때마다 역사는 과거학이 아니라 미래학이라고 강조한다. 공자는 아마도 역사가 미래학이라는 것을 알았던 최초의 인물일 것이다.

> 공자 가라사대 … "지나간 것을 알려주었더니 닥쳐올 것까지 아는구나!" _〈학이〉
>
> 子曰 … 告諸往而知來者온여. _〈學而〉
> 자왈   고 제 왕 이 지 래 자

과거를 통해서 현재를 진단하고 미래를 알 수 있게 하는 학문, 그것이 역사다. 역사는 옛것을 좋아하는 호고好古의 취미로 공부하는 것이 아니다. 지나간 과거를 보면 현재를 알 수 있다. 과거의 선택이 현재를 만들었다. 마찬가지로 현재의 선택이 미래를 만든다. 그래서 역사는 과거학이 아니라 미래학이다. 방금 인용한 이 구절은 전문을 읽어야 이해가 간다. 좀 길어서 두 대목으로 나눈다.

> 자공이 묻기를 "가난하지만 아첨하지 않고 부유하지만 교만하지 않으면 어떻습니까?" 공자 가라사대 "그것도 좋지만 가난해도 즐기며, 부

유해도 예를 좋아하는 것만 못하다."_〈학이〉

子貢曰, 貧而無諂하며 **富而無驕**하면 **何如**하니이까? **子曰, 可也**나
자공왈 빈이무첨   부이무교   하여   자왈   가야

未若貧而樂하며 **富而好禮者也**니라. _〈學而〉
미약빈이락   부이호례자야

자공이 물었다. 가난하지만 부유한 사람에게 아첨하지 않고, 부유하지만 가난한 사람에게 교만하지 않으면 어떠냐고. 범인凡人이 실천하기는 쉽지 않은 일이다. 부자는 가난한 사람을 깔보고 가난한 사람은 부자에게 아첨하는 것이 상례이기 때문이다. 그러나 공자는 여기에서 만족하지 못한다. 공자의 답변 중 '빈이락貧而樂', 즉 '가난하지만 즐긴다'는 말은 뒤에 '도' 자가 생략된 것이다. 《사기》〈중니제자열전〉에는 "가난하지만 도를 즐기고 부유하지만 예를 좋아한다(貧而樂道, 富而好禮)"라고 도道 자가 들어가 있다. 도를 즐기는 낙도樂道의 경지를 말한 것이다. 공자가 도에 대해서 한 말 중 가장 유명한 것이 이것이다.

아침에 도를 들으면 저녁에 죽어도 좋다. _〈이인〉

朝聞道면 **夕死**라도 **可矣**니라. 〈里仁〉
조문도   석사   가의

그런데 '아침에 도를 들으면 즉시 죽어도 좋다(朝聞道면 卽死라도 可矣니라)'라고 하지 않고 '저녁에 죽어도 좋다'고 시차를 둔 이유는 무엇일까? 공자는 실천하는 사람이다. 공자의 도는 은자처럼 혼자 즐기는 도가 아니었다. 그래서 아침에 도를 들으면 잠시라도 실천하다가 죽어야 했다. 최소한 저녁까지라도.

공자에게는 도를 추구하는 길이 곧 학문의 길이자 정치의 길이다.

성리학자였던 북송北宋의 정이천程伊川은 한때 부주涪州에 유배 갔는데 귀양에서 돌아왔을 때 모습이 더 좋아졌다. 문인門人이 그 까닭을 묻자 정이천은 "그것이 학문의 힘이다. 대체로 학문이란 환난患難과 빈천貧賤에 대처하는 방법을 배우는 것이다. 만약 부귀와 영달이라면 배우지 않아도 된다"라고 답했다. 학문은 곧 어려운 상황에서도 도를 추구하는 것이다. 공자가 "부유해도 예를 좋아하는 것만 못하다"라고 답하자 자공이 다시 묻는다.

자공이 《시경》에 '칼로 자른 듯이 하고, 줄칼로 간 듯이 하며, 정으로 쫀 듯이 하며, 쇠로 간 듯이 한다'고 했는데 이것을 말한 것입니까?"라고 묻자, 공자 가라사대 "사賜(자공)는 함께 《시경》에 대해 말할 만하구나. 지나간 것을 알려주었더니 닥쳐올 것까지 아는구나!" _〈학이〉

子貢曰, 詩云, 如切如磋하며 如琢如磨라 하니, 其斯之謂與인저? 子曰, 賜也는 始可與言詩已矣로다. 告諸往而知來者온여. _〈學而〉

이것이 '절차탁마切磋琢磨'라는 사자성어의 유래다. 학문은 끊임없이 갈고 닦아야 한다는 뜻이다. 절차탁마는 《시경》〈위풍 기욱衛風 淇奧〉편에 나오는 말을 인용한 것이다.

저 기수의 물굽이를 바라보니 / 푸른 대나무 아름답게 우거졌네 / 문채가 빛나는 군자여! / 자르는 듯 다듬는 듯하고 / 쪼아내듯 가는 듯하는구나! _《시경》〈위풍 기욱〉

瞻彼淇奧. 綠竹猗猗. 有匪君子. 如切如磋. 如琢如磨. 《詩經》〈衛風 淇奧〉

원석은 절차탁마의 과정, 즉 자르고, 갈고, 쪼는 과정을 거쳐서 빛나는 옥으로 재탄생한다. 학문도 마찬가지다. 피나는 수련 과정을 거쳐야 광채가 난다. 처음에는 누구나 갈지 않은 원석인 형산荊山의 박옥璞玉이다. 갈고 닦아야 완벽完璧에 가깝게 된다.

공자는 확실히 현재보다는 미래의 인물이었다. 그 자신도 그것을 잘 알고 있었다. 공자가 《춘추》를 써서 난신적자가 두려워하게 한 것도 미래를 위한 것이었다.

> 자장이 "십 세(열 왕조)를 미리 알 수 있습니까?"라고 묻자, 공자 가라사대 "은나라는 하나라의 예법을 계승했으니, 그 뺀 것과 보탠 것을 알 수 있으며, 주나라는 은나라의 예법을 계승했으니 그 보탠 것과 뺀 것을 알 수 있으므로, 혹시 주나라의 예법을 계승하는 나라가 있다면 비록 백 세라도 미리 알 수가 있을 것이다." 〈위정〉
>
> 子張問, 十世를 可知也잇가? 子曰, 殷因於夏禮하니 所損益을 可知也며 周因於殷禮하니 所損益을 可知也니 其或繼周者면 雖百世라도 可知也니라. 〈爲政〉

공자가 볼 때 사료만 있으면 미래를 예측할 수 있었다. 이것이 바로 역사고 학문이다. 주나라가 은나라의 예법을 계승했기에 은나라의 역사를 알 수 있다. 또 주나라의 역사를 계승한 나라가 있다면 열 왕조가 아니라 백 왕조 후의 일이라도 미리 알 수 있다는 것이다. 그러나 이런 미래의 사람 공자는 당대에 아무도 써 주지 않았다. 그래서 정치가는 되지 못하고 대신 정치를 기록하고, 문화를 기록하는 역사가가 되었다.

공자 가라사대 "옛것을 익혀서 새것을 알면 남의 스승이 될 수 있다."
_〈위정〉

子曰, 溫故而知新이면 可以爲師矣니라. _〈爲政〉
자 왈 온 고 이 지 신   가 이 위 사 의

옛것을 익혀서 새것을 알면 남의 스승이 될 수 있다. 새것이란 곧 오늘이자 내일이다. 현재이자 미래다. 그만큼 역사는 유용하다. 한국 사회가 줏대 없이 바람에 따라 이리저리 쏠리는 것은 역사를 무시하기 때문이다. 역사에서 교훈을 얻을 생각을 하지 않고 역사를 자신의 이용물로 생각하기 때문이다. 공자의 《춘추》가 2,500년 세월을 살아남아 현재까지 영향력을 행사하는 것처럼 역사의 시각은 깊고도 유장하다.

공자 가라사대 "사람이 멀리 생각하지 않으면 반드시 가까운 근심이 있다."_〈위령공〉

子曰, 人無遠慮면 必有近憂니라. _〈衛靈公〉
자 왈 인 무 원 려   필 유 근 우

사람이 멀리 볼 수 있다는 것은 역사의 시각을 갖는다는 뜻이다. 역사는 한 사람의 생애 전체를 조망하고, 한 시대 전체를 조망한다. 그러면 한 사람이 어떤 업적을 이뤘고 어떤 실수를 했는지 확연하게 보인다. 이런 역사적 시야를 갖고 있으면 최소한 큰 실수는 하지 않는다. 어떤 선택을 했을 때 어떤 결과가 닥칠지 미리 알 수 있기 때문이다.

이런 시야를 갖고 있지 못하면 가까운 시일 내에 낭패를 보기 쉽다.

안중근 의사의 유묵 중에 '인무원려 난성대업人無遠慮 難成大業'이란 글이 있다. '사람이 멀리 생각하지 않으면 큰일을 이루기가 어렵다'는 뜻이다. 안중근 의사는 공자와 《논어》의 영향을 많이 받은 인물이었다. 그가 뤼순 감옥에서 쓴 유묵 중에는 '견리사의 견위수명見利思義 見危授命'이란 글도 있다. '이

| 사마천 초상

익을 보거든 의를 생각하고 위태로움을 보거든 목숨을 바치라'는 뜻이다. 《논어》〈헌문〉 편에 나오는 말이다.

사마천은 공자의 《춘추》에 큰 영향을 받은 것이 틀림없다. 《한서漢書》를 편찬한 반고班固의 아버지 반표班彪는 "사마천의 논의는 깊지가 않다. 학술을 논할 때는 황로黃老를 중시하고, 화식貨殖을 서술할 때는 인의仁義를 가볍게 여기고 빈궁함을 부끄러워한다"라고 비난했다. 사마천이 《사기》를 쓸 때 유가보다 도가를 높이고 돈 번 사람들의 이야기인 화식을 쓸 때는 인의를 가볍게 여기고 빈궁함을 부끄럽게 여겼다는 것이다. 곧 유가를 너무 가볍게 봤다는 비난이다.

그러나 사마천은 《사기》〈공자세가〉의 '태사공太史公은 말한다'에서 달리 말하고 있다.

8장 | 학인으로 돌아오다

태사공은 말한다. "《시경》에 '높은 산은 우러러보고, 큰길은 따라가노라'라는 시구가 있다. 내가 그 경지에는 이르지 못했지만 마음의 고향으로 삼았다. … (공자의 고향에 갔을 때) 내게 존경하는 마음이 일어나 머뭇거리며 떠날 수가 없었다." 《사기》〈공자세가〉

太史公曰, 詩有之, 高山仰止, 景行行止, 雖不能至, 然心鄕往之 … 余祇迴留之不能去. 《史記》〈孔子世家〉

'높은 산은 우러러보고, 큰길은 따라가노라'라는 시구는 《시경》〈소아〉편에 나온다. 비록 반표와는 다를지 몰라도 사마천도 공자를 마음의 고향으로 삼았다. 사마천은 사마천의 방식대로 공자를 존경한 것이다. 사마천이 제후(왕)에 오른 적이 없던 공자를 제후들의 사적인 〈세가世家〉에 넣고, 그 제자들에 관한 기록을 신하들에 관한 기록인 〈중니제자열전〉에 넣은 것 자체가 공자에 대한 존경심을 나타낸 것이다. 사마천은 "오나라와 초나라의 군주들이 왕을 자칭했지만 《춘추》에서는 그것을 낮추어 자작子爵으로 칭했다"라고 전하고 있다. 사마천이 《사기》에서 자신이 속한 한漢나라 창업주인 한 고조 유방 본기보다 항우 본기를 앞세운 것은 공자에게 배운 춘추필법을 적용한 것이었다.

사마천은 《사기》〈공자세가〉 끝의 '태사공은 말한다'의 마지막을 이렇게 장식했다.

천하의 군왕에서 현인賢人에 이르기까지 많은 사람이 있었는데, 당시에는 영화로웠지만 죽은 후에는 끝이었다. 공자는 포의布衣였지만 십여 세世를 지났어도 학자들이 종주로 삼는다. 천자, 왕후로부터 나라 안에서 육례六藝를 말하는 사람들은 모두 공자를 기준으로 삼고 있으니 성인의 경지에 이르렀다고 할 수 있다. _《사기》〈공자세가〉

天下君王至于賢人衆矣, 當時則榮, 沒則已焉. 孔子布衣, 傳十餘世, 學者宗之. 自天子王侯, 中國言六藝者折中於夫子, 可謂至聖矣. 《史記》〈孔子世家〉

살아생전에는 실패했지만 죽어서 성공한 인생. 공자에 대한 사마천의 평가가 이렇다. 필자도 마찬가지다.

9장 공자의 일상

오불도행 | 吾不徒行

내가 어찌 걸어 다니랴?

공자는 성인의 반열에 오른 다음 너무 엄숙한 신이 되었다. 그러나 인간 공자는 그렇지 않았다. 인간 공자를 알려면 그의 일상생활을 알아야 한다. 공자의 일상생활은 어떠했을까? 공자는 의외로 농담도 즐겼다. 정치적 농담까지도. 《논어》〈양화〉편에 나오는 일화다.

공자께서 무성 고을에 가셨을 때 현악弦樂에 맞추어 노래 부르는 소리를 들으셨다. 공자께서 웃으면서 "닭 잡는데 어찌 소 잡는 칼을 썼는가?"라고 말씀하셨다. 자유가 공자께 말하기를 "예전에 선생님의 말씀을 들은 적이 있는데, '군자가 도를 배우면 사람을 사랑하지만 소인이

도를 배우면 부리기가 쉽다'고 하셨습니다"라고 했다. 공자 가라사대 "여러분! 언偃(자유)의 말이 맞다. 앞의 말은 농담이었다." 〈양화〉

子之武城하사 聞弦歌之聲하시다. 夫子莞爾而笑, 曰, 割雞에 焉用牛刀리오? 子游對曰, 昔者에 偃也聞諸夫子하니 曰, 君子學道則愛人이요 小人學道則易使也라 하더이다. 子曰, 二三子아! 偃之言이 是也니 前言은 戱之耳니라. 〈陽貨〉

정약용은 《논어고금주》에서 무성을 노나라 남쪽의 비읍鄙邑이라고 했다. 공자가 비읍에 갔을 때 고을 사람들이 거문고, 비파 같은 현악을 타면서 노래 부르는 소리를 들었다. 지방관이 예와 악으로써 백성을 교화했다는 증거였다. 나라를 다스리는 데 쓸 예와 악을 작은 마을을 다스리는 데 썼기 때문에 공자가 웃으면서 "닭 잡는데 어찌 소 잡는 칼을 썼는가?"라고 말한 것이다. 교화가 성공한 현장을 보고 기뻐서 한 농담이었다. 그러나 자유가 정색하고 "선생님의 과거 말씀과 다르지 않습니까?"라고 따졌다. 군자가 도를 배우면 사람을 사랑하지만 소인이 도를 배우면 조화로워지고 이치에 순응하게 되어 다스리기 쉽다고 해놓고 왜 다른 말을 하느냐는 것이다. 무성이 작은 고을이지만 군자도 있고 소인도 있는데 어찌 예악으로 가르치지 않겠느냐는 항의. 본명이 언언言偃인 자유는 공자보다 마흔다섯 살이나 어렸다. 손자뻘 제자의 지적에 공자는 "여러분(二三子), 언(자유)의 말이 맞다"라고 사과하면서 "앞의 말은 농담이었다"라고 말했다. 당돌한 손자뻘의 제자를 꾸짖는 대신 자신의 잘못을 공개적으로 사과한 것이다.

공자는 안빈낙도를 주창했지만 의복도 신경 써서 입었다. 《논어》

〈향당〉 편에 공자가 노나라에서 벼슬할 때의 모습을 그린 것으로 여겨지는 글이 있다.

> (공자가) 병이 났을 때 군주께서 와서 보시면 머리를 동쪽으로 두고 조복을 입고 띠를 조복 위에 걸쳐놓았다. 군주가 부르시는 명이 있으면 수레를 기다리지 않았다. _〈향당〉
>
> 疾에 君이 視之하시면 東首하시고 加朝服拖紳하시고 君이 命召면 不
> 질 군 시지 동수 가조복타신 군 명소 불
> 俟駕行矣러시다. _〈鄕黨〉
> 사 가 행 의

이때 군주는 노 정공일 것이다. 군주가 병문안 오면 띠를 조복 위에 걸쳐놓아 예를 차렸다. 또한 군주가 부르면 수레가 준비되기를 기다리지 않고 먼저 걸어서 출발했다. 수레가 뒤따라오면 탈지라도 우선 출발했다는 뜻이다. 도착 시각은 같겠지만 그만큼 군주의 명에 성의를 다하는 모습을 보인 것이다. 공자는 수레를 중시했다. 대부가 걸어 다니는 것은 예에 어긋난다고 생각한 것이다. 예란 본인을 위한 것도 되지만 자신이 복무했던 나라의 체면을 위한 것도 된다. 공자의 애제자 안연(안회)이 죽었을 때 공자와 수레를 둘러싸고 벌어진 일화가 《논어》〈선진〉 편에 나온다.

안연은 공자가 노나라로 돌아온 후 마흔한 살의 젊은 나이로 세상을 떠났다. 공자는 안연의 부고를 듣고, "슬프다! 하늘이 나를 버리는구나! 하늘이 나를 버리는구나(噫라! 天喪予샷다! 天喪予샷다!)"라고 슬퍼했다. "써주면 행하고 버려지면 숨는 것은 오직 나와 네가 할 수 있을 것이다"라고 말했던 수제자 안연이 먼저 죽자 "하늘이 나를 버리는구나!"라고 두 번씩이나 반복해 애통해했다. 공자가 너무 슬퍼하자 제자가 말리고 나선다.

> 안연이 죽어서 공자께서 곡하시며 (지나치게) 애통해하시자, 종자가 "선생님께서 지나치게 애통해하십니다"라고 말했다. 공자 가라사대 "지나치게 애통해했느냐? 이 사람(夫人)을 위해 애통해하지 않으면 누구를 위해 애통해하겠느냐!" _〈선진〉
> 顏淵이 死에 子哭之慟하신대 從者曰, 子慟矣로소이다. 曰, 有慟乎아?
> 안 연 사 자곡지통 종자왈 자통의 왈 유통호
> 非夫人之爲慟이요 而誰爲리오! _〈先進〉
> 비 부인지위통 이 수 위

공자학단은 어떤 의미에서는 공동운명체 같다. 스승과 제자가 부자 사이처럼 운명으로 얽혀 있다. 14년 동안 천하를 함께 주유하면서 생긴 동질감일 것이다. 공자는 안연의 죽음에 '하늘이 나를 버리는구나'라고 애통해했지만 안연의 장례를 후하게 치르자는 제자들의 청은 거부했다.

> 안연이 죽거늘 문인들이 후하게 장례를 치르려고 하자, 공자 가라사대 "옳지 않다." 문인들이 (거듭) 후하게 장례를 치르려고 하자, 공자 가라사대 "안회는 나를 아버지처럼 보았지만 나는 자식처럼 보지 못했으니 내 탓이 아니라 두세 제자의 탓이다." _〈선진〉
> 顏淵이 死커늘 門人이 欲厚葬之한대 子曰, 不可하니라. 門人이 厚葬
> 안 연 사 문인 욕후장지 자왈 불가 문인 후장
> 之한대 子曰, 回也는 視予猶父也로되 予不得視猶子也하니 非我也
> 지 자왈 회야 시여유부야 여부득시유자야 비아야
> 라 夫二三子也니라. _〈先進〉
> 부 이삼자야

공자는 안연을 자식처럼 대하고 싶었지만 두세 명의 다른 제자들 때문에 그렇게 하지 못했다는 뜻이다. 문제는 공자가 꾸짖은 두세 제자가 누구냐는 점이다. 정약용은 《논어고금주》에서 "이때 자로와 자고子羔는 위나라에서 벼슬 살고, 자공은 오나라와 초나라를 돌아다니고 있었다"라며 두세 제자는 다른 나라에 있는 제자들을 뜻한다고 해석했지만 두세 제자가 누군지는 지금 정확하게 알 수 없다.

안빈낙도의 안연은 가난했기 때문에 집안에도 장례를 후하게 치를 돈이 없었다. 이때까지 공자의 초기 제자였던 안연의 부친 안로顏路가 살아 있었다. 안로는 공자의 수레를 팔아 곽槨을 만들자고 요청했다.

안연이 죽거늘 안로가 공자의 수레를 팔아서 곽을 만들려고 하자, 공자 가라사대 "재주가 있거나 없거나 또한 각각 그 아들이라고 말할 것인데, 리鯉(공자 장남)가 죽었을 때 관棺만 있고 곽은 없었다. 내가 곽을 만들고 걸어 다니지 않은 것은 내가 대부의 뒤를 따르므로 걸어 다닐 수 없기 때문이다." 〈선진〉

顏淵이 死커늘 顏路請子之車하여 以爲之槨한대 子曰, 才不才에 亦
안연   사 안로청자지차   이위지곽   자왈 재부재   역
各言其子也니 鯉也死에 有棺而無槨하니 吾不徒行하여 以爲之槨
각언기자야   이야사   유관이무곽   오불도행   이위지곽
은 以吾從大夫之後라 不可徒行也니라. 〈先進〉
   이오종대부지후   불가도행야

안연이 죽자 "하늘이 나를 버리는구나!"라고 슬퍼했지만 형편에 벗어나는 후장厚葬 요청은 단호히 거부했다. 관을 넣는 덧널인 곽까지 있어야 후장이었다. 당시 곽 값은 수레를 팔아야 할 정도로 고가였다. 공자는 자신이 대부의 뒤를 따르는 신분이라 걸어서 다닐 수는 없

다고 거절했다. 빚내서 장사 치르지 말고 형편에 맞게 치르라는 뜻도 담겨 있을 것이다. 앞서 말했듯이 공자는 《논어》〈팔일〉 편에서 노나라 사람 임방林放이 예의 근본에 대해서 묻자 "크도다. 물음이여!"라고 감탄하고는, "예란 사치하기보다는 차라리 검소할 것이요, 상사는 형식에 치우치기보다는 차라리 슬퍼해야 한다(禮는 與其奢也론 寧儉이요 喪은 與其易也론 寧戚이니라)"라고 답변했다.

구장단우몌 | 裘長短右袂

패션도 실용성을 따져라

우리 속담 중에는 공자의 말에서 나온 것이 많다. '문지방 밟지 마라'는 속담도 그중 하나다. 초등학교 때 친구 집에 놀러갔다가 어른으로부터 문지방을 밟으면 안 된다는 말을 들었다. 왜 그런지 이유는 말씀해주지 않으셨다. 나중에 그 이유를 찾아보니 문지방 밟다가 넘어질 수 있어서 그렇다는 이야기도 있고, 문지방을 밟고 있으면 혼백이 사람의 몸을 타고 문지방을 넘기 때문이라는 설명도 있었다. 그러나 《논어》〈향당〉 편에 그 답이 있다.

> (공자께서) 공문公門에 들어가실 때는 몸을 굽혀 용납하지 못하는 듯하셨으며 문 가운데 서지 않으시고 다니실 때 문지방을 밟지 않으셨다. _〈향당〉

入公門에 鞠躬如也하여 如不容이러시다. 立不中門하시며 行不履閾이
입공문   국궁여아   여불용   입부중문   행불리역
러시다. _〈鄕黨〉

"다니실 때 문지방을 밟지 않으셨다"라는 구절에서 나온 속담이
'문지방 밟지 마라'는 것이다. 정약용은 "문지방을 밟지 않는 것은 위
태로운 것을 밟을까 봐 꺼린 것(嫌踐危)"이라고 설명했다. 주희는 《예
기》〈곡례 상曲禮 上〉에 나오는, "사대부는 임금의 문 안으로 드나들
때 문지방의 오른쪽으로 다니고 문지방을 밟지 않는다(士大夫出入君門,
由闑右, 不踐閾)"라는 대목을 인용해서 설명했는데 일리가 있다. 문 가
운데 서지 않는 이유는 가운데는 임금이 다니는 문이기 때문이다.

공자는 옷차림에 신경을 많이 썼다. 요즘 말로 하면 패셔니스트였
다. 그러나 원칙이 뚜렷했다.

군자는 감색과 검붉은 색으로 옷의 가장자리를 두르지 않고, 붉은색과
자주색으로 평상복을 만들지 않는다. _〈향당〉

君子는 不以紺緅로 飾하시며 紅紫로 不以爲褻服하시다. _〈鄕黨〉
군 자   불이감추   식   홍자   불이위설복

감색과 검붉은 색으로 옷의 가장자리를 두르지 않는 이유가 있다.
재계齋戒하는 옷이 감색이고 상복이 검붉은 색이기 때문이다. 붉은색
과 자주색으로 평상복을 만들지 않는 이유는 무엇일까? 붉은색과 자
주색은 정색正色이 아닌 간색間色이기 때문이다. 정색은 한 가지 색깔
로 이루어진 순색純色을 뜻하며 청·황·적·백·흑 다섯 가지를 이
른다. 간색은 몇 가지 색이 섞여 만들어진 색으로 녹綠, 홍紅, 벽碧, 자

紫, 유駵(검붉은 색)이다. 《예기》〈옥조玉藻〉에 "옷은 정색으로 한다"라는 구절이 있는데, 이 때문에 공자는 정색으로 평상복을 만들어 입었지 간색으로는 입지 않았다는 것이다. 여기에는 방위에 대한 개념도 있다. 정색은 방위를 나타내는데 동쪽은 청靑, 남쪽은 적赤, 가운데는 황黃, 서쪽은 백白, 북쪽은 흑黑 색이다. 옷 색깔 하나 고르는 데도 철학이 있었다. 또한 공자는 색깔에 맞춰 겉옷을 달리했다.

검은 옷에는 새끼 양 가죽으로 만든 갓옷을 입고, 흰옷에는 새끼 사슴 가죽으로 만든 갓옷을 입고, 누런 옷에는 여우 가죽으로 만든 갓옷을 입으셨다. 평소에 입는 갓옷은 길고 오른쪽 소매가 짧았다. … 여우와 담비의 두꺼운 가죽옷을 입고 거처했다. _〈향당〉

緇衣엔 羔裘요 素衣엔 麑裘요 黃衣엔 狐裘러시다. 褻裘는 長호대 短
치의   고구   소의   예구   황의   호구   설구   장   단
右袂러시다. … 狐貉之厚로 以居러시다. 去喪엔 無所不佩러시다. _〈鄕黨〉
우몌   호학지후   이거   거상   무소불패

정약용은 《논어고금주》에서 '새끼 양의 갓옷은 흰색이기 때문에 검은 옷 위에 입으셨고, 새끼 사슴 갓옷은 누런색이기 때문에 흰색 위에 입으셨고, 여우 갓옷은 흰색 계통(雜白)이기 때문에 누런 옷 위에 입으셨다'고 설명했다. 색깔이 배합되게 옷을 입었다는 뜻이다.

갓옷의 오른쪽 소매가 짧았던 이유는 무엇일까? 정약용은 '일할 때 편하게 하려고'라고 설명했다. 패션만 신경 쓴 것이 아니라 실용성까지 있었다. 패션쇼에 나오는 옷들을 보면 '저런 옷 입고 어떻게 일할까?'를 넘어서 '저런 옷 입고 어떻게 다닐까?' 생각하게 하는 옷들이 얼마나 많은가? 외출복은 색깔까지 맞춰 입고 다니는 멋쟁이였지만

평상복은 일하기 편하게 오른쪽 소매를 짧게 했다는 것이다. 또한 계절에 따라서 입는 옷도 달랐고, 잠잘 때는 잠옷으로 갈아입었다.

더울 때는 가는 갈포와 굵은 갈포로 만든 홑옷을 반드시 겉에 입었다. … 잘 때는 반드시 잠옷을 입었는데 길이가 한 길 반이었다. _〈향당〉

當暑에 袗絺綌을 必表而出之하시다. … 必有寢衣하시니 長이 一身
당서   진치격   필표이출지   필유침의   장   일신
有半이니라. _〈鄕黨〉
유반

고주시포불식 | 沽酒市脯不食

원산지가 불분명한 것은 먹지 마라

우리가 어릴 때 들었던 여러 행동거지의 출처도 공자인 경우가 적지 않다. '밥 먹으며 떠들지 마라', '잠잘 때 떠들지 마라', '모서리에 앉지 마라'는 말도 그렇다.《논어》〈향당〉편의 "식사하실 때 말하지 않으셨으며, 주무실 때 말하지 않으셨고, 자리가 바르지 않으면 앉지 않으셨다(食不語하시며 寢不言하시다. … 席不正이어든 不坐하시다)"라는 구절이 그 출처다. 공자가 일흔두 살(서기 전 551~479)이라는 당시로써는 기록적인 장수를 한 데는 규칙적이고 원칙 있는 식습관도 중요한 역할을 했다고 보아야 한다. 음식에 대한 공자의 자세는 지금 사람들도 본보기로 삼아야 할 정도이다.

밥은 잘 찧은 것을 싫어하지 않고, 회는 잘게 썬 것을 싫어하지 않았다. 밥이 쉬어 상한 것과 생선이 상한 것과 고기가 썩은 것은 들지 않고, 빛깔이 나쁜 것도 들지 않고, 냄새가 나쁜 것도 들지 않고, 너무 익힌 것도 들지 않고, 때가 아니면 식사하지 않았다. _〈향당〉

食不厭精하시며 膾不厭細하시다. 食饐而餲와 魚餒而肉敗를 不食하시며 色惡不食하시며 臭惡不食하시며 失飪不食하시며 不時不食하시다.
사불염정   회불염세   사애이애   어뇌이육패   불식
      색악불식   취악불식   실임불식   불시불식
_〈鄕黨〉

공자는 잘 찧은 밥과 잘게 썬 회를 좋아했다. 또한 음식이 상하거나 냄새가 나는 것, 조리가 잘못된 것도 먹지 않았다. 식사 때가 아니면 먹지 않았다는 말은 항상 규칙적인 식습관을 가졌다는 뜻이다. 좋은 재료로 정성껏 조리한 음식을 제때에 먹는 생활 습관은 오늘날 건강 검진 때 의사가 권하는 내용과 정확하게 일치한다.

바르게 자르지 않은 것은 들지 않고, 장醬이 없으면 들지 않았다. 고기가 비록 많아도 밥 기운을 이기게 하지는 않았다. _〈향당〉

割不正이어든 不食하시며 不得其醬이어든 不食하시다. 肉雖多나 不使勝食氣하셨다. _〈鄕黨〉
할부정   불식   부득기장   불식   육수다   불사
승사기

"고기가 비록 많아도 밥 기운을 이기게 하지는 않았다"라는 말은 아무리 고기가 많아도 밥보다 많이 먹지는 않았다는 말이다. 식사의 원칙은 지킨다는 뜻이다.

공자에게 '바를 정正' 자는 대단히 중요했다. 앞에서 인용한 대로

계강자가 정치에 대해서 묻자, "정치는 바른 것입니다. 그대가 바른 것으로써 본보기가 되면 누가 감히 바르지 않겠습니까(政者는 正也니 子帥以正이면 孰敢不正이리오 _〈안연〉)?"라고 '정' 자를 가지고 설명했다. 또한 공자는 "그 몸이 바르면 명령하지 않아도 행해지고 그 몸이 바르지 않으면 비록 명령한다 해도 따르지 않을 것이다(其身이 正이면 不令而行하고 其身이 不正이면 雖令不從이니라 _〈자로〉)"라고 말했다. 일상생활에서도 공자는 정을 기준으로 삼았다.

> 수레에 오를 때는 반드시 바르게 서서 말고삐를 잡았고, 수레 안에서는 돌아보지 않고, 말을 빨리하지 않고, 손으로 직접 가리키지 않으셨다. _〈향당〉
>
> 升車에 必正立執綏하시며 車中에 不內顧하시고 不疾言하시며 不親指하시다. _〈鄕黨〉
> 승 거   필정립집수   거중   불내고   부질언   불친지

그럼 공자의 음주법은 어떠했을까?

> 술은 일정한 양은 없었지만 어지러운 지경에 이르지는 않았으며, 시장에서 사온 술과 육포는 들지 않았다. _〈향당〉
>
> 唯酒無量하시되 不及亂하시며 沽酒市脯를 不食하셨다. _〈鄕黨〉
> 유주무량   불급란   고주시포   불식

공자는 정해진 주량이 없을 정도로 술이 셌다. 그러나 어지러운 지경에 이르도록 마시지는 않았다. 몸을 가누지 못한다거나 주정할 정도로 마시지는 않았다는 뜻이다. 시장에서 사온 술과 육포는 들지 않

았다. 술이나 육포처럼 민감한 음식은 그 출처가 분명한 것만 들었다는 것이다. 불량 식품은 절대 들지 않았다는 뜻이다.

나라에서 제사 지낸 고기는 밤을 넘기지 않았으며, 집안 제사에 쓴 고기는 사흘을 넘기지 않았고 사흘이 넘으면 들지 않았다. _〈향당〉

祭於公에 不宿肉하시며 祭肉은 不出三日하시니 出三日이면 不食之
제 어 공   불 숙 육   제 육   불 출 삼 일   출 삼 일   불 식 지
矣니라. _〈鄕黨〉
의

나라에서 제사 때 쓴 고기를 대부들에게 나누어주는 관례가 있었다. 공자는 이 고기는 밤을 넘기지 않았다. 그날 중으로 다 처리했다는 뜻이다. 집안 제사에 쓴 고기는 사흘을 넘기지 않았다는 것을 볼 때 그 기준은 사흘이었다. 나라에서 제사 때 쓴 고기는 이튿날쯤 대부의 집으로 올 것이다. 그러면 그날 밤을 넘기지 않았고 밤을 넘겼으면 버렸다. 고기의 유통기한을 사흘로 삼았다는 이야기다. 또한 신분이 귀한 사람이 보낸 것이라고 해서 무조건 취하지 않았다.

계강자가 약을 보내오자, 절하고 받으면서 가라사대 "저는 이 약에 대해서 잘 알지 못하므로 감히 맛볼 수 없습니다." _〈향당〉

康子饋藥이어늘 拜而受之, 曰, 丘未達이라 不敢嘗이라 하시다. _〈鄕黨〉
강 자 궤 약   배 이 수 지   왈   구 미 달   불 감 상

노나라의 실권자인 계강자가 약을 보내오자 절하며 받는 것으로 감사를 표시했다. 그러나 이 약의 성분을 잘 알지 못하므로 먹을 수는 없다고 말했다. 몸에 좋다고 아무 약이나 먹지 않았다. 지금도 약국에

붙어 있는 '약 모르고 오용 말고 약 좋다고 남용 말자'는 표어의 원조가 아닌가 싶다.

공자의 친구 관계는 어떠했을까?

친구가 죽어 돌아갈 곳이 없으면 "내 집에 빈소를 차려라" 하고 말하고, 친구가 보내준 선물은 비록 말이나 마차라도 제사에 쓴 고기가 아니면 절하지 않았다. _〈향당〉

朋友死하여 無所歸어든 曰, 於我殯이라 하시다. 朋友之饋는 雖車馬라
붕우사   무소귀   왈 어아빈   붕우지궤   수거마
도 非祭肉이어든 不拜하시다. _〈鄕黨〉
  비제육   불배

친구가 세상을 떠났는데 가난해서 장례 치를 곳이 없으면 자신의 집에 빈소를 차렸다. 요즘 사람 같으면 생각하기 어려운 일이다. 지금보다 훨씬 까다로운 장례 절차를 자신의 집에서 치르게 했다. 또 부유한 친구가 값비싼 말이나 수레를 보내도 제사 지낸 고기가 아니면 절하고 받지 않았다. 가난하다고 업신여기지 않았고 부유하다고 아첨하지 않았다는 뜻이다.

공자가 맹인 악사樂師 면冕을 대하는 자세를 보면 그 자상함에 감탄이 나온다.

악사 면이 공자를 만나려고 왔을 때 섬돌(계단)이 있자 공자는 "섬돌입니다"라고 말하고, 자리에 이르자 "자리입니다"라고 말하고, 모두 다 앉자 공자는 "아무개는 여기 있고, 아무개는 여기 있습니다"라고 말했다. 악사 면이 나가자 자장이 "악사와 말씀하시는 방법(道)입니까?"라고 묻

자, "그렇다. 진실로 악사를 도와주는 방법이다"라고 답했다. _〈위령공〉

師冕이 見하여 及階어늘 子曰, 階也라 하시고 及席이어늘 子曰, 席也
사 면   현   급 계   자왈 계야   급 석   자왈 석야
라 하시고 皆坐어늘 子告之曰, 某在斯하며 某在斯라 하시다. 師冕이
          개좌   자고지왈   모재사   모재사   사 면
出커늘 子張問曰, 與師言之道與잇가? 子曰, 然하다. 固相師之道也
출   자장문왈   여사언지도여   자왈 연   고상사지도야
니라. _〈衛靈公〉

공자는 장애인을 특별히 배려했다. 맹인 악사 면이 방문해 섬돌에 다다르자 "섬돌입니다"라고 말해서 계단을 오를 수 있게 하고, 자리에 도착하자 "자리입니다"라고 말해서 의자에 앉게 했다. 자리에 앉아서는 같이 동석한 사람들이 어디 있는지 자세하게 말해주어 눈으로 보는 것처럼 배려했다. 장애인을 자상하게 배려하는 따뜻한 마음의 소유자였다. 복지를 담당하는 공무원이나 관계자들이 공자의 이 구절을 손수 써서 책상 앞에 붙여놓는다면 복지 정책을 대하는 자세가 달라지지 않을까?

공자는 자최齊衰(상복의 하나)의 상복을 입은 사람과 관을 쓰고 의상을 차린 사람과 맹인을 보시면 비록 나이가 어려도 앉아 있으면 반드시 일어나셨고 그 곁을 지날 때는 빨리 가셨다. _〈자한〉

子見齊衰者와 冕衣裳者와 與瞽者와 見之에 雖少나 必作하시며 過
자견자최자   면의상자   여고자   견지   수소   필작   과
之에 必趨러시다. _〈子罕〉
지   필추

관을 쓰고 의상을 차리고 국사를 집행하는 사람과 장애인을 만나면 자리에 앉아 있다가도 반드시 일어났다는 뜻이다. 또한 공자는 상

9장 | 공자의 일상   **367**

중喪中에 있는 사람을 공경하게 대했다. 슬픔에 동참한다는 뜻이다. 〈술이〉편에서 "공자께서 상중에 있는 사람 곁에서 식사할 때는 배부르게 먹지 않았고, 이날 곡했으면 노래하지 않았다(子, 食於有喪者之側에 未嘗飽也러시다. 子於是日에 哭則不歌하시다)"라고 전하는 것도 이를 뒷받침한다. 장례에 가서 곡하고 돌아서 노래하는 것은 곡이 형식에 지나지 않았다는 것을 말해준다. 그래서 공자는 곡한 날에는 노래하지 않았다. 공자는 노래를 좋아했다.《시경》305편의 시에 곡조를 붙이는 것은 노래를 좋아하지 않으면 할 수 없는 작업이다. 일부는 전해 내려온 곡조를 채록했겠지만 일부는 직접 작곡했을 것이다. 공자는 노래도 열심히 배웠다.

> 공자는 다른 사람과 함께 노래할 때 잘하면 반드시 다시 시키시고 뒤에 화답하셨다. _〈술이〉
>
> 子與人歌而善이어든 必使反之하시고 而後和之러시다. _〈述而〉
> 자 여 인 가 이 선   필 사 반 지   이 후 화 지

다른 사람과 노래할 때 모르는 노래를 잘하는 사람이 있으면 반드시 다시 불러보게 한 후 따라 불렀다는 뜻이다. 그만큼 공자는 노래를 좋아했다. 동이족의 후예답다. 공자는 노래를 사람을 깨우치는 수단으로도 삼았다.

> 유비儒悲가 공자를 만나려고 했는데, 공자가 병으로 사양했다. 명을 전하는 자가 문밖으로 나가자 거문고를 집어서 노래를 불러 그로 하여금 듣게 했다. _〈양화〉

孺悲欲見孔子어늘 孔子辭以疾하시고 將命者出戶어늘 取瑟而歌하
사 使之聞之하시다. _〈陽貨〉

유비는 노나라 사람이다. 그런데 유비가 만남을 청하자 병이라면서 사양하고는 곧 거문고를 집어서 노래를 불러 자신이 병이 아님을 알게 했다. 무슨 일인지는 알 수 없지만 유비에게 깨우쳐줄 일이 있었을 것이다. 유비가 삼태기를 지고 가던 은자처럼 노래에 일가견이 있다면 공자의 뜻을 알 수 있었을 것이다.

사관불면 | 死冠不免

선비는 죽을 때도 갓끈을 고쳐 맨다

공자는 노나라로 귀국한 후 가끔 노 애공이 정치에 대해서 묻거나 계강자 같은 실권자들이 물을 때 자문하는 정도로 그 역할이 제한되어 있었다. 일종의 국사國師, 또는 국로國老라고 볼 수 있지만 공자의 말이 크게 실행된 것이 없다는 점에서 그야말로 자문에 지나지 않았다. 이미 공자의 말이 통용되는 시대는 아니었던 것이다. 그런데 공자가 마지막으로 정치에 나선 일이 있었다.

진성자陳成子가 간공簡公을 시해하자 공자가 목욕하고 조정에 나가서

애공에게 아뢰었다. "진항陳恒(진성자)이 그 군주를 시해했으니 토벌하기를 청합니다." 애공이 "저 세 대부에게 말하라"라고 답했다. 공자는 "내가 대부의 뒤를 따랐기 때문에 감히 아뢰지 않을 수 없었는데, 군주께서 '저 세 대부에게 말하라'고 하시는구나"라고 말했다. 세 대부에게 가서 말하니 '안 된다'고 말했다. 공자가 "내가 대부의 뒤를 따랐기 때문에 감히 말하지 않을 수 없었다"라고 말씀하셨다. 〈헌문〉

陳成子弒簡公이어늘 孔子沐浴而朝하사 告於哀公曰 陳恒이 弒
진성자시간공   공자목욕이조   고어애공왈   진항   시
其君하니 請討之하소서. 公曰 告夫三子하라! 孔子曰 以吾從大夫
기군   청토지   공왈 고부삼자   공자왈 이오종대부
之後라 不敢不告也하니 君曰 告夫三子者온여 之三子하여 告하신대
지후   불감불고야   군왈 고부삼자자   지삼자   고
不可라 하거늘 孔子曰 以吾從大夫之後라 不敢不告也니라. 〈憲問〉
불가   공자왈 이오종대부지후   불감불고야

제나라 군주 간공簡公을 제나라 대부 진항陳恒이 살해했다. 《사기》 〈연소공세가燕召公世家〉는 "헌공 12년에 제나라 전상田常이 그 군주 간공을 시해했다(獻公十二年, 齊田常弒其君 簡公)"라고 기록하고 있다. 진성자, 진항, 전상은 모두 같은 인물이다. 공자 나이 일흔한 살 때인 서기 전 481년의 일이다. 자신이 한때 뜻을 펼치기를 바랐던 제나라에서 신하가 군주를 시해한 하극상이 발생한 것이다. 공자가 역적 토벌의 경건함을 나타내기 위해서 목욕하고 토벌을 청했다. 그러나 실권이 없는 노 애공은 세 대부에게 말하라고 미뤘고, 세 대부는 "토벌할 수 없다"라고 답했다. 공자에게는 군신의 의리 문제지만 세 대부에게는 손익損益의 문제였다.

그런데 이 사건과 관련해서 공자의 제자 재여宰予가 사망했다. 《사기》 〈이사열전李斯列傳〉에는 공자보다 약 250여 년 후의 인물인 이사

李斯(~서기 전 208)가 진나라 2세 황제에게 조고趙高를 비난하는 글을 올리며 이렇게 말했다고 기록되어 있다.

전상이 간공의 신하가 되어서 벼슬 서열로는 나라에서 따를 자가 없었고, 개인 재산이 나라 재산과 비슷해지자 은혜를 베풀고 덕을 펴서 아래로는 백성의 인심을 얻고 위로는 여러 신하의 인심을 얻어서 몰래 제나라를 탈취했습니다. 대궐 뜰에서 재여를 죽이고 조정에서 간공을 죽여서 마침내 제나라를 차지했습니다. 《사기》〈이사열전〉

田常爲簡公臣, 爵列無敵於國, 私家之富與公家均, 布惠施德, 下得百姓, 上得羣臣, 陰取齊國, 殺宰予於庭, 卽弑簡公於朝, 遂有齊國. 《史記》〈李斯列傳〉

재여는 이 사건 때 간공의 편에 섰다가 진항에게 피살된 것이다. 공자에게 충을 배운 제자답다 할 것이다. 공자가 당대에 기록한 《춘추좌전》 노 애공 14년조의 경經은 "제나라 사람이 그 군주 임壬(간공)을 서주舒州에서 살해했다(齊人弑其君壬于舒州)"라고 간략하게 기록하고 있다. 좌구명이 쓴 해설인 전傳에는 이 사건에 대한 공자의 행위와 노나라 지배층의 반응이 자세하게 기록되어 있다.

(노 애공 14년 6월) 갑오일에 제나라 진항이 그 군주 임壬을 서주에서 시해했다. 공구孔丘(공자)가 사흘 동안 재계하고 제나라를 토벌할 것을 세 차례나 청했다. 애공이 "노나라는 제나라보다 약한 지 오래되었는데 그대가 처벌하자고 하는 것은 장차 어찌하자는 것인가?"라고 물했다. 공구가 "진항이 그 군주를 시해했으니 백성이 함께하지 않을 자가 반

은 될 것입니다. 노나라 군중을 제나라 백성의 반에 덧붙인다면 이길 수 있습니다"라고 대답했다. 애공이 "그대가 가서 계손씨에게 말하라"라고 하자, 공자가 사례하고 나와서 다른 사람에게 "내가 대부의 뒤를 따르는 사람으로서 감히 말하지 않을 수 없었다"라고 말했다. 《춘추좌전》〈애공 14년〉

甲午, 齊陳恒弑其君壬于舒州. 孔丘三日齊, 而請伐齊, 三. 公曰, 魯爲齊弱久矣, 子之伐之, 將若之何. 對曰, 陳恒弑其君, 民之不與者半, 以魯之衆, 加齊之半, 可克也. 公曰, 子告季孫. 孔子辭, 退而告人曰, 吾以從大夫之後也, 故不敢不言. 《春秋左傳》〈哀公 14年〉

이 사건 때 피살된 재여는 공자에게 크게 꾸중을 들은 적이 있는 인물이다. 그런데 그 꾸중의 내용이 좀 이상하다. 일단 《논어》〈공야장〉편의 원문을 글자 그대로 해석해보자.

재여가 주침晝寢(낮에 자다)하니, 공자께서 "썩은 나무에는 조각할 수 없고, 썩은 흙으로 만든 담은 흙손질할 수 없으니 재여를 어찌 꾸짖겠는가?"라고 말씀하시고, "처음에는 내가 사람에 대해서 그 말을 들으면 그 행실도 믿었지만 지금 내가 사람에 대해서 그 말을 들으면 그 행실을 살펴보게 되었으니 재여 때문에 고치게 된 것이다"라고 하셨다. 〈공야장〉

宰予晝寢이어늘 子曰, 朽木은 不可雕也며 糞土之牆은 不可杇也니 於予與에 何誅리오? 子曰, 始吾於人也에 聽其言而信其行이러니 今吾於人也에 聽其言而觀其行하노니 於予與에 改是로라. 〈公冶長〉

조선 시대 공자를 모신 사당. 공자의 출생지가 중국 산둥 성 곡부현 궐리闕里이므로 궐리사라고 하였다.

    재여가 낮잠을 자자, 공자가 "썩은 나무에는 조각할 수 없고…"라면서 꾸짖는 것도 포기했다는 이야기다. 주희는 "재여가 말은 잘하면서도 행동은 따르지 못했으므로" 공자가 꾸짖은 것이라고 해석했다. 그런데 낮잠 한 번 잔 것 가지고 너무 심하게 꾸짖었다는 느낌이 든다. 그래서 일본의 오규 소라이〔荻生徂徠〕는 《논어징論語徵》에서 "낮에 침실에 거처한다는 것은 말로 하기 어려운 것이 있기 때문에 공자가 깊이 책망했다"라고 해석하기도 했다. 마치 대낮에 남녀 관계를 하다가 공자에게 발각되었다는 식의 뉘앙스다. 정약용은 《논어고금주》에 주희의 주석과 함께 한韓이 '주晝 자는 당연히 화畫 자의 오류일 것이다(晝當爲畫)'라고 설명한 내용도 소

9장 | 공자의 일상   373

개했다. 한韓은 한문공韓文公으로서 당나라 한유를 뜻한다. 재여가 침실에 그림을 그려서 꾸짖었다는 것이다. 정약용은 한유의 해석을 맞지 않다고 봤지만 조선 후기의 양명학자 하곡 정제두는 한유의 시각을 맞는다고 보았다. 정제두는 〈논어설論語說〉에서 이렇게 보았다.

재여주침宰予晝寢. 주晝 자는 당연히 화畵 자일 것이니 옛 글자는 서로 같았다. 재여가 침실寢室을 만들고 그림을 조각했다는 뜻이다. 무릇 옛날에는 대부大夫 이상의 방에 그림을 조각했는데… 재여가 참람하게 그것을 했던 것이다. 《하곡집》〈논어설〉

宰予晝寢. 晝當是畵字, 古字相類. 宰予成寢而雕畵之, 蓋古者大夫以上室有雕畵 … 而宰予僭之也. 《霞谷集》〈論語說〉

대부 이상의 방에 그림을 조각하는 것이 예인데 대부가 아닌 재여가 침실에 조각했으므로 공자가 꾸짖었다는 해석이다. 필자도 정제두의 주장이 맞는다는 생각이 든다. 낮잠 한 번 잔 것 가지고 그리 심하게 꾸짖을 정도로 융통성 없는 공자가 아니었다. 앞에 인용했지만 초의 소왕昭王이 칠백 리의 땅으로 공자를 봉하려고 할 때 초나라의 영윤 자서子西가 "왕의 관윤官尹으로 재여 같은 자가 있습니까?"라고 반대할 만큼 재여는 그 능력을 인정받고 있었다. 이런 제자를 제 간공 시해 사건 때 잃은 것이었다.

노나라로 돌아온 후에도 세상은 계속 시끄러웠다. 일흔두 살 때인 노 애공 15년(서기 전 480)에는 위나라에서 벼슬하던 자로가 위나라의 왕위 계승 다툼에 연루되어 죽고 말았다. 모친 남자南子를 죽이려다가 망명했던 괴외가 아들에게 빼앗긴 왕위를 되찾으려고 다투던 와중에 자로가 죽은 것이다. 《사기》〈중니제자열전〉에 따르면 자로는 현장에 있지 않았으나 "녹을 먹었으면 난리 때 피하는 것이 아니다"라고 말하고 현장으로 달려갔다. 그러나 세는 이미 자로가 편들었던 출공이 불리했다. 자로는 "군자는 죽을 때도 관冠을 벗지 않는다(君子死而冠不免)"라는 명언을 남기고 갓끈을 고쳐 매고 죽었다고 〈중니제자열전〉은 전한다. 공자가 '제명에 죽지 못할 것이다'라고 예언했던 자로는 공자의 예언대로, 그러나 공자의 제자답게 군주를 위해 목숨을 던진 것이다. 죽음에 임해서도 의관을 정제하고서.

여시은인 | 予始殷人

공자의 유언, 나는 은나라 사람이다

공자의 만년은 외로웠다. 《사기》〈공자세가〉는 "자로가 죽고 공자가 병이 들었다"라고 전해서 자로의 죽음에 큰 충격을 받았음을 시사하고 있다. 한 해 전에는 안회가 죽고 이듬해 자로마저 죽었으니 슬픔이 배가되었다. 아들 공리도 이미 저세상 사람이었다. 〈공자세가〉는 이때 자공이 뵙기를 청하자 공자는 지팡이를 짚고 문 앞을 거닐다가 자공을 보고 "너는 왜 이렇게 늦게 왔느냐?"라고 책망하면서 노래를 불렀다고 전한다.

공자묘. 중국 산둥 성 취푸(곡부) 소재

태산太山이 무너졌는가?
대들보 기둥이 꺾였는가?
철인哲人이 무너졌는가? 《사기》〈공자세가〉

太山壞乎 梁柱摧乎 哲人萎乎 《史記》〈孔子世家〉

공자는 눈물을 흘리며 자공에게 말했다.

천하에 도가 없어진 지 오래되었구나. 아무도 나를 존숭하지 않는구나. 하나라 사람은 동쪽 계단에 빈소를 차렸고, 주나라 사람은 서쪽 계단에 빈소를 차렸고, 은나라 사람은 양쪽 기둥 사이에 빈소를 차렸다. 지난밤에 나는 꿈에서 양쪽 기둥 사이에 앉아 제사를 받았다. 나는 은

공자 묘 입구

나라 사람에서 비롯되었다. 《사기》〈공자세가〉

謂子貢曰, 天下無道久矣, 莫能宗予. 夏人殯於東階, 周人於西階, 殷人兩柱間. 昨暮予夢坐奠兩柱之間, 予始殷人也. 《史記》〈孔子世家〉

"나를 존숭하지 않는다"라는 말은 세상에 자신의 도가 행해지지 않는다는 뜻일 것이다. 공자는 하·은·주 삼대三代를 높였다. 그러나 죽음에 임해서는 결국 "나는 은나라 사람에서 비롯되었다"라고 말했다. '나는 은나라 사람의 후예'라는 말이다. 〈공자세가〉는 그 7일 후인 노 애공 16년(서기 전 479) 4월 기축일에 공자가 세상을 떠났다고 전하고 있다. 향년 일흔셋! 쓸쓸한 최후였다.

공자가 유언 비슷하게 남긴 말이 "나는 은나라 사람에서 비롯되었다"였다. 공자는 "주나라는 이대二代(하·은나라)를 본보기로 삼았으니, 찬란하도다 그 문화여! 나는 주나라를 따르겠노라(〈팔일〉)"라고 말했으나 끝내 주나라 사람은 되지 못한 것일까?

어떤 인물이 살아있을 때는 돌아보지도 않다가 막상 세상을 떠나면 호들갑 떠는 경우가 있다. 공자가 세상 떠났을 때도 그랬다. 먼저 노 애공이 제문을 보내 애도했다.

하늘이 착하지(弔) 못해서 한 노인을 억지로라도 남기지 않는구나. 물러나야 할 나 한 사람만 자리에 있게 해서 외롭게 하고 부끄럽게 하는구나. 오호라! 슬프다! 이보尼父(공자)여, 스스로 법을 세우지 못하겠네.
_《사기》〈공자세가〉

哀公誄之曰, 旻天不弔, 不憖遺一老, 俾屛余一人以在位, 煢煢余在疚. 嗚呼哀哉! 尼父, 毋自律. _《史記》〈孔子世家〉

노 애공의 애도문을 읽고 자공이 한마디 쓴소리했다.

"살아있을 때 등용하지 않고 죽은 후에 애도하는 것은 예가 아니다. 나 한 사람(余一人)이라고 칭한 것은 명분에 바르지 않다."

살아있을 때는 등용하지 않고 죽은 후에 애도하는 것은 예가 아니며 제후의 신분으로 '나 한 사람'이라고 칭한 것도 그르다는 비판이다. 제자들은 공자의 가르침대로 장례를 치렀다. 《사기》〈공자세가〉는 "공자는 노나라 도성 북쪽의 사상泗上에 장례를 치렀는데 제자들은 모두 3년 상복을 입었다"라고 전한다. 부모의 예로 장례를 치른 것이다. 삼년상을 마치고 서로 이별하고 떠날 때 다시 곡을 해서 각자의

《공부자성적도》 중 시서예악도詩書禮樂圖. 시서예악을 닦다. 한국학중앙연구원 장서각 소장

슬픔을 드러냈다고 전한다. 그런데 오직 자공만은 묘지 위에 여막을 짓고 6년 동안 애도한 연후에 떠났다. 공자가 죽은 후 이른바 공자 신드롬이 생겼다. 무덤가에 집을 짓고 사는 공자의 제자들과 노나라 사람들이 무려 100여 가구에 달했다. 그래서 그 마을을 '공리孔里'라고 불렀다고 〈공자세가〉는 전한다.

《사기》〈공자세가〉는 공자의 제자들에 대해서 이렇게 기술하고 있다.

공자는 시·서·예·악詩書禮樂으로 가르쳤는데 제자들이 모두 삼천 명이나 되었고, 육례六禮에 통달한 자도 일흔두 명이나 되었다. 그런데 안탁추 같은 (일흔두 명에 들지 못한) 자도 대단히 많았다. _《사기》〈공자세가〉
孔子以詩書禮樂敎, 弟子蓋三千焉, 身通六藝者七十有二人. 如顔濁鄒之徒, 頗受業者甚衆. _《史記》〈孔子世家〉

공자 사상은 당대에 쓰이지 못했지만 200여 년이 지난 한나라 때 관학의 지위를 차지하기 시작했다. 그전에 많은 제자가 공자 사후에도 스승의 사상을 전하려고 노력했다. 예수는 십자가에서 비참한 생을 마쳤지만 그 제자들이 목숨 걸고 스승의 사상을 전파한 것과 비슷했다. 공자는 "후세에 자신을 알아주는 사람이 있다면 《춘추》 때문일 것이고, 비난하는 자가 있다면 역시 《춘추》 때문일 것이다"라고 말했지만, 공자는 《춘추》가 아니라 《논어》 때문에 영원히 살았다. 공자 사후에 제자들이 공자의 말과 행적을 기록한 책이 《논어》다. 조선 후기 이덕무의 〈이목구심서 1耳目口心書一〉에는 추운 겨울을 이야기하는 이런 구절이 있다.

> 어젯밤 집 서북 구석에서 독한 바람이 불어 들어와 등불이 몹시 흔들렸다. 한참을 생각하다가 《노론魯論》 1권을 뽑아 세워 바람을 막아놓고 그 경제적 수단에 으쓱거렸다. 《청장관전서》 〈이목구심서〉
>
> 昨夜屋西北隅. 毒風射入. 掀燈甚急. 思移時. 抽魯論一卷立障之. 自詫其經濟手段 《靑莊館全書》 〈耳目口心書〉

바람막이 대신 책을 세워서 바람을 막아야 했던 가난한 선비의 겨우살이 풍경이 생생히 드러난다. 여기에서 《노론》이 곧 《논어》를 뜻한다. 중국 고대 양梁나라의 황간皇侃은 《논어의소論語義疏》 서序에서 "노나라 사람들이 배운 것이 《노론》이고 제나라 사람들이 배운 것이 《제론》이고, 옛 벽에서 나와 전하는 것이 《고론》이다"라고 말했다. 《논어》의 판본이 셋이란 뜻이다. 공자의 언행은 노나라와 제나라를 중심으로 전해지다가 중원 전체로 퍼지게 되는데, 공자의 고국인 노나라에서 스승의 도를 전수했던 증자曾子(증삼)와 그 제자들이 편찬한 공자의 언행록이 《노론》이다. 《제론》은 제나라에서 스승의 도를 전수했던 자장과 자하·자유를 중심으로 편찬된 《논어》를 뜻한다. 《고론》은 후한 때 공자의 집을 수리하다가 벽 속에서 발견된 《논어》를 뜻한다.

20편으로 구성된 현재의 《논어》는 대부분 《노론》이다. 《제론》에는 여기에 〈문왕問王〉과 〈지도知道〉 두 장이 더 있어서 모두 22편이다. 《고론》은 《노론》의 20장 중 마지막 〈요왈〉 편의 일부 내용을 〈자장〉 두 장으로 나누어서 모두 21편이다. 보통 《노론》은 수기를 강조한 것으로 해석하고 《제론》은 정치를 강조한 것으로 해석한다.

공자는 자신이 동양 사회에서 성인으로 떠받들어질 줄은 꿈에도 몰랐을 것이다. 객관적으로 그는 뜻한 바를 이루지 못한 실패한 인생이었다. 공자는 현재에 지고 미래에 이긴 대표적인 인물이다. 그의 이름은 《춘추》가 아니라 살아있을 때는 편찬되지도 않았던 《논어》에 의해서 인류의 사표가 되었다. 예수가 사후에 제자들의 《사복음서》로 인류의 사표가 된 것과 비슷하다.

공자와 예수는 훗날 교조화되면서 많은 부작용을 낳았다. 예수는 중세 유럽 사회의 이데올로기로 변질되어 권력을 뛰어넘는 무소불위의 가톨릭에서 마녀사냥으로 대표되는 수많은 악행을 저질렀다. 공자도 자신의 의사와는 무관하게 조선 후기 주자학자들에 의해 이데올로기로 변질되면서 수많은 악행의 수단으로 이용되었다. 그러나 이 모든 부작용은 예수나 공자의 책임이 아니라 예수와 공자를 권력과 장사의 수단으로 이용한 후대인의 잘못이다.

성호 이익은 교조화된 주희의 공자가 아니라 원초의 공자를 해석하려고 노력했다. 이런 노력이 정약용을 비롯한 많은 개혁 성향의 유학자를 배출했던 것처럼 불우했던 지식인, 현실에서 쓰이지 못했던 공자의 일생은 현실이 부당할 때마다 되새겨진다. 앞으로도 그럴 것이다. 서구 물질문명이 한계에 다다른 지금 인과 의와 예를 외쳤던 공자의 정신은 앞으로 동양을 넘어 서양에도 큰 교훈을 줄 것으로 믿는다.

《논어》의 첫 구절을 아는 사람은 많아도 마지막 구절을 아는 사람은 드물다. 그만큼 공자는 단편적으로만 인식되고 있는 것이다.《논어》의 마지막 구절로 긴 여행을 마무리하자.

공자 가라사대 "천명을 알지 못하면 군자가 될 수 없고, 예를 알지 못하면 설 수 없으며, 말을 알지 못하면 다른 사람을 알 수 없다." _〈요왈〉

孔子曰, 不知命이면 無以爲君子也요 不知禮면 無以立也요 不知
공자왈   부지명   무이위군자야   부지례   무이립야   부지
言이면 無以知人也니라. _〈堯曰〉
언   무이지인야

논어 원문

《論語》原文

- 《논어》를 이해하는 데 도움이 되도록 일부 어휘에 자해(字解)와 보충 설명을 달았다.

- ★는 이재호 선생님의 《논어정의》에 실린 주해(註解)를 참고해 보충 설명한 내용이다.

- 본문에서 상세히 다룬 구절에는 해당 쪽수를 표기해 참고할 수 있게 했다.

第一篇 學而

1. 子曰, 學而時習之면 不亦說乎아? 有朋自遠方來가 不亦樂乎아? 人不知而不慍이면 不亦君子乎아? ⇨21쪽

2. 有子曰, 其爲人也孝弟요 而好犯上者는 鮮矣니 不好犯上이요 而好作亂者는 未之有也니라. 君子는 務本이니 本立而道生하나니 孝弟也者는 其爲仁之本與인저.

3. 子曰, 巧言令色이 鮮矣仁이니라.

4. 曾子曰, 吾日三省吾身하노니 爲人謀而不忠乎아? 與朋友交而不信乎아? 傳不習乎아니라?

5. 子曰, 道千乘之國에 敬事而信하며 節用而愛人하며 使民以時니라.
   ▸ 千乘之國(천승지국): 병거(兵車) 천 대를 갖출 힘이 있는 나라. 보통 제후가 다스리는 나라를 이름

6. 子曰, 弟子入則孝하고 出則悌하며 謹而信하며 汎愛衆하되 而親仁이니 行有餘力이면 則以學文이니라.

7. 子夏曰, 賢賢하여 易色하며 事父母에 能竭其力하며 事君에 能致其身하며 與朋友交에 言而有信이면 雖曰未學이라도 吾必謂之學矣리라. ⇨41쪽

8. 子曰, 君子不重則不威니 學則不固니라 主忠信하며 無友不如己者요 過則勿憚改니라.

9. 曾子曰, 愼終追遠하면 民德이 歸厚矣리라.
   ▸ 愼終(신종): 부모의 임종과 초상, 장사에 그 예절을 다함

10. 子禽이 問於子貢曰, 夫子至於是邦也하면 必聞其政하시니 求之與아? 抑與之與아? 子貢曰, 夫子는 溫良恭儉하여 讓以得之하시니 夫子之求之也는 其諸異乎人之求之與인저? ⇨238쪽
   ▸ 子禽(자금): 위나라 사람으로 공자의 제자
   ▸ 夫子(부자): 남자를 높여 부르는 호칭. 공자의 제자들이 공자를 지칭할 때 사용

11. 子曰, 父在에 觀其志요 父沒에 觀其行이니 三年을 無改於父之道라야 可謂孝矣니라.

12. 有子曰, 禮之用이 和爲貴하니 先王之道가 斯爲美라 小大由之니라. 有所不行하니 知和而和요 不以禮節之면 亦不可行也니라.

13. 有子曰, 信近於義면 言可復也며 恭近於禮면 遠恥辱也며 因不失其親이면 亦可宗也니라.

14. 子曰, 君子食無求飽하고 居無求安하며 敏於事而愼於言이요 就有道而正焉이면 可謂好學也已니라. ⇨53쪽

15. 子貢曰, 貧而無諂하며 富而無驕하면 何如하니이까? 子曰, 可也나 未若貧而樂하며 富而好禮者也니라. 子貢曰, 詩云, 如切如磋하며 如琢如磨라 하니, 其斯之謂與인저? 子曰, 賜也는 始可與言詩已矣로다. 告諸往而知來者온여. ⇨347~348쪽
   ▸ 切磋琢磨(절차탁마): 옥이나 돌 따위를 갈고 닦아서 빛을 낸다는 뜻으로, 부지런히 학문과 덕행을 닦음을 이르는 말

16. 子曰, 不患人之不己知오 患不知人也니라. ⇨318쪽

第二篇 爲政

1. 子曰, 爲政以德이 譬如北辰이 居其所인데 而衆星이 共之니라. ⇨300쪽
   ▸ 北辰(북신): 북극성

2. 子曰, 詩三百을 一言以蔽之하면 曰, 思無邪니라. ⇨323쪽
   ▸ 一言以蔽之(일언이폐지): 한 마디로 그 전체의 뜻을 다 말함

3. 子曰, 道之以政하고 齊之以刑하면 民免而無恥니라. 道之以德하고 齊之以禮하면 有恥且格이니라. ⇨167쪽

4. 子曰, 吾十有五而志于學하고 三十而立하고 四十而不惑하고 五十而知天命하고 六十而耳順하고 七十而從心所欲하되 不踰矩호라. ⇨27쪽

5. 孟懿子問孝한대 子曰, 無違니라. 樊遲御러니 子告之曰, 孟孫問孝於我어늘 我對曰, 無違라호라. 樊遲曰, 何謂也잇고? 子曰, 生事之以禮하며 死葬之以禮하며 祭之以禮니라.
   ▸ 無違(무위): 어김이 없음

6. 孟武伯問孝한대 子曰, 父母는 唯其疾之憂시니라.

7. 子游問孝한대 子曰, 今之孝者는 是謂能養이니 至於犬馬하여도 皆能有養이니 不敬이면 何以別乎리오?

8. 子夏問孝한대 子曰, 色難이니 有事어든 弟子服其勞하고 有酒食이어든 先生饌을 曾是以爲孝乎아?

9. 子曰, 吾與回言에 終日不違하니 如愚나 退而省其私한대 亦足以發하니 回也不愚로다. ⇨65쪽

10. 子曰, 視其所以하며 觀其所由하며 察其所安하면 人焉廋哉며 人焉廋哉리오?

11. 子曰, 溫故而知新이면 可以爲師矣니라.   ⇨350쪽
    ▸ 溫故知新(온고지신): 옛것을 익히고 그것을 미루어서 새것을 앎

12. 子曰, 君子는 不器니라.

13. 子貢이 問君子한대 子曰, 先行其言이요 而後從之니라.   ⇨23쪽

14. 子曰, 君子는 周而不比하고 小人은 比而不周니라.   ⇨103쪽

15. 子曰, 學而不思則罔하고 思而不學則殆니라.

16. 子曰, 攻乎異端이면 斯害也已니라.

17. 子曰, 由아! 誨女知之乎인저 知之爲知之요 不知爲不知가 是知也니라.
    ⇨59쪽

18. 子張이 學干祿한대 子曰, 多聞闕疑요 愼言其餘則寡尤며 多見闕殆요
    愼行其餘則寡悔니 言寡尤하며 行寡悔하면 祿在其中矣니라.
    ▸ 祿(녹): 벼슬하는 사람의 녹봉

19. 哀公이 問曰, 何爲則民服이닛고? 孔子對曰, 擧直錯諸枉이면 則民服하
    고 擧枉錯諸直하면 則民不服이니이다.   ⇨310~311쪽

20. 季康子問 使民敬忠以勸하면 如之何잇고? 子曰, 臨之以莊則敬하고 孝
    慈則忠하고 擧善而敎不能則勸이니라.

21. 或謂孔子曰, 子는 奚不爲政이시닛가? 子曰, 書云, 孝乎惟孝하며 友于兄
    弟하여 施於有政이라 하니 是亦爲政이니 奚其爲爲政이리오?   ⇨331쪽

22. 子曰, 人而無信이면 不知其可也니라. 大車無輗하며 小車無軏이면 其何
    以行之哉리오?

23. 子張問 十世를 可知也잇가? 子曰, 殷因於夏禮하니 所損益을 可知也며 周因於殷禮하니 所損益을 可知也니 其或繼周者면 雖百世라도 可知也니라.   ⇨349쪽
   ▸ 十世(십세): 열 왕조

24. 子曰, 非其鬼而祭之는 諂也요 見義不爲는 無勇也니라.   ⇨96쪽

第三篇　八佾

1. 孔子謂季氏하시되 八佾로 舞於庭하니 是可忍也면 孰不可忍也리오?
   ▸ 八佾舞(팔일무): 종횡으로 여덟 사람씩 예순네 명이 추는 춤

2. 三家者 以雍徹이러니 子曰, 相維辟公 天子穆穆을 奚取於三家之堂고?
   ▸ 三家者(삼가자): 노나라 대부인 삼손씨를 일컬음

3. 子曰, 人而不仁이면 如禮에 何며? 人而不仁이면 如樂何리오?   ⇨294쪽

4. 林放이 問禮之本한대 子曰, 大哉라 問이여! 禮는 與其奢也론 寧儉이요 喪은 與其易也론 寧戚이니라.   ⇨163쪽

5. 子曰, 夷狄之有君이 不如諸夏之亡也니라.
   ▸ 亡(무): 없다

6. 季氏旅於泰山이러니 子謂冉有曰, 女弗能救與아? 對曰, 不能이외다. 子曰, 嗚呼라! 曾謂泰山이 不如林放乎아?
   ▸ 泰山(태산): 노나라, 지금의 산동 성 태안현에 있는 명산

7. 子曰, 君子無所爭이나 必也射乎인저. 揖讓而升하고 下而飲하나니 其爭也는 君子니라.   ⇨179쪽

8. 子夏問曰, 巧笑倩兮며 美目盼兮여 素以爲絢兮라 하니 何謂也잇고? 子曰, 繪事後素니라. 曰, 禮後乎인저? 子曰, 起予者는 商也로다! 始可與言詩已矣로다.

9. 子曰, 夏禮를 吾能言之나 杞不足徵也며 殷禮를 吾能言之나 宋不足徵也는 文獻이 不足故也니 足則吾能徵之矣리라.

10. 子曰, 禘自旣灌而往者는 吾不欲觀之矣로다.

11. 或이 問禘之說한대 子曰, 不知也로라. 知其說者之於天下也에 其如示諸斯乎인저하시고! 指其掌하시다.

12. 祭如在하시며 祭神如神在러시다. 子曰, 吾不與祭면 如不祭니라.

13. 王孫賈 問曰, 與其媚於奧론 寧媚於竈라 하니 何謂也잇고? 子曰, 不然하다. 獲罪於天이면 無所禱也니라. ⇨91쪽
    ▶ 王孫賈(왕손가): 위나라의 대부

14. 子曰, 周監於二代하니 郁郁乎文哉라! 吾從周하리라. ⇨122쪽
    ▶ 二代(이대): 하나라와 은나라 두 왕조

15. 子入大廟하여 每事를 問하시니 或曰, 孰謂鄹人之子를 知禮乎아? 入大廟하여 每事를 問이온여. 子聞之하시고 曰, 是禮也니라. ⇨114쪽
    ▶ 大廟(대묘): 주공묘(周公廟)를 뜻함

16. 子曰, 射不主皮는 爲力不同科하니 古之道也니라.

17. 子貢이 欲去告朔之餼羊한대 子曰, 賜也아! 爾愛其羊가 我愛其禮하노라.

18. 子曰, 事君盡禮를 人以爲諂也로다.

19. 定公問 君使臣하며 臣事君을 如之何잇고? 孔子對曰, 君使臣以禮하며

臣事君以忠이니다. ⇨141쪽

▶ 定公(정공): 노나라 임금으로 이름은 송(宋)

20. 子曰, 關雎는 樂而不淫하고 哀而不傷이니다.

21. 哀公이 問社於宰我한대 宰我對曰, 夏后氏는 以松이요 殷人은 以栢이요 周人은 以栗이니 曰, 使民戰栗이니이다. 子聞之曰, 成事라 不說하며 遂事라 不諫하며 旣往이라 不咎로다.

▶ 社(사): 토지의 신을 제사지내는 곳

22. 子曰, 管仲之器는 小哉로다! 或曰, 管仲은 儉乎잇가? 曰, 管氏는 有三歸하며 官事를 不攝하니 焉得儉이리오? 然則管仲은 知禮乎잇가? 曰, 邦君이라야 樹塞門이어늘 管氏亦樹塞門하며 邦君이라야 爲兩君之好에 有反坫이어늘 管氏亦有反坫하니 管氏而知禮면 孰不知禮리오?

▶ 管仲(관중): 제나라 환공(桓公) 때의 재상

23. 子語魯大師樂曰, 樂은 其可知也니 始作에 翕如也하여 從之에 純如也하며 皦如也하며 繹如也하여 以成이니라.

24. 儀封人이 請見曰, 君子之至於斯也에 吾未嘗不得見也로다. 從者見之한대 出曰, 二三子는 何患於喪乎리오? 天下之無道也久矣니 天將以夫子爲木鐸이시리라.

25. 子謂韶하시되, 盡美矣요 又盡善也라 하시고 謂武하시되, 盡美矣요 未盡善也라 하시다. ⇨276쪽

▶ 盡善盡美(진선진미): 더할 나위 없이 훌륭하고 아름다움. 완전무결함

26. 子曰, 居上不寬하며 爲禮不敬하며 臨喪不哀면 吾何以觀之哉리오?

第四篇　里仁

1. 子曰, 里仁이 爲美하니 擇不處仁이면 焉得知리오?

2. 子曰, 不仁者는 不可以久處約이며 不可以長處樂이나 仁者는 安仁하고 知者는 利仁이니라.

3. 子曰, 惟仁者라야 能好人하며 能惡人하니라.　⇨292쪽
   ▸ 惡(오): 미워하다, 싫어하다

4. 子曰, 苟志於仁矣면 無惡也니라.

5. 子曰, 富與貴는 是人之所欲也나 不以其道得之어든 不處也하며 貧與賤은 是人之所惡也나 不以其道得之라도 不去也니라. 君子去仁이면 惡乎成名이리오? 君子는 無終食之間을 違仁이니 造次에 必於是하며 顚沛에 必於是니라.　⇨50쪽
   ▸ 惡(오): 미워하다, 싫어하다
   ▸ 終食之間(종식지간): 식사를 하는 짧은 시간이라는 뜻. 얼마 되지 않는 동안을 이름

6. 子曰, 我未見好仁者와 惡不仁者로라. 好仁者는 無以尙之오 惡不仁者는 其爲仁矣에 不使不仁者로 加乎其身이니라. 有能一日에 用其力於仁矣乎아? 我未見力不足者로라. 蓋有之矣어늘 我未之見也로다.

7. 子曰, 人之過也는 各於其黨이니 觀過면 斯知仁矣니라.

8. 子曰, 朝聞道면 夕死라도 可矣니라.　⇨347쪽

9. 子曰, 士志於道而恥惡衣惡食者는 未足與議也니라.　⇨53쪽

10. 子曰, 君子之於天下也에 無適也하며 無莫也하며 義之與比니라.

11. 子曰, 君子는 懷德하고 小人은 懷土하며 君子는 懷刑하고 小人懷惠니라.

12. 子曰, 放於利而行이면 多怨이니라.

13. 子曰, 能以禮讓이면 爲國乎에 何有며? 不能以禮讓으로 爲國이면 如禮에 何리오?
    - 何有(하유): 무슨 어려움이 있겠는가? '何難之有'의 준말

14. 子曰, 不患無位요 患所以立하며 不患莫己知요 求爲可知也니라.

15. 子曰, 參乎아! 吾道는 一以貫之니라. 曾子曰, 唯라. 子出하시니 門人問曰, 何謂也잇고? 曾子曰, 夫子之道는 忠恕而已矣니라. ⇨313쪽
    - 一以貫之(일이관지): 모든 것을 하나의 원리로 꿰뚫어 이야기함

16. 子曰, 君子는 喩於義하고 小人은 喩於利니라.

17. 子曰, 見賢思齊焉하며 見不賢而內自省也니라. ⇨314쪽
    - 賢(현): 어진 이 또는 현명한 사람

18. 子曰, 事父母하되 幾諫이니 見志不從하고 又敬不違하며 勞而不怨이니라.

19. 子曰, 父母在어시든 不遠遊하며 遊必有方이니라.

20. 子曰, 三年을 無改於父之道라야 可謂孝矣니라.

21. 子曰, 父母之年은 不可不知也니 一則以喜요 一則以懼니라.

22. 子曰, 古者에 言之不出은 恥躬之不逮也니라.

23. 子曰, 以約失之者는 鮮矣니라.

24. 子曰, 君子는 欲訥於言而敏於行이니라.

25. 子曰, 德不孤라 必有鄰이니라. ⇨ 298쪽

26. 子游曰, 事君數이면 斯辱矣요 朋友數면 斯疏矣니라.
    ▸ 數(삭): 자주 하다

第五篇 公冶長

1. 子謂公冶長하시되 可妻也로다. 雖在縲絏之中이나 非其罪也라 하시고 以其子로 妻之하시다. 子謂南容하시되 邦有道면 不廢하며 邦無道면 免於刑戮이라 하시고 以其兄之子로 妻之하시다. ⇨ 29~30쪽
    ▸ 縲絏(누설): 죄인을 묶는 포승
    ▸ 刑戮(형륙): 형벌, 처형

2. 子謂子賤하시되 君子哉라 若人이여! 魯無君子者면 斯焉取斯리오?

3. 子貢問曰, 賜也는 何如하니잇고? 子曰, 女는 器也니라. 曰, 何器也잇고? 曰, 瑚璉也니라.

4. 或曰, 雍也는 仁而不佞이로다. 子曰, 焉用佞이리오? 禦人以口給하여 屢憎於人하나니 不知其仁이어니와 焉用佞이리오?

5. 子使漆彫開로 仕하신대 對曰, 吾斯之未能信입니다. 子說하시다.

6. 子曰, 道不行하니 乘桴하여 浮于海하리니 從我者는 其由與인저. 子路聞之하고 喜한대 子曰, 由也는 好勇은 過我나 無所取材로다. ⇨ 192쪽

7. 孟武伯이 問子路는 仁乎잇가? 子曰, 不知也니라. 又問한대 子曰, 由也는 千乘之國에 可使治其賦也어니와 不知其仁也로라. 求也는 何如하니잇가? 子曰, 求也는 千室之邑과 百乘之家에 可使爲之宰也어니와 不知其

仁也로라. 赤也는 何如하니잇가? 子曰, 赤也는 束帶立於朝하여 可使與賓客言也어니와 不知其仁也로라.

▸ 百乘之家(백승지가): 전쟁 때 수레 백 대를 내놓을 수 있는 집이라는 뜻으로, 경대부의 집을 이르던 말

8. 子謂子貢曰, 女與回也로 孰愈요? 對曰, 賜也는 何敢望回리잇가? 回也는 聞一以知十하고 賜也는 聞一以知二하나이다. 子曰, 弗如也니라 吾與女弗如也하노라.

9. 宰予晝寢이어늘 子曰, 朽木은 不可雕也며 糞土之牆은 不可杇也니 於予與에 何誅리오? 子曰, 始吾於人也에 聽其言而信其行이러니 今吾於人也에 聽其言而觀其行하노니 於予與에 改是로라. ⇨372쪽

10. 子曰, 吾未見剛者로다. 或對曰, 申棖이니이다. 子曰, 棖也는 慾이어니 焉得剛이리오?

11. 子貢曰, 我不欲人之加諸我也를 吾亦欲無加諸人하나이다. 子曰, 賜야 非爾所及也니라.

12. 子貢曰, 夫子之文章은 可得而聞也어니와 夫子之言性與天道는 不可得而聞也니라.

13. 子路는 有聞이요 未之能行하면 唯恐有聞하더라.

14. 子貢이 問曰, 孔文子를 何以謂之文也잇고? 子曰, 敏而好學하여 <u>不恥下問</u>이라 是以謂之文也니라.

▸ 不恥下問(불치하문): 손아랫사람이나 지위나 학식이 자기만 못한 사람에게 모르는 것을 묻는 일을 부끄러워하지 아니함

15. 子謂子産하시되 有君子之道四焉하니 其行己也恭하며 其事上也敬하며 其養民也惠하며 其使民也義니라.

16. 子曰, 晏平仲은 善與人交로다 久而敬之온여.

17. 子曰, 臧文仲이 居蔡하되 山節藻梲하니 何如其知也리오?

18. 子張問曰, 令尹子文이 三仕爲令尹하되 無喜色하며 三已之하되 無慍色하며 舊令尹之政을 必以告新令尹하니 何如하니잇가? 子曰, 忠矣니라. 曰, 仁矣乎잇가? 曰, 未知로다. 焉得仁이리오? 崔子弑齊君이어늘 陳文子有馬十乘이러니 棄而違之하고 至於他邦하야 則曰, 猶吾大夫崔子也라하고 違之하며 之一邦하야 則又曰猶吾大夫崔子也라 하고 違之하니 何如하니잇가? 子曰, 淸矣니라. 曰, 仁矣乎잇가? 曰, 未知로다. 焉得仁이리오?
    ▸ 令尹(영윤): 중국 주대(周代) 초나라의 관직 이름. 정치하는 최고의 직위
    ▸ 馬十乘(마십승): '乘'이 4마리의 말이 끄는 전차이므로 40마리의 말

19. 季文子 三思而後에 行하더니 子聞之하시고 曰, 再斯可矣니라.

20. 子曰, 甯武子는 邦有道則知하고 邦無道則愚하니 其知는 可及也나 其愚는 不可及也니라.

21. 子在陳曰하사 歸與!歸與인저! 吾黨之小子가 狂簡하여 斐然成章이나 不知所以裁之로다. ⇨287쪽

22. 子曰, 伯夷叔齊는 不念舊惡이라 怨是用希니라.
    ▸ 伯夷叔齊(백이숙제): 중국 은(殷)나라의 제후국인 고죽국(孤竹國)의 왕자

23. 子曰, 孰謂微生高直고? 或이 乞醯焉이어늘 乞諸其鄰而與之로다.

24. 子曰, 巧言令色足恭을 左丘明이 恥之러니 丘亦恥之하노라. 匿怨而友其人을 左丘明이 恥之러니 丘亦恥之하노라.

25. 顔淵季路侍러니 子曰, 盍各言爾志리오? 子路曰, 願車馬와 衣輕裘를 與朋友共하야 敝之而無憾하노이다. 顔淵曰, 願無伐善하며 無施勞하노이

다. 子路曰, 願聞子之志하노이다. 子曰, 老者를 安之하며 朋友를 信之하며 少者를 懷之니라.

26. 子曰, 已矣乎라 吾未見能見其過하고 而內自訟者也로라.

27. 子曰, 十室之邑에 必有忠信如丘者焉이어니와 不如丘之好學也니라.
   ⇨42쪽
   ▸ 十室(십실): 열 가구의 집이라는 뜻으로 조그만 고을을 가리킴

第六篇　雍也

1. 子曰, 雍也는 可使南面이로다. 仲弓이 問子桑伯子한대 子曰, 可也簡이니라. 仲弓曰, 居敬而行簡하여 以臨其民이면 不亦可乎잇가? 居簡而行簡이면 無乃大簡乎잇가? 子曰, 雍之言이 然하다.
   ▸ 南面(남면): 임금의 자리에 오르거나 임금이 되어 나라를 다스림. 임금이 남쪽을 향하여 신하와 대면한 데서 유래

2. 哀公이 問弟子孰爲好學이니잇고? 孔子對曰, 有顏回者好學하여 不遷怒하며 不貳過하더니 不幸短命死矣라. 今也則亡하니 未聞好學者也니이다. ⇨54쪽
   ▸ 亡(무): 없다

3. 子華使於齊러니 冉子爲其母請粟한대 子曰, 與之釜하라. 請益한대 曰, 與之庾하라. 冉子與之粟五秉하니 子曰, 赤之適齊也에 乘肥馬하며 衣輕裘하니 吾는 聞之也하니 君子는 周急이오 不繼富라 하니라. 原思爲之宰러니 與之粟九百한대 辭하니 子曰, 毋하라! 以與爾鄰里鄕黨乎인저.
   ▸ 鄰里鄕黨(인리향당): 이웃 동네의 여러 사람

4. 子謂仲弓曰, 犁牛之子 騂且角이면 雖欲勿用이나 山川은 其舍諸아?

5. 子曰, 回也는 其心이 三月不違仁이요 其餘則日月至焉而已矣니라.

6. 季康子問 仲由는 可使從政也與잇가? 子曰, 由也는 果하니 於從政乎에 何有리오? 曰, 賜也는 可使從政也與잇가? 曰, 賜也는 達하니 於從政乎에 何有리오? 曰, 求也는 可使從政也與잇가? 曰, 求也는 藝하니 於從政乎에 何有리오?
   ▶ 從政(종정): 정치 또는 행정에 종사함

7. 季氏使閔子騫으로 爲費宰한대 閔子騫曰, 善爲我辭焉하라! 如有復我者면 則吾必在汶上矣리라.

8. 伯牛有疾이어늘 子問之하실새 自牖執其手하시고 曰, 亡之러니 命矣夫인저! 斯人也而有斯疾也하며! 斯人也而有斯疾也하니!
   ▶ 亡(무): 없다

9. 子曰, 賢哉라 回也여! 一簞食와 一瓢飮으로 在陋巷을 人不堪其憂로되 回也는 不改其樂하니 賢哉라 回也여! ⇨ 55쪽
   ▶ 一簞食一瓢飮(일단사일표음): 한 대그릇의 밥과 한 표주박의 물. 보잘것없는 음식을 이름

10. 冉求曰, 非不說子之道이언마는 力不足也니이다. 子曰, 力不足者는 中道而廢하나니 今女는 畫이로다.
    ▶ 中道而廢(중도이폐): 어떤 일을 하다가 도중에 그침

11. 子謂子夏曰, 女爲君子儒요! 無爲小人儒하라!

12. 子游爲武城宰러니 子曰, 女得人焉耳乎아? 曰, 有澹臺滅明者하니 行不由徑하며 非公事어든 未嘗至於偃之室也니이다.
    ▶ 武城(무성): 노나라의 고을 이름

13. 子曰, 孟之反은 不伐이로다. 奔而殿하여 將入門할새 策其馬曰, 非敢後也라 馬不進也라 하다.

14. 子曰, 不有祝鮀之佞이며 而有宋朝之美면 難乎免於今之世矣니라.
    ⇨ 229쪽

15. 子曰, 誰能出不由戶리오마는? 何莫由斯道也오?

16. 子曰, 質勝文則野요 文勝質則史니 文質이 彬彬然後君子니라.

17. 子曰, 人之生也는 直하니 罔之生也는 幸而免이니라. ⇨ 92쪽

18. 子曰, 知之者는 不如好之者요 好之者는 不如樂之者니라. ⇨ 46쪽

19. 子曰, 中人以上은 可以語上也어니와 中人以下는 不可以語上也니라.

20. 樊遲問知한대 子曰, 務民之義요 敬鬼神而遠之면 可謂知矣니라. 問仁한대 曰, 仁者는 先難而後獲이면 可謂仁矣니라.
    ▸ 先難(선난): 어려운 일을 만났을 때 먼저 나선다
    ▸ 後獲(후획): 이득에 대해서는 남보다 뒤에 선다

21. 子曰, 知者는 樂水하고 仁者는 樂山이니 知者는 動하고 仁者는 靜하며 知者는 樂하고 仁者는 壽니라.
    ▸ 樂水(요수): 물을 좋아하다   ▸ 樂山(요산): 산을 좋아하다   ▸ 樂(낙): 즐거워하다

22. 子曰, 齊一變이면 至於魯하고 魯一變이면 至於道니라.

23. 子曰, 觚不觚면 觚哉! 觚哉아!

24. 宰我問曰, 仁者는 雖告之曰, 井有仁焉이라도 其從之也리이가? 子曰, 何爲其然也리오? 君子는 可逝也언정 不可陷也며 可欺也언정 不可罔也니라.

25. 子曰, 君子가 博學於文하고 約之以禮면 亦可以弗畔矣夫인저!

26. 子見南子하신대 子路不說이어늘 夫子矢之曰, 予所否者인댄 天厭之시고! 天厭之시리라! ⇨66쪽

27. 子曰, 中庸之爲德也가 其至矣乎인저! 民鮮이 久矣니라.

28. 子貢曰, 如有博施於民而能濟衆이면 何如하니잇가? 可謂仁乎잇가? 子曰, 何事於仁이리오! 必也聖乎인저! 堯舜도 其猶病諸시니라! 夫仁者는 己欲立而立人하며 己欲達而達人이니라. 能近取譬면 可謂仁之方也已니라. ⇨301쪽

▸ 博施(박시): 많은 사람에게 널리 사랑과 은혜를 베풂
▸ 濟衆(제중): 많은 사람을 구제함

第七篇 述而

1. 子曰, 述而不作하며 信而好古를 竊比於我老彭하노라. ⇨332쪽

▸ 述而不作(술이부작): 기술만 할 뿐 새로 창작하지 않음

2. 子曰, 默而識之하며 學而不厭하며 誨人不倦이 何有於我哉오?

3. 子曰, 德之不脩와 學之不講과 聞義不能徙와 不善不能改가 是吾憂也니라.

4. 子之燕居에 申申如也하시며 夭夭如也러시다.

▸ 燕居(연거): 일 없이 한가로이 지냄

5. 子曰, 甚矣라 吾衰也여! 久矣라 吾不復夢見周公이로다!

6. 子曰, 志於道하며 據於德하며 依於仁하며 遊於藝니라.

7. 子曰, 自行束脩以上은 吾未嘗無誨焉이로다. ⇨77쪽

   ▸ 束脩(속수): 脩는 육포, 束은 한 두름을 뜻하니 속수는 육포 열 조각을 의미한다. 여기에서 제자가 되려고 스승을 처음 뵐 때에 드리는 예물을 가리키는 '속수지례(束脩之禮)'라는 사자성어가 생겼다.

8. 子曰, 不憤이어든 不啓하며 不悱어든 不發하되 擧一隅에 不以三隅反이어든 則不復也니라. ⇨87쪽

9. 子食於有喪者之側에 未嘗飽也러시다. 子於是日에 哭則不歌하시다.

10. 子謂顔淵曰, 用之則行하고 舍之則藏을 惟我與爾有是夫인저. 子路曰, 子行三軍則誰與시리잇고? 子曰, 暴虎馮河하며 死而無悔者를 吾不與也니 必也臨事而懼하며 好謀而成者也니라. ⇨191쪽

    ▸ 暴虎馮河(포호빙하): 맨손으로 범을 때려잡고 걸어서 황허 강을 건넌다는 뜻으로, 용기는 있으나 무모함을 이르는 말
    ▸ 臨事而懼(임사이구): 어려운 시기 큰일을 맞아 엄중한 마음으로 신중하고 치밀하게 함

11. 子曰, 富而可求也면 雖執鞭之士라도 吾亦爲之어니와 如不可求면 從吾所好하리라. ⇨47쪽

    ▸ 從吾所好(종오소호): 자기가 좋아하는 일을 좇아서 함

12. 子之所愼은 齊, 戰, 疾이러시다.

13. 子在齊聞韶하시고 三月을 不知肉味하시면서 曰, 不圖爲樂之至於斯也로다. ⇨274쪽

14. 冉有曰, 夫子爲衛君乎아? 子貢曰, 諾다. 吾將問之하리라. 入曰, 伯夷叔齊는 何人也잇고? 曰, 古之賢人也니라. 曰, 怨乎잇가? 曰, 求仁而得仁이어니 又何怨이리오? 出曰, 夫子不爲也시리라. ⇨248쪽

15. 子曰, 飯疏食飮水하고 曲肱而枕之라도 樂亦在其中矣니 不義而富且
貴는 於我에 如浮雲이라.   ⇨58쪽
    ▶ 疏食(소사): 변변치 못한 음식   ▶ 浮雲(부운): 뜬구름

16. 子曰, 加我數年하여 五十以學易이면 可以無大過矣리라.   ⇨60쪽
    ▶ 易(역):《역경(易經)》또는《역학(易學)》

17. 子所雅言은 詩書執禮니 皆雅言也러시다.

18. 葉公이 問孔子於子路어늘 子路不對한대 子曰, 女奚不曰, 其爲人也는
    發憤忘食하고 樂以忘憂하여 不知老之將至云爾오.   ⇨312쪽
    ▶ 發憤忘食(발분망식): 끼니까지 잊고 어떤 일에 몰두함

19. 子曰, 我非生而知之者라 好古敏以求之者也니라.   ⇨84쪽
    ▶ 生而知之(생이지지): 학문을 닦지 않아도 태어나면서부터 안다는 의미

20. 子不語怪力亂神이러시다.

21. 子曰, 三人行에 必有我師焉하니 擇其善者而從之요 其不善者而改之
    니라.   ⇨98쪽

22. 子曰, 天生德於予시니 桓魋其如予에 何리오?   ⇨260쪽

23. 子曰, 二三子는 以我爲隱乎아? 吾無隱乎爾로라. 吾無行而不與二三子
    者가 是丘也니라.
    ▶ 丘(구): 공자의 이름

24. 子以四敎하시니 文行忠信이니라.

25. 子曰, 聖人을 吾不得而見之矣어든 得見君子者면 斯可矣니라. 子曰, 善
    人을 吾不得而見之矣어든 得見有恆者면 斯可矣니라. 亡而爲有하며 虛

而爲盈하며 約而爲泰면 難乎有恆矣니라.

▸ 亡(무): 없다

26. 子는 釣而不網시며 弋不射宿이러시다.

▸ 射(석): 쏘아서 맞히다

27. 子曰, 蓋有不知而作之者아 我無是也로다. 多聞하여 擇其善者而從之하고 多見而識之가 知之次也니라.

▸ 識(지): 적다, 기록하다

28. 互鄕은 難與言이러니 童子見커늘 門人이 惑한대 子曰, 與其進也요 不與其退也니 唯何甚이리오? 人潔己以進이어든 與其潔也요 不保其往也니라.

▸ 見(현): 윗사람을 뵙다

29. 子曰, 仁遠乎哉아? 我欲仁이면 斯仁이 至矣니라.   ⇨ 293쪽

30. 陳司敗問, 昭公이 知禮乎잇가? 孔子曰, 知禮니라. 孔子退하신대 揖巫馬期而進之, 曰, 吾聞君子는 不黨이라 하니 君子도 亦黨乎아? 君이 取於吳하니 爲同姓이므로 謂之吳孟子라 하니 君而知禮면 孰不知禮리오? 巫馬期以告한대 子曰, 丘也幸이로다. 苟有過어든 人必知之로다!

⇨ 68~69쪽

▸ 司敗(사패): 관직의 이름
▸ 黨(당): 치우친 것偏

31. 子與人歌而善이어든 必使反之하시고 而後和之러시다.   ⇨ 368쪽

32. 子曰, 文莫吾猶人也나 躬行君子는 則吾未之有得이로다.

33. 子曰, 若聖與仁은 則吾豈敢이지만? 抑爲之不厭하며 誨人不倦은 則可謂云爾已矣니라. 公西華曰, 正唯弟子의 不能學也로소이다.

34. 子疾病이시어늘 子路請禱한대 子曰, 有諸아? 子路對曰, 有之하니 誄에 曰, 禱爾于上下神祇라 하니이다. 子曰, 丘之禱久矣니라. ⇨90쪽

35. 子曰, 奢則不孫하고 儉則固니 與其不孫也론 寧固니라.

36. 子曰, 君子는 坦蕩蕩이요 小人長戚戚이니라.
    ▶ 蕩蕩(탕탕): 제법 크고 넓은 모양
    ▶ 戚戚(척척): 근심 걱정에 싸인 모양

37. 子는 溫而厲하시며 威而不猛하시며 恭而安이러시다.

第八篇 泰伯

1. 子曰, 泰伯은 其可謂至德也已矣로다! 三以天下讓하되 民無得而稱焉이로다. ⇨303쪽
    ▶ 泰伯(태백): 주(周)나라 태왕의 맏아들

2. 子曰, 恭而無禮則勞하고 愼而無禮則葸하고 勇而無禮則亂하고 直而無禮則絞니라. 君子篤於親이면 則民興於仁하고 故舊를 不遺면 則民不偸니라.

3. 曾子有疾하사 召門弟子曰, 啓予足하며! 啓予手하라! 詩云 戰戰兢兢하여 如臨深淵하며 如履薄氷이라 하니 而今而後에야 吾知免夫로라! 小子아!
    ▶ 戰戰兢兢(전전긍긍): 몹시 두려워서 벌벌 떨며 삼가는 모양

4. 曾子有疾이어늘 孟敬子問之러니 曾子言曰, 鳥之將死에 其鳴也哀하고 人之將死에 其言也善이니라. 君子所貴乎道者三이니 動容貌에 斯遠暴慢矣며 正顔色에 斯近信矣며 出辭氣에 斯遠鄙倍矣니 籩豆之事는 則有司存이니라.

5. 曾子曰, 以能으로 問於不能하며 以多로 問於寡하며 有若無하며 實若虛하며 犯而不校를 昔者에 吾友嘗從事於斯矣러니라.
   ▶ 校(교): 잘잘못을 따지다

6. 曾子曰, 可以託六尺之孤하며 可以寄百里之命이요 臨大節而不可奪也면 君子人與아? 君子人也니라.
   ▶ 百里之命(백리지명): 백 리는 주(周)나라 때 제후가 다스렸던 나라의 면적이고, 명은 백성의 운명을 뜻하는 것으로, 한 나라의 정치를 이르는 말

7. 曾子曰, 士不可以不弘毅니 任重而道遠이니라. 仁以爲己任이니 不亦重乎아? 死而後已니 不亦遠乎아?
   ▶ 死而後已(사이후이): 죽은 뒤에야 일을 그만둔다는 뜻으로 있는 힘을 다해 끝까지 힘씀

8. 子曰, 興於詩하며 立於禮하며 成於樂이니라.

9. 子曰, 民可使는 由之요 不可使는 知之니라.

10. 子曰, 好勇疾貧이 亂也요 人而不仁을 疾之已甚이 亂也니라.
    ▶ 疾之已甚(질지이심): 매우 미워함

11. 子曰, 如有周公之才之美라도 使驕且吝이면 其餘不足觀也已니라.

12. 子曰, 三年學에 不至於穀을 不易得也니라.
    ▶ 易(이): 쉽다

13. 子曰, 篤信好學하며 守死善道니라. 危邦不入하고 亂邦不居하며 天下有道則見하고 無道則隱이니라. 邦有道에 貧且賤焉이 恥也며 邦無道에 富且貴焉이 恥也니라.
    ▶ 見(현): 나타나다

14. 子曰, 不在其位하면 不謀其政이니라.

15. 子曰, 師摯之始에 關雎之亂이 洋洋乎盈耳哉라!
    ▸ 關雎(관저): 《시경(詩經)》국풍(國風) 6편 중의 한 곡(曲)

16. 子曰, 狂而不直하며 侗而不愿하며 悾悾而不信을 吾不知之矣로다.

17. 子曰, 學如不及이고 猶恐失之니라.
    ▸ 學如不及(학여불급): 학문(學問)은 미치지 못함과 같으니 쉬지 말고 노력해야 함을 이르는 말

18. 子曰, 巍巍乎라! 舜禹之有天下也하고도 而不與焉이여. ⇨304쪽

19. 子曰, 大哉라 堯之爲君也여! 巍巍乎! 唯天이 爲大어시늘 唯堯則之하시니 蕩蕩乎民無能名焉이로다. 巍巍乎! 其有成功也여 煥乎其有文章이여!

20. 舜有臣五人而天下治하니라. 武王曰, 予有亂臣十人호라. 孔子曰, 才難이 不其然乎아? 唐虞之際에 於斯爲盛하나 有婦人焉이라 九人而已니라. 三分天下에 有其二하여 以服事殷하시니 周之德은 其可謂至德也已矣로다. ⇨306쪽

21. 子曰, 禹는 吾無間然矣로다. 菲飮食而致孝乎鬼神하시며 惡衣服而致美乎黻冕하시며 卑宮室而盡力乎溝洫하시니 禹는 吾無間然矣로다.

第九篇 子罕

1. 子는 罕言利與命與仁이러시다.

2. 達巷黨人曰, 大哉라 孔子여! 博學而無所成名이로다. 子聞之하시고 謂門弟子曰, 吾何執고? 執御乎아? 執射乎아? 吾執御矣로리라.

3. 子曰, 麻冕이 禮也나 今也純하니 儉이라 吾從衆하리라. 拜下가 禮也나 今
   拜乎上하니 泰也라. 雖違衆이나 吾從下하리라.
   ▶ 麻冕(마면): 유생이 평상시에 쓰는 검은 베로 만든 치포관(緇布冠)

4. 子絶四러시니 毋意, 毋必, 毋固, 毋我러시다.

5. 子畏於匡이러시니 曰, 文王이 旣沒하시니 文不在玆乎아? 天之將喪斯文
   也신댄 後死者가 不得與於斯文也어니와 天之未喪斯文也시니 匡人이
   其如予에 何리오? ⇨223쪽

6. 大宰問於子貢曰 夫子는 聖者與아? 何其多能也오? 子貢曰, 固天縱之
   將聖이시고 又多能也시니라. 子聞之曰, 大宰知我乎아! 吾少也賤이라
   故多能鄙事이지만 君子多乎哉아? 不多也니라. 牢曰, 子云 吾不試라 故
   로 藝라 하시니라. ⇨32쪽

7. 子曰, 吾有知乎哉아? 無知也로라. 有鄙夫問於我하되 空空如也라면 我
   叩其兩端而竭焉하노라.

8. 子曰, 鳳鳥不至하며 河不出圖하니 吾已矣夫인저!

9. 子見齊衰者와 冕衣裳者와 與瞽者와 見之에 雖少나 必作하시며 過之에
   必趨러시다. ⇨367쪽
   ★ 雖少(수소): 의미상 雖少의 少 자는 앉을 좌(坐)로 고쳐 雖坐로 쓰는 것이 옳을 듯하다.

10. 顔淵이 喟然歎曰, 仰之彌高하고 鑽之彌堅하며 瞻之在前이러니 忽焉在
    後로다. 夫子循循然善誘人하사 博我以文하시고 約我以禮하시니라. 欲
    罷不能하여 旣竭吾才하니 如有所立이 卓爾라. 雖欲從之나 末由也已
    로다.

11. 子疾病이어늘 子路使門人으로 爲臣이러니 病間에 曰, 久矣哉라 由之行
    詐也여! 無臣而爲有臣하니 吾誰欺요? 欺天乎인저! 且予與其死於臣之

手也론 無寧死於二三子之手乎아! 且予縱不得大葬이나 予死於道路乎아?

12. 子貢曰, 有美玉於斯하니 韞匵而藏諸잇가? 求善賈而沽諸잇가? 子曰, 沽之哉! 沽之哉라! 我는 待賈者也로라. ⇨ 238쪽

13. 子欲居九夷러시니 或曰, 陋하니 如之何잇고? 子曰, 君子居之어니 何陋之有리오?
    ▶ 九夷(구이): 중국에서 이르던 동쪽의 아홉 오랑캐

14. 子曰, 吾自衛反魯, 然後에 樂正하여 雅頌各得其所하니라. ⇨ 328쪽

15. 子曰, 出則事公卿하고 入則事父兄하며 喪事를 不敢不勉하며 不爲酒困이 何有於我哉오?

16. 子在川上, 曰, 逝者如斯夫인저! 不舍晝夜로다. ⇨ 287쪽
    ▶ 不舍晝夜(불사주야): 밤낮을 가리지 아니하고 끊임없이 행함

17. 子曰, 吾未見好德을 如好色者也로다.

18. 子曰, 譬如爲山에 未成一簣하여 止도 吾止也며 譬如平地에 雖覆一簣나 進도 吾往也니라. ⇨ 85쪽

19. 子曰, 語之而不惰者는 其回也與인저!

20. 子謂顔淵曰, 惜乎라! 吾見其進也요 未見其止也로라.

21. 子曰, 苗而不秀者도 有矣夫며 秀而不實者도 有矣夫인저!

22. 子曰, 後生이 可畏니 焉知來者之不如今也리오? 四十五十而無聞焉이면 斯亦不足畏也已니라.
    ▶ 後生(후생): 뒤에 태어나거나 뒤에 생김. 또는 그런 사람

23. 子曰, 法語之言은 能無從乎아? 改之爲貴니라. 巽與之言은 能無說乎아? 繹之爲貴니라. 說而不繹하며 從而不改면 吾末如之何也已矣니라.
    ▶ 末如之何(말여지하): 아주 엉망이 되어서 어찌할 도리가 없음

24. 子曰, 主忠信하며 毋友不如己者요 過則勿憚改니라.

25. 子曰, 三軍은 可奪帥也어니와 匹夫는 不可奪志也니라. ⇨96쪽

26. 子曰, 衣敝縕袍하여 與衣狐貉者로 立而不恥者는 其由也與인저? 不忮不求면 何用不臧이리오? 子路終身誦之한대 子曰, 是道也가 何足以臧이리오?

27. 子曰, 歲寒然後에 知松柏之後凋也니라. ⇨224쪽
    ★ 後凋(후조): 늦게 시들어 떨어진다는 의미인데, 소나무와 잣나무는 겨울철에도 시들지 않으니 不凋로 고치는 것이 옳을 듯하다.

28. 子曰, 知者는 不惑하고 仁者는 不憂하고 勇者는 不懼니라.

29. 子曰, 可與共學이라도 未可與適道며 可與適道라도 未可與立이며 可與立이라도 未可與權이니라.

30. 唐棣之華여 偏其反而로다. 豈不爾思리오마는? 室是遠而니라. 子曰, 未之思也언정 夫何遠之有리오?

第十篇　鄕黨

1. 孔子於鄕黨에 恂恂如也하여 似不能言者러시다. 其在宗廟朝廷엔 便便言하시되 唯謹爾러시다.
    ▶ 鄕黨(향당): 향리의 모임

2. 朝에 與下大夫言에 侃侃如也하시며 與上大夫言에 誾誾如也러시다. 君在어시든 踧踖如也하시며 與與如也러시다.

3. 君이 召使擯이면 色勃如也하시며 足躩如也러시다. 揖所與立에 左右手하시니 衣前後襜如也러시다. 趨進에 翼如也하시되 賓退어든 必復命曰, 賓不顧矣라 하시다.

4. 入公門에 鞠躬如也하여 如不容이러시다. 立不中門하시며 行不履閾이러시다. 過位에 色勃如也하시며 足躩如也하시며 其言似不足者러시다. 攝齊升堂에 鞠躬如也하시며 屛氣하여 似不息者러시다. 出降一等엔 逞顔色하사 怡怡如也하시며 沒階하여 趨進에 翼如也하시며 復其位에 踧踖如也러시다. ⇨360쪽

5. 執圭에 鞠躬如也하여 如不勝하시며 上如揖하시고 下如授하시며 勃如戰色하시며 足蹜蹜如有循이러시다. 享禮에 有容色하시며 私覿에 愉愉如也러시다.

6. 君子는 不以紺緅로 飾하시며 紅紫로 不以爲褻服하시며. 當署에 袗絺綌을 必表而出之하시다. 緇衣엔 羔裘요 素衣엔 麑裘요 黃衣엔 狐裘러시다. 褻裘는 長호대 短右袂러시다. 必有寢衣하시니 長이 一身有半이니라. 狐貉之厚로 以居러시다. 去喪엔 無所不佩러시다. 非帷裳이면 必殺之러시다. 羔裘玄冠으로 不以弔하시다. 吉月엔 必朝服而朝러시다. ⇨360~362쪽

7. 齊必有明衣하시니 布이었다. 齊必變食하시며 居必遷坐하시다.

8. 食不厭精하시며 膾不厭細하시다. 食饐而餲와 魚餒而肉敗를 不食하시며 色惡不食하시며 臭惡不食하시며 失飪不食하시며 不時不食하시다. 割不正이어든 不食하시며 不得其醬이어든 不食하시다. 肉雖多나 不使勝食氣하시며 唯酒無量하시되 不及亂이러시다. 沽酒市脯를 不食하시며 不撤薑食하시되 不多食이러시다. 祭於公에 不宿肉하시며 祭肉은 不出三日하시

니 出三日이면 不食之矣니라. 食不語하시며 寢不言하시다. 雖疏食菜羹이라도 瓜祭하시며 必齊如也러시다. ⇨ 363~365쪽

9. 席不正이어든 不坐하시다.

10. 鄕人飮酒에 杖者出이어든 斯出矣오. 鄕人儺에 朝服而立於阼階하시다.
    ▸ 杖者(장자): 지팡이를 짚은 사람, 즉 노인

11. 問人於他邦하실새 再拜而送之하시다. 康子饋藥이어늘 拜而受之, 曰, 丘未達이라 不敢嘗이라 하시다. ⇨ 365쪽

12. 廐焚이어늘 子退朝曰, 傷人乎不아 하시고 問馬하시다.

13. 君이 賜食이며 必正席先嘗之하시고 君이 賜腥이면 必熟而薦之하시고 君이 賜生이면 必畜之하시다. 侍食於君에 君祭어시든 先飯이러시다. 疾에 君이 視之하사면 東首하시고 加朝服拖紳하시고 君이 命召면 不俟駕行矣러시다. ⇨ 356쪽

14. 入太廟하사 每事를 問하시다.

15. 朋友死하여 無所歸어든 曰, 於我殯이라 하시다. 朋友之饋는 雖車馬라도 非祭肉이어든 不拜하시다. ⇨ 366쪽

16. 寢不尸하시며 居不容이러시다. 見齊衰者하시면 雖狎이나 必變하시며 見冕者與瞽者하시면 雖褻이나 必以貌하시다. 凶服者를 式之하시며 式負版者러시다. 有盛饌이어든 必變色而作이러시다. 迅雷風烈에 必變이러시다.

17. 升車에 必正立執綏하시며 車中에 不內顧하시고 不疾言하시며 不親指하시다. ⇨ 364쪽

18. 色斯擧矣러니 翔而後集이러라. 曰, 山梁雌雉 時哉時哉인저! 子路共之한대 三嗅而作하다.

第十一篇　先進

1. 子曰, 先進이 於禮樂에 野人也요 後進이 於禮樂에 君子也라. 如用之則 吾從先進하리라.

2. 子曰, 從我於陳蔡者는 皆不及門也로다. 德行엔 顔淵·閔子騫·冉伯牛·仲弓이요 言語엔 宰我·子貢이요 政事엔 冉有·季路요 文學엔 子游·子夏니라.

3. 子曰, 回也는 非助我者也로다. 於吾言에 無所不說이로다.

4. 子曰, 孝哉라 閔子騫이여! 人不間於其父母昆弟之言이로다.

5. 南容이 三復白圭어늘 孔子以其兄之子로 妻之하시다.

6. 季康子問 弟子孰爲好學이니잇고? 孔子對曰, 有顔回者好學하더니 不幸短命死矣라 今也則亡하니라.
    ▶ 亡(무): 없다

7. 顔淵이 死커늘 顔路請子之車하여 以爲之椁한대 子曰, 才不才에 亦各言其子也니 鯉也死에 有棺而無椁하니 吾不徒行하여 以爲之椁은 以吾從大夫之後라 不可徒行也니라. ⇨ 358쪽
    ▶ 鯉(리): 공자의 아들 이름
    ▶ 椁(곽): 덧널, 즉 외관(外棺)

8. 顔淵이 死하니 子曰, 噫라! 天喪予샷다! 天喪予샷다!

9. 顔淵이 死에 子哭之慟하신대 從者曰, 子慟矣로소이다. 曰, 有慟乎아? 非夫人之爲慟이요 而誰爲리오! ⇨ 357쪽

10. 顔淵이 死커늘 門人이 欲厚葬之한대 子曰, 不可하니라. 門人이 厚葬之

한대 子曰, 回也는 視予猶父也로되 予不得視猶子也하니 非我也라 夫
二三子也니라. ⇨357쪽

11. 季路問事鬼神한대 子曰, 未能事人이면 焉能事鬼리오? 曰, 敢問死하노
이다. 曰, 未知生이면 焉知死리오?

12. 閔子는 侍側에 誾誾如也하고 子路는 行行如也하고 冉有·子貢은 侃侃
如也하니 子樂하시다. 若由也는 不得其死然이로다.

13. 魯人이 爲長府하니 閔子騫曰, 仍舊貫이 如之何오? 何必改作이리오? 子
曰, 夫人이 不言이니 言必有中이니라.

▶ 言必有中(언필유중): 말을 하면 언제나 이치에 들어맞음

14. 子曰, 由之瑟을 奚爲於丘之門고? 門人이 不敬子路한대 子曰, 由也는
升堂矣요 未入於室也니라.

15. 子貢이 問師與商也孰賢이니잇고? 子曰, 師也는 過하고 商也는 不及이니
라. 曰, 然則師愈與잇가? 子曰, 過猶不及이니라.

16. 季氏富於周公이어늘 而求也爲之聚斂而附益之한대 子曰, 非吾徒也로
서니 小子야 鳴鼓而攻之可也니라. ⇨34쪽

17. 柴也는 愚하고 參也는 魯하고 師也는 辟하고 由也는 喭이니라.

18. 子曰, 回也는 其庶乎나 屢空이니라. 賜는 不受命而貨殖焉이나 億則屢
中이니라.

19. 子張이 問善人之道한대 子曰, 不踐迹이면 亦不入於室이니라.

20. 子曰, 論篤을 是與면 君子者乎아? 色莊者乎아?

21. 子路問, 聞斯行諸잇가? 子曰, 有父兄이 在하니 如之何其聞斯行之리

오? 冉有問, 聞斯行諸잇가? 子曰, 聞斯行之니라. 公西華曰, 由也問, 聞
斯行諸하니 子曰, 有父兄在라 하시고 求也問 聞斯行諸하니 子曰, 聞斯
行之라 하시니 赤也惑하여 敢問하나이다. 子曰, 求也는 退라 故로 進之하
고 由也는 兼人이라 故로 退之니라.　⇨97쪽

22. 子畏於匡하실새 顔淵이 後러니 子曰, 吾以女爲死矣로라 하니 曰, 子在하
시니 回何敢死릿가?　⇨221쪽

23. 季子然이 問 仲由·冉求는 可謂大臣與잇가? 子曰, 吾以子爲異之問이
러니 曾由與求之問이로다. 所謂大臣者는 以道事君하다가 不可則止하
나니 今由與求也는 可謂具臣矣니라. 曰, 然則從之者與잇가? 子曰, 弑父
與君은 亦不從也리라.

24. 子路使子羔로 爲費宰한대 子曰, 賊夫人之子로다. 子路曰, 有民人焉하
며 有社稷焉하니 何必讀書然後에 爲學이리잇가? 子曰, 是故로 惡夫佞者
하노라.

25. 子路·曾晳·冉有·公西華 侍坐러니 子曰, 以吾一日長乎爾나 毋吾以
也하라. 居則曰, 不吾知也라 하나니! 如或知爾면 則何以哉오? 子路率爾
而對曰, 千乘之國이 攝乎大國之間하여 加之以師旅오 因之以饑饉이
어든 由也爲之면 比及三年하여 可使有勇이오 且知方也하리이다. 夫子
哂之하시다. 求아! 爾는 何如오? 對曰, 方六七十과 如五六十에 求也爲之
면 比及三年하여 可使足民이어니와 如其禮樂에는 以俟君子하리이다. 赤
아! 爾는 何如오? 對曰, 非曰能之라 願學焉하나이다. 宗廟之事와 如會同
에 端章甫로 願爲小相焉하나이다. 點아! 爾는 何如오? 鼓瑟希러니 鏗爾
舍瑟而作하야 對曰, 異乎三子者之撰이니다. 子曰, 何傷乎리오? 亦各言
其志也니라. 曰, 莫春者에 春服이 旣成이어든 冠者五六人과 童子六七
人으로 浴乎沂하고 風乎舞雩하여 詠而歸하리이다. 夫子喟然歎曰, 吾與
點也하노라! 三子者出커늘 曾晳이 後러니 曾晳曰, 夫三子者之言이 何

如하니잇가? 子曰, 亦各言其志也已矣니라. 曰, 夫子何哂由也잇고? 曰, 爲國以禮어늘 其言이 不讓이라 是故로 哂之로라. 唯求則非邦也與잇가? 安見方六七十과 如五六十而非邦也者리오? 唯赤則非邦也與잇가? 宗廟會同이 非諸侯而何오? 赤也爲之小면 孰能爲之大리오?

第十二篇　顔淵

1. 顔淵이 問仁한대 子曰, 克己復禮爲仁이니 一日克己復禮면 天下歸仁焉하리라. 爲仁이 由己니 而由人乎哉리오? 顔淵曰, 請問其目하나이다. 子曰, 非禮勿視하며 非禮勿聽하며 非禮勿言하며 非禮勿動이니라. 顔淵曰, 回雖不敏이나 請事斯語矣리이다. ⇨71, 74쪽

2. 仲弓問仁한대 子曰, 出門如見大賓하고 使民如承大祭하며 己所不欲을 勿施於人이니 在邦無怨하며 在家無怨이니라. 仲弓曰, 雍雖不敏이나 請事斯語矣리이다. ⇨236쪽
   ▶ 大祭(대제): 하늘에 지내는 제사

3. 司馬牛問仁한대 子曰, 仁者는 其言也訒이니라. 曰, 其言也訒이면 斯謂之仁已乎잇가? 子曰, 爲之難하니 言之得無訒乎아?

4. 司馬牛問君子한대 子曰, 君子는 不憂不懼니라. 曰, 不憂不懼면 斯謂之君子已乎잇가? 子曰, 內省不疚어니 夫何憂何懼리오?

5. 司馬牛憂曰, 人皆有兄弟어늘 我獨亡로다. 子夏曰, 商은 聞之矣로니 死生有命이요 富貴在天이라호라. 君子敬而無失하며 與人恭而有禮면 四海之內가 皆兄弟也니 君子何患乎無兄弟也리오? ⇨49쪽
   ▶ 亡(무): 없다

6. 子張이 問明한대 子曰, 浸潤之譖과 膚受之愬가 不行焉이면 可謂明也已
   矣니라. 浸潤之譖과 膚受之愬가 不行焉이면 可謂遠也已矣니라.
   ▸ 浸潤之譖(침윤지참): 차차 젖어서 번지는 것과 같이 조금씩 오래 두고 하는 참소
   ▸ 膚受之愬(부수지소): 절절한 하소연

7. 子貢이 問政한대 子曰, 足食과 足兵과 民信之矣니라. 子貢曰, 必不得已
   而去면 於斯三者에 何先이릿가? 曰, 去兵이니라. 子貢曰, 必不得已而去
   면 於斯二者何先이릿가? 曰, 去食이니 自古皆有死어니와 民無信不立이
   니라. ⇨175쪽

8. 棘子成曰, 君子는 質而已矣니 何以文爲리오? 子貢曰, 惜乎라 夫子之
   說君子也는 駟不及舌이로다. 文猶質也며 質猶文也니 虎豹之鞹이 猶犬
   羊之鞹이니라.

9. 哀公이 問於有若曰, 年饑, 用不足하니 如之何오? 有若對曰, 盍徹乎시
   니잇가? 曰, 二도 吾猶不足이어니 如之何其徹也리오? 對曰, 百姓足이면
   君孰與不足이며 百姓不足이면 君孰與足이리잇가? ⇨176쪽
   ▸ 徹(철): 중국 주(周)나라의 세법인 철법(徹法)

10. 子張이 問崇德辨惑한대 子曰, 主忠信하며 徙義가 崇德也니라. 愛之면
    欲其生하고 惡之면 欲其死하나니 旣欲其生하고 又欲其死는 是惑也니
    라. 誠不以富요 亦祗以異니라.

11. 齊景公이 問政於孔子한대 孔子對曰, 君君, 臣臣, 父父, 子子니이다. 公
    曰, 善哉라! 信如君不君하며 臣不臣하며 父不父하며 子不子하면 雖有
    粟이나 吾得而食諸잇가? ⇨133쪽
    ★ 吾得而食諸(오득이식저): 의미상 吾豈得에서 豈가 빠진 것으로 보인다. 《사기》〈공자세가〉
      에는 豈 자가 들어가 있다.

12. 子曰, 片言에 可以折獄者는 其由也與인저? 子路는 無宿諾이러라.

13. 子曰, 聽訟이 吾猶人也나 必也使無訟乎인저!

14. 子張이 問政한대 子曰, 居之無倦하며 行之以忠이니라.

15. 子曰, 博學於文하며 約之以禮면 亦可以弗畔矣夫인저!

16. 子曰, 君子는 成人之美하고 不成人之惡하나니 小人은 反是니라.

17. 季康子가 問政於孔子한대 孔子對曰, 政者는 正也니 子帥以正이면 孰敢不正이리오? ⇨166쪽

18. 季康子患盜하여 問於孔子한대 孔子對曰, 苟子之不欲이면 雖賞之라도 不竊하리라. ⇨311쪽

19. 季康子問政於孔子曰, 如殺無道하여 以就有道면 何如하니잇가? 孔子對曰, 子爲政에 焉用殺이리오? 子欲善이면 而民善矣리다. 君子之德은 風이요 小人之德은 草니 草上之風이면 必偃하나니라. ⇨165, 171쪽

20. 子張問 士何如라야 斯可謂之達矣니잇가? 子曰, 何哉오 爾所謂達者여? 子張對曰, 在邦必聞하며 在家必聞이니이다. 子曰, 是는 聞也요 非達也니라. 夫達也者는 質直而好義하며 察言而觀色하며 慮以下人하나니 在邦必達하며 在家必達이니라. 夫聞也者는 色取仁而行違요 居之不疑하나니 在邦必聞하며 在家必聞이니라.

21. 樊遲從遊於舞雩之下러니 曰, 敢問崇德脩慝辨惑하나이다. 子曰, 善哉라 問이여! 先事後得이 非崇德與아? 攻其惡이오 無攻人之惡이 非脩慝與아? 一朝之忿으로 忘其身하여 以及其親이 非惑與아?

▶ 一朝之忿(일조지분): 하루 아침의 분노, 즉 어느 한때의 분노

22. 樊遲問仁한대 子曰, 愛人이니라. 問知한대 子曰, 知人이니라. 樊遲未達이어늘 子曰, 擧直錯諸枉이면 能使枉者直이니라. 樊遲退하여 見子夏曰, 鄕

也에 吾見於夫子而問知하니 子曰, 擧直錯諸枉이면 能使枉者直이라 何謂也오? 子夏曰, 富哉라 言乎여! 舜有天下에 選於衆하사 擧皐陶하시니 不仁者遠矣요 湯有天下에 選於衆하사 擧伊尹하시니 不仁者遠矣니라. ⇨292쪽

23. 子貢이 問友한대 子曰, 忠告而善道之하되 不可則止하여 毋自辱焉이니라.

24. 曾子曰, 君子는 以文會友하고 以友輔仁이니라.

第十三篇 子路

1. 子路問政한대 子曰, 先之 勞之니라. 請益한대 曰, 無倦이니라. ⇨75쪽

2. 仲弓이 爲季氏宰하여 問政한대 子曰, 先有司요 赦小過하며 擧賢才니라. 曰, 焉知賢才而擧之리잇가? 曰, 擧爾所知면 爾所不知를 人其舍諸아?

3. 子路曰, 衛君이 待子而爲政하시나니 子將奚先이시잇가? 子曰, 必也正名乎인저! 子路曰, 有是哉라 子之迂也여! 奚其正이시잇가? 子曰, 野哉라 由也여! 君子於其所不知에 蓋闕如也니라. 名不正이면 則言不順하고, 言不順이면 則事不成하고, 事不成이면 則禮樂이 不興하고, 禮樂이 不興하면 則刑罰이 不中하고, 刑罰이 不中하면 則民無所錯手足이니라. 故로 君子名之면 必可言也며 言之면 必可行也니 君子於其言에 無所苟而已矣니라. ⇨246~247, 257쪽

4. 樊遲請學稼한대 子曰, 吾不如老農호라. 請學爲圃한대 曰, 吾不如老圃호라. 樊遲出커늘 子曰, 小人哉라 樊須也여! 上好禮면 則民莫敢不敬하고 上好義면 則民莫敢不服하고 上好信이면 則民莫敢不用情이니 夫如是면 則四方之民이 襁負其子而至矣리니 焉用稼리오? ⇨279쪽

5. 子曰, 誦詩三百이라도 授之以政에 不達하며 使於四方에 不能專對하면 雖多나 亦奚以爲리오? ⇨327쪽

6. 子曰, 其身이 正이면 不令而行하고 其身이 不正이면 雖令不從이니라.
⇨173쪽

7. 子曰, 魯衛之政이 兄弟也로다.

8. 子謂衛公子荊하시되 善居室이로다. 始有에 曰, 苟合矣라 하고 少有에 曰, 苟完矣라 하고 富有에 曰, 苟美矣라 하니라.

9. 子適衛하실새 冉有僕이러니 子曰, 庶矣哉라! 冉有曰, 旣庶矣어든 又何加焉이릿가? 曰, 富之니라. 曰, 旣富矣어든 又何加焉이릿가? 曰, 敎之니라.
⇨280쪽

10. 子曰, 苟有用我者면 期月而已라도 可也니 三年이면 有成이리라.

11. 子曰, 善人이 爲邦百年이면 亦可以勝殘去殺矣라 하니 誠哉라 是言也여!

12. 子曰, 如有王者라도 必世而後仁이니라.

13. 子曰, 苟正其身矣면 於從政乎에 何有며? 不能正其身이면 如正人에 何오?

14. 冉子退朝한대 子曰, 何晏也오? 對曰, 有政이니이다. 子曰, 其事也로다. 如有政이면 雖不吾以나 吾其與聞之니라.

15. 定公이 問하되 一言而可以興邦이라 하니 有諸잇가? 孔子對曰, 言不可以若是其幾也어니와 人之言曰, 爲君難하며 爲臣不易라 하니 如知爲君之難也면 不幾乎一言而興邦乎잇가? 曰, 一言而喪邦이라 하니 有諸잇가? 孔子對曰, 言不可以若是其幾也어니와 人之言曰, 予無樂乎爲君이요 唯其言而莫予違也라 하니 如其善而莫之違也면 不亦善乎잇가? 如

不善而莫之違也면 不幾乎一言而喪邦乎잇가?

16. 葉公이 問政한대 子曰, 近者說하며 遠者來니라.

17. 子夏爲莒父宰하여 問政한대 子曰, 無欲速하며 無見小利니 欲速, 則不達하고 見小利則大事不成이니라.

18. 葉公이 語孔子曰, 吾黨에 有直躬者하니 其父攘羊이어늘 而子證之하니이다. 孔子曰, 吾黨之直者는 異於是하니 父爲子隱하며 子爲父隱하니 直在其中矣니라. ⇨173쪽

19. 樊遲問仁한대 子曰, 居處恭하고 執事敬하며 與人忠을 雖之夷狄이라도 不可棄也니라.

20. 子貢問曰, 何如라야 斯可謂之士矣잇가? 子曰, 行己有恥하며 使於四方하여 不辱君命이면 可謂士矣니라. 曰, 敢問其次하나이다. 曰, 宗族이 稱孝焉하며 鄕黨이 稱弟焉이니라. 曰, 敢問其次하나이다. 曰, 言必信하며 行必果가 硜硜然小人哉나 抑亦可以爲次矣니라. 曰, 今之從政者는 何如하니잇가? 子曰, 噫라! 斗筲之人을 何足算也리오? ⇨103, 183~185쪽
    ▸ 硜(갱): 돌소리
    ▸ 硜硜然(갱갱연): 융통성 없이 꼬장꼬장한 모양
    ▸ 斗筲之人(두소지인): 도량(度量)이 좁거나 보잘것 없는 사람을 비유하는 말. 여기에서 아주 작은 재주를 뜻하는 '두소지재斗筲之才'라는 사자성어가 나옴

21. 子曰, 不得中行而與之면 必也狂狷乎인저! 狂者는 進取요 狷者는 有所不爲也니라.

22. 子曰, 南人이 有言曰, 人而無恆이면 不可以作巫醫라 하니 善夫라! 不恆其德이면 或承之羞라 하니 子曰, 不占而已矣니라.

23. 子曰, 君子는 和而不同하고 小人은 同而不和니라.

24. 子貢이 問曰, 鄕人皆好之하면 何如잇가? 子曰, 未可也니라. 鄕人이 皆惡之하면 何如잇가? 子曰, 未可也니라 不如鄕人之善者好之요 其不善者惡之니라.
   ▶ 惡(오): 미워하다, 싫어하다

25. 子曰, 君子는 易事而難說也니 說之不以道면 不說也요 及其使人也하얀 器之니라. 小人은 難事而易說也니 說之雖不以道라도 說也요 及其使人也하얀 求備焉이니라. ⇨110쪽

26. 子曰, 君子는 泰而不驕하고 小人은 驕而不泰니라.

27. 子曰, 剛毅木訥이 近仁이니라.

28. 子路問曰, 何如라야 斯可謂之士矣닛가? 子曰, 切切偲偲하며 怡怡如也면 可謂士矣니 朋友엔 切切偲偲요 兄弟엔 怡怡니라.

29. 子曰, 善人이 敎民七年이면 亦可以卽戎矣니라.

30. 子曰, 以不敎民戰이면 是謂棄之니라.

第十四篇 憲問

1. 憲이 問恥한대 子曰, 邦有道에 穀하며 邦無道에 穀이 恥也니라. ⇨257쪽
   ▶ 穀(곡): 녹봉(祿俸), 즉 벼슬하는 것

2. 克伐怨欲을 不行焉이면 可以爲仁矣잇가? 子曰, 可以爲難矣어니와 仁則吾不知也로라.

3. 子曰, 士而懷居면 不足以爲士矣라. ⇨273쪽

4. 子曰, 邦有道엔 危言危行하며 邦無道엔 危行言孫이니라.

5. 子曰, 有德者는 必有言이나 有言者는 不必有德이니라 仁者는 必有勇이나 勇者는 不必有仁이니라.

6. 南宮适이 問於孔子曰, 羿는 善射하고 奡는 盪舟하되 俱不得其死어늘 然이나 禹稷은 躬稼而有天下하시니이다. 夫子不答이러시니 南宮适이 出커늘 子曰, 君子哉라 若人이여! 尙德哉라 若人이여!

7. 子曰, 君子而不仁者는 有矣夫나 未有小人而仁者也니라.

8. 子曰, 愛之란 能勿勞乎아? 忠焉이란 能勿誨乎아? ⇨326쪽

9. 子曰, 爲命에 裨諶이 草創之하고 世叔이 討論之하고 行人 子羽가 脩飾之하고 東里 子産이 潤色之니라.

10. 或이 問子産한대 子曰, 惠人也니라. 問子西한대 曰, 彼哉! 彼哉여! 問管仲한대 曰, 人也奪伯氏騈邑三百이어늘 飯疏食沒齒하되 無怨言하니라.
   ▶ 沒齒(몰치): 이가 다 빠진다는 뜻으로, 일생을 마침 또는 한평생을 뜻함

11. 子曰, 貧而無怨은 難하고 富而無驕는 易하니라.

12. 子曰, 孟公綽이 爲趙魏老則優어니와 不可以爲滕薛大夫니라.

13. 子路問 成人한대 子曰, 若臧武仲之知와 公綽之不欲과 卞莊子之勇과 冉求之藝에 文之以禮樂이면 亦可以爲成人矣니라. 曰, 今之成人者는 何必然이리오? 見利思義하며 見危授命하며 久要에 不忘平生之言이면 亦可以爲成人矣니라.

14. 子問公叔文子於公明賈曰, 信乎夫子不言不笑不取乎아? 公明賈對曰, 以告者過也로소이다. 夫子時然後言이라 人不厭其言하며 樂然後笑

라 人不厭其笑하며 義然後取라 人不厭其取하니이다. 子曰, 其然가? 豈其然乎리오?

15. 子曰, 臧武仲이 以防으로 求爲後於魯하니 雖曰不要君이나 吾不信也하노라.

16. 子曰, 晉文公은 譎而不正하고 齊桓公은 正而不譎하니라.

17. 子路曰, 桓公은 殺公子糾하거늘 召忽은 死之하고 管仲은 不死하니 曰, 未仁乎인저? 子曰, 桓公이 九合諸侯하되 不以兵車는 管仲之力이니 如其仁 如其仁이리오. ⇨ 294~295쪽

18. 子貢曰, 管仲은 非仁者與잇가? 桓公이 殺公子糾이어늘 不能死요 又相之온여. 子曰, 管仲이 相桓公, 霸諸侯하여 一匡天下하니 民到于今에 受其賜하나니 微管仲이면 吾其被髮左衽矣리라. 豈若匹夫匹婦之爲諒也하여 自經於溝瀆而莫之知也이리오. ⇨ 295쪽

  ▶ 被髮左衽(피발좌임): 머리를 풀고 옷깃을 왼쪽으로 여민다는 뜻으로, 미개한 나라의 풍습을 이르는 말
  ▶ 匹夫匹婦(필부필부): 평범한 남자와 평범한 여자
  ▶ 自經於溝(자경구독): 도랑에서 스스로 목매 죽다는 뜻. 작은 절개를 지키다가 개죽음하는 것을 비유하는 사자성어

19. 公叔文子之臣大夫僎이 與文子로 同升諸公이러니 子聞之하시고 曰, 可以爲文矣로다.

20. 子言衛靈公之無道也러니 康子曰, 夫如是로되 奚而不喪이닛가? 孔子曰, 仲叔圉는 治賓客하고 祝鮀는 治宗廟하고 王孫賈는 治軍旅하니 夫如是니 奚其喪이닛가?

21. 子曰, 其言之不怍이면 則爲之也難하니라.

22. 陳成子弑簡公이어늘 孔子沐浴而朝하사 告於哀公曰, 陳恆이 弑其君하

니 請討之하소서. 公曰, 告夫三子하라! 孔子曰, 以吾從大夫之後라 不敢不告也하니 君曰 告夫三子者온여 之三子하여 告하신대 不可라 하거늘 孔子曰, 以吾從大夫之後라 不敢不告也니라. ⇨370쪽

23. 子路問事君한대 子曰, 勿欺也오 而犯之니라.

24. 子曰, 君子는 上達하고 小人은 下達이니라. ⇨104쪽

25. 子曰, 古之學者는 爲己러니 今之學者는 爲人이로다.

26. 蘧伯玉이 使人於孔子어늘 孔子與之坐而問焉 曰, 夫子는 何爲오? 對曰, 夫子欲寡其過而未能也니이다. 使者出거늘 子曰, 使乎! 使乎여!

27. 子曰, 不在其位하면 不謀其政이니라.

28. 曾子曰, 君子는 思不出其位니라.

29. 子曰, 君子는 恥其言而過其行이니라.

30. 子曰, 君子道者三에 我無能焉하니 仁者는 不憂하고 知者는 不惑하고 勇者는 不懼니라. 子貢曰, 夫子自道也샀다. ⇨113쪽

31. 子貢이 方人하니 子曰, 賜也는 賢乎哉? 夫我則不暇로다.

32. 子曰, 不患人之不己知요 患其不能也니라.

33. 子曰, 不逆詐하며 不億不信이나 抑亦先覺者가 是賢乎인저!

34. 微生畝謂孔子曰, 丘는 何爲是栖栖者與오? 無乃爲佞乎아? 孔子曰, 非敢爲佞也라 疾固也니라.

35. 子曰, 驥는 不稱其力이라 稱其德也니라.

36. 或曰, 以德報怨이 何如하니잇가? 子曰, 何以報德고? 以直報怨하고 以德報德이니라. ⇨299쪽

37. 子曰, 莫我知也夫인저! 子貢曰, 何爲其莫知子也잇가? 子曰, 不怨天하며 不尤人하고 下學而上達하나니 知我者는 其天乎인저. ⇨319쪽

38. 公伯寮愬子路於季孫이어늘 子服景伯以告 曰, 夫子固有惑志於公伯寮하나니 吾力이 猶能肆諸市朝니이다. 子曰, 道之將行也與도 命也며 道之將廢也與도 命也니 公伯寮 其如命에 何리오!

39. 子曰, 賢者는 辟世하고 其次는 辟地하고 其次는 辟色하고 其次 辟言이니라. ⇨272쪽
   ▸ 辟(피): 피하다

40. 子曰, 作者七人矣로다.

41. 子路宿於石門이러니 晨門曰, 奚自오? 子路曰, 自孔氏로라. 曰, 是知其不可而爲之者與아? ⇨265쪽
   ▸ 晨門(신문): 성문의 문지기

42. 子擊磬於衛러시니 有荷蕢而過孔氏之門者 曰, 有心哉라! 擊磬乎여! 旣而曰, 鄙哉라! 硜硜乎여! 莫己知也어든 斯已而已矣니 深則厲요 淺則揭니라. 子曰, 果哉라! 末之難矣니라. ⇨273~274쪽
   ▸ 則(즉): 만일 ~이라면, ~할 때에는

43. 子張曰, 書云, 高宗이 諒陰三年을 不言이라 하니 何謂也잇고? 子曰, 何必高宗이리오. 古之人이 皆然하니 君薨이면 百官이 總己하여 以聽於冢宰三年하니라. ⇨331쪽
   ▸ 諒陰(양음): 상을 당했을 때 무덤 곁의 묘막에서 지내는 것

44. 子曰, 上이 好禮則民易使也니라.

45. 子路問君子한대 子曰, 脩己以敬이니라. 曰, 如斯而已乎잇가? 曰, 脩己 以安人이니라. 曰, 如斯而已乎잇가? 曰, 脩己以安百姓이니 脩己以安百 姓은 堯舜도 其猶病諸시니라! ⇨111쪽

46. 原壤이 夷俟러니 子曰, 幼而不孫弟하며 長而無述焉이요 老而不死는 是 爲賊이라 하시고 以杖叩其脛하시다. ⇨282쪽

47. 闕黨童子將命이어늘 或問之曰, 益者與잇가? 子曰, 吾見其居於位也하 며 見其與先生並行也하니 非求益者也라 欲速成者也니라.

第十五篇 衛靈公

1. 衛靈公問陳於孔子한대 孔子對曰, 俎豆之事는 則嘗聞之矣어니와 軍 旅之事는 未之學也라 하시고 明日에 遂行하시다. 在陳絶糧하니 從者病 하여 莫能興이러니 子路慍見曰, 君子亦有窮乎잇가? 子曰, 君子는 固窮 이니 小人은 窮斯濫矣니라. ⇨235, 250쪽
   ▶ 陳(진): 전쟁할 때 진을 치고 싸우는 방법, 즉 진법(陳法)

2. 子曰, 賜也아 女以予爲多學而識之者與아? 對曰, 然하이다 非與잇가? 曰, 非也라 予는 一以貫之니라.

3. 子曰, 由아! 知德者鮮矣니라.

4. 子曰, 無爲而治者는 其舜也與인저. 夫何爲哉시리오. 恭己正南面而已 矣시니라. ⇨302쪽
   ▶ 無爲而治(무위이치): 성인의 덕이 커서 아무 일을 하지 않아도 천하가 저절로 잘 다스려짐

5. 子張이 問行한대 子曰, 言忠信하며 行篤敬이면 雖蠻貊之邦이라도 行矣어

니와 言不忠信하며 行不篤敬이면 雖州里라도 行乎哉아? 立則見其參於前也요 在輿則見其倚於衡也니 夫然後에 行하니라. 子張이 書諸紳하다.

6. 子曰, 直哉라 史魚여! 邦有道에 如矢하며 邦無道에 如矢로다. 君子哉라 蘧伯玉이여! 邦有道에 則仕하고 邦無道에 則可卷而懷之로다. ⇨ 118쪽

7. 子曰, 可與言而不與言이면 失人이오 不可與言而與之言이면 失言이니 知者는 不失人하며 亦不失言이니라.

8. 子曰, 志士仁人은 無求生以害仁이오 有殺身以成仁이니라.

9. 子貢이 問爲仁한대 子曰, 工欲善其事면 必先利其器니 居是邦也하여, 事其大夫之賢者하며 友其士之仁者니라.

10. 顔淵이 問爲邦한대 子曰, 行夏之時하며 乘殷之輅하며 服周之冕하며 樂則韶舞요. 放鄭聲하며 遠佞人이니 鄭聲은 淫하며 佞人은 殆니라.
    ▶ 韶舞(소무): 순임금의 음악과 춤

11. 子曰, 人無遠慮면 必有近憂니라. ⇨ 350쪽

12. 子曰, 已矣乎라! 吾未見好德을 如好色者也로다.

13. 子曰, 臧文仲은 其竊位者與인저? 知柳下惠之賢而不與立也로다.
    ⇨ 306쪽

14. 子曰, 躬自厚而薄責於人이면 則遠怨矣니라.

15. 子曰, 不曰如之何如之何者는 吾末如之何也已矣니라. ⇨ 87쪽

16. 子曰, 羣居終日에 言不及義요 好行小慧면 難矣哉라!
    ▶ 小慧(소혜): 사사로운 지혜, 하찮은 지혜

17. 子曰, 君子는 義以爲質이요 禮以行之하며 孫以出之하며 信以成之하나니 君子哉라! ⇨111쪽

18. 子曰, 君子는 病無能焉이요 不病人之不己知也니라.

19. 子曰, 君子는 疾沒世而名不稱焉이니라.

20. 子曰, 君子는 求諸己요 小人은 求諸人이니라.

21. 子曰, 君子는 矜而不爭하고 羣而不黨이니라.

22. 子曰, 君子는 不以言擧人하며 不以人廢言이니라.

23. 子貢이 問曰, 有一言而可以終身行之者乎잇가? 子曰, 其恕乎인저! 己所不欲을 勿施於人이니라.

24. 子曰, 吾之於人也에 誰毁誰譽리요? 如有所譽者면 其有所試矣니라. 斯民也는 三代之所以直道而行也니라. ⇨174쪽

25. 子曰, 吾猶及史之闕文也와 有馬者借人乘之러니 今亡矣夫인저!

26. 子曰, 巧言은 亂德이요 小不忍,則亂大謀니라. ⇨300쪽

27. 子曰, 衆惡之라도 必察焉하며 衆好之라도 必察焉이니라.

28. 子曰, 人能弘道요 非道弘人이니라.

29. 子曰, 過而不改가 是謂過矣니라.

30. 子曰, 吾嘗終日不食하고 終夜不寢하여 以思하여도 無益이라 不如學也니라.

31. 子曰, 君子는 謀道요 不謀食하나니 耕也에 餒在其中矣요 學也에 祿在其中矣니 君子는 憂道요 不憂貧이니라. ⇨34~35쪽

32. 子曰, 知及之라도 仁不能守之면 雖得之나 必失之니라. 知及之하며 仁能守之라도 不莊以涖之면 則民不敬이니라. 知及之하며 仁能守之하며 莊以涖之라도 動之不以禮면 未善也니라.

33. 子曰, 君子는 不可小知而可大受也요 小人은 不可大受而可小知也니라. ⇨105쪽

34. 子曰, 民之於仁也에 甚於水火하니 水火는 吾見蹈而死者矣어니와 未見蹈仁而死者也로다.

35. 子曰, 當仁하여는 不讓於師니라. ⇨64쪽

36. 子曰, 君子는 貞而不諒이니라.

37. 子曰, 事君하되 敬其事而後其食이니라.

38. 子曰, 有敎면 無類니라. ⇨80쪽
    ▸ 無類(무류): 계급이 없음, 즉 교육에는 신분이나 능력 등의 차별을 두지 않음

39. 子曰, 道不同이면 不相爲謀니라.

40. 子曰, 辭는 達而已矣니라.

41. 師冕이 見하여 及階어늘 子曰, 階也라 하시고 及席이어늘 子曰, 席也라 하시고 皆坐어늘 子告之曰, 某在斯하며 某在斯라 하시다. 師冕이 出커늘 子張問曰, 與師言之道與잇가? 子曰, 然하다. 固相師之道니라. ⇨367쪽

第十六篇 季氏

1. 季氏將伐顓臾러니 冉有·季路見於孔子曰, 季氏將有事於顓臾니이다. 孔子曰, 求야! 無乃爾是過與아? 夫顓臾는 昔者에 先王이 以爲東蒙主하시고 且在邦域之中矣라 是社稷之臣也니 何以伐爲리오? 冉有曰, 夫子欲之언정 吾二臣者는 皆不欲也이니다. 孔子曰, 求야! 周任이 有言曰, 陳力就列하여 不能者止라 하니 危而不持하며 顚而不扶면 則將焉用彼相矣리오? 且爾言이 過矣로다 虎兕出於柙하며 龜玉이 毁於櫝中이 是誰之過與아? 冉有曰, 今夫顓臾는 固而近於費하니 今不取면 後世에 必爲子孫憂하리이다. 孔子曰, 求야! 君子는 疾夫舍曰欲之요 而必爲之辭니라. 丘也 聞有國有家者는 不患寡而患不均하며 不患貧而患不安이라 하니 蓋均이면 無貧이요 和면 無寡요 安이면 無傾이니라. 夫如是故로 遠人不服이면 則脩文德以來之하고 旣來之면 則安之니라. 今由與求也는 相夫子하되 遠人不服이나 而不能來也하며 邦分崩離析이나 而不能守也하고 而謀動干戈於邦內하니 吾恐季孫之憂는 不在顓臾요 而在蕭牆之內也하노라. ⇨75쪽

   ▸ 顓臾(전유): 노(魯)나라의 속국
   ▸ 社稷之臣(사직지신): 나라의 안위(安危)와 존망(存亡)을 맡은 중신(重臣)

2. 孔子曰, 天下有道면 則禮樂征伐이 自天子出하고 天下無道면 則禮樂征伐이 自諸侯出하나니 自諸侯出이면 蓋十世에 希不失矣요 自大夫出이면 五世에 希不失矣요 陪臣이 執國命하면 三世에 希不失矣니라. 天下有道면 則政不在大夫하고 天下有道면 則庶人이 不議하나니라.

   ▸ 陪臣(배신): 제후의 가신(家臣)

3. 孔子曰, 祿之去公室이 五世矣요 政逮於大夫가 四世矣니 故로 夫三桓之子孫微矣니라.

4. 孔子曰, 益者 三友요 損者 三友니 友直하며 友諒하며 友多聞이면 益矣요. 友便辟하며 友善柔하며 友便佞이면 損矣니라.

5. 孔子曰, 益者三樂이요 損者三樂이니 樂節禮樂하며 樂道人之善하며 樂多賢友면 益矣요. 樂驕樂하며 樂佚遊하며 樂宴樂이면 損矣니라.

6. 孔子曰, 侍於君子에 有三愆하니 言未及之而言을 謂之躁요 言及之而不言을 謂之隱이요 未見顔色而言을 謂之瞽니라.

7. 孔子曰, 君子有三戒하니 少之時엔 血氣未定하니 戒之在色이요 及其壯也하얀 血氣方剛하니 戒之在鬪요 及其老也하얀 血氣旣衰하니 戒之在得이니라.

8. 孔子曰, 君子有三畏하니 畏天命하며 畏大人하며 畏聖人之言이니라. 小人은 不知天命而不畏也며 狎大人하며 侮聖人之言이니라.

9. 孔子曰, 生而知之者는 上也요 學而知之者는 次也요 困而學之는 又其次也니 困而不學民이 斯爲下矣니라. ⇨83~84쪽

10. 孔子曰, 君子有九思하니 視思明하며 聽思聰하며 色思溫하며 貌思恭하며 言思忠하며 事思敬하며 疑思問하며 忿思難하며 見得思義니라.

11. 孔子曰, 見善如不及하며 見不善如探湯을 吾見其人矣요 吾聞其語矣노라. 隱居以求其志하며 行義以達其道를 吾聞其語矣요 未見其人也로라. ⇨281쪽

12. 齊景公이 有馬千駟하되 死之日에 民無德而稱焉이요. 伯夷叔齊는 餓于首陽之下하되 民到于今稱之하나니라. 其斯之謂與인저? ⇨137쪽

13. 陳亢問於伯魚曰, 子亦有異聞乎아? 對曰, 未也로라. 嘗獨立이어시늘 鯉趨而過庭이러니 曰, 學詩乎아? 對曰, 未也로이다 하니 不學詩면 無以言

이라 하시므로 鯉退而學詩호라. 他日에 又獨立이어시늘 鯉趨而過庭이러니 曰, 學禮乎아? 對曰, 未也로이다 하니 不學禮면 無以立이라 하시므로 鯉退而學禮호라. 聞斯二者로라. 陳亢이 退而喜曰, 問一得三하니 聞詩聞禮하고 又聞君子之遠其子也로다. ⇨323~324쪽

14. 邦君之妻를 君이 稱之曰 夫人이요 夫人이 自稱曰 小童이요 邦人이 稱之曰 君夫人이요 稱諸異邦曰 寡小君이요 異邦人이 稱之에 亦曰 君夫人이니라.

第十七篇 陽貨

1. 陽貨欲見孔子어늘 孔子不見하신대 歸孔子豚이어늘 孔子時其亡也而往拜之러시니 遇諸塗하시다. 謂孔子曰, 來하라! 予與爾言하리라. 曰, 懷其寶而迷其邦이 可謂仁乎아? 曰, 不可하다. 好從事而亟失時가 可謂知乎아? 曰, 不可하다. 日月逝矣라 歲不我與니라. 孔子曰, 諾다. 吾將仕矣로라. ⇨151~152쪽

   ▸ 亡(무): 없다

2. 子曰, 性相近也나 習相遠也니라.

3. 子曰, 唯上知與下愚는 不移니라.

4. 子之武城하사 聞弦歌之聲하시다. 夫子莞爾而笑, 曰, 割雞에 焉用牛刀리오? 子游對曰, 昔者에 偃也聞諸夫子하니 曰, 君子學道則愛人이요 小人學道則易使也라 하더이다. 子曰, 二三子아! 偃之言이 是也니 前言은 戱之耳니라. ⇨355쪽

5. 公山弗擾以費畔(叛)하여 召어늘 子欲往이러시니 子路不說하여 曰, 末之也已니 何必公山氏之之也시릿가? 子曰, 夫召我者는 而豈徒哉리요? 如有用我者인댄 吾其爲東周乎인지? ⇨156쪽

    ★ 畔(반): 배반하다 = 叛(반): 배반하다

6. 子張이 問仁於孔子한대 孔子曰, 能行五者於天下면 爲仁矣니라. 請問之한대 曰, 恭, 寬, 信, 敏, 惠니 恭則不侮하고, 寬則得衆하고, 信則人任焉하고, 敏則有功하고, 惠則足以使人이니라. ⇨293쪽

7. 佛肸이 召어늘 子欲往이러시니 子路曰, 昔者에 由也聞諸夫子하니 曰, 親於其身에 爲不善者어든 君子不入也라 하시니 佛肸이 以中牟畔이어늘 子之往也는 如之何잇가? 子曰, 然하다. 有是言也니라. 不曰堅乎아 磨而不磷이며 不曰白乎아 涅而不緇니라. 吾豈匏瓜也哉라? 焉能繫而不食이리오?

8. 子曰, 由也아! 女聞六言六蔽矣乎아? 對曰, 未也로이다. 居하라! 吾語女하리라. 好仁不好學이면 其蔽也愚요 好知不好學이면 其蔽也蕩이요 好信不好學이면 其蔽也賊이요 好直不好學이면 其蔽也絞요 好勇不好學이면 其蔽也亂이요 好剛不好學이면 其蔽也狂이니라.

9. 子曰, 小子아 何莫學夫詩오? 詩는 可以興이며 可以觀이며 可以羣이며 可以怨이며. 邇之事父며 遠之事君이며 多識於鳥獸草木之名이니라.

10. 子謂伯魚曰, 女爲周南召南矣乎아? 人而不爲周南이면 召南이면 其猶正牆面而立也與인저?

11. 子曰, 禮云禮云이나 玉帛云乎哉아? 樂云樂云이나 鐘鼓云乎哉아? ⇨329쪽

12. 子曰, 色厲而內荏을 譬諸小人하면 其猶穿窬之盜也與인저?

13. 子曰, 鄕原은 德之賊也니라.
    ▸ 鄕原(향원): 겉으로 선한 척하면서 속으로는 못된 짓을 하는 위선자, 가짜 선비. 鄕愿(향원)이라고도 씀

14. 子曰, 道聽而塗說이면 德之棄也니라.

15. 子曰, 鄙夫는 可與事君也與哉아? 其未得之也엔 患得之하고 旣得之엔 患失之하나니 苟患失之면 無所不至矣니라.
    ▸ 無所不至(무소부지): 이르지 않은 데가 없음

16. 子曰, 古者엔 民有三疾이러니 今也엔 或是之亡也로다. 古之狂也는 肆러니 今之狂也는 蕩이요 古之矜也는 廉이러니 今之矜也는 忿戾요 古之愚也는 直이러니 今之愚也는 詐而已矣로다.

17. 子曰, 巧言令色이 鮮矣仁이니라.
    ▸ 巧言令色(교언영색): 아첨하는 말과 알랑거리는 태도

18. 子曰, 惡紫之奪朱也하며 惡鄭聲之亂雅樂也하며 惡利口之覆邦家者하노라.
    ▸ 鄭聲(정성): 정나라의 음악. 음탕한 음악이라고 전해짐

19. 子曰, 予欲無言하노라. 子貢曰, 子如不言이시면 則小子何述焉이리잇가? 子曰, 天何言哉시리오? 四時行焉하며 百物生焉하나니 天何言哉시리오?

20. 孺悲欲見孔子어늘 孔子辭以疾하시고 將命者出戶어늘 取瑟而歌하사 使之聞之하시다. ⇨369쪽

21. 宰我問, 三年之喪이 期已久矣로소이다. 君子三年不爲禮면 禮必壞하고 三年不爲樂이면 樂必崩하리니 舊穀旣沒하고 新穀旣升하며 鑽燧改火하나니 期可已矣로소이다. 子曰, 食夫稻하며 衣夫錦이 於女에 安乎잇가? 曰, 安, 女가 安則爲之하라! 夫君子之居喪에 食旨不甘하고 聞樂不樂

하며 居處不安이라. 故로 不爲也하나니 今女安則爲之하라! 宰我出커늘 子曰, 予之不仁也여! 子生三年然後에 免於父母之懷하나니 夫三年之 喪은 天下之通喪也니 予也有三年之愛於其父母乎아? ⇨109쪽

22. 子曰, 飽食終日하여 無所用心이면 難矣哉라! 不有博奕者乎아? 爲之가 猶賢乎已니라.

23. 子路曰, 君子尙勇乎잇가? 子曰, 君子는 義以爲上이니 君子가 有勇而無 義면 爲亂이요 小人이 有勇而無義면 爲盜니라.

24. 子貢曰, 君子亦有惡乎잇가? 子曰, 有惡하니 惡稱人之惡者하며 惡居下 流而訕上者하며 惡勇而無禮者하며 惡果敢而窒者니라. 曰, 賜也亦有惡 乎아? 惡徼以爲知者하며 惡不孫以爲勇者하며 惡訐以爲直者하나이다.
   ▸ 惡(오): 미워하다

25. 子曰, 唯女子與小人은 爲難養也니 近之則不孫하고 遠之則怨이니라.

26. 子曰, 年四十而見惡焉이면 其終也已니라.

第十八篇 微子

1. 微子는 去之하고 箕子는 爲之奴하고 比干은 諫而死하니라. 孔子曰, 殷有 三仁焉하니라. ⇨38쪽
   ▸ 殷有三仁(은유삼인): 중국 은나라 말기 세 사람의 어진 사람 미자(微子), 기자(箕子), 비간 (比干). 여기에서 '은유삼인' 또는 어진 세 사람이란 뜻의 '삼인(三仁)'이란 성어가 생김.

2. 柳下惠爲士師하여 三黜이어늘 人曰, 子未可以去乎아? 曰, 直道而事人 이면 焉往而不三黜이며? 枉道而事人이면 何必去父母之邦이리오?
   ▸ 士師(사사): 고대 중국에서 법령과 형벌에 관한 일을 맡아보던 재판관

3. 齊景公이 待孔子, 曰, 若季氏則吾不能이어니와 以季孟之間待之하리라 하고 曰, 吾老矣라 不能用也라 한대 孔子行하시다. ⇨ 134쪽

4. 齊人이 歸女樂이어늘 季桓子受之하고 三日不朝한대 孔子行하시다.
⇨ 203쪽

5. 楚狂接輿 歌而過孔子曰, 鳳兮鳳兮여! 何德之衰오? 往者는 不可諫이어니와 來者는 猶可追니 已而已而어다! 今之從政者殆而니라! 孔子下하사 欲與之言이러시니 趨而辟之하니 不得與之言하시다.

▶ 辟(피): 피하다

6. 長沮桀溺이 耦而耕이어늘 孔子過之하실새 使子路問津焉하신대 長沮曰, 夫執輿者爲誰오? 子路曰, 爲孔丘시니라. 曰, 是魯孔丘與아? 曰, 是也시니라. 曰, 是知津矣니라. 問於桀溺한대 桀溺曰, 子爲誰오? 曰, 爲仲由로라. 曰, 是魯孔丘之徒與아? 對曰, 然하다. 曰, 滔滔者 天下皆是也니 而誰以易之리오? 且而與其從辟人之士也론 豈若從辟世之士哉리오? 耰而不輟하니라. 子路行하여 以告한대 夫子憮然曰, 鳥獸는 不可與同群이니 吾非斯人之徒與요 而誰與리오? 天下有道면 丘不與易也니라.
⇨ 265~268쪽

▶ 辟(피): 피하다

7. 子路從而後러니 遇丈人, 以杖荷蓧하여 子路問曰, 子見夫子乎아? 丈人曰, 四體不勤하며 五穀不分하나니 孰爲夫子오 하고? 植其杖而芸하더라. 子路拱而立한대 止子路宿하여 殺雞爲黍而食之하고 見其二子焉하다. 明日에 子路行하여 以告한대 子曰, 隱者也로다 하시고 使子路反見之하시니 至則行矣러라. 子路曰, 不仕無義하니 長幼之節을 不可廢也니 君臣之義를 如之何其廢之리오? 欲潔其身하여 而亂大倫이로다. 君子之仕也는 行其義也니 道之不行은 已知之矣시니라. ⇨ 278쪽

8. 逸民은 伯夷, 叔齊, 虞仲, 夷逸, 朱張, 柳下惠, 少連이니라. 子曰, 不降其志하며 不辱其身은 伯夷, 叔齊與인저! 謂, 柳下惠, 少連하시대 降志辱身矣나 言中倫하며 行中慮하니 其斯而已矣니라. 謂, 虞仲, 夷逸, 隱居放言하나 身中淸하며 廢中權이니라 我則異於是하니 無可無不可로다.
   ⇨ 283쪽
   ▸ 逸民(면민): 절조와 품행이 탁월하면서 벼슬하지 않은 사람

9. 大師摯는 適齊하고 亞飯干은 適楚하고 三飯繚는 適蔡하고 四飯缺은 適秦하고 鼓方叔는 入於河하고 播鼗武는 入於漢하고 少師陽과 擊磬襄은 入於海하니라.

10. 周公이 謂魯公曰, 君子는 不施其親하며 不使大臣으로 怨乎不以하며 故舊無大故면 則不棄也하며 無求備於一人이니라!

11. 周有八士하니 伯達과 伯适과 仲突과 仲忽과 叔夜와 叔夏와 季隨와 季騧니라.

第十九篇 子張

1. 子張曰, 士見危致命하며 見得思義하며 祭思敬하며 喪思哀면 其可已矣니라.

2. 子張曰, 執德不弘하며 信道不篤이면 焉能爲有며 焉能爲亡리오?
   ▸ 亡(무): 없다

3. 子夏之門人이 問交於子張한대 子張曰, 子夏云何오? 對曰, 子夏曰, 可者를 與之하고 其不可者를 拒之라 하더이다. 子張曰, 異乎吾所聞이로다 君子는 尊賢而容衆하며 嘉善而矜不能이니 我之大賢與엔 於人이 何所

不容이며 我之不賢與엔 人將拒我니 如之何其拒人也리오? ⇨317쪽

4. 子夏曰, 雖小道나 必有可觀者焉이어니와 致遠恐泥라 是以로 不爲也니라.

5. 子夏曰, 日知其所亡하며 月無忘其所能이면 可謂好學也已矣이라.

6. 子夏曰, 博學而篤志하며 切問而近思하면 仁在其中矣니라. ⇨86쪽

7. 子夏曰, 百工이 居肆하여 以成其事하고 君子는 學하여 以致其道니라.
 ⇨113쪽
 ★ 學(학): 의미상 學은 학문에 충실함을 의미하는 篤學(독학)에서 篤 자가 빠진 듯하다.

8. 子夏曰, 小人之過也는 必文이니라.

9. 子夏曰, 君子有三變하니 望之儼然하고 卽之也溫하고 聽其言也厲니라.

10. 子夏曰, 君子는 信而後에 勞其民이니 未信則以爲厲己也니라. 信而後에 諫이니 未信則以爲謗己也니라. ⇨112쪽

11. 子夏曰, 大德이 不踰閑이면 小德은 出入이라도 可也니라. ⇨106쪽

12. 子游曰, 子夏之門人小子가 當洒掃應對進退則可矣나 抑末也라. 本之則無하니 如之何오? 子夏聞之하고 曰, 噫라! 言游過矣로다! 君子之道는 孰先傳焉이며? 孰後倦焉이리오? 譬諸草木컨대 區以別矣니 君子之道를 焉可誣也리오? 有始有卒者는 其唯聖人乎인저!

13. 子夏曰, 仕而優則學하고 學而優則仕니라.

14. 子游曰, 喪은 致乎哀而止니라.

15. 子游曰, 吾友張也 爲難能也나 然而未仁이니라.

16. 曾子曰, 堂堂乎라 張也여 難與並爲仁矣로다.

17. 曾子曰, 吾聞諸夫子하니 人未有自致者也나 必也親喪乎인저!

18. 曾子曰, 吾聞諸夫子하니 孟莊子之孝也는 其他는 可能也어니와 其不改父之臣과 與父之政이 是難能也니라.

19. 孟氏使陽膚로 爲士師하여 問於曾子한대 曾子曰, 上失其道하여 民散이 久矣니 如得其情이면 則哀矜而勿喜니라!

20. 子貢曰, 紂之不善이 不如是之甚也라. 是以로 君子는 惡居下流하나니 天下之惡이 皆歸焉이니라.

21. 子貢曰, 君子之過也는 如日月之食焉이리 過也에 人皆見之하고 更也에 人皆仰之니라.

22. 衛公孫朝 問於子貢曰 仲尼는 焉學고? 子貢曰, 文武之道가 未墜於地하고 在人이라. 賢者는 識其大者하고 不賢者는 識其小者하여 莫不有文武之道焉하니 夫子焉不學이시며? 而亦何常師之有시리오?

23. 叔孫武叔이 語大夫於朝曰, 子貢이 賢於仲尼하니라. 子服景伯이 以告子貢한대 子貢曰, 譬之宮牆컨대 賜之牆也는 及肩이라 闚見室家之好어니와 夫子之牆은 數仞이라 不得其門而入이면 不見宗廟之美와 百官之富니 得其門者가 或寡矣라. 夫子之云이 不亦宜乎아!

24. 叔孫武叔이 毁仲尼어늘 子貢曰, 無以爲也하라! 仲尼는 不可毁也니 他人之賢者는 丘陵也라 猶可踰也어니와 仲尼는 日月也라 無得而踰焉이니 人雖欲自絶이나 其何傷於日月乎리오? 多見其不知量也로다.

25. 陳子禽이 謂子貢曰, 子爲恭也언정 仲尼豈賢於子乎리오? 子貢曰, 君子一言에 以爲知하며 一言에 以爲不知니 言不可不愼也니라. 夫子之不

可及也는 猶天之不可階而升也니라. 夫子之得邦家者면 所謂立之斯
立이며 道之斯行하며 綏之斯來하며 動之斯和하여 其生也榮하고 其死
也哀니 如之何其可及也리오?

第二十篇 堯曰

1. 堯曰, 咨爾舜아! 天之曆數 在爾躬하니 <u>允執其中</u>하라. 四海困窮하면 天
   祿이 永終하리라. 舜亦以命禹하시니라. 曰, 予小子履는 敢用玄牡하여 敢
   昭告于皇皇后帝하나니 有罪를 不敢赦하며 帝臣不蔽니 簡在帝心하나
   이다. 朕躬有罪는 無以萬方이요 萬方有罪는 罪在朕躬하나이다. 周有大
   賚하시니 善人이 是富하니라. 雖有周親이나 不如仁人이요 百姓有過는
   在予一人이니라. 謹權量하며 審法度하며 修廢官하신대 四方之政이 行
   焉하니라. 興滅國하며 繼絶世하며 擧逸民하신대 天下之民이 歸心焉하니
   라. 所重은 民食喪祭러시다. 寬則得衆하고 信則民任焉하고 敏則有功
   하고 公則說이니라. ⇨ 304쪽
   ▶ 允執其中(윤집기중): 진실로 중용의 도를 지켜라

2. 子張이 問於孔子曰, 何如라야 斯可以從政矣잇가? 子曰, 尊五美하며 屛
   四惡이면 斯可以從政矣니라. 子張曰, 何謂五美잇가? 子曰, 君子는 惠而
   不費하며 勞而不怨하며 欲而不貪하며 泰而不驕하며 威而不猛이니라.
   子張曰, 何謂惠而不費잇가? 子曰, 因民之所利而利之하니 斯不亦惠而
   不費乎아? 擇可勞而勞之하니 又誰怨이리오? 欲仁而得仁이어니 又焉貪
   이리오? 君子는 無衆寡하며 無小大히 無敢慢하나니 斯不亦泰而不驕乎
   아? 君子는 正其衣冠하며 尊其瞻視하여 儼然人望而畏之하나니 斯不亦
   威而不猛乎아? 子張曰, 何謂四惡이닛가? 子曰, <u>不敎而殺</u>을 謂之虐이요
   <u>不戒視成</u>을 謂之暴요 <u>慢令致期</u>를 謂之賊이요 猶之與人也로되 <u>出納
   之吝</u>을 謂之有司니라.

- ▶ 不敎而殺(불교이살): 가르치지 않고 죽인다
- ▶ 不戒視成(불계시성): 미리 주의시키지 않고 일이 닥쳤을 때 성과를 보려 함
- ▶ 慢令致期(만령치기): 명령 내리는 것은 태만히 하고서 기한을 재촉함
- ▶ 出納之吝(출납지린): 출납할 때 인색하게 구는 것

3. 孔子曰, 不知命이면 無以爲君子也요 不知禮면 無以立也요 不知言이면 無以知人也니라. ⇨382쪽